なぜ日本の公教育費は少ないのか

教育の公的役割を問いなおす

中澤　渉

勁草書房

なぜ日本の公教育費は少ないのか／目次
教育の公的役割を問いなおす

目　次

序　章　少なすぎる公教育費……1
1　閉塞した教育費をめぐる問題　1
2　公教育費は増やせるのか　20

第Ⅰ部　教育費をめぐる人々の意識と政策の現状

第一章　教育の社会的役割再考……31
1　「教育」の浸透する社会　31
2　近代化と教育――社会学的に学校教育を振り返る　36
3　教育の社会的機能再考　54

第二章　国家・政府と教育……75
1　政府にとっての教育　75
2　近代国家の成立と教育システムの整備　85

3　国家機構の整備と世界への普及　97

第三章　教育と社会保障・福祉との関係性……109

1　社会政策としての教育　109
2　日本の教育政策と背景の福祉制度　118
3　グローバル化する世界と社会政策　129
4　国際比較から見る教育制度と社会保障・福祉制度との関連　133

第四章　国際比較から見た日本の教育・社会政策への意識構造…149

1　福祉政策・社会保障に対する態度　149
2　社会政策の規定要因　159
3　国際比較分析　166

第Ⅱ部　教育の公的負担が増加しなかったのはなぜか

第五章　日本の財政と教育……193
1　政府の赤字財政の原因　193
2　財政と予算　199
3　負担と利益のバランス　212
第六章　教育費高騰の戦後史……227
1　戦後民主主義教育体制の発足と教育費の負担　227
2　高度成長期から安定成長期にかけての教育費　238
3　恒常化する重い教育費負担　249
第七章　教育費をめぐる争点……271
1　自己責任と化する教育費負担　271
2　選挙の公約・マニフェスト　283

3　民主党政権の掲げた教育政策への賛否　298

第八章　政策の実現と政党に対するスタンス……313

1　「官」に対する厳しい眼差し　313
2　間接民主制における民意の反映　326
3　政党支持と政策への態度の関係　330

終　章　教育を公的に支える責任……353

1　「失敗」に対する寛容　353
2　教育と公共性・教育の公的負担に向けて　363

あとがき……367

参考文献……i
索　引

序　章　少なすぎる公教育費

1　閉塞した教育費をめぐる問題

（1）少子高齢社会のリスクと社会保障

厚生労働省の『人口動態統計』によれば、二〇一二年における日本の出生数は一〇三万七二三一人と戦後最低となり、一方で高齢化の進行で死亡数も一二〇万人を超えて、トータルで二〇万人以上の人口減を記録することとなった。現在の人口水準を維持するのに必要な出生率を人口置換水準とよぶが、日本では一九七〇年代後半以降、出生率がこの人口置換水準を下回る状態が継続している。これが少子化、とよばれる状態である（和田 2006）。少子化が継続している背景としては、雇用の不安定化（特に若年層の非正規雇用の増加や、正規雇用と非正規雇用との格差の拡大）、育児環境の整備の不十分さ（保育施設の不足、企業や社会の育児支援政策の欠如や不備）、そして莫大な教育費負担、などが指摘されている（樋口・財務省財務総合政策研究所編 2006; 山口 2009; 松田 2013など）。

少子化は長期的に見て、生産年齢人口の減少をもたらす一方、医療や衛生環境の改善もあって平均寿命も延びるため、高齢者が増加する。このことは言うまでもなく、政府の社会保障関連支出の増加を招く。そうした政府の支出は、主として税金などに頼ることになるが、所得税のような直接税に大きく依存したままだと、生産年齢人口の、特に勤労者の過重な負担を強いることにならざるを得ない。また経済のグローバル化、ボーダーレス化が進むと、企業は税負担の少ない場所に本拠地を移したり、高額所得者は税金のほとんどかからないタックス・ヘイブンとよばれる場所に移動したり、という租税回避行動が観察されるようになる（志賀 2013）。森信茂樹によれば、日本では法人税が高いと言われ、実際先進国では飛びぬけて高く見えるが、法人の負担は税だけではなく雇用者の社会保険料も含まれており、そうしたトータルで判断すれば、英米よりは負担が重いものの、独仏のような大陸ヨーロッパよりは軽い、という状態にある。ただし世界的には法人税の引き下げ競争の真っただ中にあって、法人税を財源の有力候補として考えるのはかなり厳しい状況にあることは認識しておく必要がある（森信 2010: 203–237）。消費税のような間接税に注目が集まるのは、こうした事情が存在している。

いずれにしても、経済の中心が製造業からサービス産業へ移行し、ライフスタイルが多様化することで、シンプルなライフサイクルを念頭に置いた社会保障政策だけでは人々の生活を十分満足させることが難しくなっている。女性の社会進出により、特に乳幼児の保育施設の準備が急務となる。経済のボーダーレス化は、自国の経済状況が他国の影響を受けやすくなっていることを示しており、それゆえ経済状況の予測も困難になる。日本企業にあっては、大企業であっても従来維持できた企業福祉を提供する余裕はなくなり、勤労者もちょっとした経済変動により失業するリスクを感じることになる。政府はこのような変化に対応しなければならないのだが、その変化が急激であるがゆえに十分に対応しきれていない。そのことが政府の失敗と認識され、政府の政策に極端な不信感を抱かせる原因となっている（Taylor-Gooby et al. 1999）。

日本では（実態はともかくとして）公的年金制度に対する報道が相次いだりしたこともあって、特に若年者の間で強い年金不信が生まれ、こうした制度が持続可能なのかという懸念を抱くようになる(1)（権丈 2004: 106–110）。こうしたメディアの報道が正しいか否かについては論者により意見が分かれるかもしれないが、それでも限られた知識しかもちえない一般の人々は公的制度への信頼感をもてなくなるだろう。だから人々は将来に備えて貯蓄に励むなどの「守り」の姿勢に入ることとなるので、経済の低迷を促進することになる。そしてこのような状況では、自らの老後のことがまず心配になるから、（自分の子どもに老後の面倒をみてもらおうという規範自体が既に揺らいでいる上、実際にその期待もできない中で莫大な教育費というコストを要する）出産、子育てへの意欲が減退するのも、当然ともいえる。もちろん、子どもを育てることの意味を、将来投資のような金銭的価値観に完全に置き換えることは必ずしも適切ではない。なぜなら子育てや育児には、金銭的価値観で説明できない幸福や充実感を獲得できる側面がある。実際、子どもを産み育てたくてもそれがかなわず、子どもを授かりたいと苦労を重ねているカップルが多く存在しており、そうした努力や苦労は、産み育てた子どもに将来見返りを求めようという感情ではないだろう。ただし問題なのは、全般的に見て、今の日本が出産や育児を阻害する要因が多数存在する上に、高学歴化で教育費を支払い続ける期間も長期化することで、子どもを産み育てるという選択があまりに負担の大きな、重大なリスクを伴うような決断になってしまっているということである。以上のように、少子高齢化の問題は密接に絡み合っている。将来のことが不安でとても子育てどころではない、そうした人が増えて少子化が進行すればますます社会保障制度は危機に陥る。制度が危機に陥れば政府不信が増し、人々の姿勢はますます「守り」に陥り……、こうした悪循環に、日本は嵌まっているように見える。

（2）格差社会における教育機会の不平等問題

ここで少し、日本の教育に関する事情を、大まかに振り返っておきたい。

図序‐1は、日本の戦後の進学率と、高校卒業者の就職者の推移を示している。戦後直後進学率が五〇％程度に過ぎなかった新制高校は、高度成長期に急速に進学率を上昇させ、一九七四年に九〇％を超え、事実上飽和状態になる。大学と高等教育機関進学率は過年度卒（いわゆる浪人）を含む数値である。ここでの高等教育機関には、大学（学部）、短大のほか、一九六二年に発足した高等専門学校（高専）、国立工業教員養成所（一九六一～六六年）、国立養護教諭養成所（一九六七～七七年）、専修学校専門課程（一九七七年以降）が含まれている。これを見ると、一九七八年に初めて高等教育進学者は五〇％に達するが、その後八〇年代にかけてしばらく停滞期が続く。大学（学部）についても同様に、一九七五年前後までは三〇％近くにまで伸びを見せるが、その後停滞・微減傾向が観察される。

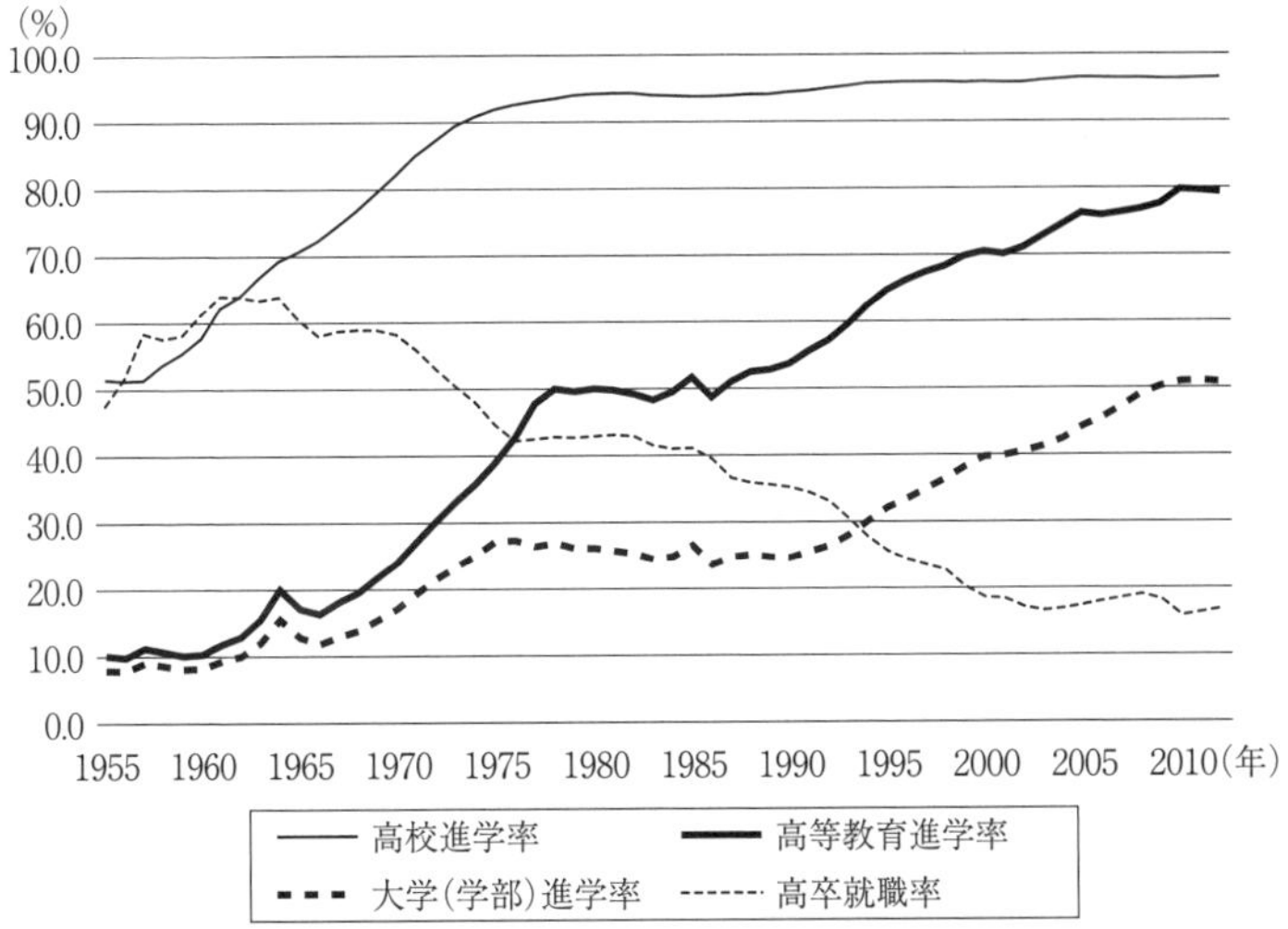

出典：『文部科学統計要覧』平成 25 年度による

図序 -1　進学率・就職率の推移

この一九七〇年代までの大学進学率の上昇は、主として私学セクターに依存するものである。いわゆるベビーブーム世代の増加と、技術労働力不足に対する産業界の懸念を払拭するため、一九六〇年代には大学の設置認可が積極的に行われたのである。こうした拡大策は通常多くの経費や予算を必要とするので、他省庁は既存の他の予算を削られる懸念から慎重になる。しかし文部省は、財政基盤が授業料にある私立大学に高等教育の拡大を依存していたので、財政的根拠や基盤が準備されないままとなっていた。日本の高等教育に対する公財政支出費が低いことは、今に始まったことではないのである。こうした政策は大学の教育条件を悪化させ、低所得層にとってはますます進学の障壁が高くなったし、劣悪な教育環境は激しい学生運動の原因にもなった（Pempel 1978=2004）。

その後大学の都市部集中を避ける地方分散化政策が採用され、新しい大学の設置が困難になった。また私学助成制度の採用により、大学入学定員の管理が厳格化されたことで、一九八〇年代は大学進学率が抑えられたのである。もちろんそれは将来の少子化を見越したものでもあった。実際、第二次ベビーブーム世代が大学受験期に差し掛かった一九九〇年代以降、大学進学率は上昇し始める。高等教育進学率もそれと並行して上昇した。結果的に、それまでかなりの数を占めていた高卒就職者が急減する。高校を卒業してすぐに就職する生徒は、既に一九七〇年代には半分を切っていた。しかし一九九〇年代前半には三〇％を切り、二〇〇〇年代に入って二〇％を下回るまでに減少した。つまり現在の高校生は、卒業して就職するのは圧倒的に少数派で、多くは何らかの学校に進学している、ということがこの数値から理解できる。もっとも進学先を大学（学部）としているのは五〇％程度で落ち着き始めており、吉川徹が日本社会を分ける一つの有力な指標として「大卒／非大卒」をあげているように、いわゆる「学歴分断社会」の到来がこういったところから読み取れるかもしれない（吉川 2006, 2009）。

ただし高等教育にかかる費用負担は、相変わらず家計に大きく依存している点で大きな変化はない。古田和久は『学生生活調査』(2)のデータから、二〇〇二年以降、低所得階層に大学進学者が急増しており、しかもそれが学費の高い私立大学で顕著であることを発見した。この背景には、一九九九年以降に実施された日本育英会（現在の日本学生支援機構）の「奨学金」(3)拡充政策がある。古田はこの低所得層の進学率の伸びの原因を、慎重に育英会からの「奨学金」以外の可能性（学費減免、大学独自の奨学金や教育ローン）も考慮して検討したが、基本的には育英会の「奨学金」拡充が大学進学の所得階層による格差縮小に効果をもたらしたと結論づけた。ただし日本の「奨学金」と称するものは事実上のローン（借金）であり、返済義務を負うものである点に注意が必要である。しかも英国と異なり、就職後の所得水準に応じて返済すればよいというものでもなく、返済額は一律である。古田はそういった点を総合的に考慮し、結果として低所得層だけに学費の本人負担を求めるものとなりかねない、と警告している(4)（古田 2006）。

いわゆる進学機会の格差や不平等といった問題は、教育社会学や社会階層論といった社会学分野のメインテーマでもある。したがって歴史的にも研究蓄積が非常に多く、それをすべてあげることはできない。国際比較研究からも、従来は教育の機会が拡大した（進学率が上昇した）にもかかわらず、出身階層による機会の格差（不平等）は縮小しておらず、安定的に推移するという見方が優勢であった（例えばShavit and Blossfeld eds. 1993）。しかし近年は、ブリーン（Breen, Richard）らによってその知見に疑問が投げかけられるようになっており、むしろ長期的に見れば教育拡大は機会の不平等を縮小するのに貢献してきたという（Breen et al. 2009）。こうした知見の変化の要因の一つは、それまで扱っていた調査データのサンプルサイズが相対的に大きくなく、安定した結果が得られない（統計学的には、十分な検出力が確保されていなかった）ことがあげられている。ブリーンらのヨーロッパ諸国の分析と同様の結果は、近藤博之・古田和久によって、日本でも確認されている（近藤・古田 2009, 2011）。このような結果は、格差社会論が盛んになっている近年の動向と矛盾するように感じるかもしれない。ただしこれらのデータ分析は、概して幅広い年齢層を対象にした調査であり、一方で格差社会論のターゲットや関心はもっと直近の、短期的な変化にあると思われる。既存のデータで、こうした直近の短期的変化を見出そうとコーホート（世代）を分割して分析し、動向を比較しようとすると、結果的に各世代のサンプルは小さくなり、推定の誤差が大きくなりかねない。つまり格差社会論で近年言われているような動向が現在の調査データで検出できないことは、行われている調査のサンプルの性質に起因している可能性もある。したがって調査設計によっては、格差社会論で言われるものと矛盾しない結果が出る可能性もあるし、今後の長期的な観察（調査）を注意深く続けることも必要になるだろう。例えば、近藤・古田の用いたのと同じデータ（二〇〇五年社会階層と社会移動に関する全国調査、いわゆる二〇〇五年SSM調査）でも、若年層において不安定な非正規雇用労働者の増加といった顕著な変化も観察されるからである（佐藤・尾嶋編 2011）。

いずれにしても、表面上は豊かな社会が実現され、教育機会の平等化も進んでいるように見えるが、そうした世の中であるがゆえに不平等とか格差、貧困といった問題は見過ごされやすい。学校段階が上がると、日本は特に私学セクターが多くを占めるため、教育費は家計に大きく依存せざるを得ず、またその動向が今後急に変化する兆しも見当たらない。以前のように給与所得が年齢の上昇に伴って大きく伸びるということが必ずしも予想できなくなっている。日本の奨学金政策が貧困であることもあり、近年はそうした教育の機会均等に関する分析や、教育機会をどう保障するかという観点の論考も目につくようになっている（例えば小林 2009; 世取山・福祉国家構想研究会編 2012など）。つまり教育費の家計負担の重さはますます重要な問題として認識されるようになるだろう。

（3）少ない教育費の公的負担とそれを反映した人々の意識

もう一つ、研究者の間では既によく知られていることであるが、国際比較の点でも、日本政府の教育に対する公的支出の割合は、その経済規模に比して非常に小さく、先進国で最低水準である。これは図序-2と図序-3を見れば一目瞭然である。つまり日本はその経済規模に比して、公的な教育支出が非常に少なく、かつ、公的支出全体の中でも教育支出の割合は少ない。なお、棒グラフの薄いバーは高等教育（OECDの統計では主として大学・短大を含み、専修学校は除外）の同様の割合を示しているが、ここでも日本はほぼ最低ランクにある。これは以前から一貫して変わっていない現実であるが、それでも急激な少子化に対して公的な教育支出そのものはさほど減ってはいないため、実際には一人あたりの教育支出は伸びており、その点では改善されていないわけではない(5)。これは特に民主党政権に交代したことにより、高校無償化などの政策の成果が反映されていると思われる。

こうした数値を見せられれば、教育は国家の要として、もっと教育を重視し、公費を投入すべきだ、という意見が広く起こってきそうに思われる。そしてこれまで日本の福祉政策で手薄とされてきた育児、子育ての支援に対する支持も高まってよさそうである。二〇〇九年に自民党から政権交代した民主党の政策の要には、こういった子育てや教育を重視する政策が掲げられていた。ところがそうした思いと裏腹に、若干冷めた現実もある。

例えば二〇一〇年八月三〇日の朝日新聞の朝刊に「朝日・東大合同調査」の結果が掲載されている。民主党が政権交代を果たして一年、参議院選挙では敗退し、いわゆる「ねじれ国会」の状態が生じていた。その原因は、退陣したばかりの鳩山政権が、首相自身の「政治と金」の問題で躓き、その処理

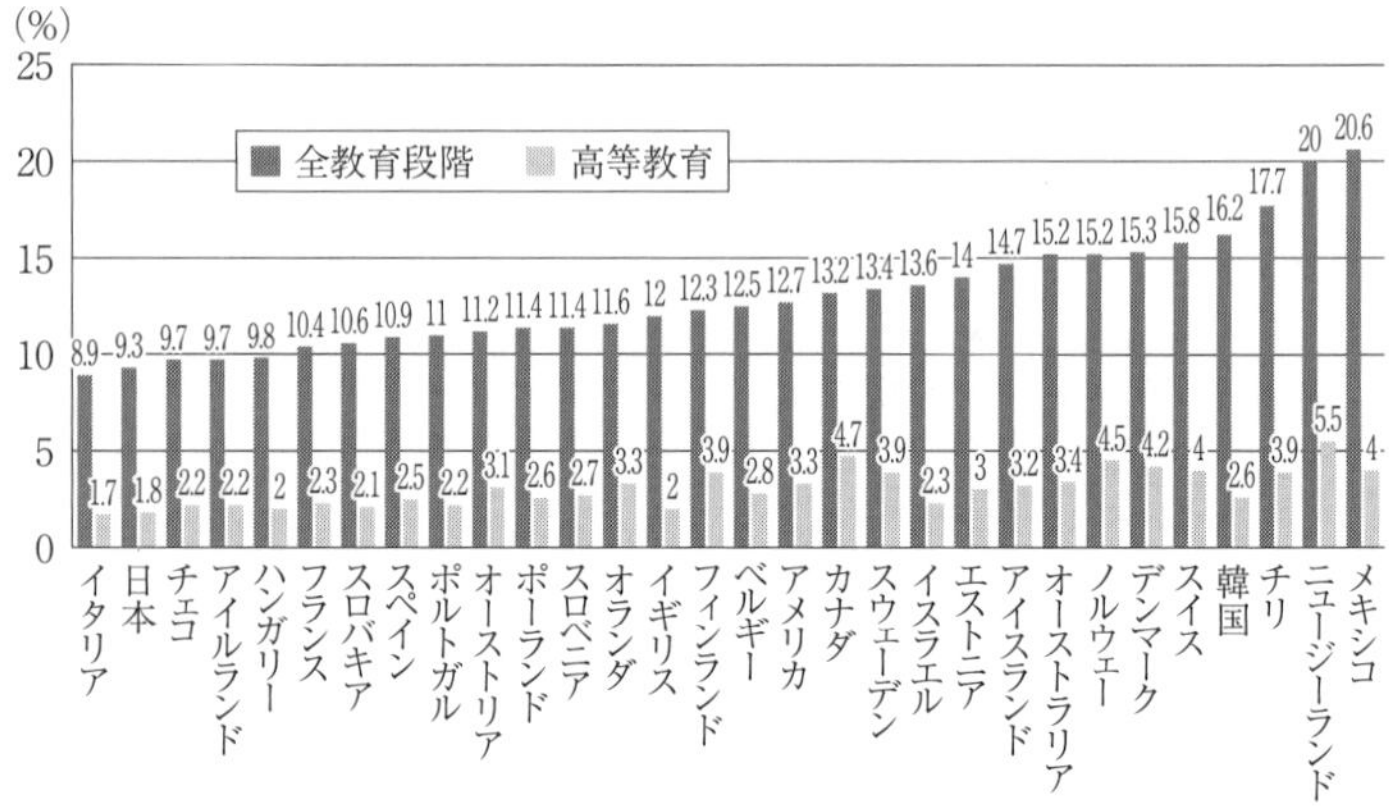

出典：OECD（2013: 218）の表 B4.1. より作成

図序 -2　公的支出全体に占める公教育支出の割合（%，2010 年）

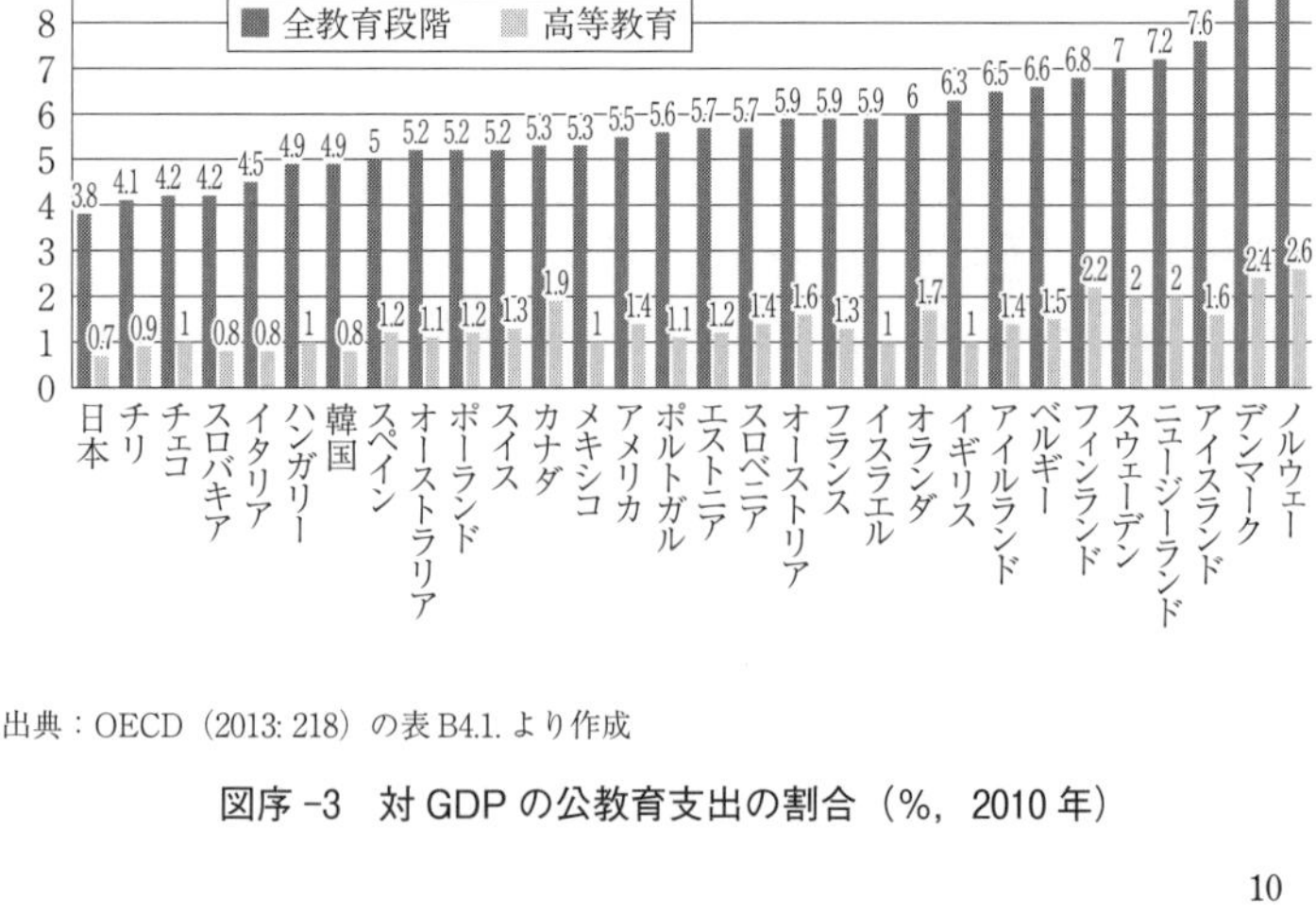

出典：OECD（2013: 218）の表 B4.1. より作成

図序 -3　対 GDP の公教育支出の割合（%，2010 年）

を誤ったこと、また何といっても普天間基地の問題をより一層混乱させたことなど、公約として掲げた政策が実行されていないことにあった。それでも民主党政権が目玉政策として掲げ、財政的な制約のもと限界があるとはいえ、一応実施にたどり着いた子ども手当や、農家の戸別所得補償といった政策も、民主党議員自身の満足度が高いのに、有権者の評価が低い。更に遡って二〇〇九年九月一八日、鳩山内閣発足直後の朝日新聞による世論調査では、内閣支持率は七一％（支持しないは一四％）であったが、子ども手当の支給を実現すべきと回答したのが六〇％、そう思わないとしたのが三〇％である(6)。ポイントなのは、二〇〇九年九月二日の民主党新政権発足直後の世論調査でも、民主党政権に対する期待は高いにもかかわらず、子ども手当を支給して所得税の配偶者控除などを廃止することに賛成しているのは三一％で、反対のほうが四九％と多くなっている。衆院選比例区で民主に投票した人の中でも反対が三七％（賛成四三％）で、他の政党を投票した人では反対が半分以上を占めており、民主党政権が目玉としていた子ども手当や高速道路無料化といった政策が評価されて政権交代が起こったわけではないということが、こうした数値から解釈できる(7)。実際、子ども手当や高校無償化といった政策に対しては、財源の問題のほかに、ばら撒きなどという批判があったのはよく記憶されているところであろう。

更に厳しい現実を矢野眞和は指摘している。矢野らが行った調査によれば、大学教育の費用負担について、社会が負担すべきと考える人は少数派で、個人や家族が負担すべきと考えるのが八割を占める。しかもこの傾向は回答者の学歴などの属性とは関連がないという（矢野 2013）。同様に、図序－4は、国際比較調査プログラムＩＳＳＰ（International Social Survey Programme）の二〇〇六年調査「政

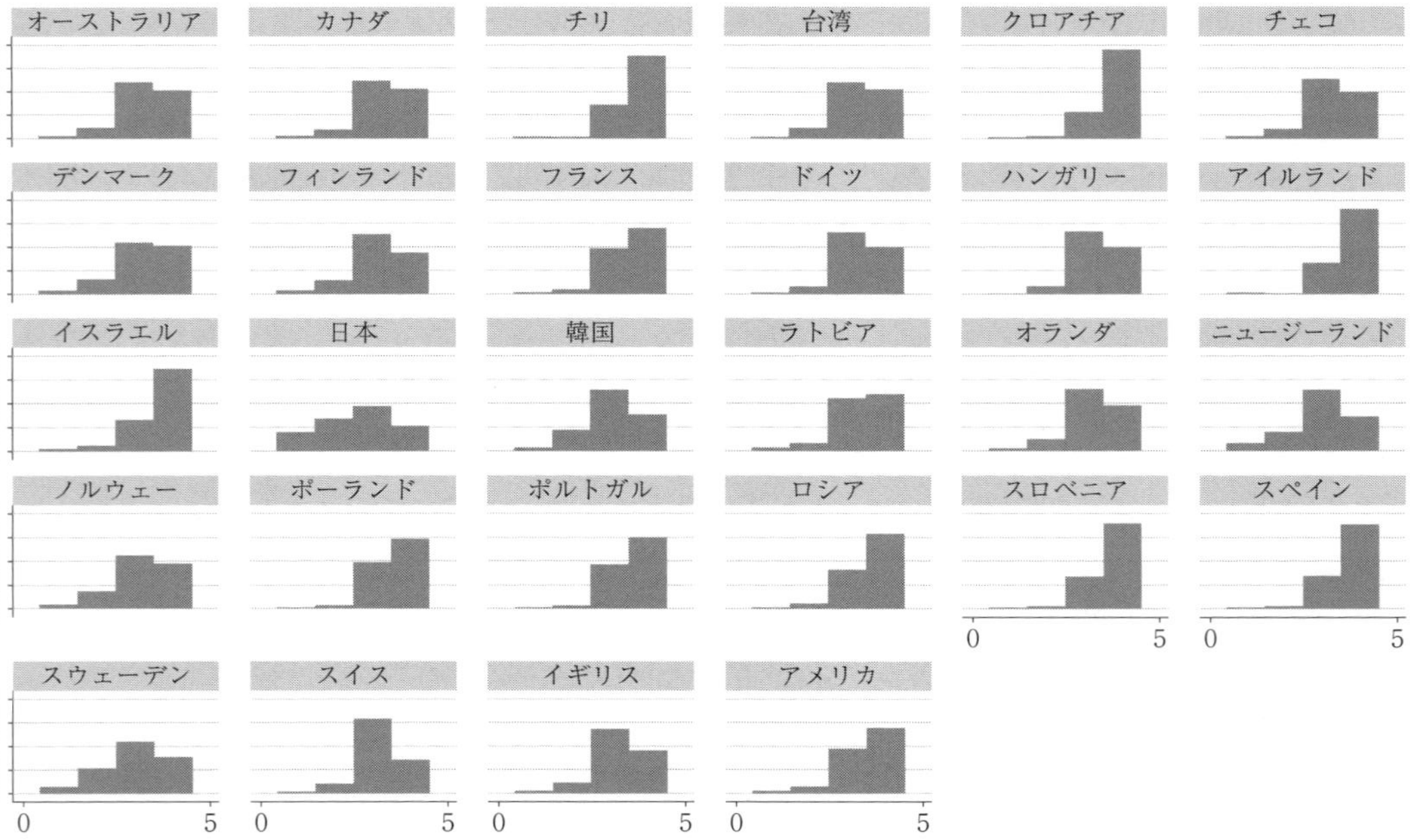

注：ISSP 2006-Role of Government IV より筆者が集計

図序 -4　国際比較調査（ISSP）の大学進学費用負担についての回答分布

府の役割（Role of Government）Ⅳ」の中の「収入の少ない家庭の大学生に経済的な援助を与えること」が政府の責任であるか否かを四段階で回答したものの結果である(8)。ここでは数値が大きい（右寄り）ほど「政府の責任」だと考え、小さい（左寄り）ほど「政府の責任ではない」と考えるという形で集計してある。日本は上から三行目、左から二列目である。日本のグラフの形状は横に広がっていて、ばらつきが大きく、左側にも一定の回答者がみられることからこの意見に反対する人が相当数いることが読み取れる。この意見に反対の人が一定数の比率を占めているのは日本だけのようで、他国はほとんど、反対（左側二本のバー）の比率が非常に少なく、ほとんど観察されないような国もある。新自由主義の象徴としてしばしば言及されるイギリスとアメリカ（一番下の行の左から三列目と四列目）も、これを見ると反対意見は極めて少ない。

政策は人々の意見を反映させて実施されるものと考えると、大学生への学費援助とか、ましてや学費の無償化といった政策は、財源の問題を別にしても、政治家にとってはあまり票にならない、不人気の政策となりそうである。ただ一方で、こうした意識は瞬時に形成されるわけではなく、これまでの日本の学費負担をめぐる状況が作り出してきた、という見方もできそうである。つまり大学の学費負担は個人（家庭・親）がこれまでずっと行ってきたという伝統があり、それが既成事実化して「個人（家庭・親）の責任で行うものだ」というのが当たり前のものとして定着してしまった、ということだ（矢野 2013）。このような意識が、どれほど積極的な意思に基づくものなのか、実際には教育費が家計の大きな負担であることを理解しつつも、日本政府の財政事情などから現実が容易に変わらないということを見越して半ば諦め気味に「個人で負担するしかないだろう」ということを受け入れているに過ぎないのか、ということはこのデータだけではわからない。しかしいずれにしても、データ上は教育費を政府で負担すべき、という声は、おそらく研究者を含む教育にたずさわる関係者の間で期待するほどには高くないのが実情である。

もちろん教育費はかなり家計を圧迫しているのも事実であり、これを放置していてよいということにはならない。また過大な教育費負担があることを予測すれば、それが子どもの出産を抑制する一つの要因になり得る。例えば丸山文裕によれば、確かに毎年のように授業料が上昇しても、それがすぐに非進学という決断を導くというような結果は現れにくい。しかしそれは授業料の上昇を見越して、家計が長期的に（子どもの誕生、場合によってはそれ以前から）大学進学に向けての生活設計と準備を進めてきたから、何とかギリギリにそうした変化に対応できているに過ぎない。こうしたことを考えると、今現在子どもを抱える家庭が教育費以外の支出を切り詰めるということだけではなく、これから子どもをもとうとする人々も、現状のような教育費負担を所与の条件として将来のことを考えた場合には、結局子どもの数を減らすとか、子どもを産まないという選択が、少なくともその個人本人にとっては合理的とならざるを得ない（丸山 1998）。このように、個人の視点で合理的と思われる決断は、社会保障・福祉政策が一定の生産年齢人口が存在するという前提で維持されている以上、マクロでは非合理的である。しかし多くの人はそうした俯瞰的な視点をもちにくいし、仮にそうした問題を理解していたとしても、多くの人は当座の生活環境を優先した選択を行うことになるだろう。つまり現状に問題があることは明らかなのだが、日本が制度的に民主主義を標榜する以上、選挙を通じて教育費の公的負担増を推進する政党が多数派を占めるなどといった形をとらなければ、なかなか問題解決には結びつかないだろう。教育費の公的負担をめぐる議論の前提として、こうした人々の意識が現状としてあるという事実を受け入れる必要がある。そしてなぜ国際的に見て教育費の公的負担が著しく低いにもかかわらず、公的負担を増加させようという声が上がらないのか、国際的には経済状況の芳しくない家庭に進学の援助をするのが当然と見なされているのに、なぜ日本ではそう思わない人が多いのか、といったことを考察しなければならないだろう。

(4) 国民負担の問題

政府の負担増を求めようとする場合、現在の日本で財源の問題を無視して進むことはできない。民主党政権が無駄の削減を唱えて政権交代を行い、事業仕分けなどでマス・メディアの注目を浴びたが、そもそも事業仕分け自体が財政削減を目的に行うものでなかったこと、また民主党の甘い見積もりもあって、税収が増えないままに支出ばかりが増え、財政危機はますます進行する結果となった。

理屈の上では誰もが理解していることだろうと思うが、政府が大きな支出を伴うような事業を実施する場合、その財源は自然に湧き出てくるわけではなく、結局は税という形で国民が負担することになる。したがってその分の負担をどこに求めるかが問題になり、一つは現在他の費目に充てられている財源を教育に振り分けるか、その余裕がなければ国民負担を増やすしかなくなる。図序‐5のような図は、しばしば提示されるようになり、またその事実も知られるようになってきていると思うが、日本人の国民負担はその経済規模に比して著しく少ないと言ってよい。国民の負担といったときには、主として①国税、地方税といった租税負担、②年金や医療保険といった社会保障負担、に分けること

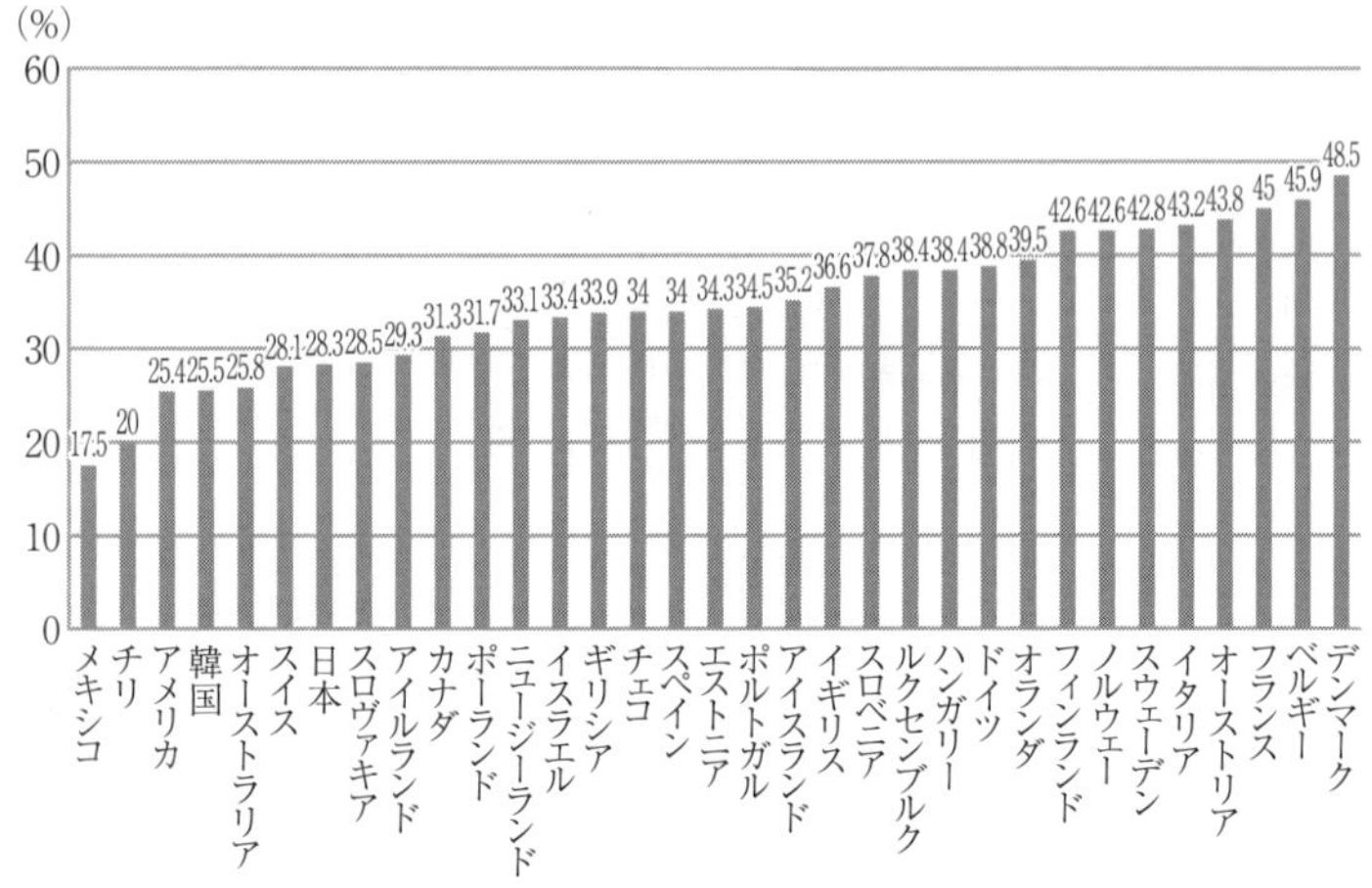

注：OECD34ヵ国のうち、トルコは除外。オーストラリアとニュージーランドは2009年のデータ.
出典：財務省ホームページ（http://www.mof.go.jp/budget/fiscal_condition/basic_data/201303/sy2503o.pdf 2014年3月19日最終閲覧）.

図序－5　OECD諸国の対GDP比国民負担率（2010年）

ができ、図序－5はその両者の負担を足し合わせたものである[9]。

第三章で触れるが、日本政府の国民負担の低さは今に始まったことではなく、戦後一貫したものである。この低い負担を、性別役割分業のもとでの女性や、企業福祉などが穴埋めしていたと言ってよい。近年になって、女性の社会進出が進み、グローバル化による企業間競争が激化した結果、企業福祉も削減される傾向にある。今私たちが迫られているのは、戦後女性や企業福祉が中心に担ってきた機能を政府が担えるようにするシステムを構築するか否か、という決断である。

余談であるが、もしこのまま政府の機能を拡大しない方向で進めれば、個人間をつなぎとめる社会的紐帯が綻び格差も拡大して、私たちの生活する社会そのものの安定性が揺らぐ可能性が高まるだろう。一方で普通の人は、今ある社会が将来にわたって安定的に推移することを望むだろうし、よほど極端なアナーキスト（無政府主義者）でなければ、社会の維持に政府が何らかの形で寄与することを期待するだろう。しかし制度やシステムによる裏付けがなければ社会の綻びが生じる懸念があるので、その埋め合わせを何かで行う必要がある。だからいわゆる新自由主義者とよばれる小さな政府を志向する人の間で、家族愛や愛国心のようなイデオロギーが強調されるのは論理的に辻褄の合わないことではない。要は金銭的コストをかけずに社会的紐帯を維持するためには、そういった精神的なつながりを強調するという選択肢が選ばれがちになるということだ。

話を元に戻すと、国際的に見て日本人の国民負担は重いわけではなく、むしろ軽い方に属する。福祉国家のモデルとしてしばしば北欧諸国があげられるが、そういった国は例外なく国民負担は重い。負担をしているから、福祉サービスというメリットが得られるというシンプルな関係である。逆に、基本的に自由や自己責任を強調し、政府の機能をできるだけ最小限にしようという志向が強いとされるアメリカは、この図からも国民負担は軽いことがわかる。日本は負担という側面では、どちらかといえばアメリカに近い。

このような「客観的」なデータを見ても、納得できないという人は多いだろう。なぜなら人々の主観（実感）は、こうしたデータをダイレクトに反映するとは限らないからである。これについても第五章で検討するが、人々の不満がたまるのは、期待した利得が得られないからであろう。仮に負担が重くても、それに見合ったメリットや安心感が得られるのであれば、その負担には納得できると考え

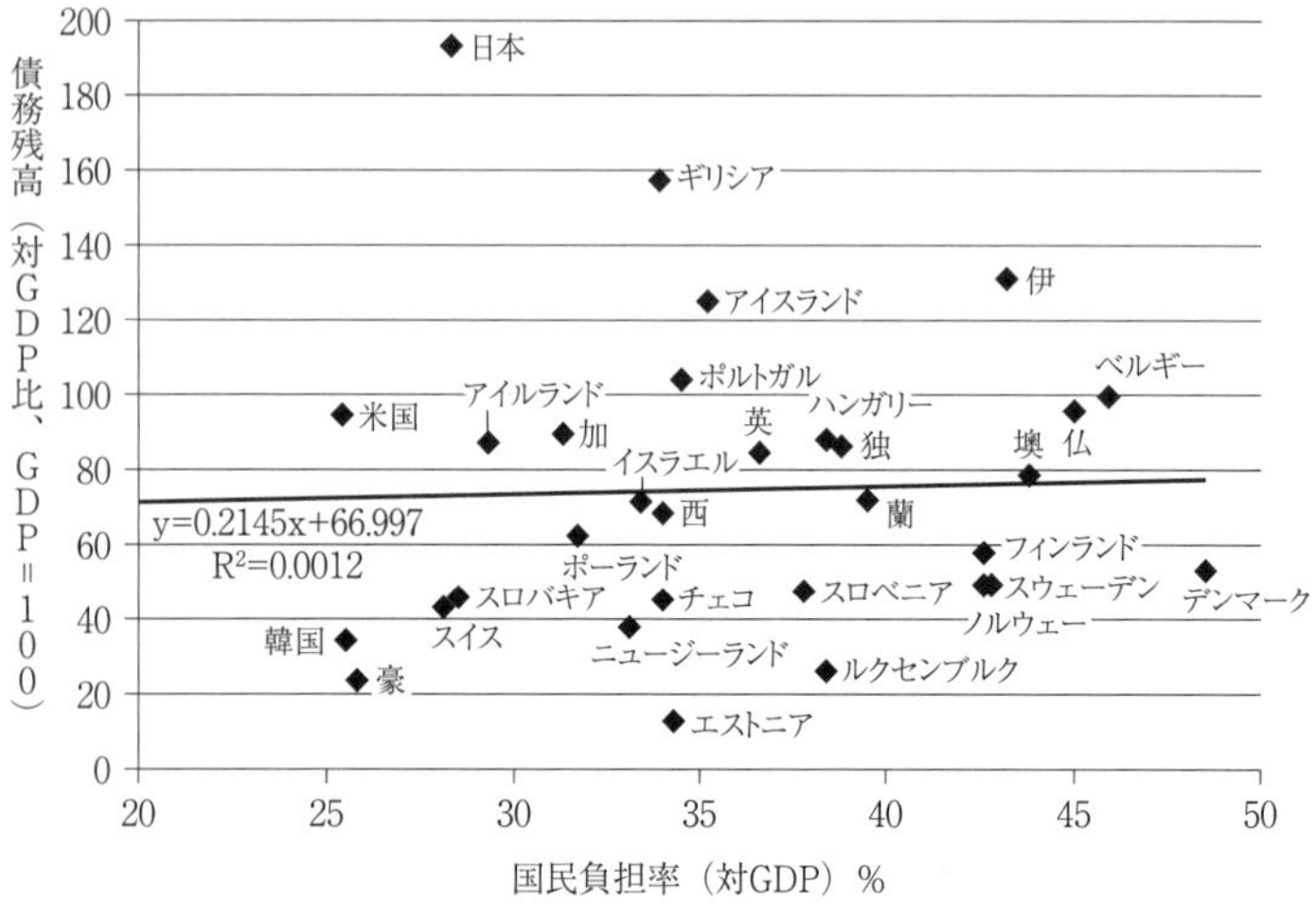

出典：OECD（2012）"Economic Outlook" No.92

図序 -6　国民負担と政府債務残高の関係（2010 年）

られる。つまり人々が政府に何をどれだけ期待し、その期待にかなう負担を行っているか否かが問題となる。

大きな政府を批判する人々、特に新自由主義者がそうだが、彼らは基本的に政府に大きな不信感を抱いている。政府による人為的な政策は誤りが多く、またそれゆえ非効率な結果をもたらしがちなので、それよりはるかに市場メカニズムに任せた方がうまくいく、という考え方である。その理屈でいえば、北欧のような大きな政府を抱える福祉国家は、常に非効率な経済運営を行い、破綻寸前に陥っていても不思議ではない。しかし図序‐6が示すように、国民負担率と政府の債務残高にはほとんど関連はない。この図に試しに回帰直線を引いてみたものの、決定係数はほとんどゼロに近い[10]。つまり政府の規模と債務残高には関連はほとんどない。問題なのは、人々の期待する政府の規模と国民負担のバランスである。人々が積極的に「政府より民間や自助努力」と考えて国民負担を軽くする選択を行っているから小さな政府になっている、というのではなく、政府にそれなりに役割や機能を期待しつつも、国民負担は増やしたくない、という矛盾する選択を行えば、当然収支バランスを欠き債務は膨張する。これを放置していていいはずがないのだが、決定的な方策をとれないまま現在に至っている。

新自由主義的な主張を唱える人は多いが、現実にそれを実行に移すのは難しいだろう。いわゆる福祉国家のシステムは人々の生活の隅々に行き渡っており、それを想定しない生活はほとんど不可能である。そして日本は高齢化社会を迎え、社会保障費を中心に政府の支出増大は避けられない運命にある。つまり国民負担増抜きの福祉・教育サービスの充実の議論は考えられない、という現実を直視しなければならない。民主党政権が、無駄を発見し、その無駄から財源を発掘しようとしたのに失敗したように、実際は他の費目を削って教育費に回すというような余裕はほとんどない[11]。批判されてきた公共事業費は大きく減らされ、むしろ近年はその急減による弊害も目立つようになってきている[12]。つまり問題の根源は財政に求められるということになる。こうした状況を反映し、国民の税に対する考え方、納税者意識を見直し、求めるサービスに見合った国民負担を人々に求めるにはどうすればいいか、といった視点が見直されつつある（三木 2012: 216–219; 井手 2013など）。

本書はこの問題意識を共有する。現代社会を生きるにあたり、教育機会が平等に提供されることは決定的に重要である。したがって家庭環境などにより進学の機会が閉ざされてしまうのは非民主的であり、不公平かつ不条理であり、解決されなければならない問題であると考える。一般論として、こうした価値観は今の日本では広く受け入れられるものだろうと思う。ただし重要なのは、こうした問題をいかに社会的にひきつけて解決するかということである。

2　公教育費は増やせるのか

教育関係の研究者や教育にたずさわる人々の間でこうした問題に敏感な人の間では、とにかく政府の不作為だとか、あるいは政府が富裕層の利益を代表しているのだと解釈してそれを批判し、ただ政府に公教育費の増加を求める、という動きが強いように思う。この点は筆者がもつ大きな不満の一つでもある。

政府といっても、一枚岩ではない。政府の意図や意思、といっても、それが何なのかはよく考えるとはっきりしない。中央省庁同士でも、利害が対立することは普通にあり、異なる省庁間で矛盾のある見解が流れることも珍しくない(13)（今村 2006）。確かに政府は強大な権力をもっており、権力を笠に人々の意図（要求）に見合わない政策を実施することも十分あり得るから、常にチェックし、批判的に見ておく必要がある。ただ同時に、民主主義を標榜している以上、投票行動などを通じ、間接的には私たちの要求を政府に反映する手段をもっているのも事実である。独裁国家と異なり、日本政府の行う政策や事業は、国民の要求や意図と全く無関係ということはありえない。

つまり教育費の公的負担を求めるといったとき、一つ目は政府にただ訴えるだけで問題は解決するのか、という問題がある。また二つ目の問題として、矢野眞和が教育関係者の経済的視点の欠如を嘆いたような状況（矢野 2001）がある。先に指摘したように、実は日本人の間で教育を公的に負担すべしという考えは、おそらく教育関係者が認識してきたものより実現が厳しい状況にある。人々の要求が高まらなければ、状況を大きく変革するのは難しい。いわゆる格差社会化の中で、一部で奨学金制度の拡充などの教育機会の平等を求める声は強まっているように感じるが、その声は閉塞的で、一部では盛り上がっているのかもしれないが、それが一般に広く浸透しているように見えないのである。つまり教育費の公的負担増を求めるのであれば、それは政府だけではなく、社会、世間一般の人々にも訴えかけるものでなければならないように思う。そのための手がかりとなる議論の材料を提供することが、本書の使命、目的であると考えている。

本書の構成と内容について、ここで説明しておきたい。

本書では大きく二部構成をとっており、前半で教育政策をめぐる情勢を、他の領域や国と比較しながら検討してゆく。まず第I部第一章では、社会において教育がいかなる機能をもっていると言えるのか、教育の社会的役割について、特に社会学的な理論を援用しながら検討を進める。いわゆる学校教育は近代に入り成立した制度であり、それは社会学的に言えば、組織の官僚制化や社会の分業化といった近代化のプロセスと並行する形で起こっている。また社会の中心的基盤が自然発生的な家族親族や地域社会ではなく、人為的な組織（企業などの営利組織、行政組織）にとって代わり、職住分離が進む。こうした中で、異なる役割をもつ人々が共生できる人間づくりと、異なる能力をもつ人々を社会の様々な地位に配分するという二つの全く異なるベクトルの機能を、教育はもたされることになる。また理念的には、能力さえあれば自分の好きな職業選択が可能になった近代社会において、教育はその人に対して、地位にふさわしい能力があるかどうかを証明する機能をもつ。その機能を正当化するには、選抜のプロセスが透明化され、人々を納得させるものになっている必要がある。日本のペーパーテスト重視の教育システムは、それがかなり達成されていると言えるが、逆に言えばそれは人々の間で競争の公平性をイメージさせ、実際には教育機会の階層間による不平等があるにもかかわらず、それを意識させにくくさせ、自己責任論を強める結果となっている。このような「日本の教育、選抜システムは公平である」というイメージが、特に高い段階での教育選択もあくまで「私事」であって、その選択に対し公的なサポートを必要とする、という問題意識を共有しにくくさせている可能性を指摘する。

第二章では、第一章で見直した社会的機能を担う教育と、国家や政府とのかかわりについて検討する。一般に教育の世界では、国家権力の教育内容への介入に対する警戒心があり、またそれは特に戦前の日本の歴史を振り返れば当然のことでもある。一方で、教育システムを政府の存在抜きで考えることはできない。というのも、教育システムは多かれ少なかれ、国民の税金で賄われているからである。まずそうした教育システムが政府によって維持されることの正当性について検討を行う。その上で、近代国家の成立期に、教育制度が形成されてゆくプロセスが社会学的にいかにして検討されてきたのかを振り返る。そしてこの章の末尾で、国家と税や、近年教育の世界にも強い影響を与えているとされる新自由主義について簡単に振り返る。

第三章では、教育と同様に、政府によって行われる事業・サービスとして社会保障や福祉があり、論者によって教育を福祉の一環と位置付けるか、福祉とは全く異なる性質のものと位置付けるかで議論が分かれていた。それについて財政的な側面から、国際比較的な視点で検討を行う。国際比較の視点から言えば、日本の社会保障は高齢者年金や医療に著しく偏っており、それ以外の政策が非常に手薄である。また教育は、平等性を強調する初等中等教育と、他の人との差異性や地位の配分を強調する高等教育で自ずと機能が異なっており、これが福祉政策との関連性を見る上で混乱を来している原因となっていると思われる。そこでまず、日本の福祉政策がなぜ高齢者・医療偏重となり、他の分野の社会保障が手薄になったのかを歴史的に振り返る。この日本型福祉システムは、民間や家庭をうまく取り込んだ仕組みになっているが、経済のグローバル化や女性の社会進出で限界を来していることを確認する。以上を踏まえて、国際比較財政データを用いて、他の領域の政策との関連性や位置づけ、あるいは日本の世界的な文脈から見たときの特徴について明らかにする。

第四章では、第三章で明らかにされた社会保障・福祉システムを形成し、維持しているもととなる、人々の意識構造を明らかにする。まず根本的な問題として、日本人の政府に対する信頼感が、国際的にも著しく低いことに触れる。因果関係を特定するのは容易ではないが、こうした信頼感の欠如と、増税の困難さ、あるいは増税できないことによる債務残高の多さの間には深い関連がある。また政府に対する役割の拡大は、当然税負担増を伴うものと考えられるが、日本人の意識においては、教育に限らず一般の社会保障制度についても、個別領域における負担増と、政府の全支出規模に対する意識の関連性が薄いことも明らかにする。このことは、日本人が政府の規模そのものが小さいことを望んでいるというより、その使われ方に問題を感じていることを示すと考えられる。ただし一方で、これ以上の福祉の規模の拡大を望んでいるとも言えず、全体的には現状維持的な意識が強いこと、また教育の公的負担は世界的に低い水準であるにもかかわらず、意識面では（既に公教育費負担が高水準にある）スカンジナビア諸国とあまり変わらず、人々の公教育費負担増加の支持も国際的に見れば相対的に高くない水準であることも明らかにする。

後半の第Ⅱ部では、国際的に明らかにされた日本の、特に財政的な面での特徴について、なぜ、いかにしてこのような結末にいたったのかについての検討を行う。第五章では、日本の財政や予算制度の特徴を総括的に振り返り、その中で教育財政や子どもの学習費についても簡単に触れる。特に日本の財政の構造において、財政投融資が果たした機能と、それが今日の財政赤字や人々の税に対する負担感を生んだ背景について考察する。重要なのは、国家や政府というものの機能を見直すことであり、上からの統制としての国家権力と、その支配を逃れた全くの個人や家庭、企業といったものをつなぐ「公」の重要性を説く。

第六章では、特に戦後に焦点を当てて、授業料や学費の値上げをめぐるさまざまな動向を整理し、振り返る。戦後日本では新制中学校が全く新しい制度として発足し、それが義務教育であったこともあって、整備の優先順位はこの中学校に充てられた。結果的に、一部の者しか進まない高等教育への公的支出はあまり増加しなかった。日本政府の財政が危機に瀕する中で、受益者負担主義の考え方が政府筋からも取り上げられ、またそれが一般にも浸透した。結果的に教育費の高騰は保護者にとって耐え忍ぶものであっても、それを社会的に負担すべきものと捉えられることはなかった。

第七章では、特にバブル景気崩壊後、経済成長が鈍化し、所得も伸び悩む中で、社会政策の実行に必要な財源をどこに求めるか、その負担に関する争点が顕在化してくることを指摘する。つまり公

（パブリック）という、共同で支えていこうとする思想が希薄なままであるため、表面上豊かな生活になり、生活の平等な条件が整えられたように見えることで、結果責任は個人に負わされることとなり、公的扶助の受給者たちは主たる税負担層である中間層の攻撃対象となる。そして教育の成果も、社会的な便益という側面はあまり意識されず、もっぱら個人にとっての投資であり、また個人の成果として解釈されることとなった。そういった日本人の意識について、具体的には民主党政権の掲げたいくつかの政策に対する態度とともに考察を行う。あわせてそうした民主党政権の政策の意義と、その周知の仕方の問題点、そしてひいては政府とのかかわりや教育に対する考え方の問題点を抉り出す。

第八章では、まず昨今の日本人一般の官（公務員）に対する厳しいスタンスの起こる原因について、組織社会学的な側面から考察する。そして官僚制組織が民意を離れやすい原因や、官僚制組織に対する批判が新自由主義的なスタンスと親和的になりやすい原因を述べる。その上で、政策実現のために政党は財源を含めた責任ある公約を掲げる必要があり、それによって有権者は真に選択肢を示されたことになる。そして若年層に限定されているが、パネル調査の結果を見ると、投票行動では二〇一〇年の参議院選挙までは民主党がそれなりの支持を得ていたこと、しかし二〇一二年の衆議院選挙でそれまで安定的に民主党支持をしていた人も、かなりの数が他の政党に投票するようになったことを明らかにする。また政党好感度を見ると、政党間のイデオロギー差がはっきりしている安全保障だけではなく、福祉や社会保障についての態度も、政党の好感度を分ける争点になっていることを示す。

以上の点を踏まえ、最終章では教育の公的負担をめぐる議論を展開する上で、何が重要なのかについて提言を行いたい。

注

（1）こうした年金破綻論への批判としては、権丈（二〇〇四）の他、堀（二〇〇九）がある。週刊東洋経済二〇〇九年一〇月三一日号の年金特集では、年金破綻論が整理され、その問題点も指摘されている。

（2）この調査は隔年で、かつては文部省（文部科学省）が実施していたが、現在は日本学生支援機構が調査を引き継いでいる。

（3）本来 scholarship を意味する奨学金は給付制を前提にすると思われるが（例えば『ロングマン現代英英辞典』scholarship を参照すると、"an amount of money that is given to someone by an educational organization to help pay for their education" とある）、日本では給付制の奨学金がほとんどなく、歴史的に日本育英会（現在の日本学生支援機構）の貸与型の奨学支援金制度が「奨学金」として認識されてきたと思われる。そういった事情から、ひとまずカッコつきの表現で「奨学金」とする。なお、ＯＥＣＤによる統計では、日本の奨学金は student loans として分類されている。

（4）高所得層はそもそも「奨学金」を借りる必要がないので、当然就職後に本人の返済義務は生じない。事実上教育費を支払うのは親であるが、親に教育費を「返済」している子どもがどれだけいるだろうか。一方で、低所得層で「奨学金」を借りた場合は、厳格にこの問題が付きまとう。さらに所得階層と進学大学のランクに関連があり、高所得階層ほど就職に有利な大学に進学できる可能性が高く、低所得階層ほど就職に不利な大学に進学する可能性が高くなれば、問題の根はより深いと言わざるを得ない。

（5）ＯＥＣＤ（2013: 178）によれば、二〇〇五年を基準にすると、一〇年前の一九九五年のトータルの公教育費は九七％、それに対して生徒数は一・二四倍もあったため、一人あたりの費用（支出）は二〇〇五年の七八％でしかなかった。そして二〇一〇年の生徒数は二〇〇五年の九六％に減っているが、教育費支出は一・〇四倍になっているので、一人あたりの教育費は二〇〇五年の一・〇九倍に増えている。

（6）ちなみに、高速道路無料実現化については反対が多く、実現すべきが二四％、そう思わないが六七％

となっている。

（7）こういった子ども手当のような現金の支給より、特に都市部では保育所の待機児童の問題が深刻化しており、そのような子育て環境の整備を求める声の方が現実には強く存在していた（日本再建イニシアティブ 2013: 173-80）。

（8）ＩＳＳＰのデータは、ＧＥＳＩＳ（ドイツの社会科学データアーカイブ）が設置するＩＳＳＰのウェブサイトからダウンロードして入手した。http://www.issp.org/index.php（二〇一四年三月一九日最終閲覧）

（9）なお、日本では租税負担と社会保障負担を足し合わせたものを「国民所得」で割った「国民負担率」が用いられることが多いが、国際比較ではこうした指標はほとんど用いられない。このことの問題については成瀬（2001）参照。現在の財務省の統計では、従来通り国民所得で割った数値だけではなく、ＧＤＰで割った数値も公表されている。税はまだしも、社会保障については結果的に国民にその利益が還ってくる性質のものであり、一方的な「負担」としてのみ論じることには問題があるだろう。成瀬が指摘するように、社会保障などの費用は公的にカバーされなければ、結局それは私費で負担しなければならなくなるのである。

（10）ピアソンの積率相関係数の値も〇・〇三五で、ほぼ相関がないと見て差し支えない数値である。

（11）例えば防衛費を削ってその分教育や福祉へ、というような主張が冷戦大戦下ではよく聞かれたが、イデオロギー的主張としてそういった考えがあるということは認められるものの、昨今の情勢を鑑みたとき、現実に多くの人々の支持を集めるとは思えない。無駄か無駄でないかという判定も、人々の立場によって異なる。だからこそ、その調整が非常に難しく、実際には多くを削減することはできなかったのである。

（12）日本では高度成長期に一気に建造された道路などが多いが、逆に言えば耐用年数の限界がほぼ同時期に一斉にやってくるということでもある。こうしたインフラは無条件に未来永劫使えるわけではなく、実際近年は耐用年数を超えて危険になっている橋脚、トンネルなどが多数あると言われている。二〇一二年一二月に中央高速道路の笹子トンネルで起きた天井板の落下事故も記憶に新しい。また二〇一一年三月の東日本大震災により防災意識が高まり、多くの古い建築物の耐震補強工事の必要性も強く認識されるようになっているはずである。こうしたインフラへの投資は、当然膨大な予算が必要となる。

(13) たとえばＴＰＰ（環太平洋経済連携協定）をめぐっても、内閣府、経済産業省、農林水産省がＧＤＰ（国内総生産）に及ぼす影響を試算しているが、内閣府や経済産業省は恩恵を多く、農林水産省は損失を多く見積もっており、その差は兆円単位にも上る（『朝日新聞』朝刊、二〇一〇年一〇月二三日）。この他にも、文部科学予算をめぐっては、財務省と文部科学省の間で厳しい議論が展開されている。これについては第三章注（5）参照。

第Ⅰ部　教育費をめぐる人々の意識と政策の現状

第一章　教育の社会的役割再考

1　「教育」の浸透する社会

本来、教育とは様々な場でなされるものである。生まれてすぐに過ごす場所は家庭であるから、親（保護者）が教える側の主体となって、家庭において教育が開始される。そして多くの子どもは幼稚園や保育園で多少の集団生活を経験した後に、小学校に入学する。親は子どもを小学校と中学校に通わせることが義務化されているから、普通は学校教育を経験することになる。というより、もちろん家庭や地域社会なども教育の場となり得るのだが、小学校入学以降は学校が教育の現場の中心となる。その後は本人の希望に応じて上級学校に進学し、進学先を卒業すれば就職することになる。就職先では企業内教育がある。最近は技術革新や世の中の変化が激しいため、企業に入ってからも常に学び直す必要性に迫られることになるだろう。また中には就職後に、大学や専門学校に戻って学び直す人もいる。職業に直結しなくとも、趣味や個人的な知識欲に目覚めて、カルチャーセンターや自治体などの公開講座などを受ける人もいるだろう。「生涯教育」という言葉があるが、人々のライフコースが多様になれば、公的な場で教育を受けるという機会は年齢にかかわらず広がってゆくに違いない。

とはいえ、特に近代以降になると、教育というものが「学校」のような公的な組織や制度の下で行われるようになり、またそれが無視できない重要な意味をもつようになっていることに異論はないだろう。現代社会において、普通に社会生活を送ろうとするのであれば、基本的な読み書き算盤（計算）は言うまでもなく、様々な知識が必要であり、しかも知識の重要性は増している。もっとも知識だけであれば、学校という媒体に頼る必然性はないのかもしれない。しかし私たちにとって学校生活は単に知識を吸収するという場ではなくなっている。一定の年齢までの子どもや青少年にとって、生活時間の多くを過ごすのは学校である。日本の学校生活では、課外活動や学校行事も重視されており、そうした場面を通して学ぶことも多いだろうし、学校生活の思い出としてそうした場面が思い出される人も少なくないはずである。

視点を変えると、学校という施設、設備は全国遍く、どこにでも存在する。学校のない世の中、というのは最早想像すら難しい。少子化傾向にあるとはいえ、学校教育にたずさわる教員は、二〇一三年度において小学校で四一万七千人超、中学校で二五万四千人超、高等学校で二三万五千人超、短大で九千人弱、大学で一七万九千人弱などとなっている[(1)]。ここだけで単純加算しても一〇〇万人を超える。これ以外にも専修学校もあれば、塾・予備校の私的教育機関もあるから、学校教育はそれ自体一大雇用創出源であり、一大産業でもある。

単に知識を学ぶというだけであれば、特段学校という機関に教育を委ねる必然性は、むしろ通信技術の進歩などによって薄れているとすらいえるかもしれない。しかし学校の存在それ自体を否定するような議論は、もちろん一つの考え方としてはあり得るが、極端すぎる意見として退けられるだろう。学校をめぐって様々な問題が噴出し、そして議論が繰り返されているが、多くは学校の存在自体を前提とし、その前提のもとでの改善策、ということであって、問題山積の学校の存在自体を見直そうというような声は（よほど奇抜か、極端な見解でなければ）上がってこない。つまり現在、教育を論じるにあたって、学校という制度やシステムの存在を無視して語ることは不可能である。

こうした学校制度は、通常政府（国だけではなく、地方自治体も含む）などの権力によって運営されたり、また運営自体は民間人であっても、その存在の正統性を担保するために、国家をはじめとする政府による認可を得るのが普通である。もちろん国家とか政府とかと無関係な「学校」的な組織や機関は存在しうるのだが、そこに通ったとか、そこで勉強したという事実はパーソナルな意義しかもちえず、公的な場でそうした私的な「学校」的空間で学んだという事実は意味をなさない。学校を卒業した、修了した、というのは、その学校が政府による認可や、政府自ら設置したという政府の後ろ盾があって社会的意味をもつのが実情である。学校教育の中身をどう論じようとも、こうした制度的な基盤が背景にあるという実態は、まず前提としておかなければならない。

そして教育の場はいろいろ想定されると述べたが、ここではそうした公的な学校制度、学校教育に限定して話を進める。政府が学校教育制度を設置するということは、その重要性や必要性が存在するからということになるのだが、一方でそうした学校教育を受けるのに莫大な私的費用がかかるという側面をどう考えるのか、というのが本書の主題でもあるからだ。さらに言えば、政府は確かに個人や民間組織の力を超越した強大な権力をもつのだが、一方で民主主義社会においては、権力が自らの意図の赴くままに自由に大衆を抑圧し操れるわけではなく、建前の上では投票などにより自らの意思を反映するシステムも備えている。したがって政府のあり方は、民衆の意思やあり方と全く無関係ということでもなく、それが部分的であれ、民衆の声を反映している側面もあるはずだ。日本では戦前において、国家権力が暴走して悲劇を招いたという反省もあって、戦後の民主主義社会の構築にあたって、国家権力の歯止めをどうするか、というのが大きな関心事としてあった。したがって国家と個人は対立図式で理解され、個人を国家の抑圧からどう守るかが議論の焦点となった。さらに、国家は特定の権力者が自らの意のままに世の中を動かす手段として存在するのではなく、むしろ個人の権利保護のために作られたものである、という文脈で語られることが多くなった（重田 2013: 13-14）。実際国家や官僚機構は、個人の意思を超越した力をもち、個人による制御が不可能になることも多々あるため、こうした権力に対する警戒、というような形での解釈は、一定程度の意味はある。一方で国家権力の力は強大ではあるけれども、今は必ずしも政府が民衆を押さえつけるという一方的な関係でもない。教育に限らず、社会保障や福祉に共通することなのだが、これらのサービスは国家権力や政府によって提供されるという性質をもっているが、その原資は自然に湧き出てくるわけではなく、市民（国民）が負担しているという側面もある。換言すれば、政府という超越的な権力が構成員から少しずつ原資を募り、そしてそれを直接的な人的サービスもしくは金銭によって再配分するというのが政府の提供するサービスの性質である。したがって公的な学校教育というものも、そうした人々から集めた税を中心とする原資によって運営されている、ということも認識しておかなければならない。

つまり私たちは（やや強めの表現をすれば）超越的な政府という権力が、自らの意図に反して税金などを収奪していると思いがちであり、一方で政府という自らとは全くかけ離れた存在が教育や福祉などのサービスを提供して当然、というように考えがちである。税金が私たちの意図通りに使われているとは限らないのでそうした心情は理解できなくはないが、実際には表層的で問題のある考え方である。学校教育は国家権力のもとで設置され、戦前に国家権力の意向を強く反映したものが教え込まれたということが問題視されたため、その反動として、国家と個人を対立図式で考える傾向が戦後非常に強まったと思う。教育システムが国家権力の下で成立する以上、そのカリキュラムや教育内容がニュートラルということはありえない。そして政府や組織が、しばしば個人の意図を離れ、コントロールが困難な状況に陥ることがあるのは私たちも普段から認識しており、それゆえ学校教育を批判的に検討することは常に必要なことである。ただその一方で、教育サービスは無償もしくは安い値段で、という要求がしばしばなされ、現に今でも続いているのだが（その訴えはもちろん正当なものと言えるのだが）、言葉は悪いが、何らかの権力に「介入は許さないが、金だけ出せ」という要求をしているように見えてしまう。日本が全く民意を反映しない独裁政権だという認識でいるのなら別だが、少なくとも民主主義国家を標榜する以上、政府への訴えは、国民（市民）に対する訴えでもある、ということに自覚的である必要があろう。もし公教育費の増額を実現するのであれば、何らかの形で市民から集めた原資を教育により多く分配せねばならない。その実現には他の目的で使用されているものを教育にまわすか、その余裕がなければ国民負担を増やすしかない。つまり自らとはかけ離れた権力的な存在であるかのような政府に対して、敵意を剥き出しにして教育費を増やせと訴えるだけでは不十分である。政府の意向は一方的に国民に押し付けられるだけではなく、自らの関与によって間接的にではあれ政府のあり方を修正することは可能なのであり、教育費の増額がなぜ必要なのかという訴えを世間にも広め、それが政党の公約や人々の投票行動に反映させるようにするとか、国民がそうした政策を打ち出す政党を支持するように働きかける、という姿勢が必要になるだろう。

2　近代化と教育——社会学的に学校教育を振り返る

(1)　近代社会における学校教育の機能

ではその教育とは社会的にいかなる意味をもつのであろうか。

未開社会における社会化であるなら話は別だが、近代以降の社会は複雑化し、子どもの成育空間と大人の仕事の空間は分離されるようになる。このあたりの経緯については、フランスのアリエス（Ariès, Philippe）による『〈子供〉の誕生』（一九六〇年、邦訳は一九八〇年、杉山光信・杉山恵美子訳、みすず書房）に詳しく、教育を専門とする人々の間ではよく知られている。簡潔に言えば、私たちにとって自明である成長段階としての「子ども」という概念が生まれ、そして「子ども」は純粋無垢な存在であり、また「大人」によって保護され、教育されなければならない存在である、と見なされるようになったのは近代以降であり、その子ども観の醸成には近代学校制度の成立が深くかかわっているという。

産業革命により、人口の都市部集中が進み、工場労働が発達し大規模化すると、大人の職域と子どもの生活の場は離れるようになる。そうすると子どもが大人の仕事ぶりを実際に観察して、技術や知識を習得するという場自体が失われる。近代以降、組織自体が複雑になるので、仕事においても広い視野や経験が求められるようになる。社会学では、近代という時代は何なのか、ということが重要な研究課題の一つとして採用されてきた歴史があり、フランスのデュルケム（Durkheim, Émile）と、ドイツのウェーバー（Weber, Max）が取り上げられることが多い。特にデュルケムは自らソルボンヌ（パリ大学）の教育科学講座の教壇に立ち、また教育に関する事象を社会的事実として捉える教育科学を提唱したことからも、教育社会学の祖といってもよい存在である（麻生・原田・宮島 1978）。

デュルケムはフランスの学校教育史を繙く中で、その起源をキリスト教の教会学校に求める。ばらばらな存在である個人をまとめる、いわゆる社会統合の機能として宗教があり、キリスト教学校では単に知識を伝達するだけではなく、キリスト教の教義に合致した全人的な価値観を付与し、その生活を実践させることに意味があった。このような宗教学校が世俗化したものが学校、ということになる。人々の一体感を維持するのに、地域の教会や寺院が大きな役割を担ってきたが、社会の進歩はそうした自然発生的な集落、村落という共同体的社会を超越した国家という組織を生み出すようになる。その国家の成員であるように教育すること、これが世俗化した学校のもつ機能である、というのがデュルケムの議論である（Durkheim 1938=1966）。

こうした自然発生的な共同体から、人為的ともいえる組織や機関中心の社会に時代が移行するにつれて、人々のつながり（連帯）のあり方も変容してゆく(2)。フランス革命以降、しばしば政権が入れ替わり不安定であったフランス社会において、いかにして安定的で平和な社会を構築するか、というのは喫緊の課題であり、関心事であった。その中で、産業革命以降、社会全体の機能分化が進み、個人の差異が強調されるようになる。わかりやすく言えば、単純な共同体的社会では自給自足的な生活が営まれており、周囲にいる人間が誰なのかもわかっているし、仕事の種類も限られているし（基本的には生きるのに必要な食料の確保、という点で、農耕や狩猟に集約されるであろう）、問題が起これば気づいた人間が臨機応変に対応することで事足りる。デュルケムは、自然発生的な共同体を環虫になぞらえた。環虫とは、ミミズなどのように外見的に節々が連結してつながっているように見える生き物を指し、節々が同じような形質をもっているから結合できる、と特徴づけられる。つまり自然発生的な共同体は、その構成員が氏族など何らかの共通の要素を多くもっている者から構成されており、だから何かことが起こったときに、誰でもその事案に対応できる（誰がやっても大して変わらない）、ということになる。デュルケムはこうした社会の個人を機械の部品にたとえる。部品は壊れても、すぐに交換すれば容易に機械そのものを動かすことが可能だからだ。そしてこうした社会における人々の結合を機械的連帯とよんだ（Durkheim 1893=1989）。

しかし近代になれば経済活動が活発かつ複雑に、また地理的にも広範囲に拡大するため、限られた人間がすべてをこなすことは不可能になる。このプロセスは、ウェーバーが近代化の組織の特徴として官僚制化が進むことを挙げたのと、軌を一にしている（Weber 1956=1960）。つまり扱う事業が大きくなれば、一人で対応できる範囲は限定されるので、必然的に組織内部の役割分化（機能分化）が進む。大きな組織では、一人で何でもやるのではなく、個々人が決められた役割の範囲をそつなくこなすことで、全体として大きな仕事を達成できる。ものつくりにおいても、一人が全工程を担うより、工程を区切って担当箇所を明瞭にして、それぞれの個人はその担当部分だけを担うようにすれば、生産効率は大きく上昇し、作業員への教育コストも削減できる。いわゆるフォード・システムはこうした発想のもとで生まれたものである。こうした例からわかるように、近代はむしろ異なる役割をもった人たちが集まり、それぞれがその役割を忠実に実行することで、社会全体の生産性を高めることができる。デュルケムはこうした近代社会に優勢な人々の結合を、有機的連帯とよぶ。近代社会は生物有機体のようなものであり、生物有機体は様々な機能を備えた器官を内部に保持し、ある特定の器官は別の器官によって代替できない。ただし異なる機能をもつ器官が組み合わさってはじめて、高度な生物有機体として生きながらえることが可能になる。この器官は、社会では様々な職業のたとえである。個人はそれぞれ自分の職業をもち、その職務に専念しているが、その職務に応じた役割を十分発揮することで社会全体のパフォーマンスが上昇するのである（Durkheim 1893=1989）。ただし異なる個人が組み合わさって一つの大きな社会を形成するというときに、結局個人の視野や関心は限定されているので、自らと異なるように思われる人々と連帯し、共同作業を行おうとは普通は思わない。そこで教育が重要になる。教育の果たすべき役割とは、全体としての社会と、特殊な環境をもつ社会の一部分が要求している一定の肉体的、知的、道徳的状態を子どもの中に発現させ発達させること、つまり子どもが将来所属する社会全体の構成員全員が身につけておくべきだと考えられる状態を実現することと、ある特殊な集団に所属し、そこでの役割を発揮するために必要な知識や技能を身につけさせることに大別される。これは個人に生きるための最低限の知識技能を身につけさせる義務教育の機能と、高度な専門職業的知識や技能を習得させる高等教育や職業・専門教育の機能に対応することになる。社会システムの様々な役割や機能に対応した形で個人の能力を発揮させるように導くこと、これをデュルケムは方法的社会化（socialisation méthodique）とよんだのである(3)（Durkheim 1922=1976: 58-59）。

（2）新興社会アメリカにおける学校教育

ヨーロッパに対してアメリカでも、哲学者、教育学者として有名なデューイ（Dewey, John）が類似の議論を展開している。彼は「一つの近代社会は、多少緩く結びつけられた多数の社会なのである」（Dewey 1916=1975: 42）と述べたが、実際に近代社会は家族親族、地域社会、職業集団、クラブなどそれぞれ別個の共同体が組み合わさってできているものである。商業や通信、交通手段の発達などで地理的な移動が激しくなれば、異なる背景をもつ人々や集団が、さらに大きな共同体や社会を構成するようになる。かつて比較的均質だった未開な地域社会では、子どもは親の真似をして学習すればそれで済んだかもしれない。しかし多様な背景をもつ人々が構成員となる社会では、一定の均衡のとれた環境をもつ教育施設が、また多様な背景をもつ人同士で共同生活を送る術を体得するためにも必要になる。デューイはそれゆえに、意図的に子どもを教育訓練する機関である学校が必要不可欠であると述べるのである(4)（Dewey 1916=1975）。

アメリカはヨーロッパと異なり、（ネイティブ・アメリカンの存在は別として）身分制もない状態から出発し、広大なフロンティアが存在していることで、いわば平等が所与の状態であった。ヨーロッパの場合、強固な身分制が存在したが故に平等の実現には革命という手段が必要で、だからこそ革命後に様々な副作用（反動）も発生した。トクヴィル（Tocqueville, Alexis de）の『アメリカの民主政治（Democracy in America）』は、こうしたアメリカとヨーロッパの違いを意識して書かれた書物で、現在でもアメリカ社会を読み解く際に必読とされる古典となっている（宇野 2007）。トクヴィルによれば、イギリスから移住していった移民のうち、ニューイングランドに移住した清教徒たちはもともと裕福な知識階級であり、妻子を伴って祖国に財産を捨ててやってきた。彼らはその厳格なキリスト教的信仰を実現しようとしたが、そのことは母国での迫害の原因となった。したがって思いのままに生活でき自由に信仰できる地を求めて、かの地「アメリカ」に渡ってきたのである。このアメリカという地では、もともと貴族であろうがなかろうが、出自は関係なかった。貴族制の成立には生産物を産出する多くの開墾された土地が必要であったが、未開のアメリカではそのようなものはなく、とにかく自分の努力だけが必要だったのである。ヨーロッパ（特にフランス）の政治世界は上層部から社会に伝わるという形式をとっているのに対し、アメリカでは共同体がまずあり、それが郡、そして連邦を組織するという逆方向の形式をとる。ニューイングランドに渡った清教徒のもつ理念とアメリカの当時の環境が、そのような形式をとることを余儀なくさせたともいえる。とはいえ人間は一種の堕落した自由というものをもつ危険性があり、それは無知からやってくる。これは平和な生活の脅威であり、神はそのような自由に反対している。神が求めるのはいわば市民的自由であり、道徳的自由である。そこで祖先がもたらし、市民的自由を実現させる神への遵奉を導くもととなる知識を得るために、すべての共同体に学校が設立され、親はそこに子を通わせなければならないという発想が生じるのだという。そして共同体の理念実現のために、驚くべき完全な法体系、公務員制度が早くから形成され、社会の成員を構成するための義務も課せられていた、とトクヴィルは述べる(5)（Tocqueville 1888=1987: 上2章）。

トクヴィルの『アメリカの民主政治』は、もともとフランス人の読者を想定して書かれている。当時のフランスを始めとしたヨーロッパ社会は、階級社会から（緩慢としたスピードではあったが）平等社会へと移行する時期にあった。しかしヨーロッパ社会は貴族制に根ざしており、貴族制は不平等をその制度に包含する性質のものであった。したがって平等化を進めるには、その貴族制を維持する旧権力を否定するしかなく、それがフランス革命のような激烈な手段に結びついた。彼らは平等化という理念に燃えて民主的革命を遂行したが、平等化を進めるほど反動による放縦が強まり、自由社会の達成が困難になるというパラドックスに陥った（Tocqueville 1888=1987: 下 534-552）。自由と平等はしばしば基本的な人権として並立して提示される理念なのだが、両者の両立は非常に困難な課題であることが指摘されているわけである。

教育をめぐっても、平等と自由はしばしば示される理念であるが、いずれかを追求すると、もう一方が犠牲になるという関係になりやすいことが理解できる。ラバレー（Labaree, David F.）は、教育の目標とするものを次の三つに分類している。一つ目は民主的平等、二つ目は社会的効率性、三つ目が社会移動である。これらの三つはそれぞれ、人々の市民的側面、納税者としての側面、消費者としての側面を物語っている。つまり、一つ目は、学校は良き市民を育成することに努めるべきだという考え方である。二つ目は、労働者として社会に役立つ人間を育成すべきだということにあたる。三つ目は限定された特定の地位をめぐる競争が行われるようになり、こうした切磋琢磨を通してより有能な人材を発掘することができ、また競争への機会を確保することで出自を問わず誰でも好きな職業につくことができるという機会を確保しておく、という側面である。いずれも教育の目的としてよく指摘されていることなのだが、実際に三つを同時に達成するのは不可能である。

社会の発展初期においては、そこに住む市民すべてに一定以上の読み書き能力などを身につけさせることが教育の第一の目的となるだろう。こうすることで、人々は自ら考え、判断し、選択する能力を保持できる。何らかの意見を表明したり、仕事をする機会があったりしたとしても、その機会を活かせる能力がなければどうにもならない。教育はそのための最低限度の力を付与する機能を担っているといえる。

しかし教育が社会に広く遍く普及し、学習内容も進んでくると、人々の能力差や好みの差が顕在化し、それに伴いニーズも多様化してゆくのは自然なことである。労働市場が要求する教育水準や学習した内容についての条件も、多様となる。教育システムはそうしたニーズに応えることで、人々を失業リスクから救うことになるが、一方で労働市場には仕事の内容や社会的な威信などに基づいて、賃金や待遇の違いが存在している。したがってここでの教育の機能は、皆を同じ水準に引き上げるというより、人々の能力や技能の差をより一層引き出すことにある。この能力差を引き出す点に強調点が置かれれば「個性伸長」として一般的にプラスのイメージで語られるが、この差が労働市場における待遇差などの格差に直結すれば、マイナスのイメージで語られる。

その賛否はともかく、教育では「同じ共同体に同じような価値観や知識を植え付ける」ことが強調されがちだが、教育によってこうした個人の差異化が行われる側面があることを見落としてはならない。教育のもつ目的の矛盾性はここにある。教育が望ましい社会的地位を獲得するのに役立つのだとすれば、人々はより高い教育を得ようとする。個人レベルで教育や学歴が役に立つ場面というのは、他人にはできないが自分にはできるとか、他人より自分の方が（威信が高いとされる）学校を出た、というケースが該当しやすい。他人にないものがあるから、高い賃金や地位が保障されるともいえる。だからより威信が高いとされる狭き門をめぐって競争が行われる。競争が激しいから入学基準を緩和しようと全体の枠を大きくしても、今度は別の基準が設けられ、その狭い枠をめぐる競争が激しくなる。日本でいえば、大学進学自体に価値があったため、皆が同じような豊かな生活を求め大学に進学しようとする。それで大学入試自体の競争が激化して弊害を生み、問題解決のために大学の定員枠を広げる（進学率が上昇する）と、今度はどの大学に行くかが問題になる、というように競争の性質が変わるのと同じことである。こうした競争が避けられないとすれば、結局その競争に勝ち抜くことが特に教育熱心な中間層にとっては重大な関心事となる。彼らの関心は、平等化よりも基本的に他者との差異化を図ることにある。しかも中間層は税負担の主力に位置し、彼らは納税者であるからと自らの需要に見合った教育を要求する。しかしそれは平等化の理念に反することになる。公立学校は第一の目標を達成するための共通教育や平等教育を重視してきたが、中間層のニーズに応えない公立学校に失望した彼らは私立学校に逃げることになる。すると、自らが受益者とならない公立学校のために税金を払わなければならないことへの不満も募ってゆくことになりかねない。現在の教育改革は基本的に効率性や教育サービスの消費者という面に焦点が集まっており、こうした中間層の要求にこたえつつも、公教育の民主的平等をいかにして維持するか、という難しい問いを突き付けられているのが現状である（Labaree 1997）。

（3）アメリカ的自由主義と教育の理念

アメリカでは、その建国以来の歴史に由来する「自由」をめぐる議論が活発である。政府についても、それが「自由の抑圧」につながるのか、「自由への手段」なのかをめぐって、見解が揺れている。例えば、いわゆるリベラリズムは、アメリカにおいてはヨーロッパとは反転した用いられ方をしている。つまり弱者救済などの自由放任に反する政策は、むしろ「自由への手段」を保障する手段であると福祉として現れ、それを支える民主党支持層を形成してきた。この思潮がリベラリズムである(6)（渡辺2010）。つまりリベラルであるということは単に国家による個人への干渉を阻むものと捉えがちであるが、アメリカにおいては個人の自由を実現させるための手段として、政府が位置づけられることになる。こうした立場に立てば、自由が単なる放縦とか、自分勝手ではないことが理解できるだろう。確かに財政的に見れば、アメリカは福祉事業に対する負担が少なく、福祉国家とは言えないかもしれない。そしてアメリカは、経済活動に対する規制はできるだけ少なくする、というスタンスをとることが多い。しかし武川正吾が指摘するように、アメリカの特徴は機会均等に対して非常に敏感であり、人種、性別、年齢、障がい者などの属性に対する差別を厳しく禁止する規制が多数あるということである（武川 2007: 42）。

規制をつくるというのは、発生した格差に対して再分配などで埋め合わせるよりコストがかからないから、という解釈もできるかもしれないし、北欧などの「大きな政府」を抱える国の機会均等に対する法規制が不十分だというわけではないが、このスタンスの違いは、自由とか平等といった理念が国（社会）によってどれほど異なるかを端的に示していると言え、興味深い。したがって財政的アウトプットだけを見て、アメリカが福祉国家ではない、と断言するのは、福祉国家の定義にもよるが、やや拙速であるとも言える。規制的な福祉国家と、手厚い給付の福祉国家は必ずしもトレードオフの関係にあるわけではないが、日本の問題点を考察する際には、こうした国際比較的視点に乗って日本の立ち位置を探求していくことが重要である。

ヨーロッパでは、近代国家によって全国民を統治把握するための公共管理思想、いわば公衆衛生や公教育の概念のように問題や疾病を予め予防しようとする思想が誕生し、その思想がアメリカに流入してきた。もっとも当時のアメリカは独立直後で自由が賞賛されていた時期でもあり、国家による統制に対して極めて慎重であった(7)。したがって公教育が制度として体現されるのは一九世紀半ば頃になる。アメリカのコモン・スクール運動の中心となったマサチューセッツ州の教育長であったマン（Mann, Horace）は、人間の中にもともと道徳的良心のようなものが植えつけられており、それを発揮できるよう子どもへの教育体制を整えるべきだと考えた。なぜなら、大人の心には可塑性がなく「鉄の鋳型」ができてしまっているので、そうなる前に人格形成を完成させる必要があるからだという（田中 2005: 194-213）。

アメリカ社会における成功は、経済的前進に結び付けられる。現在の多くのアメリカ人は企業や公共機構に所属しているため、個人的経営の店舗や農場で多くの利益を得るのと違い、経済的前進（仕事を通した利益の獲得）と個人の幸福とがすぐに直結しているわけではない。基本的に仕事上の成功は、企業や公共組織に所属して企業の利益を上げ、その企業の社会的ヒエラルキーを上昇させることに結びつくが、そのために仕事に没頭することは、必ずしも家族と十分な時間をもち良好な関係を築くという目標と合致しないものだ。

一方で個人主義は、もともと同胞から目を逸らし自らを隔離して、家族や友人の間に引き籠ろうとさせる性質がある。そしてその小さな社会は自分の好みに応じてつくれるかもしれないが、外枠の社会には関心をもたないということになりやすい。そうして個人は、自分の心の中に閉じ込められてしまう。私的な経済利益の追求と個人主義は本来こうした矛盾がある。ベラー（Bellah, Robert N.）たちによれば、宗教や民主的でボランタリーな活動への参加が両者の矛盾を埋め合わせる機能をもっており、さらにそうした組織や活動が管理行政的な統制を強める中央集権的政府の傾向をチェックし続けるのだという（Bellah et al. 1985=1991: 26–45）。

アメリカでは公共善をめぐって、一八八〇年代から第一次世界大戦の間にエスタブリッシュメントとポピュリズムという対立が出現した。前者はエリート群と結びついたもので、大学、病院、博物館などの私的諸機関に基金を提供し、ネットワークを構築した。一方でポピュリズムは、平等主義的エートスを強調した。第三代大統領であるジェファソン（Jefferson, Thomas）を尊び、普通の市民は自分たちのことを自分で決めることができる賢明さをもっていると主張した。ただしどちらも産業社会、企業経済社会を公共的道徳秩序に取り込む必要があるという問題意識は共有していた。二〇世紀初頭の政治改革運動であるプログレッシブ（progressive）は、その両方からヴィジョンを借りて、共同体を構築することを試みていた。市場万能主義は極端に格差を拡大させて公共社会を分断化するため信用できず、むしろ公的利益のためには政府の介入が必要と考えたのだ。それゆえ彼らは公共サービス、保健、教育の改善を図り、公共の利益の名の下で政府が大企業に規制をかけることを期待していた。彼らは一層効率的な国民社会を促進できる社会工学のような公共管理に期待をかけ、合理性や科学に重きを置いていた。

その後、世界恐慌により崩壊した企業経済の中から、今度は新資本主義と福祉型リベラリズムといったヴィジョンが登場した。前者は後にレーガン（Reagan, Ronald Wilson）が強調したものだが、自分と家族の利益のため、経済活動を行えるように必要な平和と安全を保護するのが政府の目的だとするものである。後者はフランクリン・ルーズベルト（Roosevelt, Franklin Delano）のニューディール政策に始まる、いわば政府の市場介入の動きで、公共善は経済成長の利益を分かち合うことで達成される国民的融和と考える。それゆえ政府は経済成長を促し、そこから利益を得るための公平な機会を保障しなければならない。ところが福祉型リベラリズムも究極には個人の私的目的を追求するために政府があるという点で新資本主義と大差なく、さらに一九七〇年代の不況で信憑性を失うことになった。政府の果たすべき役割について両者の見解に大した差がないのであれば、財政難の状況にあっては、コストの低い新資本主義がマシ、ということになるからだ。

それに対して新しく出現したのは行政管理型社会と、経済民主主義である。この両者はともに、新資本主義と福祉型リベラリズムに対して、特定の集団の利益を代弁しているに過ぎないと喝破する。新資本主義は、様々な不平等な集団の社会的調和をもたらすため、個人の安全性を高めて経済成長を分かち合おうとする。そのために様々な部門の人たちがパートナーシップを組み、政府の行政管理機構が技術や専門性に基づいて運営をしてゆくことになる。しかしこれがうまくいくようになって、利益が広くもたらされるようになると、多くの人はその供給されたものに対して一層私的な姿勢をとり、社会的調和と逆行する方向に進むという皮肉な結末をもたらす可能性が高い。資本主義活動は基本的に自分や家族のためであるから、利益を得るまでのプロセスは別として、ともかく得た利益は自分の手柄や業績だと思いがちだからである。一方福祉型リベラリズムは、市民の力を強化して新しい制度に参加できるようにすることを強調し、官僚制は自由を束縛するとして行政管理型に疑問を呈する。しかし結論としては、市民にきちんとした管理能力があるのかが問題となるので、専門家に頼るということになり、専門家依存という点では行政管理型と同じになってしまう（Bellah et al. 1985=1991: 310–327）。

基本的に、アメリカ人は独立以来の歴史から、政府の権力に猜疑心を抱いている。それゆえ、政府に公的権限や目標を与えることは稀であった。例えば公的財源による老齢者や障がい者健康保険（メディケア）の導入で救われた人は多かった。しかし制度の濫用は納税者の批判を浴びるので、連邦政府は医療施設の優先順位を見直し、様々な調整をする必要に迫られた。アメリカの連邦政府が多くのデータを集めているのは、そうした事情が背景にある。政府はデータをもとに新たな決断を下すことになるのだが、人々が決断を下す共通の道徳的基盤を有しないとき、そうした制度の何が目的なのか、それを支払うのはだれか、どこを統制すべきかといった公共的討論自体が行われにくくなってしまう（Bellah et al. 1991=2000: 24-26）。

このような個の自由と公共性のバランスのとり方に関する歴史を振り返ってみれば、特に近年は個の要求が大きくなり、私たちの生きる社会の共同的基盤の存立が揺らいできていることがわかる。コールマン（Coleman, James）は、長い間アメリカ人の間で共有されてきたとされる「教育機会の平等」を、次の四つの要素に整理している。①労働市場に出るのに適切な教育を、誰でも無償で受けることができること、②社会的背景によらず、誰でも同じカリキュラムで授業を受けられること、③異なる背景をもつ者が、同じ場所で同時に学ぶこと、④公教育は税金で運営されている以上、ある所与の地域では同じ教育が受けられるということ、以上の四点を満たさなければならない（Coleman 1968）。

既に述べたように、近年の教育政策や教育改革は基本的に個の要求を満たすために、市場主義的な改革を導入して公立学校の信頼回復と改良を行おうとする傾向が強い。これは個人の自由な選択を重んじた政策といえるが、ではなぜそうした学校が公費で運営されなければならないのか、という疑問が生じる。公教育の理念には、労働市場における教育の活用といった経済的側面におさまらない、共通のコミュニティの基盤形成という重要な目的もある。これがコールマンの定義でいう③や④に関連する要素である。だからこそ（特に基礎教育は）公的に担われる必要があるため、公費で運営される。アメリカにおいて、教育は政府によって無償で提供される（ということは公費で運営される）べきとされる数少ないサービスの一つであるが、それはアメリカ社会が多様な背景をもつ人々で構成されているだけに、猶更この理屈が重視されるのだとも理解できる。過剰な市場原理の導入はもちろん大幅な格差を生み出すことになるが、それは結果として社会の分断（social divide）を生み出しかねない。先にラバレーが挙げた三つの教育の目的（民主的平等、社会的効率性、社会移動）を同時に十分達成するのは不可能と述べたが、結局のところ、共通の社会的基盤に立って生活しているという前提を維持しつつ、三つをバランスを取りながら進めるということしかなく、何か一つを極端に推進することは教育のあり方を歪めるもとになりかねない、ということには自覚的であるべきだろう。

（4）学校体系と社会の期待する教育の役割

総じて言えるのは、教育機関の設置は、近代以降の国家にとって必須の要件となっている、ということだ。学校は、国家という共同体において、その構成員に共通の知識、技術、道徳などを注入する装置・機関である。そこでは共通言語の存在が重要な役割を果たしており（「国語」が形成され）、国民として社会化が行われ、社会統制が進められる（森 1993; 武川 2007: 225–226）。

学校という機関が早くから整備されてきたヨーロッパにおける身分制度のもとでは、同様の利害で結びつく階級や職業集団との団結は想像できても、それを超える人々との結合や社会の形成には時間がかかった。教育は宗教的教義の伝達がもともとの主目的であったし、学校がそのための唯一の手段ではなかった(8)。義務教育制度の確立は一七一七年のプロイセンが初めてであったが、天野郁夫によれば、それはあくまで国家と国王に忠実な臣民の育成が目的であって、エリート養成の中等教育とは切り離されていた。このように初等教育制度と中等教育制度が切り離されていたのは、フランスも同様であった(9)（天野 2006: 94–97）。つまり教育によって知識を得て、それをもとに地位の上昇や経済的利益を得られるという発想はここにはなかった。

一方アメリカは、「誰でも望むものは行ける」単線型の教育システムを最初に構築した点が、ヨーロッパと決定的に異なっていた。そこでは経済的成功、という理念のもとで、初等・中等、そして高等教育へと、身分制に直結しない教育制度が確立していたからである（苅谷 2004: 62-69）。

苅谷剛彦は、アメリカ社会学創始者の一人、ウォード（Ward, Lester Frank）の教育に対する思想を検討し、現在教育の世界で広く共有された「特定の社会的カテゴリー（人種や性など）と遺伝的能力の間に関連はない」という見解の萌芽を読み取っている。当時はこの逆、つまり人種や性、階級と知的能力には遺伝的に関係がある、という見方が支配的であった。これは現在では差別と認識される見解であるが、ただし重要なのは、ウォードは社会的カテゴリーによる能力差は否定したものの、個人による能力差は存在すること、しかし結果として生じる知性の差は圧倒的に環境によるものが大きいという環境説を採用したことにあるという。

つまり階級、人種、性によって知性に差があるように見えるのは、カテゴリーによる遺伝的能力の差ではなく、彼らがおかれている環境の差が原因であって、ここに教育の介入する余地があると考えたのである（苅谷 2004: 132-144）。そして個人が何にでもなれるという選択の自由を保障するためには、特定の職業を前提にした徒弟制ではなく、共通教育でなければならず、またそれをできるだけ長く行う必要があった。その共通教育の中で、自分は何者であるのかを考え、発見してゆくのにも教育は寄与する。結局アメリカの教育は、いわば「自由」と「平等」という、ときには相反する価値観を達成しようと試行錯誤を繰り返して発展してきたものだったのである（苅谷 2004: 340-348）。

近年では少しずつ違いが薄れつつあるが、少し前までは、学校教育システムにはヨーロッパとアメリカとで歴然たる違いがあった。学校システムが、外側の社会階層構造と完全に対応していて、早い段階の入学時点でコースが分かれており、どのコースに所属するかによって進学できる学校や範囲が決まってしまうのを複線型という。しかし近代では小学校段階では共通教育を施し、この段階からコース分けがなされていることはほとんどない。比較的見られるのは、義務教育段階を終えて、中等教育段階で大学進学系の学校と、就職系の学校にはっきり分かれてしまうという分岐型である。ドイツはこのシステムをとる典型的な例で、戦前の日本も該当する。また以前はイギリスなどでも採用されていた。そしてこうしたコース分けを行わずに、どの学校段階であれ、進学を望み、試験にパスしさえすれば上に進めるというのが単線型であり、アメリカや戦後日本が該当する。

ターナー（Turner, Ralph H.）は、複線型や分岐型では、進学を当然とする一部の階級のみで競争が行われるため、競争や社会移動の起こる範囲が極めて限定されているとし、こうした人々の移動のパターンを庇護移動（sponsored mobility）とよんだ。それに対して単線型では、常に競争の窓口がどの階級にも開かれているので、競争や社会移動が全社会に浸透しやすい（それゆえ競争が社会全体にも広がり、ときにはその弊害も広がりやすくなる）ので、この移動パターンを競争移動（contest mobility）とよんだ（Turner 1960）。このような教育制度の違いは、歴史的な経緯と、その歴史的経緯を踏まえた人々の学校教育観、学校教育に期待する機能を反映していると言える。

3　教育の社会的機能再考

(1) 平等化と人材配分

かつて教育は、人々の間で希望の星のような存在であった。つまり社会全体が貧しい中で、教育を受けることが自らの社会上昇というチャンスを得るための手段であった。実際、現在でも発展途上にある貧しい社会においてそれは事実であり、多くの民間団体が学校づくりや学校教育の普及に様々な支援を行っている。しかし学校教育が社会の隅々にまで浸透した社会では、そうした認識は問い直されざるを得なくなってくる。というより、近代以降、学校教育は行きたい人だけが行けばいいという存在ではなく、「行かねばならない」存在となった。来たい人だけが来る学校の運営は、相対的に楽なのである。そもそも学ぶ意欲が高い人たちだけで構成されているから、改めて何のために学ぶのかを問う必要もないし、多少教える側に問題があっても、学ぶ側の強い向学心がその足りない部分をカバーしてくれる。しかし広田照幸が述べるように、近代以降の学校教育は、すべての子どもに有無を言わさず学ばせるためのテクノロジーとなったのだ。だからやる気のない生徒の関心やる気を喚起させ、子どもをコントロールする技術が必要となったのである。学校教育の普及は私たちにとって当たり前のものだと見なしがちだが、こう考えると実は現在の教育現場は非常に難しい課題を突き付けられていることが理解できる。教育問題の噴出は、子どもが変わったとか、教師の指導力の劣化といった単純な問題に帰着されるわけではない（広田 2009: 96–98）。しかし噴出する問題を放置しておけば、それは学校教育の信用失墜につながる。

またこれも皮肉なことだが（そして既に触れたように）、学校教育は平等化だけではなく、他人との差異化の装置でもある。教育をユートピア的に解釈する人は、この差異化機能を（意図的か否かはわからないが）無視することが多い。つまり人より多く教育を受けたから、あるいは人より威信の高いとされる学校を出たから、所得が上昇したり高い地位に就けたりするのであって、こうした側面がなければ人々は教育の役割や機能の重要性に気づくことはなかっただろう。かつては学校教育によって進む職業や進学の有無の選別が進むことを批判的に見る論考が教育学でしばしば見られたが、教育にそういった機能がなかったら、これほど学校教育が普及することはなかったはずだ（広田 2004: 12-14）。そして近代社会が分業社会であり、人々を様々な職業に振り分けるという選別の機能を学校がもたなかったとしたら、それこそ学校教育は何のために社会に存在するのか、ということになりかねない（近藤 2001a）。学校教育の選別機能を批判するような見方があまりに強かったことは、結果的に日本で教育と職業の関連性を問うことをタブーとまでは言わないまでも、低調にした。その結果、学校における職業教育はあまり盛んでなくなり、学校教育が役立たずの知識ばかりを教えるという認識が社会的に広く浸透することになってしまったのではないか、という気がしなくもない。

社会的な格差が存在していたとしても、その日の食事にも困るような貧困に喘ぐような状態の人が多く存在するような社会と、贅沢を言わなければともかく普通の日常生活が送れるような社会とでは、格差や階級構造に対する人々の捉え方や問題意識は当然変わってくる。そして経験的に、少なくとも統計的には、職業階層が純粋な意味で再生産されている、つまり親子で全く同じ職業が継承されているような人々は、必ずしも多いわけではない。社会的には格差論が盛んになっているが、実際には格差をなくすことがどうしてそれほど重要なのか、というような声が上がり、またそういった声を支持する人が少なくないという状況もある。社会階層研究においては、日本の教育機会は出身階層による不平等が依然として残っているというのが常識である。ところが日本では不平等構造や格差構造という問題について、リアリティがない、あるいはそういう問題はあったとしても社会的に解決の必要がないと考えている人が少なからず存在しているという状況がある。そうした見解が生じる原因について、人々の置かれた社会認知の構造や仕組みについても、私たちは検討する必要に迫られている（近藤 2001a）。

（2）日本人の学歴に対する不公平感

ＳＳＭ調査[10]一九九五年データを分析した近藤博之（2001a, 2002）によれば、多くの日本人は、日本社会に学歴に基づく不公平が存在すると考えている。このことは主として「どんな学校を出たかによって人生がほとんど決まってしまう」という意見に、不公平だと考える人が多く賛成していることから、単なる一指標に過ぎない学歴が過大評価され、それで人生のすべてが決まってしまうのは不条理と思っている人が多いと解釈できる。一方「学歴は本人の実力をかなり反映している」と、「学業成績や学歴は本人がどれだけ努力したかによって決まる」という意見に対してはどうか。普通に考えれば、「学歴は真の実力を反映しておらず」「努力したかどうかは関係ない」から、どんな学校を出たかで人生が決まるのは「不公平」だと考えるのが、辻褄が合う。だからこれら二つの項目には、学歴による不公平があると考える人ほど反対する人が多そうだ。しかし実際はいずれも学歴による不公平があると考えるか否かによって差は生じることはなく、前者は四割、後者は六割ほどが肯定している。

これについて近藤は以下のように解釈する。以前の日本は貧富の差が現在より大きかったため、家庭の経済環境によって進学できない、といったことがしばしば観察された。だから「実力があるのに進学できない」という話がしばしば聞かれたし、実際それを受けて「学歴≠実力」という認識が広く共有されてきたのだろう。しかしほとんどの人が高校に進学し、また高校を卒業して進学しない人々がもはや少数派になっている現在、「実力があるが進学できない」というのは例外的なケースで、社会に普遍的に存在するとは認識されにくくなっている。つまり学歴は実力をある程度反映しているという認識が一般化しつつあり、学歴に基づく不公平感は、異なる方面から実感されているという可能性を認識しなければならない。また同じＳＳＭ調査のデータを見ると、地位や経済的資源の配分について、若くて高学歴な人ほど「実績」を重視すべきと考える人が増えており、大卒では半分以上にも上る。かつてであれば高学歴層ほど社会的不平等に敏感だった（知識の面でも日本の社会的不平等の問題が認識されていた上に、貧富差がはっきりしていた環境にあって「実力があるのに進学できない」というような人が容易に観察できた）ので、短絡的に「実績」重視とは答えにくかっただろう。一方学歴が高くない人の場合は、かつてであれば実力があっても進学できない、というケースがあったから、学歴ではなくて真の実力（実績）を見てくれ、という意見が出てきそうである。ところが基本的に学歴＝実績という見方が有力になると、そうした思考回路は働かない。だから学歴の高くない人々の間では、実績重視という声は多くはならない（近藤 2001a, 2002）。

そしてこの競争の公正さに関連するが、機会の平等の中身は単純ではない。機会を平等にする、というと、われわれ日本人は「全く同じ扱いで」ということを想像しがちである。もちろんそのこと自体は誤りではない。通常は、人種、出自、年齢、性などの属性による差別なく、誰にでもチャンスが保障されている制度が確立されていることを指す。入試であれば（一定の学校段階の卒業資格を有するという条件のもとで）、いかなる属性をもっているにかかわらず、入学試験を受ける権利を有する、というものである。さらにいえば日本の入試制度は（多様化が進んでいるとはいえ）極めて均一で統制のとれた環境において、一斉にペーパーテストを課すという方法が採用されてきている。入試は一種の競争だが、要は入試というイベントの中での競争の条件が、全く同じになるようにという強い配慮がなされている。

しかし実際には競争に至るまで、例えばどういった家庭に育ったか、親は子どもにどれだけ教育の資源を提供したか、学校教育では良質な授業を受けてきたのか、などなど、限りないバックグラウンドの差異がある。この差異は場合によっては、競争に不利に働く性質のものもある。しかし一斉試験のペーパーテストというのは、そうした事前の環境的な条件の差異をすべて隠蔽し、皆同じ環境で試験を受けているのだという印象を本人にも周囲にも強く与える。その結果、入試によって生じた結果は、本人の「実力」だとか、本人の「努力」を反映していると見なされがちになる。極端に言えば、日本の学歴社会の勝者は、自らの恵まれた境遇に自覚的ではなくなり、勝ったのは自分の努力や才能のせいであって、試験は同じ条件でやったのだから、負けたのはその当人の責任であるという見方をとるようになっても不思議ではない。つまり競争での勝利は自分の手柄であり、負けたのは本人の自己責任、ということである。表面上豊かになり、人々の間の生活の差が見えにくくなった現在、こうした見方が強まっているのではないか、それが格差論に対しても冷ややかな人が案外多いことの背景にあるようにも思われる。

苅谷剛彦のまとめ（苅谷 1994, 1995, 2004）に基づけば、日本の教育現場では、平等というときに意味するのは「平等な処遇」であり、教育の場で異なる処遇を提供することは差別感の温床となるとされてきた。最近は抵抗感が薄れているようだが、特に同じ学校で学力別にクラス分けして授業をやったり、授業に遅れ気味の生徒を選んで補習したりすると、それはある子どもを特別扱いしている、できない子とみられるのが恥ずかしい、だから差別だ、などとされたのだ。現実的な浸透度は別として、教育の世界においてかつて入試を全廃すべきとか、総合選抜制(11)を導入すべき、といった議論が出現したのは、処遇差やそれによって生じる差別感をできるだけなくすことが目的だった。こうした社会において結果の平等とは、処遇差そのもの、もしくは処遇差を生じさせる制度自体がなくなったときを指すことになる。

一方、構成員のバックグラウンドが多様なアメリカ社会では社会的属性を考慮し、社会的なカテゴリー（人種や性）の間で進学率や卒業率に差がなくなったときを結果の平等と捉える。だからそうした結果の平等を実現するために、いかなる機会を設けるか、例えばアファーマティブ・アクション（affirmative action, 積極的格差是正措置）のような制度(12)が様々な議論をアメリカでもよんでいるのは事実だが、それでもそうした具体的な施策をもとに、結果の平等にどれだけ近づいているかという具体的な議論が展開できる。

日本では（学問的には別だが、一般社会では）ほとんどそういった視点はない。そもそも入試の同一条件下の実施にばかりに目が向き、それまでの成育環境を含んだスタートラインが同じであるかを検証する視点もデータもない。あるいは入試改革についても、競争の緩和が目的とか、多様な個性を発掘するとかいう表面上の議論ばかりに目が向くことになる。だから結果の平等を「画一的な教育サービスの提供」という意味で理解し、そうした「結果の平等」が機会の平等を侵犯する（できる生徒の機会を奪っている）、というような議論がまかり通ってしまうのである（苅谷 2004: 349-354）。

（3）潜在能力を踏まえた平等論と公教育

また、セン（Sen, Amartya）による潜在能力（capability）論を考慮すれば、教育現場において単に「誰にでも同じような扱いをする」ことは必ずしも平等ではないということが理解できるだろう（宮寺 2006: 5-7）。

センの議論は、単純化すると次のように説明できる。非常に貧しい村があって、彼らに援助として家庭電器を提供したとする。しかしその村にはそもそも電気が通っていなかった、あるいはその電器を使用するための説明を理解できる人がいなかった、とする。そうなると援助も無用の長物となる。したがってそうした援助の前に、まず電気を引くとか、それが何の役に立つのかといったことを説明できるような教育が必要になる。端的に言えば、われわれが良かれと思うものを単に配ればそれが即、利益をもたらすわけではない。被援助者の置かれた環境や状況を理解し、それを踏まえた援助をしなければ、好意も無駄になってしまうのだ。

教育も、制度として、誰でも受験可能ですよ、と場だけ提供すれば機会の平等が保障されたということにならないことは、こうした事例を考慮すれば明らかである。極端に言えば、目の見えない人に、表面上全く同じ受験会場を準備して、障がいのない人と同じ試験を受けさせて「平等な場を提供した」というのは、あまりに非合理で、とても受け入れられるものではないことはすぐに理解できる。実際、試験としてはできる限り同条件を整えるが、何らかの障がいのある受験生に対して、別室で、相応の対応（補助）を加えた上で試験を行う、ということは一般的に行われており、それを不当だとか逆差別だと告発する人はほとんどいないだろう。

むしろ形式的な平等を徹底することは、場合によっては差別につながりかねない。つまり日本の教育現場では、「平等な教育」といったときに、それが何なのか、ということを十分に熟慮してこないことが多かった。ニューカマー（新しく日本にやってきた異なるエスニック・グループ）の子どもに対する日本の学校の対処は、これまでの日本の教育における形式的平等の問題を浮かび上がらせることになる。日米の学校をフィールドワークし比較した額賀美紗子は、民族的マイノリティの児童生徒に対する教師の対応の違いに着目する。教師（学校）が提供する資源は、教材などの物理的資源、授業スタイルにかかわる文化的資源、そして生徒の学校帰属意識ややる気、友人関係などにかかわる関係的資源に分けられる。アメリカの場合、エスニック・マイノリティは言葉に不自由なことが多く、また民族的バックグラウンドもあまりに多様である。その中でアメリカの学校も、学力向上に向けたプレッシャーが現場では高まっており、限られた時間で効率的に成果を上げる必要性に迫られている。そこで彼らがまず重視するのは、物理的資源であり、ニーズに合った教材を与え、限られた範囲で個々に接することが重視されていた。もちろんこれは近年のアメリカのカリキュラムや教育改革に起因する面もあるが、一方で個人は異なるという前提のもとで、それぞれのニーズや個性にあったものを提供するのが平等であるという価値観も強く付与されていると推察される。

それに対して日本の教師は、そうしたマイノリティが日本の児童生徒のグループに溶け込むか、ということに注意を払う。マイノリティの児童生徒がいた場合には、クラスメートに応援させる場面をあえて作るとか、そのマイノリティの母国について言及するとか、いわゆる関係的資源や文化的資源の配分に重点が置かれていた。ただしマイノリティ生徒は基本的に他の子どもと生活し、また日本の学校では班活動なども重視されるので、授業ペースは全く変わらない、という点で文化的資源の配分は限定的であるといえ、さらに教材は他の児童生徒と同じものが配布されていた。このことが示しているのは、児童生徒同士の関係性を重視する日本では、とにかく仲間外れにならないことが重要であり、日本の他の児童生徒に対して目立った処遇を与えて目立たせるようなことはしない、ということであった。特別な教材を与えるという物理的資源の配分は、最も処遇の差として見えやすいからである。しかし現場の教員は、物質的資源を同じままにして、何とかマイノリティの児童生徒に、他の子とあまり変わらないような点数をとらせようといろいろ画策するのである。もっとも、日本の、子ども同士の関係性を重視する学校文化を前提にすれば、こうした教師や学校の対応は必ずしも不合理ではない（額賀 2003）。しかし差異を差異と認めず（認識せず）、形式的平等に固執することが真に公正といえるのか、という問題を、この研究は示しているといえる。

もちろん、こうした形式的平等がもたらした功の部分もあるかもしれない。制度的な平等を徹底したことで、心理的には誰もが進学にアクセスできるように感じさせることにつながった。過去の受験競争は否定的に語られることが多かったが、一方でそうして国民全体の進学率が上昇し、日本人全体の教育水準も高くなったのかもしれない。また国際比較の学力調査では平均点ばかり注目されるが、日本の場合、点数の散らばりが少ないという特徴もある。つまり（上下ともに）極端な人がいない（少ない）ことを示しているわけだが、このことは、ずば抜けてよい人が少ないという点で創造性に欠けるという評価につながっているのかもしれない。しかし一方で、極端に悪い人が少ないことは、雇用する側からみれば、国民一般の知識技能の水準がほぼ一定程度はあるという信頼性に直結し、そうした質の高い労働力を多く輩出できたことが日本の戦後の経済成長に一定程度寄与してきたとも言えるかもしれない。

少し論点はずれるが、実際日本では、教育費そのものの負担がＧＤＰ比で少ないことが指摘されていたものの、初等中等教育に限定すれば、必ずしもその負担割合は低いわけではない。そうした初等・中等教育重視の成果が、戦後日本の経済発展の一翼を担っていた可能性は否定できない。一般的に、高等より中等、中等より初等の段階の教育が定着していることの方が社会全体の底上げにつながるので、教育投資の収益率は高い。したがって、限定された資源を、初等中等教育に多く割り当てるという方針も、それはそれで一つの見識ではある（市川 2000: 11）。初等・中等教育が重視されてきたのも、広い意味で「誰もが同じ処遇を」という日本人の価値観が反映されている証なのかもしれない。

いずれにせよ、処遇の平等性を強く追求する日本の教育システムのあり方自体が、教育に対する日本人のイメージ形成に影響している可能性は否定できないだろう。例えば一律で神経質なまでに同一性にこだわった試験制度は、成功を個人的な手柄に還元し、失敗も自己責任ということにしてしまいがちである。「皆同じ条件でやっているのだから、結果は自分の責任だ」というわけである。学校での細かな処遇差ですら「差別（特別扱い）」だと認識する風潮にあれば、個々の親は、自分の子も他人と同様の教育を与えてあげたいと思うのは自然である。実際、他の家でやっているから、ウチの子も、というような会話は日常的によく耳に入る。こうした他の子と同じ処遇を、という心理的圧力が、日本の戦後の教育拡大、大衆教育社会を生み出したともいえる（苅谷 1995, 1998）。このような中で、親が無理をして学費を出して進学させるのも、それが当然、むしろ親の義務という風潮を生み出す。こうして数字上、誰でも進学できる世の中になっているから、あとは進学できる、できない、もしくは成績差はすべて本人のせいになる。また私費で進学した成果は、結局、「自ら支払ったのだ」という意識が先行するから、そのメリットも個人的に還元されて当然だという考え方になりやすい。さらに全体的な私事化の風潮も相俟って、教育の選択はプライベートなものとされ、公的な意義は見えにくくなるのである。

もちろん多くの人は、理屈の上では教育が社会的な意味をもつことを理解しているだろう。しかしそれを実感できる環境が、日本には乏しいという面があるのかもしれない。

（4）政府が教育に関与することの意味

教育行政学者の黒崎勲は、日本の教育行政学や教育学一般でなされてきた教育の公共性の議論を、以下のように整理している。教育は本来国家の独占的事業ではなく、国民の自由として広く認められるものである。しかし学校という組織体の教育活動が国家社会に及ぼす影響が非常に大きいことから、学校の設置は国、地方公共団体及び学校法人に限定し、国や地方公共団体に学校教育活動の担当責任があることを宣明したのが、法解釈的な意味での教育の公共性である。ただし過去の歴史を振り返っても、教育が国家統制となり、教育が政治的支配及び利用に陥る危険性があるため、一方では教育の私事性が強調される。それゆえ適正な情報提供のもとで、自分自身（もしくは保護者）が学ぶ学校を判断することができると主張されるようになる。公私は必ずしも対立するのではなく、むしろこうした私事を達成できるようにする基盤を整える責任が公には存在するともいえる。このような考えを進めていったものが、著名な教育学者である堀尾輝久が提唱した「私事の組織化としての公教育」という結論となる。つまり私事は私事そのままではなく、新たな公共性を構築しようとするための手がかりになる。そしてこうした私事を達成できるような教育を受けることが人権の一つと見なされるようになり、これが「国民の教育権論」となる。

戦後、アメリカを模範とした教育委員会制度が採用されたが、教育委員会の民衆統制原理である公選制が廃止され、徐々に「反動的」な動きが目立つようになった。すると宗像誠也を中心とする日本の教育行政学は「アンチ教育行政学」を名乗り、国や文部行政の不当な教育への介入に反対する法解釈論や権利論に偏るようになり、実態的な分析は停滞することとなった。しかし「私事の組織化としての公教育」は、突き詰めると「民主教育」対「反動教育」とか、「教育運動」対「教育政策」という安易な二分法に陥っていることに気付かされる。この二分法とは、民主教育や教育運動は親や民衆が立ち上げたから善であり、反動教育や教育政策は国や文部省、政府が押し付けたものだから悪だという非常に単純な図式である。例えば、親権の共同化としての共同保育所づくり運動は、自らの望む保育所をつくるという私事の組織化の理念の具体化であり、いわば親からみて望ましい教育を選択する権利を履行している行為のはずである。しかしこれが政策当局から学校選択制度の導入として提唱されると、（形式的には共同保育所づくり運動と同じく、親が自分の子どもの教育について選択権を行使できる、ということなのにもかかわらず）それは単なる教育サービスを単に消費しているだけだという教育の私事化と見なされ反対される、というように恣意的に解釈されてしまう（黒崎 1999）。

こうした議論は、国家権力以外の何らかの公的な存在があって、それが国家から独立して教育なるものが成立するという前提で成り立っている議論のように思われる（宮寺 2006: 192–194）。しかしその国家を超えた公的なものとは一体何なのか、また手続き的に、人々から資源を集めて学校を運営するという段になったとき、国家などの政府以外にそれが可能なのか、という問題が生じる。確かに有志が集まって学校を設立することは理屈の上では可能だが、そうした学校の運営収入は授業料に頼らざるを得なくなるだろう。すると莫大な人件費や学校運営費を集めるために、授業料は大幅に上げざるを得ず、結局通学の有無は支払い能力に依存することになる。現実の文明社会では、すべての子どもを学校に行かせるのが原則だから、莫大な授業料を個別にとるというのは（様々なバックグラウンドを抱える人がいるだけに）現実的ではない。トータルで見たランニングコストは、学校教育が存在する以上変わらないのだから、それを受益者のみで負担するのが合理的か、それとも社会で負担するのが合理的か、という話である。受益者のみで負担するのに無理があるとすれば、結局税などをもとに運営するしかないが、そうなれば現状では国家（政府）以外に徴税を行い、それを再配分する機能をもつ機関は考えられない。

また市民が自ら作り上げた学校が、社会にとって有益な存在であるという保証も全くない。そもそもこうした学校立ち上げ運動を行えるような人々は、社会的に恵まれ、教育に関心のある高階層の人が多い。それは彼らの利害関心には合致するかもしれないが、社会全体の共通利益や公共性を見通した学校づくりになる保証はない。結果的に一部の声を大にする保護者中心の学校運営になるのではないか、と懸念される。広田照幸は、こうした学校批判の市民運動は、「強い市民」の「強い子ども」を前提にしていないか、と警鐘を鳴らす（広田 2004: 37）。

日本の場合、戦前の教育の反省があるため、教育の国家統制に対して非常に敏感にならざるを得ないのは理解できる。しかし政府を運営する人間が、一般社会にいる人と全く隔絶されたところに生きて、一般社会の人と全く異なる価値観のもとで国を運営しているかのように、初めから国家や政府を敵視するような見方は生産的ではないし、実際にどこまで現実味があるのか、という気がしなくもない(13)。教育費をめぐる議論も、政府という自らの存在とかけ離れたものが一方的にもっと負担すべきであると言っているように聞こえることがあるが、公教育費の財源がそもそも国民の支払う税などであり、またその用途も国民のニーズから全くかけ離れたところですべて決まっているわけではない。これは教育費に限らないことだが、民主主義を標榜する割に、財政の問題はどこか他人事だという意識が強いように思われる。これについての問題は第Ⅱ部でも再度検討する。

また現在の日本の教育費をめぐる議論の中心は、学費の高い高等教育にあるといえる。高等教育進学率が低い場合には、高等教育を卒業したことの社会的価値が高いため、労働市場でも高い評価を受ける。それゆえ賃金の点で、非高等教育進学者より優遇される可能性が高いだろう。さらに高等教育進学率が低いうちには、進学機会自体が出身階層により異なっており、多くの場合は高階層出身者が有利である。したがって高等教育に公費を多くつぎ込み、学費を公負担とするのは、高等教育に進まない（進めない）で働く人から徴収した税を、高階層の人に移動するとも解釈でき（Wilensky 1975=1984，本書 113 ページ参照）、格差の是正とか所得再分配と全く逆の政策を実行していることにもなる。では何もしなくてよいのか、というと、もちろんそうではなく、むしろ階層の高くない人の進学機会をどう拡充するかが問題となる(14)。

進学率が高くなり、高等教育進学が珍しくなくなってくれば、進学そのものによる利益というよりは、進学しないこととの不利益が目立つようになる。それでも結局、進学機会に階層間格差があるということに変わりはないので、十分な進学機会を保障する何らかの援助が必要になるだろう。

また一般に大学のような高等教育機関は、単なる教育だけではなく研究機関としても位置付けられ、そこでの研究開発の成果が社会に還元される、という側面もある。経済のボーダーレス化やグローバル化が進む中で、社会に還元される利益は経済的・金銭的なものには限らない。高等教育機関としての競争の圧力にも晒されているため、その競争に勝つためにも、国などのサポートが必要になる。ノーベル賞などの国際的な学術賞に選出されるような研究者が日本から生まれること、あるいはオリンピックで選手がメダルを獲得することなどは、それ自体一般の人々や社会に対して金銭的、経済的利益を生むわけではないし、またそのインパクトを測定すること自体容易ではないが、しかしその社会に住む人々の間で一定の刺激を与えてくれるといった側面があるのも否定できない。

さらに重要なのは、そうした実績を上げる人々を輩出することが有能な人材を集める吸引力となり、そうした人集めのサイクルが成功すれば、ますます全体のレベルが上昇する、ということも不可能ではなくなる。これは高等教育の外部性、とよばれるものである。ただし外部性は概念として理解できるが、実際のところどれほどのものなのかを測定するのは容易ではない。そして実質的に効果がないのに公的補助を行えば、過剰投資となる。近年は大学が多すぎる、などと外部性に疑念をもつ声も増え始めている（矢野 1996: 92）。第四章でも触れるが、国際的にも日本では高等教育に対する公的負担を支持する意見は必ずしも高い方ではない。つまり高等教育政策に対する一般の人々の認識は厳しく、公的なものと言うより、基本的に私的な選択で、私的な利益に還元されるものと見なされていることになる。

また、ここでは教育と雇用（労働）に焦点を当てたが、職務に関連するものは職場の訓練（企業内教育）で間に合う、ともいえる。むしろそう簡単に職務に直結しないような教養とか、一般的な知識を学ぶことにこそ、真の公教育の意味があるとも言える（神野 2007）。こうした知識は、すぐに使えるわけではないので、役に立たないと思われがちであり、また役に立つという実感をする場もそれほど多くはない（自覚できない人も多いかもしれない）。しかし人間の生活は仕事や経済活動だけで成立しているわけではない。文学、芸術、歴史、自然科学など、これらはすぐに何かを生産するわけではない。しかしこういった活動があることで、私たちの生活は人間らしさをもっているともいえる。実際、仕事と直結しなくとも、こうした教養的なものに触れてみたいと思い、新たに本を手に取ってなるほど、などと思う場面を多くの人が経験しているだろう。このように単純な経済活動（市場メカニズム）で生み出されないものにこそ、政府が役割を担う意味があるのであって、開き直っているようだが、むしろすぐに役立たないものを提供することに公教育の意味がある、とすらいえるかもしれない。

ただし、人々の生活が決して楽ではない今、そうしたものをどこまで公的に負担すべきかという議論はあってしかるべきであろう。資源は自然に湧いて出てくるものではない。だからこそ、単に政府批判を繰り返すだけではなく、公教育を皆が負担して存続させなければならないというコンセンサスを得る努力をすることが、これからは重要になってくると言える。日本は現在財政危機の状況にあって、さらに高齢化が進んで社会保障費の拡充を望む声が強い。そういった制約を破って、教育費の拡大を進める根拠、一般の有権者、納税者を納得させる根拠が見出せるかが課題であると言えよう（市川 2000: 70–72）。

注

（1）いずれも『学校基本調査』による。

（2）社会学では、こうした組織や集団のあり方の変化について、いくつか古典的ともいえる著作がある。テンニースの「ゲマインシャフトからゲゼルシャフトへ」（Tönnies 1887=1957）が特に有名である。人間の意志は、自然発生的な本質意志と、打算的で利益追求的な選択意志に分類でき、前者の支配する社会（共同体）をゲマインシャフト、後者の支配する社会（共同体）をゲゼルシャフトとよび、社会のあり方が徐々にゲゼルシャフト中心になっていくことを考察した。

（3）なお、『教育と社会』佐々木訳では、方法的社会化に対して、体系的社会化という訳語が与えられている。

（4）こうした目的意識をデューイはもっていたがゆえに、座学を重視しがちな学校教育を批判し、子どもが自分のやっていることを社会的に関連付けて学ぶことができることを重視していた。ただし『民主主義と教育』の第一九章にあるように、デューイは単純な「職業上有用な知識（実利）」と「単なる閑暇としての知識（教養）」という二分法に則って、前者のみを重視していたということではない。そうした二分法が、教育課程における中途半端な折衷をもたらすのであって、そもそも実利と教養はそう簡単に分けられるものではなく、矛盾する概念でもないということを戒めている点には注意を払っておく必要がある（Dewey 1916=1975: 下 98–104）。

（5）アメリカでの共同体の歴史は浅く、そもそもの出身のヨーロッパの歴史からは切り離されている。全く無関係の者が集まり、一から共同体を作り上げてきた。それゆえに何らかの形で自らが共同体の社会に参加しているという意識があり、今日の繁栄は自らが作ったという自負がある。だからこそ共同体の繁栄は自らの繁栄でもあり、共同体の運命は自らの運命ともなる。これがアメリカで形成される愛国心のもととなる。トクヴィルは母国フランスの混乱に比して、アメリカで一見矛盾する私益と国益がいかにして結合して愛国心が生まれるか、という文脈でこのことを説明している（Tocqueville 1888=1987: 中 138–143）。

（6）ある人間が所与の環境や条件、才能のもとに生まれたのは単なる偶然に過ぎず、そのことを根拠に、個人が一旦無知のヴェールに包まれた状態（自分がどういう環境の下で生まれたか全くわからない状態）のもとであれば、結果的に最も恵まれない人々の利益が最大化するような選択をするはずだという格差原理を唱えたロールズ（Rawls, John）は、いわゆる左派からもしばしば引用されるが、彼が「リベラリスト」とよばれるのも、そうした事情による。

（7）ジェファソンによる無償教育思想の生まれた背景には、ここにあった当時のアメリカの世相を解決しようという切迫した状況があったことが推察される（田中 2005: 160）。

（8）確かに一八世紀後半のフランスで、徐々に実用的知識の重要性に気付いた一部の農村において学校教育が普及していったという現象は見られた。しかし一方で、フランス革命政府は多くの民衆に知識を付与する初等教育の組織化には熱心ではなく、共和制を担うエリート教育に関心を抱き、中等教育や専門教育に熱を入れるようになった。「自由」や「平等」というスローガンを掲げる点でフランスもアメリカも類似しているのだが、教育制度の草創期はかなり対照的な様相を呈していたといえる（天野 2007）。

（9）イギリスについての考察は、第二章で行っている。

（10）一九五五年から一〇年に一度、西暦が五の年に日本の社会学者が行う「社会階層と社会移動に関する全国調査」で、社会階層（social stratification）と社会移動（social mobility）の頭文字をとってSSM調査と呼んでいる。国際的にも知られる数少ない日本の全国調査である。

（11）一部の自治体で見られた高校入試制度の一つで、基本的に特定の進学校をめぐる入試の競争緩和のため導入された。通常の入試では、志望校に直接出願し、受験することになる。しかし総合選抜制では（いくつかのバリエーションがあるが）、基本的に「学校」を受験するのではなく、「学校グループ（群）」を受験することになる。この際、一つの学校グループには複数の高校が所属している。そしてある学校グループに所属する高校の定員の総和が合格者となり、実際にどの高校に進学するかは本人ではなく、教育委員会などが機械的に（成績に差が生じないように）振り分ける。こうして表面上の高校間の学力格差は「是正」されることになる。

（12）アファーマティブ・アクションは、平等とマイノリティの不利益という二つの問題をどう理解するか、という見方の狭間で発展してきた。その見方は伝統的な非差別と、積極的な非差別に分類できる。前者は、どんな個人属性であろうが全く同じ処遇を与えようとする平等観である。後者は歴史的にマイノリティが受けてきた様々な差別の歴史を考慮したとき、それはまさに意図的に行われてきた処遇の結果生じた不利益であって、形式だけ平等にするのは過去の差別によって生じた不利益を温存するに過ぎない、と考える。アファーマティブ・アクションはそこで生じてきた不利益を埋め合わせるために、あえて優先的な処遇をすることでまずは人為的に生じた差をなくすべきだと考えるわけである（Pedriana 1999）。

(13) 少し論点はずれるかもしれないが、社会学でよく知られている古い概念に「寡頭制の鉄則」というものがある。ミヘルス（Michels, Robert）が唱えたものだが、仮に民主的なことを唱えていても、一旦権力につくと、支配は少数の人間で行わざるを得ず、結果的に一般成員との間に意識の乖離が起こって対立関係になる、というものである。民主的につくられた組織は、当初はその理念が共有されていることもあってうまく運営されているが、組織が拡大すると官僚制化することは避けられないし、時期がたてば当初の理念は忘れられやすくなる。民主化を叫んでいた人物が、権力につくと豹変したように見える、というのも、こうした権力支配の構図が前提となっている。

(14) 限りあるリソースを有効に活用するという点で、いくら機会の均等のためとはいえ、無尽蔵に高等教育に公的資金を投入するわけにはいかない。問題は、公的資金を投入したことで、どれだけ進学機会が拡大するか（進学率を上昇させることができるか）であるが、矢野（1996: 93）の推計によれば、志願率を一％上昇させるのに、授業料は四・二万円下げる必要があり、また仮に授業料を無料にしたところで上昇する進学率は六・一％に過ぎず、費用対効果という点ではかなり疑問があるという。

第二章　国家・政府と教育

1　政府にとっての教育

（1）経済学的に見た教育に対する政府の役割

公教育を政府（国家や自治体）が担わなければいけない、という規範は、理論的には自明ではない。教育に限らず、福祉などにおいても公共性の価値が見直されつつある。もともと国家事業であった学校教育だけではなくて、様々な福祉・社会保障サービスにも民間団体が入り込むようになっているのが現状である。第一章末尾でも触れたが、こうした状況下における公共性の見直しの動きは、国家に回収されない公共圏の存在、ということが想定されていると思われる。特に教育においては、国家権力が教育に介入することへの抵抗感や警戒感が強い。したがって教育の事業は国家とは独立した形でなされるべきであるという見解が一般的には支配的で、「公教育」は「国家教育」とはむしろ対立する概念とすらなっている（宮寺 2006: 192–194）。

もっとも本書では、教育と国家の関係について論じる際に注目されがちな「国家（政府）が何を教えるのか」といった教育の中身については取り扱わない。あくまで財政的な面に絞って、政府の役割に着目する。公共経済学では、必ず（経済学的な面での）政府の役割、機能が最初に論じられる。

財政学者として知られるマスグレイブ（Musgrave, Richard）は、国家の予算政策の目標を①資源配分の調整、②所得と富の分配、③経済の安定化、という三つに整理する（Musgrave 1959=1961: 6–40）。まず配分とは、社会的に必要とされているが、市場では生み出されない財やサービスを購入し、またそれを国民に給付する機能である。例えば学校教育はあまり金銭的利益に結び付くものではないので、学校教育にかかるコストを政府が支払い、そしてそのサービスを国民（子どもたち）に与える、ということである。分配は、集めた財を再度どのように国民間に分けるか、という問題である。つまり高齢者、障がい者、失業者などは収入がなくなるので、国家が税金という形で少しずつ富を徴収し、それを不利な人たちに再度分け与えるのである。いわゆる所得再分配政策である。安定化とは、物価の変動を抑え、完全雇用をできるだけ維持しようとすることである。

公共経済学の議論は主として①と②にかかわるが、特に重要な政府の機能としては、市場の失敗への対処、というものがある。スティグリッツ（Stiglitz, Joseph E.）によれば、市場の失敗は以下の六つに分けられる（Stiglitz 2000=2003: 95–106）。

第一に競争の失敗である。市場では競争があることでモノ・サービスの価格が効率的に、最適な値段で取引される。企業間で激しい競争があって、消費者が好むようなモノやサービスが生産されているのが完全な競争状態であるが、企業が単独（独占）、もしくは少数（寡占）の場合は価格競争が起こらないため、企業が好きなように価格を操作でき、消費者は最適の（最安値の）値段で取引できなくなってしまう。

第二に、公共財の存在があげられる。公共財は、社会的に必要とされるが、市場では供給されなかったり、されたとしても極めて不十分なものが該当する。また通常取引されるモノ・サービスは、便益を受けるものが増加すると、その分生産のコストが増えるのだが、公共財ではそれが該当しない。逆に言えば、供給されたモノ・サービスによって利益を得る人が確実にいるのだが、それに対して何もコストを払っていなくても、コスト不払いを理由に利用することを排除できない（市場メカニズムに任せておくと、皆フリーライダーになってしまう）。

第三に外部性がある。これは第一章でも触れたが、大きく正の外部性と負の外部性があり、教育は前者が該当すると言われる。つまり個々人が教育を受ける（進学する）というのは、将来いい職につきたいという個人的欲求に基づくものかもしれないが、そういった欲求をもつ個人が集積し、皆が勉学に励めば、社会全体の知的水準が高まり、生産性が上昇して経済発展が進むとか、民主主義体制の確立や維持に寄与する、といったことが考えられる。つまり当事者間の取引を超えた影響が発生しており、市場のメカニズムではそういった取引そのものと関係のないコストやベネフィットは考慮されていない。ちなみに、負の外部性については、環境問題がよくあげられる。

第四として不完備市場があげられる。保険やローンがこの例として言及されることが多い。通常の市場では、供給コストが個人の支払おうとする金額を下回るモノ・サービスは常に供給されることになるはずだが、モノ・サービスの供給側とモノ・サービスを欲する需要側のもつ情報があまりに偏っていたり、不十分でしかないため、市場のメカニズムがうまく働かない。保険ではリスクを推定して掛け金を決めたいが、リスクを過大推定した場合には掛け金が高くなり、誰も保険に入ってくれないし、過小推定した場合には実際のリスクに直面する場が増えるから、保険会社は大きく損をすることになる。

第五に、情報の失敗である。市場メカニズムは供給側と需要側がともに包み隠さず、完全に正しい情報をオープンにして、それぞれの情報を比較できるということが前提になっている。そして最後にインフレ、失業などマクロ経済的攪乱要因が挙げられる。公教育の財政に関してとりわけ重要なのは、第二、第三の問題であり、教育費に絡めれば第四の点も関連する。

学校教育の内容は、第一章でふれたような公教育がもつ機能を考えれば、人々が欲するものだけを教えればそれで済むというものではない。またニーズは誰もが理解しているが、かかるコストが大きく、教育を受ける人の負担だけで学校教育制度を維持するのは難しい。特に誰もが通う初等中等教育において授業料をとるのは、義務制とも矛盾するし、現実にはほとんど不可能だろう。つまり通常の財の取引と異なり、公教育の場合は料金（授業料）を払わなかったからその児童生徒を排除していいということにはならない。初等中等教育段階で、学校に行った人と行かなかった人が生じてしまうことは、子ども本人の意志の及ばないような早い段階で格差を生み出すことになり、また社会の分断化を進め、失業や治安悪化のリスクを高め、結果的に社会的コストを高めることになりかねない。だから特に基礎的な初等中等教育には、無償で提供されるという「公共財」としての性質がある。

さらにきちんとした教育が行われるには、教育者の質が保たれる必要があり、そのためには教員の給与も一定の水準を維持する必要がある。そういったコストを下げるわけにはいかないので、もし子どもを学校に通わせている保護者がそれをすべて負担するとすれば、とてつもなく大きな額になる。それをすべての親に負担させるというのは、現実味がないし、そんなことをしたら、個人（保護者の親）に負わせる経済的負担は大きくなりすぎて、少子化にもますます拍車がかかるに違いない。また社会全体に教育を行き渡らせることは、国民に広く基本的な知識や技能などを付与することにもつながり、社会的メリットも大きい（外部性の問題）。さらに、より高い段階の教育を受けたい人は、奨学金や教育ローンを受けることになる。特にローンの場合、通常貸し手は借り手が将来きちんと返済するか、という返済能力を見極めることになる。しかし通常教育ローンを借りる人は、担保もない家庭の背景が厳しい状況にある人である可能性が高い。ということは、市場の論理では、そういった人にローンを貸すということはありえなくなる。これを放置していれば、高い段階の教育は、恵まれた人だけが受けられる、というものになってしまう（不完備市場の問題）。それゆえ政府が介入する余地が生じる。

確かに塾や通信教育など、民間の教育産業が存在する。また特に日本の高等教育は、私学が多くの役割を担ってきた。したがって別に政府が行う必然性はないのではないか、という疑問があるかもしれない。しかし塾や通信教育は、公的な学校制度の存在が前提である。また私立学校については（第

Ⅱ部でも触れるが）、やはり授業料収入だけで学校を運営するのが苦しい状況にあり、また一方で学生側から見れば非常に授業料が高いのが実情である。私学助成制度は、そうした状況を改善するために生まれたものである。以上を踏まえれば、完全に市場に任せる、というのは教育の世界では通用しにくいことが理解できる。武智秀之は、教育、医療、福祉、住宅、年金を、部分的に市場メカニズムが成立している準公共財と位置付けており、準公共財は市場規模が適切ではなく需要水準を引き上げる必要があったり、将来の供給に不安があって消費者が市場で正しい消費行動をとれない可能性があるので、政府が介入する必要があるのだと述べている（武智 2000）。

（2）疑似市場的改革の導入

最近は教育の世界においても、市場メカニズムを取り入れた改革がしばしば取り入れられるようになっている。これについては藤田英典が、特にアメリカの動向に着目して詳細な検討を行っている（藤田 2003）。ここでは藤田の説明に沿って、その一部を紹介しよう。

日本だけではなく、アメリカやイギリスなどでもよく見られる近年の学校・教育改革の特徴は、自己決定・自己責任の論理で、選択の自由を強調し、学校を自由に選ばせて学校間の競争を促し、それによってより社会的に効率的な教育が可能になり、教育全体の質も向上するという前提に立っている。ただしここでの学校の運営費は一応公費で賄われていることがほとんどで、完全に民営化したわけではなく、あくまで市場メカニズムを導入したという意味で「疑似市場的」なのである。[1] 藤田が疑似市場的改革として取り上げている例は、学校選択制、教育バウチャー制度、オールタナティブ・スクール、チャーター・スクール、営利企業の学校経営の五つである。

学校選択制は事実上学区制の規制緩和・規制撤廃であり、バウチャー制度は学校選択制がラディカルになったものである。いずれも公費で賄われるのが前提だが、バウチャー制度は私立も含まれることが学校選択制と異なる。バウチャー制度を唱えたのは新自由主義の主張を広めたことで知られるフリードマン（Friedman, Milton）であり、バウチャーとは教育費を賄う一種の切符（チケット）である。つまり子ども（保護者）のもとにバウチャーが配られ、子ども（保護者）は自由に学校を選択し、選んだ学校にバウチャーを提出する。バウチャーがたくさん集まった学校には、政府から多くの補助金が下りるというシステムである。

オールターナティブ・スクールのオールターナティブ（alternative）は別の選択肢という意味である。これは従来の画一的なカリキュラムや教育実践を行う公立学校の枠内で、その画一性にとらわれない独自の教育プログラムを実施することで、児童生徒や保護者をひきつけようとするものである。オールターナティブ・スクールの中でも、ハイスクール段階においてはマグネット・スクールというものが存在しており、これはユニークなカリキュラムや、大学との連携により様々な特典を準備して、学区を超えて磁石（magnet）のように生徒をひきつけようとするために生まれた学校である。

チャーター・スクールは、やはり既存の公立学校に飽き足らない教師や保護者の有志が集まって教育委員会と契約を結び（そこで受けた認可をチャーターという）、設立される学校である。有志が自らの教育理念に沿って学校をつくるということになるが、公費によって賄われるため、児童生徒の入学に社会的属性や成績を要件にしてはならないなどの規定が存在し、彼らの学力向上などの結果責任を問われる。なお、教育委員会と契約を結ぶのが保護者や教師の有志ではなく、営利企業のこともあり得る（以上、藤田 2003による）。

本書はこうした疑似市場主義的改革について検討することが目的ではないので、これ以上深く言及することはないが、ただし従来の枠組みに収まらないこうした学校の増加は、政府の教育費負担の程度や、政府の教育に対する役割のあり方といった議論を惹起する。こうした改革は、政府の役割を限定的に捉えるアングロサクソン系諸国、アメリカやイギリスで特に盛んに観察されるが、日本もそうした動向に追随している。

例えば、著名な経済学者であるガルブレイス（Galbraith, John Kenneth）は、アメリカ社会を、よりよいものをより多く提供（生産）することを妨げるような、あるいは妨げるおそれのあるような方策や規制が、理屈なしに反対される生産至上主義の社会と捉えた。そしてこうした生産において、民間の生産のみが重要と考えられ、民間の生産が結果として国の福祉や国富の増加を意味すると考えられている。その一方、政府が提供する公共サービスは重荷であり、この重荷が大きすぎると民間の生産は停滞し、減少するかもしれないとして、公共サービスを有害な、あるいはせいぜい必要悪として存在するものだと考える。人々に必要なのは、衣食住とそれらが提供される秩序的環境であるが、衣食住の多くは普通政府や国家の力を頼らなくとも、自発的に賄われてきたのに対し、国家が提供する秩序は費用がかかり、場合によっては秩序を保つ名目のもと人々から生活手段を奪い、ときには一部の権力者の私腹を肥やす手段ですらあったから、本質的に政府は信用のおけないものとされたのだ。それゆえ一九世紀の経済自由主義思想は、安価で信用のおける秩序を提供し、それ以外に何も求めない国家を理想としたのであった。

ところが衣食住がある程度行き渡ると、人々はより高い水準のものが、遍くもたらされることを求めるようになる。そしてそれらの中には、インフラや教育、公衆衛生、警察、軍備など、集団的に必要とされるものが多く含まれており、どうしても公共的に提供される必要がある。公共的に提供されなければ、コストに合わないので民間では誰も提供しようとしないからである。ところが結局こうしたサービスを政府が提供するようになっても、政府は信頼できない、無能で、濫費で、差し出がましいもの、自由を脅かすもの、として悪評を買う。こうして私的なものを尊重し、公的なものを劣等視するという傾向がますます強まってゆく（Galbraith 1998=2006）。結果的に、余裕のある人は自らのお金で民間が提供するサービスを購入し、その余裕がない人は公の提供するものに頼るしかない。一旦こういった流れができると、公的なサービスを受ける人に対して負のレッテルが貼られ、ますます官民とサービスの受け手の対応関係は明瞭になり、両者の溝が深まる。

この動きを教育に当てはめて考えてみよう。社会全体が富裕化し、生活スタイルの個人化も進むと、選択の自由が強調されるようになる。したがって税金で運営される公立学校の提供するものはあまりに画一的で、一部の人々にとって我慢ならないものとなる。それゆえ、柔軟なサービスを提供する民間部門（私立学校）への志向性が強まる。得てしてそうした民間を選択する人々は金銭的に余裕があり、またサービスの要求水準も高く、学校もそれに応える必要があるので、結果的に民間部門が公的サービスより上である、という序列意識を生む。こうした連鎖が、公立を選択することに、ある種の社会的スティグマとしての意味を付与することになってしまう（武川 2007: 110–111）。

アメリカ人が政府に頼ろうとしないのは、テイラー（Taylor, Charles）によれば、そもそもアメリカ独立運動に求められる。アメリカ独立革命とは、本国（イギリス）の君主の権威に対抗する上で共和主義的な社会が実現されなければならないという性質をもっており、これが次第に一人一人の個人によって追求され、すべての個人によって平等に享受されるべき状態と見なされる自主独立が目指されたものである。この理念の主導者は比較的上流のジェントルマンであり、指導者は公共善に身を捧げ公平無私であるべきと考えられていた。そして急速な経済成長や国内市場の拡大、工業の発達やフロンティアの開拓により、自主独立は現実のものとなった。彼らは家族から離れ、コミュニティとも伝統的な紐帯とも縁を切り、新たに独立独歩の道を踏み出したとされる。しかしここでは旧来の紐帯が消滅していったという点ばかりが強調されがちだが、一方で、勤勉に努力し、忍耐強く行動し、自分を頼むことができる人が賞揚されるという新しい個人主義を生み出し、この行動原理や道徳理念が新たな秩序や人々のつながりを構築していったのである。

こうした人は後に莫大な経済的利益をもたらすことになるが、それは社会を下支えするもとになったし、結果的に社会を分裂させるのではなく社会全体の善を高めると見なされた。つまり人格として独立し、自己を規律化して起業家精神を身につけ誠実に独立独歩で生きる人こそが自由であり、彼らが最大限の敬意と称賛を得ることになったのがアメリカ社会なのである。彼らは富を生み出し、指導的な地位に就くと同時に、また慈善事業を生み出すことで社会的にも評価されることになった（Taylor 2004=2011: 212-217）。アメリカでは、確かに政府の財政的役割は小さいかもしれないが、こうした莫大な富を生み出した個人や企業の寄付の文化が根付いている。例えばアメリカの大学では、民間企業、団体、卒業生などの寄付金が大学財政の一定程度の割合を支えていることは、もう少し注目されてよい（谷 2006: 46-58）。

2　近代国家の成立と教育システムの整備

（1）国家と官僚制

国家とは人間のつくった組織である。これは当たり前のようだが、福田歓一は日本人の間で、例えば先の戦争に負けたというとき、それは当時の国の組織（国体）が否定された（崩壊した）とは捉えたが、国は残った、日本の国土がある限り日本は滅んでいない、というような議論があった、と述べている。実際、国家を組織と捉えるようになったのは自明のことではない（福田 1970: 101-105）。私たちが国家といったときにイメージする近代国家像は、ヨーロッパにおける絶対主義王政に萌芽を見出すことができ、その特徴は官僚制と常備軍の設置に求められる。絶対主義とは、国家そのものが君主の私有財産と見なされる家産国家であり、武力で制圧した一定の地域の社会を権力機構でつくりあげた権力機構である。そこでこの家産の家計をどう切り盛りしてゆくか、というところから官僚制が立ち上がり、官僚制機構が政治権力の公的手段となってますます力をつけてゆく。そしてその権力を貫く常備軍も整備される。ただ一方的な抑え込みでは権力はうまく行使できないので、公共の福祉とか、人民の安寧というようなことが言及され、そこで宗教をうまく活用する。つまり宗教改革においては、宗教が単一ではなく複数存立し、権力がそのどれかを決めるようになった。そこで権力はある宗教を信じることを強制し、国家と宗教の一致する国教会制度ができる。これを信じないのは非国民ということになり、宗教を利用しながら絶対主義を強化してゆくわけである（福田 1970: 74-79）。そうした点で、絶対主義王政から近代国家像を築き上げた最初の例はイギリスであり、その歴史的経緯を無視することはできない。

イギリスの社会学者として知られるギデンズ（Giddens, Anthony）によれば、近代以降の国民国家の特徴は、整然と組織化された管理的権力が、明確に規定された境界（国境）をもとにした領土という範囲において中央集権的に存在している点にある。さらにいえば、そうした国家の活動のためには、必要な情報を収集する必要があり、いわゆる「官庁統計」の収集が始まったのも、近代国民国家の開始を示す重要なメルクマールとなる（Giddens 1985=1999: 55-64, 208-210）。そして官庁で働くような現代的な意味での公務員、つまり政府の職員という形で行政組織の中で働く人々がいかなる性格をもつものなのかがはっきり定義されたのは、一八五四年のノースコート＝トレベリアン報告（Northcote and Trevelyan Report）であった。その主な内容は、公務の職務を上級職（知的な管理的職務）と下級職（機械的職務・現業職）に区分すること、採用は独立委員会が実施する公開競争試験に拠ること、成績主義で昇進させること、必要に応じた職員配置や公務一体化のため職員を省庁間で異動させること、などであった(2)（Burnham and Pyper 2008=2010: 9-10）。

ノースコート＝トレベリアン報告にある公務の内容は、ウェーバー（Weber, Max）が検討していた官僚制組織の特徴と共通する。ウェーバーによれば、社会における支配構造は、伝統的支配、カリスマ的支配から、法制度を基盤とする合法的支配へと移行する。近代による支配形態は、ある特定の有力者が世襲的に権力を移譲するのではなく、その都度選挙によって代表者が選出される民主制となる。このような近代国家を運営してゆくためには、専門的知識をもった官僚が不可欠であり、それぞれの専門性に基づいた組織の機能分化が進む。そして民主制社会であることは、専門的知識を備えさえすれば「出自によらず」誰でも官職に就くことが保障されなければならない。そこで専門的知識があることを示すために利用されるのが教育免状であり、教育免状は官職に就くための必要条件となることで、経済的利益に転化する。そして教育のもつ社会的威信は上昇してゆく(3)（Weber 1956=1960: 135–138）。

近代という時代は、このように合法的支配のもとで、社会のあらゆる制度や仕組みの機能分化が進み、飛躍的にその制度や仕組みが複雑になる社会である。ウェーバーはこれを官僚制化とよび、近代社会において不可避な現象と考えた。官僚制というとわれわれは一般に縦割り社会の融通の利かない組織といったマイナスイメージを喚起するが、ここでは組織の特徴を示すニュートラルな意味で用いている(4)。近代国家の運営は、法律（規則）によって秩序づけられ、権力の範囲や職務も明文化されている。そしてこのような官僚制組織は、官庁のみならず、私経済をも支配し、近代国家、資本主義社会において完全な発達を遂げる。つまり官僚制組織の特徴とは、規則に基づく権限の存在の他、官職階層制と審級制、文書主義、公私分離の原則、職務の専門化などでまとめられる（Weber 1956=1960: 60–62）。そして職務の専門化や分業化の進行で、明確に規定された教育課程を修了し、前提となる専門資格を得ておくことが必要になる。

複雑になった社会では、どんなに有能な人物でも一人ですべての政策に通暁することは不可能であるし、一からその政策を立ち上げ実行することもできない。だからそれぞれの担当部署を作り、専門の人間に原案を練らせて、トップの人間はそれらの案を統括するのである。またこうしたほうが各部署の役割範囲が明確になり、そこで働く個人に課すべき資質も定義しやすくなる。そうすればある地位に就くにあたって学習すべき分野も特定できるし、人材育成も容易になる。だから個人の適性を判断すること、あるいはそのポストにふさわしい人間を育成する教育が施されなければならない。官僚制組織を抱える近代社会では、必ず資格制度が必要とされるし、それを判定するための試験や、その準備教育を与えるための学校制度が整備されるのである。そして学校制度自体も、官僚制組織としての特徴を備えるようになる。

(2) 教育システムの官僚制化

アメリカの教育史を専門とするカッツ（Katz, Michael B.）は、ボストンにおける学校制度の定着化を検討する中で、学校の官僚制の特徴を次の六つにまとめている。第一は「統制と監督の集中化」で、いわゆる教育委員会や中央行政機関による教育機構の統治を指す。第二は「機能の分化」で、職務の分化、部局制、専門教科の分化、学年制などの誕生がこれに該当する。さらに学校組織内部での階層構造（職位の分化）が発生し、それに伴い給与の格差も増大する。第三は「職務に対する資格の要求」で、客観的な資格要件により、任用と昇進が行われるようになること、つまり予め専門的につくられ管理された基準によって試験が行われ、それによって採否が決定されるということである。第四の「客観性」「専門性」は、改革や行政的決定が、専門的行政官を通じて行われるようになり、単なる地域有力者のような素人が勝手に判断する、というようなことがまかり通らなくなることを指す。第五は「正確さと一貫性」で、職務の遂行が気まぐれであったものが、職務のルール化の前提資料としての統計データが収集されるようになり、それに基づいて行政的決定が行われ、首尾一貫した手続きによる決定が可能になった。最後は「用心深さ」で、組織内（この場合学校）で働く人たちの勤務態度や学校運営に対する評価を行い、その評価結果は上位職の一部のみがアクセスできる、というように、個人情報の保護がはかられる一方で、管理職などの権力をもつ人間が、部下を管理し、適切に配置するという権限を更に強めることにつながった（Katz 1975=1989: 118–131）。

こうした学校教育制度が体系的に整備されたのは、イギリスが最初であろう。そこでイギリスの教育制度が国家によって整備されるプロセスを簡単に振り返っておこう。長尾十三二《とみじ》によれば、ピューリタン革命期のイギリスでは、公費による学校が目指されていた萌芽を感じ取ることができたものの、王政復古後のクラレンドン法典（一六六一～一六六五年）によって、非国教徒は公職から追放されることとなった。このことが清教徒のアメリカ大陸進出や、（政界ではなく）経済界への進出を促すことになった。名誉革命によって非国教徒への統制は少し緩んだため、非国教徒はアカデミーという私塾を発展させることになった。ただしイギリス自身はその後の政治体制が安定化し、広大な植民地を抱えることに成功したため、国家としての教育制度も急激に整備されるというより、在来のものが温存されて自然淘汰に任されていたと考えられる。その中で下層階級への宗教教育を目的とした学校が出現し、徐々に彼らにも読み書きそろばんにあたる3Ｒｓ《スリーアールズ》（reading, writing, and arithmetic）の必要性が認識されるようになったのだろうと考えられる（長尾 1978: 74–81）。

そしてイギリスの国家における公教育制度の確立をどこに求めるかは、公教育なるものをどう捉えるかという定義にもかかわる問題だが、いくつかの解釈が存在する。一般的には一八七〇年の基礎教育法の成立に求めることが多いが、この法律の成立は唐突に行われたわけではなく、その前段階には様々なプロセスが存在している。例えば松井一磨《いちまろ》は、その一八七〇年に起源を求める解釈に一定の合理性を認めつつも、国家が制定した教育に関する法律は一八七〇年時点で既に多く存在しているため、必ずしも適当でない、と述べる（松井 2008）。また柳治男は、大蔵省による学校建築費の補助の開始された一八三三年を、教育への国家介入の始まりと位置付けている（柳 2005: 67）。

一八世紀末から一九世紀にかけて、産業革命が起こり多大な労働力が必要となると、将来賃金労働者となるであろう下層階級に高い知識や技能を教えることは危険であるという思想も生まれた。そこで被支配者には、より一層勤労意欲を掻き立て、規律や秩序を重んじることが求められ、国家が治安維持を目的として教育を推進しようとしたのがそもそもの始まりだった。

ただし労働者階級に対する基礎教育は、主に宗教団体を背景においた私立学校において行われてきており、国家の関与は一八〇七年の「教区付属基礎教育学校法案」によって始められ[5]、国庫補助金の投入が一八三三年に開始された。柳治男によれば、いわゆるモニトリアル・システムを構築した国民協会と内外学校協会という二つの民間の宗教関係団体が全国規模で展開した学校組織化を、国家がうまく利用したと見なせるものである。モニトリアル・システムとは、全く別の民間団体がほぼ同時期に偶然編み出した教授様式であり、広い意味では現在の教室における一斉教授法、学校教育の授業の原型ともいえるものである。教わる者が多数いて、教える者が少ないという関係の中で、いかにして同時に効率的に教えるか。モニトリアルのモニターは助教と訳され、できる生徒から選ばれ、教師の補助を務める。広い部屋に生徒はたくさん集められ、そこで教師の号令に沿って作業を行うのだが、助教はその教師の号令を伝え、また生徒の作業を監視するのである。

このシステムを考案したのは、ベル（Bell, Andrew）とランカスター（Lancaster, Joseph）という人物だが、こうした学校システムの普及のために、彼らの賛同者が国民協会と内外学校協会という組織を作ったのである(6)。斬新だった彼らの発明した学校は、その組織の傘下に入らなければつくることができなかった。そしてイギリス政府はその民間組織を利用して、学校の普及に努めたのである。そしてこの二つの協会の傘下に入ることで学校建築の申請を行うことが可能になり、補助金（建築費の半額）もこの民間団体を通じて支給されたのである（柳 2005: 66–68）。

この補助金投入システムの成立を契機として、国家の中枢に教育システムの統制をかける機関の設置が試みられ、一八三九年に枢密院に教育委員会が、その下には事務局が置かれ、初代局長のケイ＝シャトルワース（Kay-Shuttleworth, James P.）は「イギリス公教育の父」とよばれた。

しかし大田直子は、近代公教育の導入をこれよりもう少し後の一八六二年の改正教育令に位置づける。大田によれば、改正教育令以前の教育体制は、国家介入が開始されたといっても補助金制度に限られ、世俗教育ではなく宗教教育を基盤としており、労働者階級の宗教的・道徳的教化を主とする目的としていたからである。この改正教育令を導入したのはロウ（Lowe, Robert）であるが、読み書き算盤にあたる3Rsをもとに学校のパフォーマンスをチェックし、その結果をもとに補助金を配分する出来高払い制度を設けたことに着目する。このことは、国家としての基礎教育基盤が宗教教育ではなく3Rsを始めとする世俗教育に移ったことを意味する。ロウはスミス（Smith, Adam）の信奉者であり、スミスは『国富論』の中で教員の公務員化を否定している。したがってこの改革により、それまで直接国家から支払われていた教員給与が、学校管理者との雇用関係を結ぶことに変更された。しかしこのことで「公教育」としての性格が薄れたのではなく、むしろ世俗教育に基づく生徒のパフォーマンスをもとにした出来高払制度という業績原理を明確に打ち出し、それを通して体系的な教員養成制度や視学官制度が整えられ、上からの国家統制、コントロールが強められていった点が重要である（大田 1992: 30–33, 73–75）。

一方で労働者自身の自己啓発や解放を目指した教育の動きも、いわゆるチャーティスト運動の影響によってみられるようになった。ここで初めて、教育が公費によって保障されるべきという思想が生まれる。また産業革命により、科学に関する知識も広く必要とされるようになったため、職工講習所も設置された(7)。基礎教育の強制化は民主主義の拡大と軌を一にしており、特に一八六七年の第二次選挙法改正によって持ち家制限が廃止されることで、多くの労働者への選挙権が拡大されたことがポイントとなった。ロウは、有権者は教育を受け、自ら判断できる者であるべきという考えがあったから、基礎教育は親の自発性に委ねるべきものではなく、強制的に国家によって与えられるべきだと考えた。そして改正教育法を前提に、いかに全国的な教育制度を構築するかという議論が展開されるようになり、一八六八年に自由党が政権をとったことで後にイギリス公教育発展の基礎と評価される一八七〇年基礎教育法が制定されることになったのであった(8)（大田 1992: 84-87）。

重要なのは一八七〇年基礎教育法によって、強制就学制度が「制度として」義務化されたことの意味である。(9) なぜなら実態としては、それまでに多くの子どもが何らかの学校に通っていたという事実があったからであり、だとするとこの基礎教育法は何のために制定されたのかということになるからだ。それはここで述べる強制就学が、単に学校に通わせるという意味に限定されるのではなくて、一八六二年改正教育令によって規定された標準としての世俗的基礎教育と出来高払教育制度を受け入れ、それに基づき国庫補助金の交付を受け入れて視察を受け入れる「良い学校」に、子どもを通わせることを意味していたからである（大田 1990）。補助金という手段を用いて、バラバラな学校を主体的に権力の要請に応じて変革させ、学校側が自らの意思で標準化されたスタイルを選択していった。こうして周辺国が模倣してゆく近代学校制度が、イギリスにおいて確立されるのである。

（3）近代教育制度の日本への導入

日本では儒学（特に朱子学）が江戸時代に重んじられており、そのことが教育熱心さの根拠と見なされることがある。儒学（性善説）の基本は「道」の思想として展開され、人間の生き方、社会における人間行為の規範である。そしてその規範は天命として人間に賦与された本性に根差すものとして理解されている。さらに言えば、「道」を極めた完成した個人によって、家、国、天下が階梯的に拡延する、という論理構成をとっている。これは人間の本性が自然的秩序と調和的であり（というのも、天から与えられたものだから）、その集団も自然的秩序が貫徹する、ということを示している（辻本 1990: 4-6)。朱子学の影響を受けつつ、それを批判した山鹿素行《やまがそこう》は、為政者の修養のみならず、風俗の改善、つまり民衆の教化によって統一した社会規範をもつようにさせることを目指した。このための組織化論として全国的な学校制度という構想をなしたものが『治教要録』であり、いわば日本における前近代的公教育思想の原型である[10]（金子 1967: 8）。

素行は武士の職分について、武備のみならず農工商の三民に対する道徳的教化も求めている。これは安定した江戸時代にあって、もともと戦闘者たる武士の社会的な存在意義が問われ、結果的に統治者たるエートスをもつことが求められたことによる。この前提には、無為徒食を嫌悪する勤労倫理が存在し、生きるためには労働をしなければならないという価値観があった。またもともと儒教には、巨大な徳をもつ聖人はそれに相応しい人民統治の仕事を天に代わって行うという天職という概念があり、一般の生業とは区別されていた。しかしほぼ同時期（一七世紀）の儒学者である中村惕斎《てきさい》は、世に生まれるすべてのものが裁成輔相《さいせいほしょう》[11]の天職をもつとし、職分に励むことが天地の化育に寄与すると解釈した。後にこの天職観は日本人の間に浸透していった。これは後に、商人の間で浸透した石門心学の石田梅岩の天職観に受け継がれる。この天職観は、武士支配という前提ではあるが、世襲的身分を「天命」として受け入れる土壌を切り開いたことになる[12]（平石 1997: 46–50, 82–85）。

辻本雅史の説明に沿って、日本の近代学校教育制度の萌芽となる江戸時代の動向をまとめれば、以下のようになる。江戸時代に正統の地位にあった朱子学においては、学問の目的が民衆教化にあったから、教化の方法として学校が位置づけられたという。そこで君主（藩主）の学は一藩教化の大本であり、学統にこだわり異学を認めない朱子学を正統なものとして引き継がれねばならない、という思考回路をもつようになる。こうして正統の学問は藩校や、庶民の学び場である寺子屋にまで広がってゆく。したがって朱子学では学統の確立が至上命題となり、いわゆる「学校」における教化が重要な役割を果たすということになった。江戸中期の儒学者である頼春水《らいしゅんすい》は一般民衆の藩校出席も奨励し、町人対象の「学校」をつくったり、寺子屋における民衆教育に対しても口を差し挟むなど、藩による学問の保護と統制の政策が実施されるようになった（辻本 1990: 219-229）。

一般的に朱子学はその硬直性から、儒学思想の停滞を促したというネガティヴな評価を受けることが多い。しかし朱子学では、一般民衆を生来の愚民と捉えず、教化することで民衆も啓発でき、道徳的にはもとより、知的にも向上させることができると考えられていた。むしろ民衆は啓蒙させられなければならない対象であり、それによって迷妄に惑わされることもなくなるのだという西洋における啓蒙思想と類似した視点が存在していた。このことが近代西洋思想の受容を容易にした側面もある。この合理主義思想は、武士が一体となって政治体制をつくる論理へとつながり、その武士教育の教化をはかるという意味で藩校が必要とされたのであった。

朱子学の普及と寛政異学の禁が教育史上もつ意味は、国家（藩）の統合のイデオロギーとして積極的に寄与する論理（学統への拘り）があったこと、積極的な民心教化論という実践的目標が明らかであったこと、それゆえに公権力と結びついて公的民衆教育を発展させる論拠を提供したこと、特に武士教育については朱子学的道徳を内包した「小学」の基礎を学んだ上で専門的諸学を摂取するという二重構造をもち、そのことが専門的諸学として実学である洋学・医学・兵学・数学などを吸収するのを容易にしたこと、以上が幕末から近代日本の政治と学問と教育のかかわり方の基本的特性を形成したといってよい（辻本 1990: 237-255）。

さて、一八六八年二月、維新後の新政権は、三人の国学者の神祇事務局判事平田鉄胤《ひらたかねたね》、内国事務局権判事玉松操《たままつみさお》と矢野玄道《はるみち》を学校掛に任命し、学校制度を取り調べることを命じた。それにより、彼らは上代大学寮を参考にしたと考えられる「学舎制」を立案して提出した。金子照基《てるもと》によれば、このような動きの原動力となっていたのは、政権の中心にいて、欧米諸国の外交政策に追従していることを憂慮していた公家出身の岩倉具視である。一方で明治新政府の中には、西欧的立場から近代化を進[13]めようとする立場も存在しており、同年一〇月には箕作麟祥《みつくりりんしょう》、内田正雄らの洋学者が学制取調御用掛に任命された。今度は徐々にこの勢力が強くなり、皇道主義が排除されていった。岩倉も徐々に政権内部における西欧的近代官僚の成長を認めるようになり、小中大という統一的学校体系が志向されるようになったという（金子 1967: 22–29）。

近代学校制度は、それまで日本にあった寺子屋や私塾と全く異なる構造をもっていた。それゆえ新しい学校制度導入時には、打ち壊し運動などの多くの抵抗があったことが知られている（森 1993: 63–76）。当時日本は、西洋に遅れをとるまいと、積極的に西洋風のものを取り入れた。もちろん園田英弘が指摘するように、急速な欧化は単なる西洋への憧れによって無批判におこなわれたわけではなく、西洋の情報を必要に応じて取捨選択し、それまで重視されていなかった軍事・科学・技術的人材の養成や発掘の重要性が認識されるようになった（園田 1993: 89–95）。一方で、世界の文化の多様性に比較して、導入される教育制度や学校の仕組みがどこに行っても似通っているのは、学校教育の普及が単に機能的な側面を目的としていたというだけでは説明できないことを示している。

3　国家機構の整備と世界への普及

(1) 制度的同型化と近代教育制度の波及

イギリスや日本の近代教育制度の揺籃期を少し詳しく振り返ったが、初発のイギリスは別として、日本の例に典型的なように、当時の支配階級は欧米に人を派遣したり、またいわゆる「お雇い外国人」を招聘して、積極的に欧風のものを採用した。

ウェーバーによる官僚制組織の理論を読み直してみれば、そこで働く論理は一種のマニュアル化であり標準化である。イギリスの学校の普及でも、規格化が進めば第三者に伝えるのも容易になるので、全国チェーン展開も難しくなくなる。人材の大量養成も可能になる。合理化、標準化、規格化といった流れが、いかに近代化と不可分であるかがこうした点からも理解できる。このような新しい組織やシステムは、当時の人々の目には非常に斬新に映ったはずである。新しいものは時に強い抵抗感を生むものだが、それを導入することで何らかのメリットが得られる（少なくとも大きなデメリットは生じない）ことが明らかであれば、定着するのに時間はかからない。

本章の初めに、経済学的な公教育の意義を取り上げてきた。それはもちろん正しいだろう。しかし教育システムの社会的意義としては、しっくりこない部分もある。特に日本人の間では、学校教育で習ったことに一体何の意味があるのか、学校で習ったことは社会で役立たないではないか、という批判が根強く存在している。それに対して、学校教育を職業社会とリンクさせ、できるだけ実用的な知識を付与しなければならないのではないか、というような教育論を述べる人もいる。つまりある目標や目的に沿って教育システムを運営すべきだ、という議論である。

これに対して、そもそも学校制度は、人々に有益な知識を付与するために設置されたわけではない、という人がいる。マイヤー（Meyer, John W.）やラミレス（Ramirez, Francisco O.）らがそうで、彼らは実証的なデータを示しながら、教育制度が機能主義的な目的意識をもって設置されたわけではないことを論証する。彼らによれば、国家は何らかの実質的目的があって学校制度をつくった、と考えがちだが、そうではなくて、まともな近代国家というものには備えているべき制度や機関というものがあって、その中に学校制度というものがあるに過ぎない、逆に言えば学校制度もないような社会は正統な国家とは見なされない、だから国家は学校制度をつくったのだ、という議論の組み立て方をする（Meyer and Rowan 1977; Ramirez and Boli 1987）。つまり明治新政府が、それまで曲がりなりにも機能していた寺子屋を潰し、強い抵抗に遭いながらも執拗に西洋風の学校の設立に拘ったのは、単なる西洋かぶれではなく、そうした学校をつくらなければ認められない、という切実な思いがあったのだとも理解できる。

学校を機能主義的に捉えれば、近代化が進み、高度産業社会になると知識も必要になるので、学校教育が普及すると考えるのが自然である。だとすると、経済発展の程度と学校の普及度（進学率など）に相関があることが予想される。しかしマイヤーらの研究によれば、こうした予想は覆される（Meyer, Ramirez, and Soysal 1992）。そして普及した学校は、その形態や授業法、教授内容（カリキュラム）などが、多様な文化的背景を抱えているにもかかわらず、世界中どこも似通っている。それは先行する国の制度を模倣することで、自らの正統性を確認するからそうなる、という面もある。こうした動きを、ディマジオ（DiMaggio, Paul J.）とパウエル（Powell, Walter W.）は制度的同型化（institutional isomorphism）とよんだ（DiMaggio and Powell 1983）。つまりこうした制度は国家機構の都合で設置されたものであって、われわれ個人はその制度の制約の中で（制度に翻弄されて）選択行為を行っているのだといえる。

藤村正司はマイヤーの議論を通して、大衆教育は国民形成の基礎となるもので、あくまで国家という枠組みの中で、宗教、民族、性、階級などの社会集団の利害を超えてすべての人々を包括するものであり、その普及の様子が世界的に各種統計によって把握され、どの国で導入が遅れているかといったことが明らかになる、と述べる。だとすると、教育制度の導入と普及は、役に立つかどうかという論理とは別に、国家間の競争というような意味で行われることにもなる。つまり教育の普及していない国は、子どもに教育の機会を与えない遅れた国だと、国際的に見られかねないわけである。こうした制度は、模倣的に導入されるため、実社会の文化と制度の乖離が大きくなり、もともとの教育制度の理念などはよく理解できないまま、形式や枠組みだけが急速に普及することになる（藤村 1995: 162–166）。この枠組みに従えば、教育制度ができることによって人々の知識が蓄えられ、社会の構造化が促されるという説明ではなく、教育制度の完成をもってまず近代国家としての正統性が証明され、そこで学ぶ人に近代国家の市民という性格を（教育制度が）付与する、というように解釈できることとなる。(14)

このような動きは何も教育制度に限ったことではない。ただ一方で、ここで強調されるほど、制度は本当に画一的か、という疑問もある。例えば第一章でも述べたが、学校教育には地位の配分機能があり、そこには学校体系が大きくかかわっている。つまり学校種の分化は、その社会における人々の社会移動のあり方、就職、労働市場における慣行などと深くかかわっている。労働慣行は社会保障制度ともつながりがある。次章以降で詳しく検討するが、こうした社会保障制度や福祉のあり方は、経済が発展しても収斂はしない、という見方が一般的である。つまり結局のところ、こういった制度理論が説明するような形で同型のシステムが波及するという部分もあれば、その制度は個々の社会に適応する形で姿を変えて定着していることもある、ということである。

(2) 国家と税

個人主義化が進んだなどといわれるが、人間は一人で生きてゆくことはできない。どこかの共同体や社会と繋がりをもち、生きていかざるを得ない。そうした紐帯がかつては地域共同体であったり、親類であったり、家族であったりした。家族を重視する動きは私事化やプライバシー観念の浸透もあって、さほど弱まってはいないと思うが、家族という枠組みを超えた親類や地域とのつながりは、一般的には弱くなっていると言える。その代替機関が学校や企業であり、また育児や介護などについても家族が担い手の中心であったものが、社会情勢の変化で別の機関が埋め合わせをすることになった。福祉国家というのは、そうした趨勢の中から生まれたものである（橋本 2013）。つまり育児、教育、介護などは、それ自体なくなることはない。個人で行うのに無理があるのなら、代わってどこが負担するのか、という話である。そうなると現状では、国家や政府が最も合理的であろう。

しかし国家の維持運営には当然費用がかかり、その費用を調達するために市民から税を徴収しなければならない。そうした政府への納税は、大きく分けて市民の権利という考え方と、義務という考え方がある。市民社会が早くから伸張し、豊かな経済基盤をもっていたイギリスにおける納税は、市場メカニズムをその経済活動の中心に据え、そうした社会の維持にかかるコストの対価として積極的に負担をするという「権利」としての側面を強くもっていた。ここでは私的利益を追求することで、結果としてそれが社会全体の利益をもたらすという発想が強く根付いたのである。一方、ヨーロッパでは後発のドイツは、個人の活動に任せていては先進国であったイギリスやフランスに追いつくことができなかったため、まず統一国家を人為的に形成し、上からの統制によって計画的に社会を構築する必要があった。それゆえ個人の積み上げが国家を作るというようなイギリス的発想とは対照的に、国家が上から個人をコントロールし、人々にとって国家を一種の運命共同体として捉えることになった。だから納税は、運命共同体たる国家に支払わなければならない「義務」となった。

こうして国家が先導して資本主義経済社会を発展させなければならないというドイツのあり方は、シュタイン（Stein, Lorenz von）、ワグナー（Wagner, Adolf Heinrich Gotthilth）、シェフレ（Schäffle, Albert Eberhard Friedrich）といった財政学者を生んだこととも関連している。日本では、伊藤博文がシュタインに傾倒していたといわれる。ドイツが後発の国であるがゆえ、国家主導で近代化を進めイギリスに対抗しようとしたのと、日本の明治維新後の近代化の路線に重なるものがあったため、そのようになったとも言えよう。こうした国家主導での財政システムが日本に近代以降最初に定着したことは、人々の租税観の形成にも大きな意味をもっているといえるだろう（諸富 2013: 59–61, 96–100）。

政府は徴収した税などを主たる財源として様々な活動を行っており、その政府活動を金銭的な面で捉えたものが「財政」となる。財政の機能は、一般的に資源配分、所得再分配、経済の安定化の三つにまとめられる。そして財政の中心的手段が予算であり、通常一年間の歳入と歳出の見積もりであるが、議会が承認することでこれを管理し、統制するのである。この予算を作成し、議会での承認を経て、予算が執行され、決算に至る予算編成の一連の過程におけるルール、手続き、慣行を予算制度という。

財政赤字が拡大し、経常収支が悪化し、通貨の暴落が起こり金利上昇となれば、財政赤字の削減を目指す構造改革が不可避である。これは過去にはスウェーデンやニュージーランドの財政再建に典型的である。一方、政権交代も、旧政権の政策を否定して構造改革を開始し有権者の期待にこたえる意味で、財政再建を促す要因になる。これば英米やオーストラリア、カナダ、オランダに特徴的である。しかし日本は歴史的に財政赤字の増大が問題視されながらも、経済危機も政権交代もほとんどなく、政治的外圧も存在しないまま今日に至った。そこで財政再建を行うために、増税か支出削減を迫られるような状況に至った（田中 2013: 49–64）。

（3）新自由主義化の中で

結局のところ、近代国家の枠組みは崩れることはないが、問題は政府がどこまで人々の生活保障を負担するかという問題に行き着く。いわゆる新自由主義は、そうした政府の肥大化を批判する。本章の冒頭で述べたように、経済学的に政府が市場に介入する正当性（根拠）は理論的には与えられているが、では政府が市場に介入すると万事うまくいくかというと、そうではない。いわゆる政府の失敗も十分起こり得る。そして社会保障や福祉は非常にコストがかさむが、一旦その制度ができると、人々の行為もその制度の存在を前提に据えることになるから、容易には廃止はもちろん、改変できなくなる。特に一九七〇年代頃から、高まる福祉や社会保障の需要に対し、経済成長が鈍化し、赤字財政が問題となった。

したがって新自由主義は、政府の歳出削減を至上命題とする。その分、政府の役割や機能が縮小されざるを得ないから、新自由主義者がナショナリストであったり、いわゆる典型的な家族像を理想とする保守主義者であったりするのには理由がある。削減した分を、ナショナリズムという精神や、家族による自己負担で補おうとするためである。そしてそれでも不十分かもしれない、ということで、一方では徹底した自己責任論が唱えられる。失敗の補償は社会ではなく、自分で行うものであり、またそれが可能であるような強い個人でなければならないことが教育でも強調されるわけである。

冷戦体制崩壊後、社会保障や福祉をめぐる議論は、単純に「個人か政府か」とか、「弱者を救うか否か」などの二分法では理解できなくなっている。政府の財政が厳しくなり、かといって容易に国民負担を増やすこともできない。国民の政府支出の使途に対する目が厳しくなっているため、安易な給付は（相手が社会的弱者であっても）難しくなった。つまり働いたものから税金が取られているのだから、もらう方もそれなりに誠意を見せるべきだ、ただで給付を得るのは図々しい、ということである。したがってかつて「揺りかごから墓場まで」という言葉とともに福祉国家のモデルといわれた時代もあったイギリスでは、労働党のブレア政権が誕生したとき、最重要政策は教育だと唱えられて、教育予算が増額されるに至っている。教育社会学をはじめ、教育学関係の業界では、新自由主義によって教育費の削減といったことが議論されがちだが、それはいささか単純すぎる図式であって、むしろ新自由主義で教育が利用され、社会保障削減の有力な根拠として利用される側面すらあることも認識しておく必要がある（岩下 2013）。教育現場における、納税者視点での評価の動きが強まっていることについては、以上のような広い俯瞰的な視点から理解しなければならない。

教育に関して、フランスのフーコー（Foucault, Michel）などを援用して、権力の装置として批判的に解釈する研究は以前よく観察された。しかし近年は、そうした研究はあまり見られなくなっている。研究的に見れば、概ねストーリー展開が類似してくるので、権力構造に対する批判としてはワンパターンで新奇さがなくなっているというせいもあるかもしれない。また、そもそも福祉国家というのは、国家が福祉という飴を国民に投じることで、権力の網に国民を繋ぎとめようとする側面がある。それはドイツのビスマルク（Bismarck, Otto von）による社会保険制度設立などを例にあげるまでもなく、福祉は権力者にとってみれば、社会主義や共産主義思想による革命の予防策であり、対外戦争のために国民を結束させるための材料でもあった。現在の日本では想像しにくいが、社会保障や福祉の発展は、戦争を切り離して論じることができないほど深い関係があり、そこには国家権力による国民の統制という意図があからさまに込められていたのであった。

しかし近年の小さな政府をめぐる議論は、そうした権力による管理というストーリーを実感しにくくさせている。新自由主義者は保守的な思想に拠って立つことが多いが、教育の世界では規制緩和や自由化を支持することが多い。かつて教育の国家統制に批判的だった人々が、今度は自由化の動きを警戒し、公教育を擁護しようとする動きがある。そして社会保障費の増大が問題化する中、その社会保障費の削減の方便として教育が利用されている。つまりただで給付するのではなくて、職業訓練などの教育を受けたものにだけ給付をする、という具合である。もしそこでそうした教育を拒否したり、何らかの理由で受けられなかったりした場合は、そういった人々を社会から排除することになる（仁平 2009）。

さらに、市場化により、民間サービスを購入できる者とそうでない者とが分裂すると、富者はますます自分の好むものを自分で購入しようとし、公共的に提供されるものを避けるようになるだろう。そうすると、富者は公共サービスの直接的な受益者ではなくなるから、自らにとって利益をもたらさないもの（税金）への多くの負担を不当と感じるだろう。社会格差が極端に進むことは、それ自体社会の分断化を促すという問題もあるが、公共サービスの維持を困難にし、結果としてますます社会の分断化に拍車がかかるということにもつながりかねない点も深刻な問題である（Sandel 2009=2010）。そのような中で、国家の政策として教育はどう位置づけられるようになるのか。それは教育政策だけを見ていては理解できない。国家が提供するサービスとして、他の社会保障や福祉との関係を検討しつつ、教育というものを位置づける作業が必要となるだろう。

注

（1）疑似市場は準市場（quasi-market）とも訳される。医療や福祉の現場でも用いられる。準市場に関する考察は、イギリスではルグラン（Le Grand, Julian）がよく知られているが、その解説については圷《あくつ》（2008）を参照。

（2）もっとも実際には、これが文字通り実行されるまでには時間がかかり、その間に政府の役割も大きくなった。そして一九六八年には政府役割の肥大化に伴う財政の赤字や非効率化が問題となり、素人主義が蔓延し、官僚制組織の弊害が目立ってサービスが国民から乖離しているという内容のフルトン報告（Fulton Report）が発表された。フルトン報告は大きな議論をよんだが、ここで提示された改革案の多くは公務員の強い抵抗にあって、多くは頓挫した（Burnham and Pyper 2008=2010: 12-13）。

（3）社会における階級分類、身分状況を説明する際、ウェーバーは教育によって専門的知識が与えられているかどうかを重要な基準の一つとして用いている（Weber 1956=1970: 207-217）。

（4）ただし縦割り社会、マニュアル化（形式主義化）などという現在のわれわれでも容易に思いつく官僚制についての負の側面は、ウェーバーも既に指摘している。

（5）ただしこの法案は後に廃案となっている。その後一八七〇年に初等教育法が成立するまで、国民一般を対象とする教育関連法は悉く廃案となったが、この「教区学校法案」は上下両院の審議のうち、少なくとも下院は通過したという点で他の法案と異なっていた（松井 2008: 76）。

（6）このあたりの経緯は柳（2005）に詳しい。柳によれば、国民協会は英国国教会を背後に控え、内外学校協会は非宗派主義を唱えていたため、両者は相容れなかった。当初はベルを前面に立てて、国教会の普及に努めた国民協会が有利だった。ランカスターの学校も非常に持て囃されたが、個人的なトラブルを抱えた彼は内外学校協会の運営から追放されてしまう。そして国民協会と対抗するため、合理的な組織化とマニュアル化を図り、全国チェーンでの展開を容易にした。結果的に宗教的教義に拘った国民協会の学校より、富裕層の人気を集めた内外学校協会の学校の経営が徐々に安定するようになった、とされている。

（7）ただし職工講習所は、職人や労働者の基礎的教育が不足していたこともあって、労働者階級のために、というより、中産階級により開かれた学校として継続されることが多かった。いわゆるグラマー・スクールも、近代自然科学、技術、実務のような実学を中心にした学校と、古典的教養を主として与える学校とに分化するようになった（長尾 1978: 129–132）。

（8）大田によれば、この基礎教育法は単独でイギリスにおける近代公教育制度の基礎になったと評価されるべきものではなく、一八六二年の改正教育令を踏まえ世俗的基礎教育を全国的に制度化し、混沌としたイギリスの基礎教育の歴史を一段落させたものと評価すべきであるという（大田 1992: 128–129）。

（9）強制就学制度は一八七〇年教育法第七四条により、公選制学務委員会の設置される学区のみに当てはめられたもので、この当時はまだ全国で導入されたわけではなかった。というのも当時はまだ、法規定を守った「良い学校」が不足しており、直接公選制の学務委員会があるところであれば「良い学校」が供給される保証があると考えられたからである（大田 1990）。

（10）山鹿同様、朱子学を批判して幕藩政治に大きな影響をもった一人に荻生徂徠がいる。彼は人間の性質を先天的なもの（性善説）とみなす朱子学や、「気質」の変化を唱える山鹿の説を否定し、学問によって人がもつ社会的価値のある能力（天賦の個性）を引き出すことが可能であると考えた（金子 1967: 9–13）。

（11）『易』の「泰卦」の「象伝」にある「后以て天地の道を裁成し、天地の宜を輔相し、以て民を左右す」に由来し、天地に比肩する巨大な徳をもつ聖人が万物を成長させる天地の「化育」作用を助けて、民生の安定を達成する事業をさす（平石 1997: 48）。

（12）余談ではあるが、この石門心学の天職観が、カルヴィニズムと共通するものがあることを指摘したのがベラー（Bellah, Robert N.）である。言うまでもなく、ベラーの分析の背景には、ウェーバーによる『プロテスタンティズムの倫理と資本主義の精神』がある（Bellah 1957=1996）。

（13）のちに日本の近代学校制度の確立に大きな貢献を果たした森有礼《ありのり》らも、この掛に任命されている（金子 1967: 27)。

(14) したがって理論的には、学校で学ばなくても知識や技術を体得している人というのはあり得るのだが、現実社会では学校を出ているか否かがまず問題視され、学校で正規の課程を経て修了していない場合には、その知識が社会的に信用されない、ということが起きる。

第三章　教育と社会保障・福祉との関係性

1　社会政策としての教育

（1）「社会政策」の意味する範囲の違い

これまでの章にて、教育が政府（公的）によって担われる理由について、社会学的に、また歴史的経緯から検討をしてきた。そして教育の役割や機能を位置づけるのは難しい、ということも明らかになった。なぜなら福祉国家にとって、教育は福祉的施策の一端を担うという「順接的関係」と、むしろ平等主義的原則と対立する「逆説的関係」という二面性をもつと捉えることが可能だからである（広田 2013）。

アルメンディンガー（Allmendinger, Jutta）と、ライブフリード（Leibfried, Stephen）は、教育政策というものの位置づけがアングロサクソン諸国と、ドイツのような大陸ヨーロッパの国とでは異なっていることを指摘している（Allmendinger and Leibfried 2003）。彼らは、英国の著名な社会政策学者であるマーシャル（Marshall, Thomas H.）の言葉やベヴァリッジ（Beveridge, William）報告に触れながら、アングロサクソン諸国では教育が社会政策（social policy）の一環として位置づけられ、社会保障改革（social security reform）に比しても教育改革に対する言及が多いという。例えば、イギリスの社会政策（social policy）や福祉（welfare）に関する概説書やテキストには、高齢者福祉、保健医療、家族政策などと並んで教育が含まれている[1]（Lewis 1998; Glennerster 2003; Glennerster and Hills eds. 2003; Annetts et al. 2009）。アメリカも教育部門は大きく発展しており、アルメンディンガーらによればその公的供給水準は疑似的福祉国家とよぶにふさわしいものだという。それに対してドイツでは、教育政策と一般の社会政策とは、まったく区別されて捉えられるのが普通である（Allmendinger and Leibfried 2003）。日本でも、武川正吾が振り返っていたように、かつては社会政策が労働政策とほとんど等置されていた時代もあったのである（武川 2007: 6）。

ハイデンハイマー（Heidenheimer, Arnold J.）は、公教育と社会保障の発展した経緯（順序）がヨーロッパとアメリカで全く対照的であることを指摘しており、それによって教育もしくは社会保障が、労働市場と全く異なる形でつながっていることも示唆している（Heidenheimer 1981）。そのことを踏まえて、ホケンマイアー（Hokenmaier, Karl G.）は、教育とその他の社会保障との関係を、公共支出の観点から検討した。そして支出の点では教育と社会保障はある程度反対の（トレードオフの）関係にあり、公的支出に占める教育の割合は自由主義レジームの国で相対的に大きく、次に多いのが社会民主主義、そして保守主義レジームの国であった。自由主義レジームでは、後期中等教育についても一般教育が中心なのに対して、社会民主主義と保守主義では職業教育がむしろ主流を占めていた(Hokenmaier 1998)。

一方ペチャール（Pechar, Hans）とアンドレス（Andres, Lesley）は、いわゆる福祉レジームにおいて、自由主義レジームでは給付型の社会保障は非常に支出が少ない代わりに、教育のような人的資本を増強する政策には非常に力を入れているが、その反面、保守主義レジームでは高等教育まで行かなくともそれなりの生活保障はなされていて、それは保守主義レジームの国において、中等教育段階で職業教育が充実しているからだと述べる。これらの両レジームにおいては、高等教育と社会保障は排他的な関係にある。しかし北欧の社会民主主義レジームではそういった負の相関はなく、基本的には教育にも一定の規模の支出が観察されている（Pechar and Andres 2011）。つまり一般の社会保障や福祉のような、自由主義レジーム→保守主義レジーム→社会民主主義レジームというような線型的な財政規模の増加という現象は観察されない、ということになる。

順番が前後するが、ここでいうレジームとは、今や福祉国家の国際比較研究において言及されないことはないと言っても過言ではない、エスピン＝アンデルセン（Esping-Andersen, Gøsta）の福祉レジーム論に基づく（Esping-Andersen 1990=2001）。従来は経済や社会の発展に伴い、福祉制度も充実してくるという単線的な発展論が幅を利かせていたが、実際はそうではなく、特に西欧先進諸国を見ると、三つの体制に大きく分類できる、ということである。キーワードとなるのは「脱商品化（decommodification)」であり、これは労働者（労働力）が労働市場において、どれだけ市場における商品として取引されるのを免れているかを示す指標である。簡単に言えば、何らかの理由で労働市場において働けない状況に陥ったとき、政府が所得補償をするような制度があると、その労働力は脱商品化されていることになる。そして脱商品化の程度に応じて、「自由主義レジーム（liberal regime）」「保守主義レジーム（conservative regime）」「社会民主主義レジーム（social democratic regime）」に大別できる。

自由主義レジームはアメリカやイギリスなどのアングロサクソン系の国が典型的な例であり、基本的には市場経済を重視し、社会保障はあくまで競争に負けた人のためにあるというものに近く、国家財政の点では最も小さな政府になる傾向が強い。一方私たちが福祉国家のモデルとしてしばしば言及する北欧諸国は、社会民主主義レジームとなる。ここでは社会保障政策が隅々に行き渡っており、平等化が強く推進される。国家財政の点では大きな政府になりやすい。その中間とされるのが保守主義レジームで、ドイツやフランスなどの大陸ヨーロッパ諸国が該当する。ここでは国家ではないが、職能団体などが力をもっていて、社会政策もそれらと強くかかわっている。また社会福祉的な機能は、民間でも国家でもなく、家族や親族コミュニティが担う傾向がある。国家財政の規模の点では、中間水準にあることが多い。以上のように、いわゆる政府の規模と福祉レジームは一定の関連性があると予想できる。

（2）誰が教育のメリットを多く受けるのか

さて、教育も福祉も政府の担う一事業であるが、このような位置づけについては様々な議論がある。教育の平等化の機能を前提にした福祉国家的議論に立つと、教育と福祉は類似した機能をもつことになる。一方で、教育の配分機能を強調すれば、教育は新たな差別や格差を生む機能をもつという見方になる。第二章で検討した経済学的な見方に則れば、初等中等教育は公共財としての性質が色濃い。しかし高等教育は、ウィレンスキー（Wilensky, Harold L.）が述べたように、他の社会保障分野の政策と異なりむしろ富裕者にメリットをもたらすという点で異質である。なぜなら統計的に見て、高等教育進学者は富裕者（の子）が多い。保険や福祉は、いわゆる所得再分配政策であり、社会の絶対的平等に貢献するが、高等教育の機会の平等は課題になっても、そもそも結果の平等を実現しようとするものではない。そして税負担が万遍なく行われているとすると、高等教育のメリットを受けるのは進学した富裕層になるので、そのままでは高所得者に所得の配分を行う逆進性をもつことになる。だから教育は特殊なのだ（Wilensky 1975=1984: 38–42）、というわけである。(2)

もっともベック（Beck, Ulrich）がいうように、教育を受けた人は、今や供給過剰な段階にあるのかもしれない。だからといって、進学しないと労働市場のチャンスはほとんどなくなってしまう。教育は労働市場への道を切り開く手段であったはずだが、今や単なる就業の機会を得る権利を得たというに過ぎなくなる。就業への機会を得るためには卒業証書は不可欠だが、しかしそれだけでは不十分だという状態にある。その結果、新たな資格や条件が付与されることになる。いずれにせよ福祉国家政策の浸透で、窮乏化による階級形成や身分を通じた共同体化を通じての階級形成ができなくなり、身分や階級によって何らかの立場を共有し、考え、探求するということがリアリティを失うことになったのが現代の特徴である（Beck 1986=1998: 167–168）。一方で、教育を受けるチャンスを失った人は、（一見見た目には平等な機会を提供されているようにみえるため）本人の努力が足りないと見なされ、共同で社会に対して訴えるという機会も失い、社会全体から取り残され排除されてゆくことになる。

第二章で述べたように、社会保障支出が逼迫化する中で政府の立場に立てば、教育はむしろ社会保障費を縮小するための方便としても利用しうる。単なる給付はばら撒きだが、教育訓練を受ければそれなりに補助してやってもいい、という姿勢である。その方が有権者（納税者）の納得を得やすいという事情もある。教育は一定の段階以上になると、平等化より、選別、配分の機能が強化されるが、その配分を正当化するには機会の平等性が保たれなければならない。だから教育と福祉が結びつくと、教育機会の平等性を担保するための政策に焦点が集まりやすくなる。

そうした中で、これまでに「教育福祉論」という分野を切り開いてきた人たちもいる。例えば、名古屋大学の小川利夫がそうであった。そこでは、教育と福祉の谷間の問題、つまり社会福祉や児童福祉の対象となっていた子どもの教育を受ける権利の問題が、研究対象として取り上げられてきた。後には女性の社会進出が進んだことから、乳幼児の発達保障の場としての保育園や幼稚園の拡充の問題や、生涯教育の保障へと広く解釈されるようになっている（小川・高橋 2001）。また北海道大学では教育福祉という名のついた講座が設置され、特に貧困問題に焦点を当てた研究が青木紀らを中心に展開されてきた（青木編 2003; 青木・杉村編 2007; 青木 2010）。こうしたフィールド調査を踏まえた研究は、問題の焦点を絞った貴重な記録である。

ただし本書は、こうした特定の層に焦点を当てた政策ではなく、もっとマクロの政策、特に国家財政の配分に着目する。個別のこうした取り組みに意味がないわけではない。というより、昨今の情勢を考えれば、非常に重要な取り組みである。しかしこれまで検討してきたように、教育政策は単独で成立しているというより、社会保障や福祉政策とも密接にかかわっている[(3)]。財政的な面でいえば、国家として支出すべき費目には、国家戦略的に何らかの意図をもって資源が配分されていることになる。そうした資源配分の結果として、個々の教育政策や社会保障政策は実行されている。近年一部で問題化している子どもの貧困などを論じる際にも、そもそもそういった貧困が生じ、それに対する対処が十分に行われていないとすれば、やはり他の社会保障や福祉をはじめとする政策との関連を俯瞰的に検討しなければならない。そしてその過程において、日本が教育というものを、他の政策分野との狭間でどういった場に位置づけているのか、というのを相対的に考える必要があるだろう。

例えば福祉レジームの指標たる脱商品化の度合いが低い日本においては、他分野との政策や制度との関連性を深く考慮せず、ただ単に就労を義務付けたり、女性の就労を促進しようとすると、結果的に非正規雇用が拡大したり、女性への一方的な家事育児の負担の押しつけへとつながることになり、それが更なる少子化を促進するようなことになる可能性もある（宮本 2013: 108）。

（3）「公教育費」の捉え方とその問題

序章で取り上げたが、日本の公教育費支出は対GDP比でOECD最低水準である（図序－2、図序－3）。逆に言えば、私費負担については、OECDでもトップクラスという位置づけになる。このことは、個々の家庭に過大な負担を強いているという側面がある一方で、トータルでかかる教育費が高すぎることを意味しているのかもしれない。実際にはその内訳を精査し、どこまで公的に負担すべきなのかを冷静に吟味する必要があって、闇雲に公的負担を増やそうということにはならない。序章でも述べたように、数字の評価は主観的なものなので、多いか少ないかは議論が分かれるだろうが、それでも国民の間で教育費の公的負担を増加させることは、圧倒的な支持を集めているとは言い難い。また公的負担を増やすべきだという議論で前提とされているのは、公費負担率を増やせばその分私費負担分の割合が減るだろうというものである。ところが末冨 芳《かおり》によれば、時系列データに沿った分析を行うと、公教育費の上昇が図られてきているにもかかわらず、私費負担水準の量は減るどころか、学校教育、学校外教育いずれも同時に拡大しているという[4]（末冨 2010: 67–83）。

もっともそういったことを考慮しても、やはり現実には私費負担は相当な水準に上っているのが現状である。例えば、義務教育段階は無償とされているが、実際には給食費を含め、学校教育費（教科書以外の教材など）や学校での様々な課外活動、学校行事の参加や、体育着や制服などの学修費を、相当程度の私費負担に負っている（小澤 2012）。また「平成二二年度（二〇一〇年）予算編成」過程において、同じOECDの統計を用いながら、財務省は「子どもの数、政府全体の歳出規模も考慮すれば、公財政教育支出はG5（アメリカ・イギリス・フランス・ドイツ・日本）の中でもトップクラス」だという主張をしたのに対し、文部科学省は日本の公教育支出は国際的に低く、他国も少子化の状況に直面しながら国際競争力の激化に伴い教育費を大幅に増やす傾向があり、日本の教育支出の伸びが見られないのは特異だと真っ向から反論している[5]。

さらに日本の政府統計や、ＯＥＣＤ統計の分類を詳細に検討した石井拓児によれば、国際比較の統計では私的教育費に分類されるべきものが、政府発表の（国内向けの）統計では公教育費に含まれているため、公財政教育費は過大に見積もられているのだという。ＯＥＣＤによる教育費の統計は、負担主体による分類で、ある程度われわれの実感に適うものとなっている。つまり公教育費とは、国や地方自治体が純粋に支出するものである。ところが日本の政府統計では、入学金、授業料だとか、学校独自の収入、国立学校自己収入といったものも含まれている。文部科学省はＯＥＣＤにデータを提出する際には、こうした入学金や授業料などの受益者負担分を私費負担に分類している。したがって確かに文部科学省は教育費削減の動きに抗うべく財務省に対して一応妥当といえる反論をしているように見えるが、一方で政府統計と国際比較統計では集計上の分類を使い分けるなど、ダブルスタンダードを認めることになってしまっている（石井 2012）。

それに加えて、相当な割合の子どもが塾その他の学校外教育を受けており、その授業料の負担も重く、子どもを抱える世帯では無視できない出費であろう。また高等教育機関は場所が偏って存在しているため、特に地方からは移動の必要があり、当然その移転費や、通学費、下宿後の生活費が加わる。つまり直接的な授業料以外にも、それに関連した費用は相当な金額となることに違いはない。近藤博之によれば、文部省の『学生生活調査』を用いて大学への進学機会の所得格差について検討した結果、一九八〇年代には一時縮小の兆しも見られたが、授業料の高騰もあって、一九九〇年代になり再び格差は拡大化しているという（近藤 2001b）。

さて、末冨（2010）は教育費負担に関して、「自由 - 平等」「厚生 - 効率」という二つの軸のもとで整理を行っているが、日本の公教育費支出は、基本的に効率－平等主義が貫かれているという。つまり教育機会均等としての義務教育無償原則と、設置者負担主義による消極的な平等主義のみが法制的に裏付けのある責任領域である。そして学校外教育や後期中等教育、高等教育などは専ら選択の自由の領域であり、子どもの厚生水準の上昇のために、各家庭が負担をしてきたという構造になっている（末冨 2010: 17-27）。しかし所得の向上が望めない昨今の情勢では、家計負担もいよいよ限界に差し掛かっていると言える。またこうした議論では落とされがちだが、日本の公教育支出で国際的にまずまずと言える水準なのは初等中等教育のみで、就学前教育についても国際的に見てその公的負担はかなり低い水準にあることも記憶されてしかるべきである。

2　日本の教育政策と背景の福祉制度

(1)　日本型福祉システムの成立

既に多くの指摘があるが、日本は歴史的にも国際比較的にも、財政の点では福祉国家であるとは到底言えない水準にある（権丈 2001, 2004）。社会保障に対する社会支出の水準は、先進国の中でも最低レベルである。ただし一九九〇年代初頭のバブル崩壊まで、日本は必ずしも経済格差が極端に大きな国だったわけではない。いわば性別役割分業を前提にした男性稼ぎ手モデルに立脚した雇用保障という制度を整えることで、格差の拡大が抑えられていた。実際、所得再分配前後でのジニ係数の変化は大きくなかったが[6]、八〇年代までは所得再分配前のジニ係数も国際的に小さい方であった。このこと

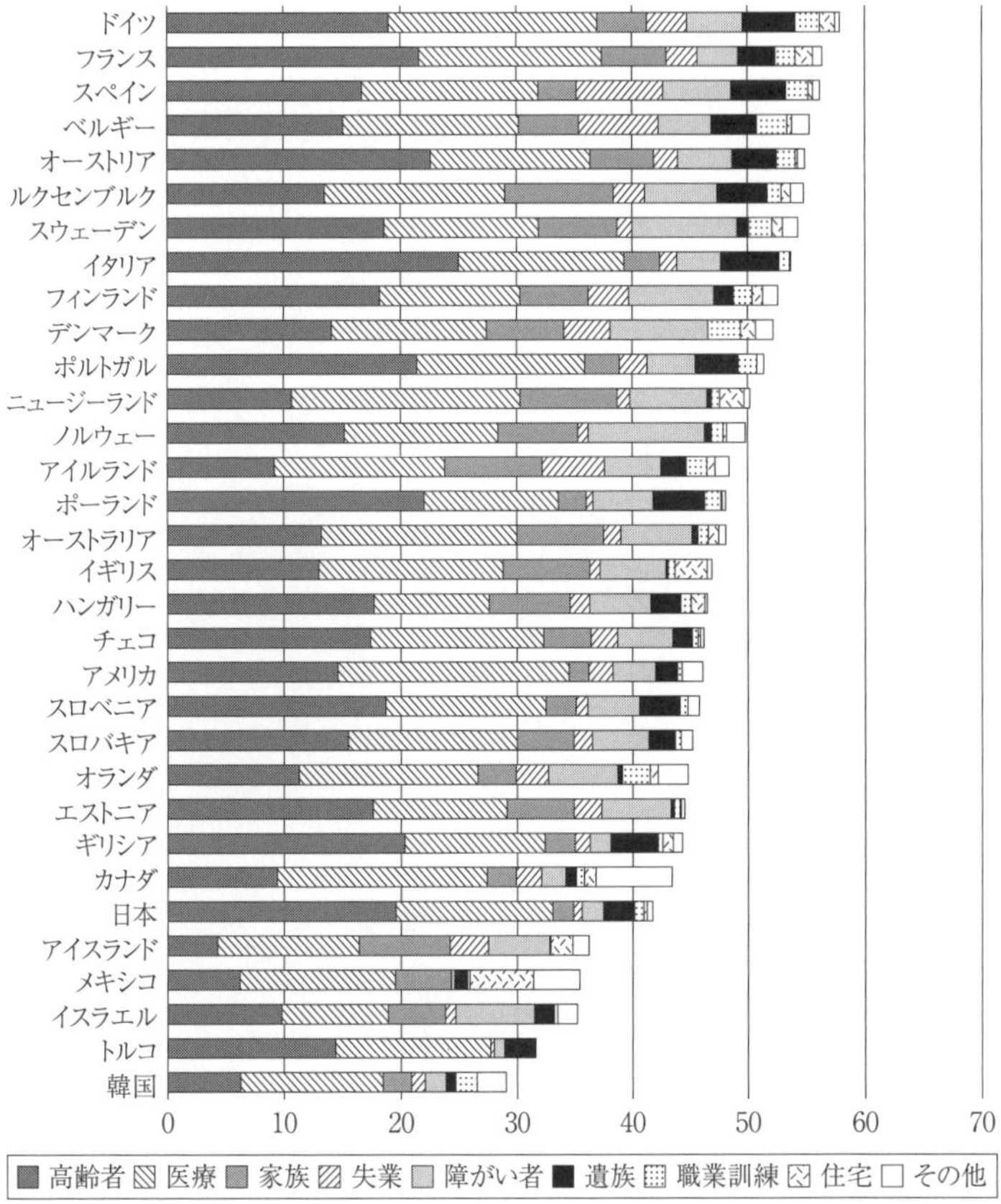

出典：OECD StatExtract（http://stats.oecd.org/）

図 3-1　公的社会保障関係支出の総支出に占める割合（2009 年）

は雇用が行き渡っていたことで、所得の著しく少ない世帯が抑制されていたことによる（宮本 2009: 40-44）。

図３－１はＯＥＣＤの一般政府支出のうち、それぞれの社会保障関係の支出が何％を占めるかを示している(7)（二〇〇九年）。これをみると、ヨーロッパ諸国が、政府支出のかなりを社会支出に充てていることがわかるが、いわゆる福祉国家とされる北欧が、必ずしも最上位に来ているわけではないこと、またこうしたデータからも日本は国際的に社会保障関係の支出割合が必ずしも高くないことがわかる。

日本の社会保障政策は、年金などの高齢者政策に著しく偏っている。換言すれば、日本の社会支出は、家族、職業訓練、失業に対しては非常に少ないが、年金や医療はスウェーデン水準とすら言える。そもそも社会支出が最低水準の中で、年金や医療の水準が高いとすれば、当然他の政策が手薄になる。また今後高齢化がますます進むことになれば、この費用は増えることはあっても、減ることは予想しにくい。確かに、社会支出水準は低かったかもしれないが、人口構成を考えれば年金、医療への支出を増やさざるを得ず、放っておいても支出の規模は大きくなる。そういう意味では、支出水準だけ見ると（国民一般の意識とは裏腹に）日本は中レベルの福祉国家になりつつある（田中 2013: 238-241）。日本人一般の年金や医療に対する不安や給付水準に対する不満はしばしば聞かれるが、現状を維持するだけでもかなり厳しい状況にある。こういった中で、他の費目の社会支出を増やすのはかなり困難であるに違いない。なぜこんなことになったのか。この流れについては、宮本太郎がコンパクトに、かつ分かりやすく整理してまとめている。それを参考にすれば、以下のようにまとめられる（宮本 2008, 2013）。

日本では一九四七年に児童福祉法、四九年に身体障害者福祉法、五〇年に生存権の保障を打ち出した（新）生活保護法が成立して、いわゆる「福祉三法体制」が成立した。ただし高度成長が始まっても、そのメリットを享受できた大企業周辺の人々と、それ以外の第一次産業従事者、中小企業労働者や不安定雇用者との格差が拡大していて、その問題解決は政治的な争点となりつつあった。そして一九五五年の保守合同の際の一方の勢力であった日本民主党は綱領に初めて福祉国家を宣言したこともあって、自民党も福祉国家の完成を掲げることになった。そして分立的で不十分であったとはいえ、一九六一年という早い時期に皆保険皆年金が成立した。[8] ただし池田勇人内閣になり、再分配そのものを重視するのではなく、パイそのものを増やすいわゆる「所得倍増」に政策の舵を切ることになる。これが工業基盤の整備、さらに社会資本の整備という形で公共事業を推し進めることになり、後の田中角栄の列島改造へとつながってゆく。

その背景で、人々の生活が豊かになりながらも、高度成長期には公害問題が発生するなど、急激な成長による問題点も浮上し、特に都市部において自民党は支持を失いつつあった。東京都をはじめとする都市部では、福祉を前面に掲げる社会党や共産党を支持基盤とする首長が次々と誕生し、自民党には脅威となった。[9] そして長期低落気味の自民党の支持率維持のため田中角栄が打ち出したのが、一九七三年の老人医療費無償化や厚生年金給付額引き上げである。この年「福祉元年」などといわれたが、この頃までに現役世代に対する雇用保障の様々な仕組みが整い、社会保障は基本的に人生の後半にシフトするという流れが固まったことになる（宮本 2013: 116–119）。

一方で田中角栄の列島改造は、地方での雇用創出につながり、それによって都市部で支持を失いつつあった自民党支持を地方でつなげようとする目論見もあった。また中小零細企業の保護政策も推し進められ、大企業では高度成長を背景に企業福祉が整えられた。つまり日本では、長期雇用を背景にした大企業が、企業の力を背景にした企業福祉を整え、それとはまったく別の仕組みで中小企業や建築業などの雇用レジームが形成された。前者は市場メカニズムの中で時折行政介入が行われることで、生活保障がなされていた。後者（自営業や農業を含む）は、政党を支持することでその生活が保障されるというメカニズムが働いていた。したがって潜在的に両者は緊張関係にあったが、高度成長期には中小企業や自営・農業もそうした政府介入によって競争に残れた面があり、緊張が顕在化しにくかった。つまり日本の低失業率は、公共サービスや広範な社会保障制度によって実現したというより、業界同士の繫がり、公共事業や保護・規制措置によって容易に会社がつぶれない仕組みがつくられ達成されていた。もっといえば、異なる二つの雇用レジームの存在は、緊張関係にあったとはいえ、それがうまく機能している間はむしろ高生産性部門から低生産性部門へ、あるいは都市から地方へという所得移転機能を担っていた、とすらいえる。

しかし一方で、このような雇用レジームのシステムからは失業者や高齢者は排除されていた。八〇年代まで日本ではこのシステムが機能していたため、失業問題は顕在化しなかったが、高齢者については急速な高齢化が進行することは確実であったから、一九七〇年代以降、政府は年金や高齢者医療に対する支出を増大させざるを得なくなった。急速な社会保障費の増大は財政赤字を深刻化させたため、行革や一部福祉の削減が相次いだ。

こうした流れは一九八〇年代に入り、目立って観察されるようになったわけだが、その象徴としてしばしばイギリスのサッチャー政権や、アメリカのレーガン政権らの新自由主義が言及される。新自由主義のもとでは国家活動が抑制されるため、その埋め合わせは伝統的価値（家族主義などの保守主義）と経済的活動を活発化させる市場機能（自由主義）によって担われるのは、古今東西共通している。ただし英米の福祉見直しはマネタリズムといった反福祉的イデオロギーによって展開されたが、日本では必ずしもそうではなかった。日本は福祉国家を原理的に攻撃する教義がなかったため、福祉国家の否定ではなく、「自助、家族の絆、相互扶助を強調する独自の福祉国家」という形で自らを位置づけた（新川 2005: 107-109）。だから日本では表立って福祉政策を批判したり、削減することを主張する政党はなく、どの政党も福祉を重視するというようになる。しかし自助とか家族主義といった反福祉的な内容が、あたかも親福祉であるかのように語られてきたのが日本の社会保障政策の歴史である（武川 2007: 125）。

経済のグローバル化で経営基盤が厳しくなり、大企業は労働力の非正規化を進め、一方で正規雇用労働者の雇用基盤を安定化させて、大企業独自の労使関係を構築し、政府の支配を離れることになった。一方地方や中小企業、農業は、そうした大企業との利害関係が一致しなくなり、公共事業もうまく機能しなくなるとむしろそれに対する批判が強まった。格差に対する不満は、常に客観的な格差の状況を正確に認識して起こるわけではない（猪木 2012: 116-118）。実際日本は、必ずしも経済格差がOECD諸国の中で低い国というわけではなくなっている。しかし九〇年代後半から雇用情勢が不安定になると、閉ざされた業界や雇用システムの「中での」処遇の違いが不安感を増幅させ、格差は決して小さくないにもかかわらず、「過剰な平等主義」「行き過ぎた平等」が批判されるようになる（宮本

2008）。

（2）民間に依存する福祉システム

エスピン＝アンデルセンの福祉レジーム論に基づけば、日本は社会保障制度の階層性や家族役割で大陸ヨーロッパの保守主義レジームに近いが、給付水準や再分配効果では自由主義レジームとも分類でき、いわば境界事例ともとることができる（Esping-Andersen 1997）。この福祉レジーム論は、市場や家族が政府の機能を代替するという考えをベースにすると理解しやすい。家族が政府の代替機能をもつというのが保守主義レジームであり、市場（民間、つまり企業福祉）がそれを担うというのが自由主義レジームであるとすれば、このように家族と企業が補強しあうというあり方は欧米では見られないものである。ただしこれは急速な経済発展の中で、公的な制度形成をもたずに、所与の資源を動員して対応せざるを得なかった後発福祉国家の形態を示しているといえる。さらにこうした福祉国家の形態は、異なる政治勢力が政治的に競合した結果つくられたというより、政権与党と国家官僚制が一体化して（国家主導で）形成されていったのである（宮本 2013: 96–98）。

つまり日本は歴史的に、政府の財政支出の点で福祉国家とよべるような時代は存在しなかった。例外的とも言える良好な経済的パフォーマンス、それを牽引していた民間大企業と、そういった大企業に支えられた福利厚生、つまり政府に強く依存しなくても、歴史的には民間が生活を支えてきた、というような実感が日本人の間にあるものと思われる。このような実感が、人々の間に政府に対する不信、頼りなさなどといった感情を引き起こさせる原因になっている部分はあるだろう。

さらに国鉄が象徴的な例だが（国鉄の場合、「我田引鉄」などという言葉に象徴されたように、政治家による強引な赤字確実のローカル線の敷設や、整備新幹線の整備といった問題がより根本的な赤字の原因として考えられるが）、民間に比して無駄が多く、大きな赤字を重ね、職員の態度は横柄であり、さらに強硬な労働運動が（民間からみれば単なる）わがままと映るなど、「公」のもたらすものが非効率で遅れたものというイメージを広く国民の間に浸透させてしまった。これらの要因が複合的に絡むことで、政府不信の構造が恒常化し、さらに一部の業界団体との癒着、無駄遣い、天下りなどといった報道が相次いだことで官庁への不信を増幅させた。結果的に、「民間はこれだけ努力しているのに、官は怠けており非効率だ」という政府の失敗のイメージが定着し、そのような国の施策に対して増税のような国民負担の増加はもってのほかである、という意識を植え付けるようになった。

さらに政治家もそういった言説を利用し、公務員批判や霞が関批判をすることで、票を集めようというインセンティブが働くこととなった。きちんとした裏付けや根拠のない無責任な提案が「公約」そして後に「マニフェスト」として取り上げられるようになる。労働力人口比でも、政府支出に占める公務員の賃金の割合でも、日本はすでに先進国最低水準にあるにもかかわらず（Pilichowski and Turkisch 2008）、公務員の削減が無駄の削減につながるかのような公約を掲げ、票集めを目論むようになった。こういったマニフェストを一種の有権者との「契約」として政権交代をし、その期待を結果として大きく裏切ることになった民主党政権の責任は、有権者の間に政治不信や諦念をさらに広めた点で非常に重く、謙虚な検証と反省が必要だといわざるを得ないだろう。

本書の問題意識の根底は、ここにあるといってよい。戦後日本の発展の歴史の中で、日本人の自意識の中には、何となく税という負担の忌避感情ばかりが増えて、一方で政府（国）は自然にサービスを提供してくれるものだというイメージが強められてしまったのではないか、ということである。公共サービスの根本は国民の税負担であり、それがなければ成立しない。この間に、政府は税を支払うに足らないものであるという意識ばかり強まり、実際は社会保障などで一層の国民の負担が必要とされるようになっているにもかかわらず、負担増を行うこと（支持をとりつけること）が非常に困難になっているということである。そしてもし負担をするのなら、自らのメリットが得られるようなものについては支持するが、そうでないものは無駄であるとか、自己責任だとして否定してしまうのだ。

これは後半の第Ⅱ部の課題になるが、先取りしてしまえば結局負担の在り方の議論になる。おそらく現在の日本の財政赤字の状況を見れば、国民負担を今後も当分増やす必要がない、と考える人はほとんどいないだろう。問題はその方法であり、従来のような所得税を中心とする直接税を根幹に据えるか、消費税のような間接税を根幹に据えるかである。しかし消費税の導入、引き上げに相当な時間がかかり、日本では特に抵抗が強いことを考えても理解できるように、税制は国全体の制度や仕組みと大きく関連しており、その変革は容易ではない。

モーガン（Morgan, Kimberly J.）とプラサド（Prasad, Monica）によれば、アメリカとフランスは税制について対照的である。産業化のスピードはアメリカのほうが早く、中央集権化はフランスのほうが進んでいた。また税制を見ると、アメリカは直接税（累進的な所得税）中心だが、フランスは間接税（逆進的な消費税や付加価値税）が中心である。アメリカでは産業化が進んでいたこともあり、関税をかける代わりに所得税で賄うべきという産業界の要請があった。しかしフランスでは農業層が強く、海外からの農産物に対して関税をかけることへの選好傾向があり、二〇世紀初頭はまだ工業が関税撤廃の議論を行う段階に達していなかった。また所得税の導入には、政府が個人所得を把握できるシステムを構築する必要があった。しかしフランス人の間では、中央政府による資産調査への警戒感が強く、それがうまくいかなかったという事情もあった（Morgan and Prasad 2009）。こうしたプロセスの違いが、税制の根本を形成し、未だに影響を与え続けている。日本でも早い段階で高齢化が予想され、消費税の導入が検討されてきていたが、その実現はなかなか難しく（加藤 1997; 石 2009）、さらに導入後もやや一面的なネガティブな見方が国民の間に定着し、税率を上げるのに困難をきたしている状況にあるのは周知の通りである。

（3）社会保障の受益者

社会保障や福祉政策には、そのサービスを受けるに値すると思われる人を選別し、対象者を絞るターゲッティズムという考え方（選別主義）と、そうした選別はできるだけ行わずに多くの人が受益者となるようにするユニバーサリズム（普遍主義）という考え方がある。この違いも、税制と同様、社会保障や社会福祉政策を考える上で見逃せない視点である。

言うまでもなく、ユニバーサリズムはそもそも財政規模が大きくなければ実行しようがない。スウェーデン型の福祉は、もともと就労と社会保障が強く結びついている。アメリカなどに見られるワークフェアと異なるのは、就労が前提となっていて、必要なときに労働市場から離れることができる脱商品化政策が中心になっていることにある。特に重要なのは「所得代替原理」であり、失業、医療、育児休業などによる公的な所得保障の目的を最低所得保障ではなく、市民の現行所得の維持に置くことである。それゆえ職について所得水準を上げておけば、給付水準も上昇することになる。日本との違いは、確かに所得が増えれば給付水準も上昇するものの、その分拠出分も増えるのに対し、スウェーデンは社会保険の負担が雇用主なので、各種給付は純粋に就労や所得保障の上昇へとつながることになる。逆に言えば、労働市場外の最低所得保障の水準は著しく低い。こうしたスウェーデンの制度は、中間層の勤労意欲や勤労倫理に応えて、その支持を得るために作られたものである。実際、スウェーデンといえば手厚い社会保障といわれるが、生活保護などの社会扶助の割合は極めて低い(10)（湯元・佐藤 2010: 161–176）。したがって宮本太郎は、こんなに大きな政府をなぜ中間層が支持するのか、という質問は順序が違いナンセンスで、勤労する中間層の支持を得るために自ら進んで大きな政府となった、というのが正しい理解だ（宮本 2013: 42–43）と述べる。

日本のように財源が少ないことを前提とすれば、再分配機能を高めるための政策は必然的にターゲッティズムに拠らざるを得なくなるだろう。しかしこのことは、サービスの受益者と、一方的に税として負担を強いられる層との間に処遇の違いを生む。特に中間層を中心とする多数派を占める後者は、直接的な利益を感じる場面がほとんどないということになる。コルピ（Korpi, Walter）とパルメ（Palme, Joakim）によれば、一見コスト削減によって効果をあげるように見えるターゲッティズムの方法は、数の多い中間層の強い反発を生むようになり、負担ばかり増えて社会全体の利益が得にくい、そしてますます支持を集めにくくなるという逆説的な結果を生むことになる（Korpi and Palme 1998）。現在貧困問題が喫緊の問題としてしばしば指摘されるようになっている（岩田 2007）。研究者レベルでは、日本の生活保護制度が受給までの手続きが煩雑だったり、受給条件が厳しく、恩恵を受けていない人が多数いることが指摘されたりする（平尾 2002）。ところが対照的に、最近一部に見られる生活保護などに対するネガティブな報道や、それを受けた厳しい目が広まっているのは、日本の中間層にあたる人々の所得水準が伸び悩みながら、自分たちは負担しているがそれによるメリットは何も受けていないという不満を抱えている、という状況を反映しているものと考えられる。

3 グローバル化する世界と社会政策

（1）国家という枠組みを超える経済

テイラー＝グッビィ（Taylor-Gooby, Peter）は、ポスト産業社会への移行には、次のような四つの段階があると述べる。

第一に女性の社会進出が進み、男性の労働力参加は減少するようになった。それにより、生活を維持するのには共働きである必要があり、より一層女性の教育や労働市場への平等な機会均等が求められるようになった。第二に、社会的なケアの必要な高齢者が増加し、それに伴って年金や医療といった福祉国家の提供するサービスのコストが嵩んでいった。第三に、労働市場と教育の関係が強化され、より高い学歴が求められるようになった一方で、教育程度の低い人の社会的排除のリスクが増加した。最後に、国家財政を引き締めようとする動きに反応して、民間のサービス、特に民間の年金が拡大した。

これまでのリスクは、主として高齢層や失業者といった賃金を得ていない人に焦点を当てるというように、その政策目標がはっきりしていた。しかし新しいリスクは、これまでより広く、また幅広い年齢層（ライフステージ）を対象とせざるを得なくなる。しかも一律に何かを配分するというより、個々に応じたサービスを準備する必要がある。そしてそのサービスの具体的なものとしては、ワークライフバランスだとか、教育訓練のようなものがあげられるようになる（Taylor-Gooby 2004）。

グローバル化の流れというのは、いわば国民国家という枠組みを無意味なものにするということである。特にグローバルな経済活動は、労働力をより安く投入するため、働き口を「輸出」し、またテクノロジーの進歩もあって世界中で分業体制を築き、コストのかからないところであればどこでもモノを生産できる。そしてそうした活動を担う大企業（超国籍企業）は、最も税金が安くインフラの整ったところに進出しようとし、税金が高い国から逃亡することで、そのような国から雇用を奪う。それだけではなく、投資の場所、生産の場所、納税の場所、居住の場所を区別して、国民国家間で競争をさせる。そうすることでトップレベルの者は、快適なところに居住しながら、最も税金の安いところに税を納めるというようなことが可能になる。これは序章で少し触れたタックス・ヘイブンのような問題点を生み出し（志賀 2013）、国際的にも頭の痛い問題となっている。そしてこれは政治的な協議の場で決まるわけでもなく、平時の経済活動の中で進行するのである（Beck 1997=2005）。

これはベックが『危険社会』にて、近代化に伴い、一見合理的で安心できる社会が構築されたように見えながら、実際には目に見えにくい（感知しにくい）、それでいて予測が限りなく難しく、また国民国家という枠組みをも超えるようなリスク（危険）が顕在化するという問題を指摘したのと軌を一にしている。そしてそのリスクは、個人の置かれた状況によって決められるわけではなく、またそのリスクの認知自体を自ら自覚できるのではなく、むしろ何らかの専門家らに指摘されることによって初めて自覚されるようになったりするのである（Beck 1986=1998）。経済活動がグローバル化し、国家という枠組みを前提に作り上げられている様々なシステムは意味をなさなくなる、というのは言い過ぎにしても、少なくともコントロールは難しくなる。

（2）社会的排除と包摂

先に社会的排除という言葉を用いたが、そもそもの福祉政策や社会保障政策は労働法制と密接に関連しており、またその待遇の改善も労働運動と無関係ではなかった。そして福祉国家化により労働者階級の生活水準は向上し、労働者という階級として結束し、運動を行うというインセンティブは働きにくくなった。その代わり、女性、少数民族や障がい者らがそもそもそういったシステムの網から漏れていたことに気づかされ、彼らの権利擁護が盛んになされるようになった。これが社会学的に言えば、いわゆる「新しい社会運動[11]」とよばれる、フェミニズムや人種、民族などに基づくマイノリティなどの権利擁護運動の始まりでもある。こうした新しい社会運動では、経済的次元に限らない様々な差別の構造などが指摘されるようになる。そうした人たちには、ただ単にモノをばら撒いて充足させればいいというものではない。制度や文化的条件により、彼らが広い社会のシステムやコミュニティからそもそも排除され、職を得たり、人とつながる機会を得たりできなくなっているのではないか、だからこそ、社会参加を促し、またそうした習慣を維持できるようなシステムを構築することが重要なのではないか、ということが指摘されるようになった。排除（exclusion）というのはそういったコンテクストの中で用いられ、その対抗概念として包摂（inclusion）が使用される。こうした主張の背景には、国家財政が社会保障によって圧迫され、右派から様々な社会政策が批判を受けるようになったことに対応する必要が出てきたことがある。つまりここで批判を行う右派は専ら新自由主義の立場に立つが、彼らに言わせれば手厚い給付がかえって依存を生み、労働意欲をかき立てるどころか、むしろ怠惰な性格をますます助長することになってしまう、ということになる。だから給付的な社会政策を支持する左派は、単に金品を給付するという政策ではないということを示す必要があったのだ（亀山 2007）。

中村健吾によれば、社会的排除という言葉はまずフランスで用いられるようになり、後にイギリスに伝えられるようになった。ただし用いられたコンテクストはかなり異なっている（中村 2007）。フランスでは長期失業者の社会への参入を進めるための参入最低限所得（RMI）において「参入」という概念が対抗戦略として採用された。この「参入」は、いわば共和制の伝統のもと、社会的連帯の再構築という文脈で用いられた(12)。一方のイギリスでは、福祉は人々を国家に依存させると喧伝する新自由主義思想に対抗する戦略として包摂《インクルージョン》という概念が打ち立てられた。「包摂」は、福祉によって排除されている人が社会の中で活動するのを促進する、つまり生活困窮層を労働市場に結び付け、経済的に自立させるという意味で用いられた。これは一九九四年にブレア（Blair, Tony）を党首とした労働党が、イギリスの貧困や不平等の状況を打破するために浮上してきたキーワードであった。そして労働党が政権に就くと、社会的包摂が政権の最重要課題の一つに位置付けられた。このイギリスの

「包摂」の考え方は、その後アメリカの民主党の政策に影響を及ぼすことになる。(13)

従来の給付型福祉国家政策は、基本的に中央集権的な政策で、しかもいわゆる縦割り式の行政組織に沿った政策の内容となっていた。しかしシステムから零れ落ちそうになる人も社会的に包摂することを前面に据えると、サービスは単に金銭的なものを給付すれば済むというものではなく、現物（実際のサービス）の提供が求められるようになったり、横の連携が重要になってくる。つまり雇用政策、社会保障政策、教育政策、といった別個の問題ではなく、お互いの連携や組み合わせによってその成否が大きく左右されるようになるということである。こうなるとサービスの柔軟な実施が重要な課題となり、集権的な縦割り行政より、地方自治体が地域の実情に即して包括的にガバナンスを行う必要性が出てくる。だから分権化や、異なる機関の連携強化、相互調整の仕組みの構築が必要になり、またそういった主張もなされるようになるが、これは口で言うほど容易ではない。そしてここで失敗すると、結局行政機構そのものが非効率（政府の失敗）という判断を下され、政府そのものを小さくせよという新自由主義的な論調を補強することにつながってしまうという難しい局面に立たされていると言える（宮本 2013: 3–23）。

4　国際比較から見る教育制度と社会保障・福祉制度との関連

（1）制度の補完性

第二章で触れたように、教育社会学では教育制度の世界的な波及についてマイヤーらの新制度学派の学説が一定の支持を得て、しばしば言及される。そこでも触れたように、新制度学派はいわゆる制度の同型性（isomorphism）に着目する。

しかし実際には、教育（特に中等教育以降の職業教育の在り方）と労働市場とのつながりの間にはバリエーションがあることも知られている。そういったバリエーションは、全く無作為に発生するわけではなく、当然ある教育制度を採用するから、それと親和的な労働市場の在り方が存在する（当然その逆の関係も成立する）、という相互補完性[14]が存在するのは、この章の冒頭で述べたとおりだ。つまり制度は単独で存在するわけではなく、さまざまな制度同士で複雑に絡み合っており、何か目に見える一つの制度に問題があるとしても、それを単独で変化させるのは困難なのである。つまり一種の制度的慣性のようなものが存在し、一旦システムが出来上がってしまえば、それを修正するには莫大なコストがかかるのである。こうして一旦出来上がってしまった制度に、後発の制度や仕組みは影響を受けるようになるという一種の経路依存性（path dependency）が発生する。制度の相互補完性は、それが存在することでむしろ諸制度と相互作用するときに意味を発揮するのであって、改革とはそうした諸制度全体が変化することを強いられる場合においてのみ意味をもつのである（Amable 2003=2005: 18–21; 青木 2008: 39–41）。

このことは次のような説明によって、言い換えることができる。例えば一九九〇年代の理想の経済は、デンマークの教育システム、スウェーデンの技術・雇用政策、フィンランドのハイテク部門における競争的環境、アメリカの企業家環境、労働市場規制・財政システム、競争的環境を有するようなものだ、というような言説があるとき、ではベストのモデルはこうした北欧型のシステムとアメリカ型のシステムを単に混合させれば可能なのか、ということである。異なる制度やシステムの（異分野間の）組み合わせは、それこそ無数にありうる。そしてベストのパフォーマンスを生み出すシステムは、何も非常に限られたパターンに限定されるわけではなく、もちろん複数の場合があり得る。しかし逆に言えば、局所的にパフォーマンスがよかったもの同士を適当に組み合わせても、そのパフォーマンスが良好なものになるとは限らないということでもある。つまりある制度がうまく立ち回っているというのは、別の制度と補完的関係にあるからであり、それがなければうまくいかないかもしれないのだ（Amable 2003=2005: 79-84）。

フランスのレギュラシオン（régulation）学派にたつアマーブル（Amable, Bruno）は、資本主義諸国の制度を、製品市場競争、賃労働関係、金融部門、社会保障、教育の五分野に分ける。こうした制度は、社会の中の様々なグループの間の対立と妥協の結果生み出されてきたものである。各制度の組み合わせは、ランダムに結びついたわけではなく、それぞれの制度の補完性に基づく。そうして資本主義の制度のあり方は、市場ベース型経済、社会民主主義型経済、アジア型資本主義、大陸欧州型資本主義、南欧型資本主義の五つに類型化できるという（Amable 2003=2005: 136-142）。

（2）社会政策の中での教育

アマーブルの行った手法を参考に、各政策の関係を実証的データから明らかにすることにしよう。ここで用いるのは主成分分析（principal component analysis）と呼ばれる手法である[15]。

ここではＯＥＣＤの統計データベースから、社会支出（social expenditure）のデータのうち、高齢

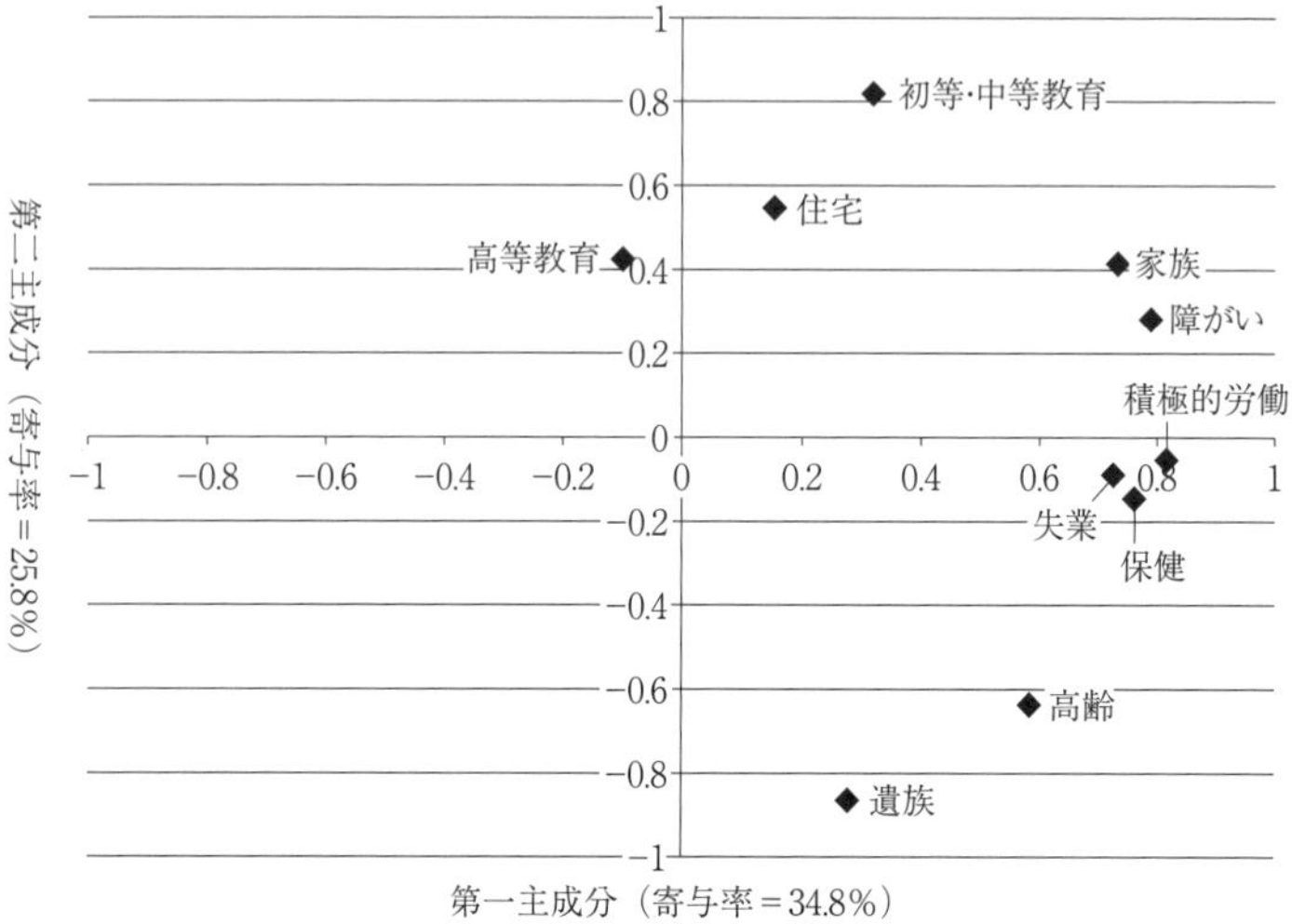

出典：OECD StatExtract（http://stats.oecd.org/）における2009年のデータ

図3-2　主成分分析の負荷量のプロット

者、遺族、障がい者、保健医療、家族、積極的労働、失業者、住宅、教育それぞれについて、各国の公的（public）な支出のGDP比のデータを使用した。これらの変数をもとに、説明力の高い合成変数（その合成変数上において、元の個々の変数の分散が最大になるようにする）を作成する。

ここでは、高等教育と非高等教育の機能の違いを社会政策の中で際立たせるために、教育については「初等・中等および高等教育に含まれない中等後教育」と「高等教育」に分けて分析を行っている。その主成分分析を行い、寄与率の大きな第一主成分と第二主成分をそれぞれ横軸と縦軸に見立てて、それぞれの変数の主成分負荷量をプロットした結果が図3-2である。主成分分析では、導き出された主成分（図の上では軸）の意味がどういうものか、元の変数の位置関係（すなわち主成分負荷量）を見ながら解釈してゆくことになる。軸に近いところにプロットされている変数は、その主成分に対する負荷量が大きく、軸の構成に大きな貢献をしている（その軸に対する説明力が高い）ことを示す。

一軸（横軸）の寄与率は約三五％、二軸（縦軸）の寄与率は約二六％となり、多くの項目は縦軸の右側（第一・第四象限）にある。ということは第一主成分から、ここにある社会支出の費目は概ねGDP比が多ければ、どの項目も大きくなるという関係にあると見られる。特に労働関係の指標や保健は極めて近い位置にプロットされており、かつ横軸（第一主成分）上に近いところに位置し、縦軸（第二主成分）の構成にはほとんど寄与していない。つまり第一主成分は、労働関係や保健の支出が大きく軸の構成に寄与しているが、横軸方向の数値を見れば、障がい者、家族も同等に軸の構成に貢献している。高齢者の寄与も大きい。相対的に、教育の寄与は大きくないが、初等中等が正、高等が僅かながら負の位置にあることが注目される。したがって第一主成分は広く福祉や社会保障全般の支出割合の大きさを示す指標といえ、初等中等教育はどちらかといえばそうした福祉政策に近い位置にあると言える。

縦軸の第二主成分については正負で位置が分かれており、教育や家族関係が正、遺族や高齢者関係が負となっており、第二主成分では対象が子育てか、高齢者かを測る物差しになっているのではないか、と推測できる。つまりサービスの対象者が子どもや若年世代か、高齢者世代かによって説明される指標ということになる。

先の主成分分析の結果、個々の国に抽出された主成分をもとにスコア（主成分得点）が与えられる。

それをプロットしたのが図3‐3である。この図3‐3は図3‐2の相似形と考えて差し支えない。つまり図3‐2の第一象限には、初等中等教育や家族、障がい者などの変数がプロットされており、図3‐3には北欧諸国やイギリス、オランダなどが目に入る。つまりこれらの国は、図3‐3でほぼ同じところにプロットされている初等中等教育や家族、障がい者政策に力を入れているという点に特徴がある、ということになる。第二象限に入る国々は、縦軸において正になっているから、高齢者よりも（あくまで相対的に、という意味だが）若年世代の政策に力を入れているといえるが、全体的な社会支出のGDP比は少ないことを示す。

同様に見ていくと、第三象限は高齢者政策に偏っているが、社会支出自体が少ない国で、日本が含まれている。第四象限も政策の重点が高齢者にあるのは同じだが、社会支出の規模は大きいことを示している。

まとめると、図3‐2から、教育は初等中等と高等で別の場所にプロットされていることがわかる。必ずしも第一主成分に対する説明力が高くはないのだが、初等中等が一軸のプラス、高等が一軸のマイナスの位置にあることから、初等中等教育が平等化を促す福祉や社会保障政策と親和的であるが、高等教育についてはベクトルが異なる、ということが理解できる。また社会支出の構成からは、日本は東欧や一部の南欧諸国に近く、やはり北欧のいわゆる福祉国家とは対極に位置することがわかる。

（3）全体の公的支出における教育政策の位置

今度は、いわゆる社会政策のみに限定せず、広い政府の施策の中に、教育を位置づけてみることに

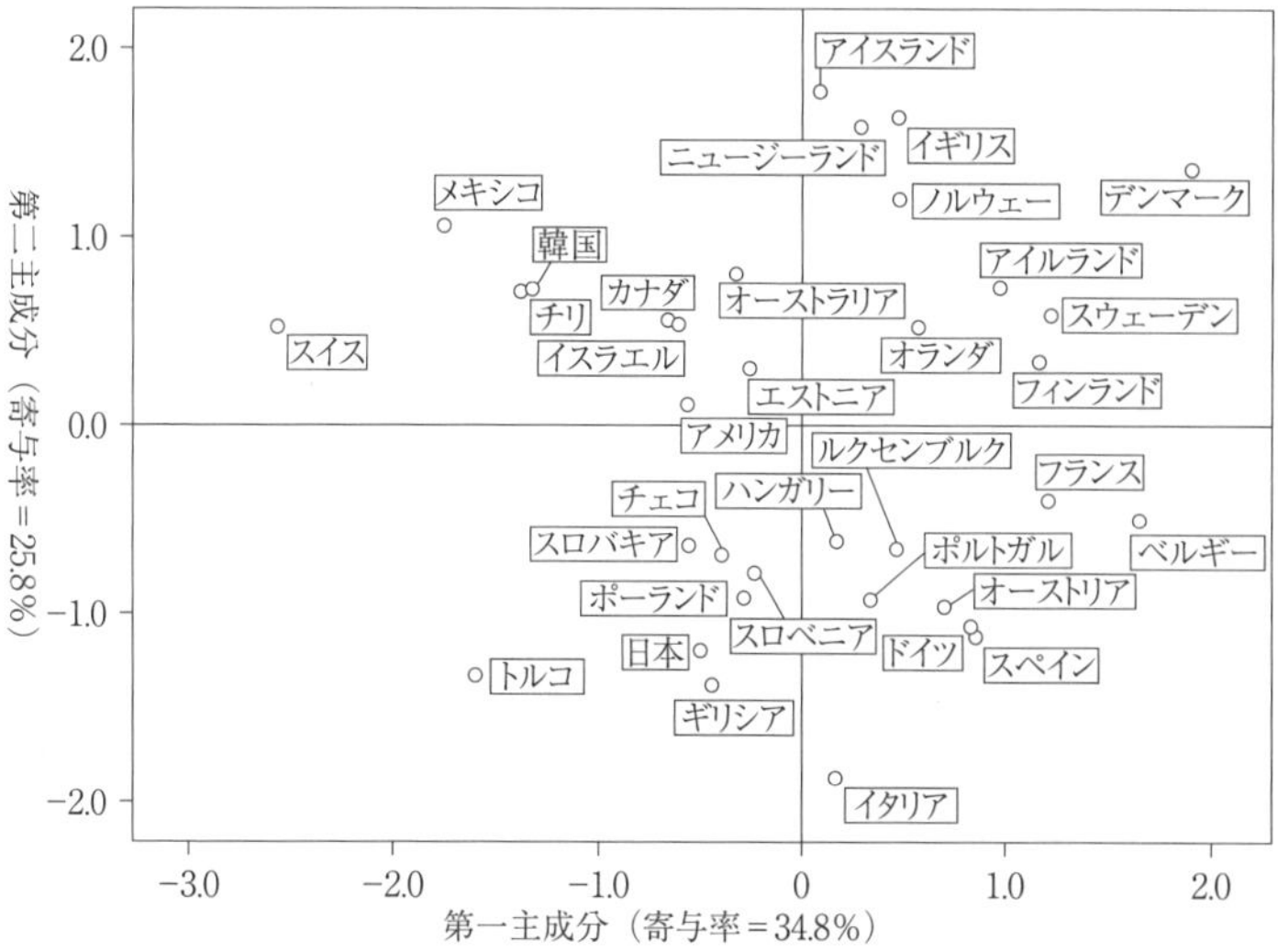

出典：OECD StatExtract（http://stats.oecd.org/）における 2009 年のデータ

図 3-3　主成分得点の国のプロット（社会支出・教育支出）

したい。データは同様にＯＥＣＤのデータベースからであるが、社会政策に限らない全体の政策の中での位置づけをみるため、教育は初等中等段階と高等段階を区分せず、「教育」という項目で分析を行った。なお、主成分分析では、主成分を構成するのにあまりに貢献度の小さい項目（その場合、プロットするとその変数は原点に近い位置に来てしまう。つまり説明力の高い上位の主成分における主成分負荷量が０《ゼロ》に近い）は、全体の主成分の構成に貢献していないので、分析から除外することが多い。ここでも、一般公的サービスと、治安維持（警察など）は寄与率の大きな主成分における説明力（主成分負荷量）が小さいので、分析から除外

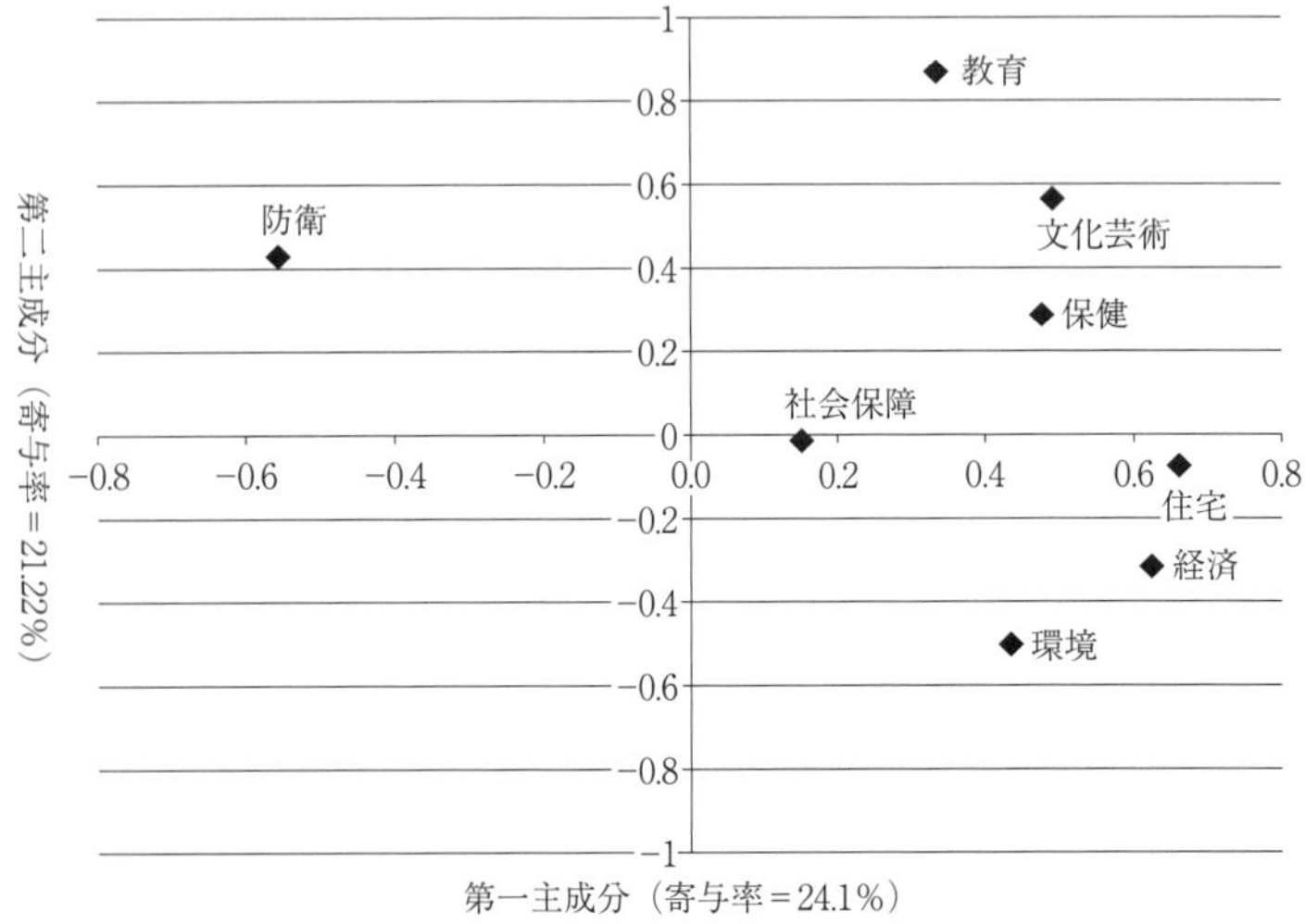

出典：OECD StatExtract（http://stats.oecd.org/）データは2010年、ただしカナダは2006年、ニュージーランドは2005年

図3-4　公的支出（対GDP比）の主成分分析の負荷量プロット（1）

している。

一般公的サービスや治安維持については、どの国も一定の支出があり、国による違いがあまり見出せなかったということになろう。主成分分析で主成分を構成する費目は、その支出が多いということではなく、軸を構成するのに大きく貢献する、つまり分散（ちらばり）が大きな項目ということになる。先進国では社会保障費の増加が問題になっているが、第一・第二主成分への寄与は大きくないのは、一定程度の割合でどの国も支出があるからだろう。

さて図3－4を見ると、概ねどの項目も第一主成分の正の位置にあるが、唯一防衛費だけは負の位置にある。つまりほとんどの費目に対して、防衛費の占める割合は全く逆（前者が多けれ

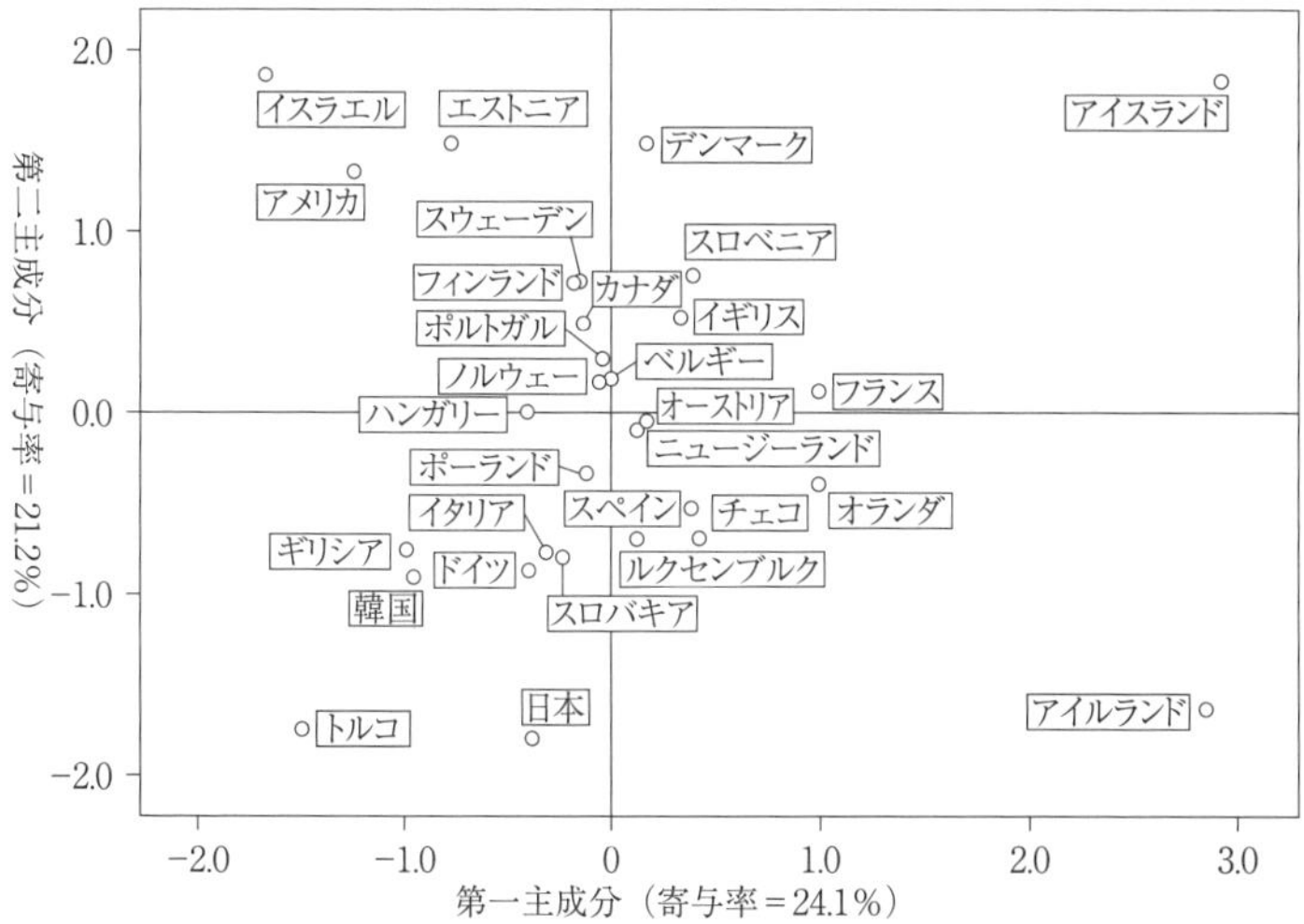

出典：OECD StatExtract（http://stats.oecd.org/）データは 2010 年、ただしカナダは 2006 年、ニュージーランドは 2005 年

図 3-5　主成分得点（第一・第二主成分）のプロット（公的支出・対 GDP 比）

ば、防衛費は少なく、前者が少なければ防衛費が多い）という関係にあるといえる。

図３－５は図３－４の第一主成分と第二主成分をもとに、国をプロットしたものである。原点に近いところにある国は、この二つの主成分に基づいて特徴づけるのが難しい国々である。図３－４の第二主成分を見ると、正の方に教育や保健などがあり、負の方に経済や環境が含まれている。福祉という言葉でイメージされるものは、第二主成分の正の方に多いように感じられる。一方、図３－５を見ると、北欧諸国は第二主成分の正の位置の軸付近に集中しているように見える。

第二象限のイスラエルやアメリカは、明らかに軍事費（防衛費）が多いことが反映されている。第三象限には、エスピン＝アンデルセンの保守主義レジームをはじめとする大陸ヨーロッパ諸国が集まっているが、日本もここに含まれる。日本は、第二主成分がかなりマイナスの位置にある。図３－４を見れば、教育や文化芸術はこの第二主成分の軸のプラスにあることから、日本は教育や文化芸術への公的支出が相対的に少ない、ということをこうして位置づけることができる。

さて、ここでは第一主成分と第二主成分の寄与率が必ずしも絶対的に大きくなく、拮抗していたので、第三主成分も含めて検討してみた。その結果が図３－６である。第二主成分と第三主成分をもとにプロットすると、全く異なった図が浮かび上がる。

第二主成分は解釈が難しいが、教育や文化に関する変数が正で、環境や経済に関しては負になっており、しかもこれらの変数の第三主成分に対する寄与は著しく低い。第三主成分は比較的わかりやすく、いわゆる福祉や社会保障とよばれるものが正にある。ただし住宅政策も社会保障にカウントされるのが普通だが、高齢者や保健に対して負の位置である。なお、この第三主成分を見ると、教育はほとんど第二主成分上にあり、第三主成分の構成にほとんど寄与していないことがわかる。経済、環境、防衛、文化芸術も同様に第三主成分への貢献はなく、このあたりからも教育の（社会保障や福祉と比べたときの）独自性を垣間見ることができる。

図３－７は同様に第二主成分と第三主成分の国の主成分得点をプロットしたものである。これを見ると、日本とアメリカは全く対極的な位置にあるのがわかる。もちろん第二主成分には教育だけではなく防衛も大きく寄与しているせいもあるが、アメリカやイスラエルが第二主成分において正の位置にある。また図３－６で防衛は第四象限だが、同様にアメリカとイスラエルも第四象限にある。この

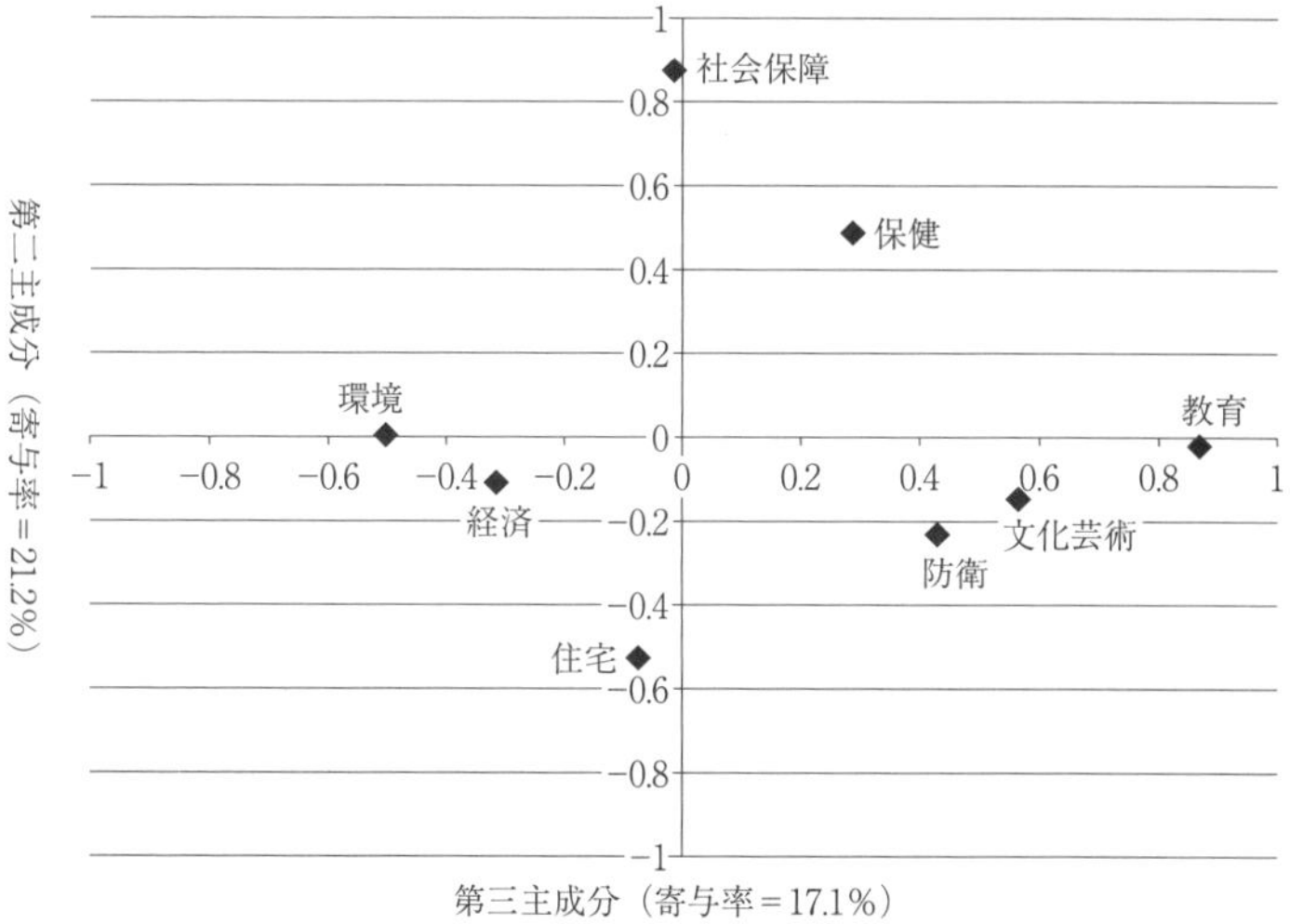

出典：OECD StatExtract（http://stats.oecd.org/）データは 2010 年、ただしカナダは 2006 年、ニュージーランドは 2005 年

図 3-6　公的支出（対 GDP 比）の主成分分析の負荷量プロット（2）

両国は教育をそれなりに重視していることも特徴として挙げられる。一方北欧などの「福祉国家」は、おしなべて第一象限にある。

日本は第二象限のかなり端にあるが、この第二象限には大陸ヨーロッパが集中している。僅かだが第三主成分において正の位置に来ているのは、日本の社会保障が高齢者にシフトしているという図3－1のような結果を反映しているためである。さらにいえば、第二主成分では教育や文化芸術が大きく寄与しているが、日本は財政的にこういった政策を重視していないこともここから理解することができる。

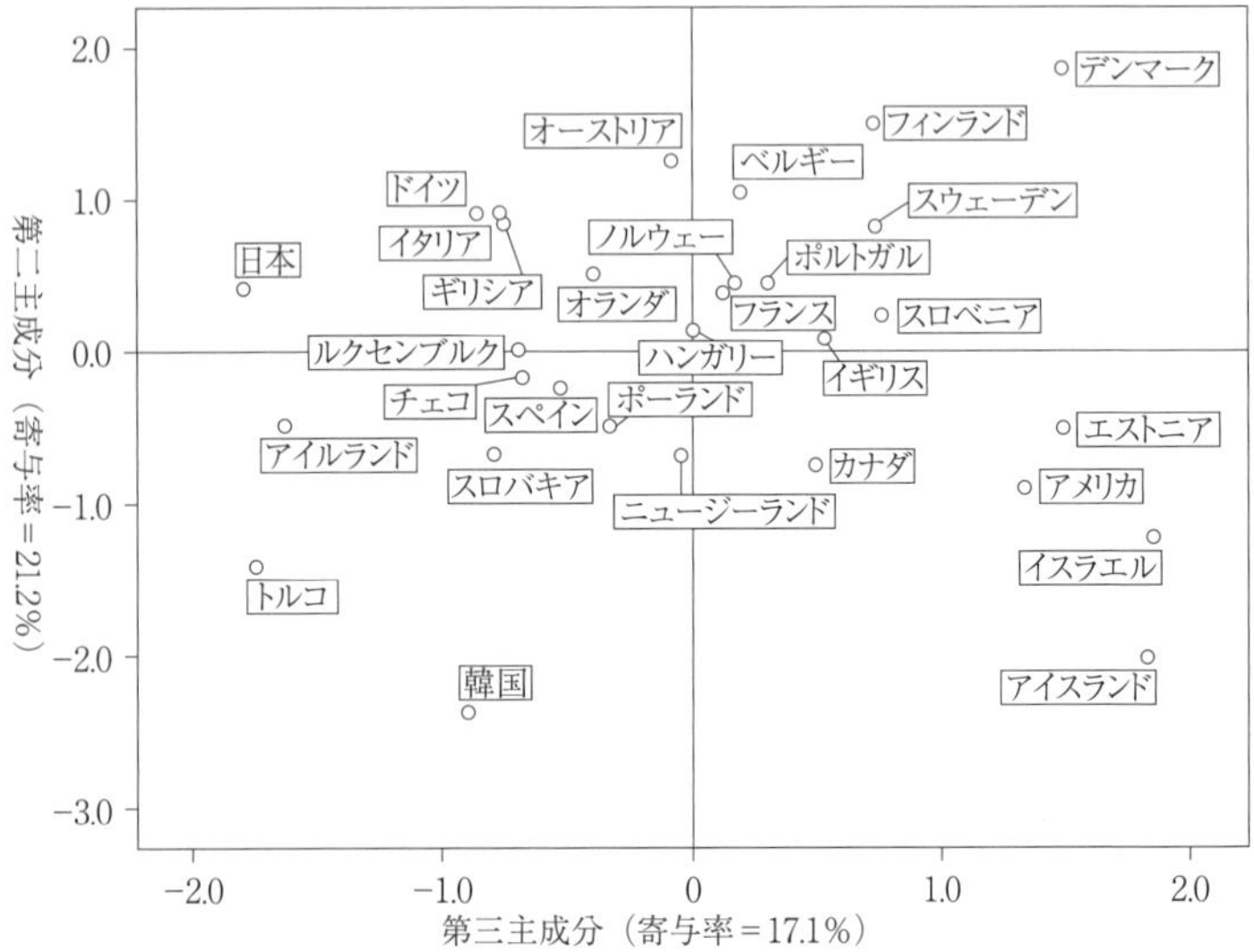

出典：OECD StatExtract（http://stats.oecd.org/）データは2010年、ただしカナダは2006年、ニュージーランドは2005年

図3-7　主成分得点（第二・第三主成分）のプロット（公的支出・対GDP比）

（4）教育と各政策分野との距離・それをもとにした国の分類

以上から、社会支出の構造をもとに、それぞれの政策の近さ（距離）を測ることができる。と同時に、国の財政支出内訳から、国を一定の基準で分類することもできる。社会政策の中でみれば、教育政策は初等中等教育と高等教育で分けることができ、初等中等教育は一般的な福祉や社会保障政策に近いことが裏付けられる（図3－2）。エスピン＝アンデルセンのいう社会民主主義レジームにあたる北欧諸国や、保守主義レジームにあたる大陸ヨーロッパは比較的近いところにあるが、自由主義レジームとされるアングロ＝サクソン諸国は比較的ばらついており、イギリスやニュージーランドは北欧に近

く、アメリカ・カナダ・オーストラリアとは距離がある。アマーブルはアジア型資本主義という分類を設けたが、日本と韓国はかなり距離があり、社会支出の内訳では似ているとは言い難い（図3－3）。

なお、政府の支出費目全体に対象の変数を広げると、まず多くの社会政策関連の費目と防衛費は対照的な位置にある、というのが第一にある。教育や文化芸術は近い位置にあるが、経済政策や環境政策とは対照的な位置である。人的資本的な見方では、教育への投資は社会の経済発展に結びつくことになるのだが、政府の支出という面では、教育費が多いと経済政策への支出が少ないなど、必ずしも親和的な関係にはないようである（図3－4）。また社会保障や医療に対して、住宅政策は対照的な位置にある。教育はその中間にある（図3－6）。

日本は新自由主義の影響を受けている、小さな政府である、とされるが、政府の支出構造から見ると、アメリカとはかなり異なっており、むしろエスピン＝アンデルセンのいう保守主義レジームにあたる大陸ヨーロッパなどの方が近い。これは歴史的な経緯を含め、人々の政府に対する感情も、アメリカなどとはかなり異なっていることを示しているのを反映している。そこで引き続き、政府に対する意識を国際比較的な観点から検討してみたい。

注

（1）邦訳のあるセイン（Thane, Pat）の著作でも、教育の項目が個別に取り上げられている（Thane, 1996=2000）。

（2）もっともこれが該当するのは、高等教育の話である。アメリカの義務教育に公費が投入されるようになった経緯を検討したストッダード（Stoddard, Christiana）によれば、同様の財産中央値をもつ州で比較したときに、より格差の少ない州の方で教育に対する公費投入の割合が高く、また特に貧しい層の就学率を上昇させる効果をもっていたという（Stoddard 2009）。

（3）霞が関の官庁のナワバリという意味では、例えば学校教育に関することは文部科学省管轄であり、児童福祉をはじめとする家族政策は厚生労働省管轄となるが、特に子育てをしている保護者の立場からすれば、子育て自体に多くの費用がかかっているのであって、こうした縦割り行政はあくまで役所の論理でしかない。家族政策を離れた教育政策は無意味であるし、また家族政策を無視した労働政策もまた無理がある。学問も専門分化が進むため、どうしても特定の狭い分野に考察が偏りがちになることがあるのは否めないが、本章で取り上げるように、教育政策を社会保障や福祉政策とどう関連させるかは、その社会における教育に対する考え方を左右するので、広い視野に立った考察が求められる。

（4）ただし、その拡大の程度は近年鈍化している。

（5）財務省の主張については、以下にアクセスすると見ることができる。http://www.mof.go.jp/budget/budger_workflow/budget/fy2010/bunkyo.pdf　それに対する文部科学省の反論は以下のサイトにある。http://www.mext.go.jp/a_menu/yosan/h22/1287930.htm　いずれも二〇一四年三月一九日最終閲覧

（6）このことは、所得再分配による格差是正の効果が大して大きくないことを意味する。

（7）ＯＥＣＤの Social expenditure のデータのうち、public の、in percentage of Total General Government Expenditure に該当する。二〇一四年二月現在、網羅的に手に入る最新のものは、二〇〇九年度である。

（8）困難や問題を抱えていたとはいえ、国民皆保険皆年金を制度として確立した一九六一年というのは、国際的には極めて早い段階で、特に皆保険はそれまで北欧などの三ヵ国で実施されていたにすぎなかった（宮本 2008: 66–67）。そういう点で、福祉への芽が全くなかった、という評価はやや極端すぎるだろ

う。しかし規模の点では不十分なものであった。
(9) 例えば一九六九年に当時の美濃部亮吉東京都知事が導入した七〇歳以上の老人医療無料化は、その後全国の自治体に波及し、それが一九七三年の田中内閣による全国の老人医療無料化の決断を促すことになる。地方の政策が国に影響を与えた例として、しばしば言及される。
(10) 税財源で、一定所得水準以下の人に現金給付を行う政策を指す。
(11) 社会学的には、フランスのトゥレーヌ（Touraine, Alain）が階級闘争に代わるものとして出現したものとして唱え始めたのが始まりとされる。
(12) ただし中村によれば、フランスでは「排除」は政治的な場では用いられるものの、社会科学の中では懐疑的な概念として慎重に言及されるにとどまっているという（中村 2007）。
(13) 北欧では、積極的労働政策を通じ就労支援を行っており、また政府や自治体の責任において保育サービスの改善が図られるといったことが伝統的に行われていた。特に前者は、あえて包摂という言葉を使わなくても、事実上イギリス的な意味での包摂の概念を含んだ福祉国家政策が実施されていたことになる。
(14) 補完、とは、代替の対概念である。一方の財の価格が上昇したときに、もう一方の財の需要が上昇すると、それは代替財（substitute）となり、逆に一方の財の価格が上昇すると、もう一方の財の需要が低下するのが補完財（complement）である。例えば、パンの価格が上昇したときに、（値段の上がったパンの消費を避けて）米を食べる人が増えれば、パンと米の関係は代替的関係にあるとされ、代替財となる。一方、パンの価格が上昇して、（高いパンを食べる人が減ってしまうと）パンにつけるジャムの需要も減ってしまうが、パンの価格が下がりパンを食べる人が増えれば、ジャムも需要が増えるという補完的関係にあり、ジャムはパンの補完財とよばれる。相互補完性があるというのは、片方の制度があるのは、もう一方の制度の存在を前提にしており、それぞれの制度が補い合う関係にあるということである。

(15) 主成分分析については、上田（2003）を参照。

第四章　国際比較から見た日本の教育・社会政策への意識構造

1　福祉政策・社会保障に対する態度

（1）意識に着目する理由

いわゆる福祉レジーム論は様々な分野で言及されているため、その触れられ方は多様である。その中でも重要なのは、産業化や近代化が進むと福祉制度や社会保障サービスが発達する、というように、経済発展段階と福祉システムの発展に単線的な関連があるとみる見方に対する反証（埋橋 1997）としての意味をもっているということである。つまり同様の経済発展を示した国でも、福祉制度や福祉システムのあり方は多様になるということだ。

例えば福祉システムの発展の指標として、公的支出もしくは経済規模（ＧＤＰ）に占める社会保障費の割合が用いられることがあり、第三章でもそれを一部踏襲した分析を行った。これは既に言及したウィレンスキーの他、パンペル（Pampel, Fred C.）、ウィリアムソン（Williamson, John B.）、キャッスルズ（Castles, Francis G.）などに見られたもの（Wilensky 1975=1984; Pampel and Williamson 1988; Castles 1989）だが、このような視点は以下のような陥穽があることに自覚的でなければならない。

一九八〇年代のサッチャー政権は、一般的に新自由主義の先鋒者と見なされている。しかし事実だけとってみれば、確かに住宅や教育などに政府の支出削減の影響がみられた部分はあるものの、全体としては特に社会保障関係費を中心に公共支出はむしろ増加している（武川 1999: 67–70）。失業率が上昇すれば、そのコストは社会保障関係費に跳ね返ってくる。一方で、完全雇用に近い状態が実現されていれば、それは福祉システム如何に拠らずそのコストは縮減される。日本も、その経済規模に比して決して大きな政府ではない。しかし社会保障給付費は、その人口構成を見ればわかるように増加する運命にあり、全社会保障給付費の半分が年金、三割が医療で、結果的に社会保障給付費対ＧＤＰ比はこの四〇年間で四倍に増加している。社会支出全体も対ＧＤＰ比二三％を占め、この三〇年で倍になっている。この増加は他の国と比較して著しく大きく、一般政府支出に対する社会支出の割合は既にヨーロッパ水準となっている（田中 2013: 238–241）。つまり急速な高齢化で、社会保障支出は増えることはあっても減ることは（何らかの強制力が働かない限り）ありえず、その点でわれわれの実感には見合わないかもしれないが、支出の上では福祉国家化が進むということになる。

また社会保障の給付規模という側面にばかり注目が集まりがちだが、国家（政府）の担う役割や機能は、資源の分配だけではない。武川正吾が指摘するように、規制国家としての福祉国家という側面にも注意をしておく必要があるということである。アメリカは一般的に福祉国家ではない、と見なされることが多いが、それは主として給付面に着目した場合である。しかしアメリカという国家が、平等という価値観に無関心であったわけではない。むしろ人種、性別、年齢、障がい者などに対する差別は、制度的に厳しく禁止されている。アメリカの規制緩和は主として経済活動に関するものであって、個人の自由や機会の均等といった側面については、極めて敏感に注意が払われている、規制の厳しい社会なのである（武川 2007: 42）。

要するに、第三章からも福祉システムのあり方は、先進諸国の間でも大きく異なっていることがわかってきた。また教育システムも政府の関与する一つの大きな事業であり、福祉制度と無関係ではない。問題なのは、そのレジーム（体制）の違いが何によって説明されるのか、という点にある。

もちろんその要因はいくつでも仮定できようが、民主主義社会にあっては、人々の声（世論）は無視できない。建て前としては、民主主義国では国民が投票行動を通じて、自らの意思や希望を実現する機会をもっており、完全ではないにしても国民の意思を全く反映しないような政策はほぼ実現できないと考えられるからである。なお、ここでは人々の意識（希望）があるから、政治を通じてその政策が実現されるという因果関係があるかのような説明になっているが、実際の関係はそれほど単純ではない。社会保障政策の場合、それが制度として一旦整備されると、受益者はその利益を受けることが当然と社会的に見なされるようになり、場合によってはプログラムのさらなる拡充が求められることもあるだろう。つまり政策が需要を喚起する、という面も少なからずあるように思われる。[1]

本章では、第三章に引き続き国際比較的な視点から、他の社会保障や福祉政策とならんで、教育が人々の間でどの程度政府の役割として認識されているのか、教育費の公的負担に関する意識に着目して検討を行うことにしたい。

（2）教育の公的支出に対する利害関係

政府が提供するサービスに対しては、基本的にそのニーズが拡大するばかりである。一方で政府は、そのニーズに見合った財源を確保する必要性に迫られている。これは先進国共通の問題である。しかし財源の確保は決して容易ではない。経済活動のグローバル化により、特に高所得者の租税回避行動が目立つようになり、また結果的に雇用を確保することになる企業の誘致のため、法人税の世界的な引き下げ競争が続いている。こうした状況で何とか財源を確保しようとすれば、結局納税者である国民を説得し、増税を行うという選択肢が浮上するしかない。

しかし一般的にいって、増税は負担増と見なされやすい。それゆえ支持を集めにくいし、そういった支持を集めにくいような政策を政治家が訴えることは考えにくい。そんなことをしたら納税者の反乱（tax revolt）に遭って、次の選挙に落選するかもしれないからだ。

日本も現在、そういった困難の真っただ中にある。民主主義の社会では、理念的には、適切な情報が提供され、それを判断材料として個人がよかれと思う政党や候補者に投票する、ということになっている。が、そもそも情報の適切性を判断するのは難しい。増税をめぐっても様々な立場があり、それぞれが自らにとって適切と思われる情報を流しているのが現状である。専門的知識をもたなければ、それを判断するのは困難である。特に社会保障や福祉に関する制度は複雑で、かなりの知識を必要とする。それに、専門家すら、全く逆の立場から意見を述べることがある。結局こうした制度の細かな知識は、誰もが同じようにもっていると仮定するのに無理がある。また場合によっては、極めて偏ったイメージや知識が人口に膾炙しており、そういった誤解に基づいて投票行動が行われる可能性もある。

テイラー＝グッビィらの分析によれば、イギリスではＮＨＳ（National Health Service, 国民健康サービス）のように誰もが受ける可能性のあるサービスについては比較的正確な知識が浸透しているが、特定の層を対象にした所得再分配政策（特に失業者やシングルペアレント家族）にかかっているコストは過大に評価されている傾向があるという。またこうした知識は概して教育程度が高く、ミドルクラスのように比較的豊かな層ほど正確にもっている。政策の中身でいえば、再分配政策のような低所得層にメリットのある政策に対して、厳しい判断が下されやすくなる。しかも再分配政策を受けるメリットのある層ほど、正確な理解に基づかずに投票行動を行ってしまう可能性があるという（Taylor-Gooby et al. 2003）。

非常に単純化して言えば、納税者は自分に何かメリットを感じることができればその支出を正当だと考え、メリットを感じない支出は支持しようとしない。教育というのは、個人レベルで言えばもちろん誰もが教育を受けた経験はあるし、そのメリットを享受しているはずなのだが、一般的に通学する期間は限られている。また教育に関して何らかの個人的コストを支払っているのも、学校に通う子どもを抱えている家庭に限られる。子どもをもつかもたないかを個人の選択によるものと考えた場合、そこでかかる教育のコストも、ミクロの次元では（子どもを産むことや子育て自体が）自分で選択した結果なのだから、自ら支払うべきものと考える人が出てくる可能性がある。一方で社会保障にかかわる分野の支出については、例えば医療や、高齢者年金は、常に誰もがそうした給付をもらうような立場になる可能性がある（しかも長い目で見れば可能性は高かったり、確実だったりする）というリスクをもっている。それゆえ、こういった社会保障支出は、すべての人々にとっての問題でもある。生きている限り高齢になることは避けられないので、一般の福祉や社会保障については、支持が集まりやすいともいえる。教育は、そういった意味では有難味を感じにくい分野かもしれない。それゆえ、必要性に迫られている人は限られてくるともいえる。

プレストン（Preston, Samuel H.）が指摘するように、高齢者対策の支出と、教育など子どもや青少年へ用いられることでの違いは、前者は消費の意味合いが強くなるが、後者は単なる消費ではなく社会的な投資でもあるということである（Preston 1984）。しかしチュー（Chew, Kenneth S.Y.）は、少子化、高い離婚率、高齢化といった人口学的要素に、個人主義的志向が強まることで、長期的視点から支持されるような政策、とりわけ子どもに関係する公共投資が支持されにくくなると述べている。教育の程度が高いと、一般的に教育に公費をつぎ込むことに賛成する傾向があるが、その傾向は年齢が上昇すると同時に弱まる。このことは、子どもは自分（親）の手で育てるべきだという伝統的価値観を強く保持しているのが高齢層である、ということも反映されているのかもしれない[(2)]（Chew 1990）。また親として教育費を支払っている立場にある人ほど、教育に対する公的支出を支持する傾向が、アメリカでは観察されている(3)（Chew 1992）。

先進諸国の多くは少子高齢化が進み、結果的に高齢者福祉や健康に対する支出の需要が増し、若年層への支出への要求が減ることになる。そしてサービスセクターの経済の興隆、女性の社会進出に伴い、家族の不安定性が増し、一人親家族、不安定雇用や失業といったリスクが新たなリスクとして顕在化する。しかし一方で、財源不足も共通した課題である。限られた財源をどう振り分けるかという問題の発生は、ポスト産業化社会の到来の時期を反映したものになる。南ヨーロッパ諸国やポスト産業化社会の到来が遅い社会では、支出が年金に偏り、教育や家族政策は少なくなる傾向がある（Tepe and Vanhuysse 2010）。

（3）日本人の政府への信頼感の薄さ

日本が直面している問題が非常に解決困難なのは、政治や政府に対する錯綜した一般国民の意識にある。民主主義国家においては、基本的に多数派の意向に沿って政策の方向性が選択される。日本の財政危機も強く認識されるようになったため、最近になって若干その傾向が弱まっているようにも見えるものの、日本人の間では依然増税、負担の増加に対する忌避観念が非常に強い。むしろもっと無駄をなくせ、という声が一定の支持を得ている。そういった声が、いわゆる「小さな政府」志向のもとで出てきているのなら、話は理解しやすい。個人的な賛否はともかく、もし「小さな政府」志向を強く保持していて、無駄を省き、増税をすべきではない、という主張が一貫してなされ、それを国民の多数派が選んだのであれば、民主主義体制下ではその政策が実行されることにならざるを得ない。

ところが多くの日本人が、そういった考えをもっているわけではないように見えるのが問題である。そもそも日本が国民負担率の点でも、公務員数をとっても、先進諸国で最も小さな政府に属し、もはやここから無駄な部門を削ることに限界を来しているほどであることが、国民の間でどこまで共有されているのかがかなり疑問である。また多くの日本人は、おそらく安定した年金や医療制度を望んでおり、それらをプライベートの分野にすべて委ねることにはかなりの抵抗があるだろう。つまりかなり多くの日本人が、「日本には依然膨大な無駄があり、それゆえ無駄を削ってからでなければ増税は不可能」と思い込んでいるのではないか。

つまり安定した充実している福祉社会を望みながら、（既に財政は赤字で、公務員数も国民負担率も十分小さな政府といってよいにもかかわらず）負担増は望まない、という矛盾した意識構造をもっているのである。「小さな政府を望んでいるから、負担増を望まない」とか「充実した福祉を望むので、多少の負担増は我慢する」という関係になっていないところが、話を難しくしているのだ（宮本 2008: iii-iv）。これについては、本書でもこの後一六八ページ以降で触れる。昨今、ギリシアをはじめ、南欧諸国の経済危機がしばしば話題に上っているが、こうした国では政府の不正、地下経済の大きさなどが原因で、他者への信頼度が低く、いわゆる公共心が低いとされている。公共心が低ければ、政府への信頼も減るから、結果的に福祉国家政策を支持しにくくなる。

ちなみに日本は提供されている福祉の量や他者への信頼度は中程度だが、政府に対する信頼は極端に低い。高福祉の国（大きな政府の国）が、すべて財政危機に陥っているわけではない。日本は政府がすべきだと考えている役割の範囲の大きさに比して、政府に対する信頼度が極端に低いため、これ

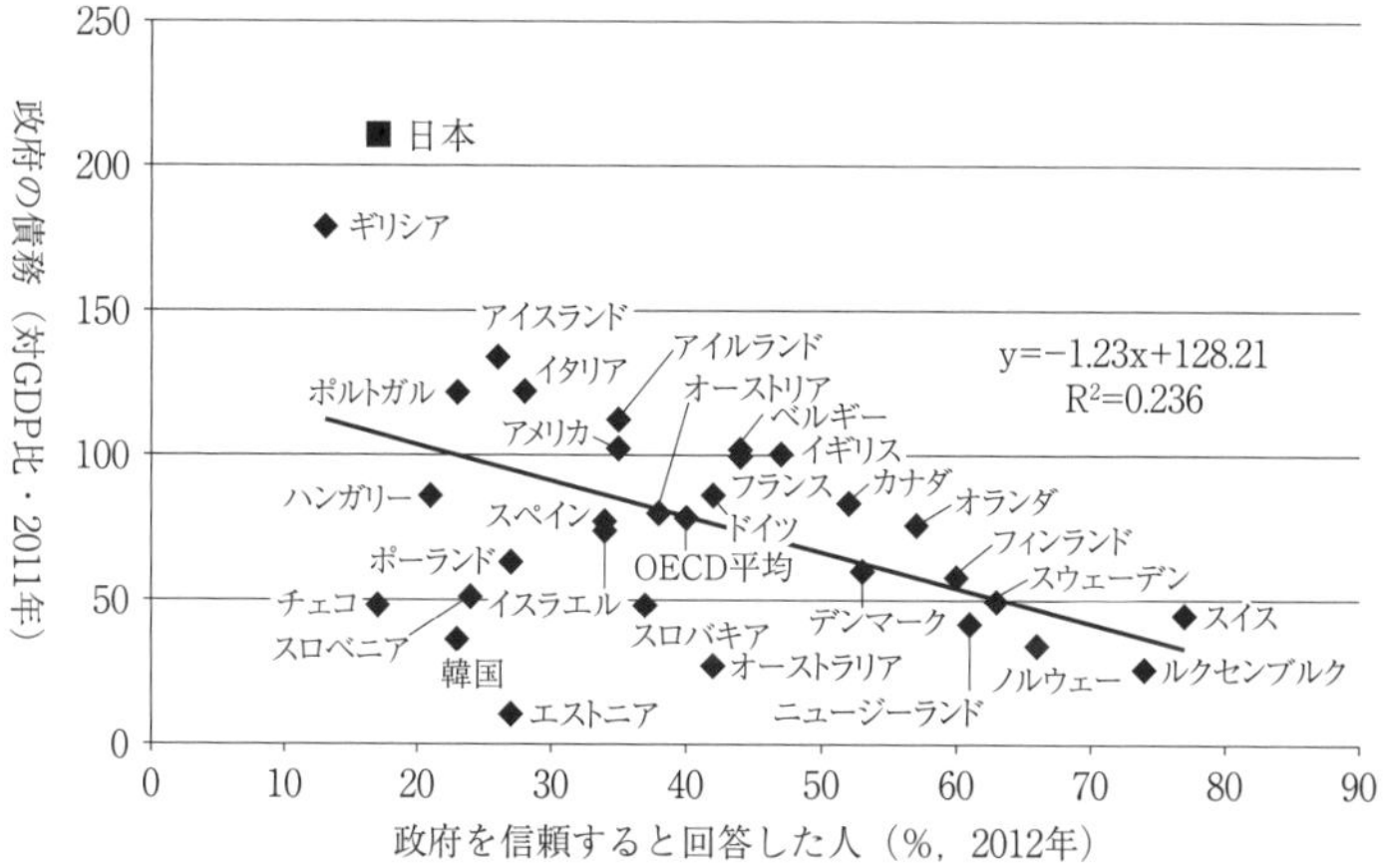

出典：OECD（2013）Government at a Glance: 32 の Figure 1.8　政府の信頼はギャラップ社の調査による。債務は OECD National Accounts Statistics より

図 4-1　政府の信頼と債務残高

以上負担したくない、という思考回路に陥っている(4)。

図４－１はＯＥＣＤによる『Government at a Glance（一目で見る政府）』の二〇一三年度版の第一章をもとに作成した、政府への信頼度と債務残高の関係である。ＯＥＣＤの出す資料で政府と人々の信頼が取り上げられるほど、この問題は注目されているということだ。これは単相関を示しているだけで、特定の何らかの因果関係を示すわけではない。ただし政府の債務が多いほど、政府への信頼がない、という関係が見出せる。債務が多いから信頼されないのか、人々が信頼せず政府に協力的でないから債務超過になっているかははっきりしない。ただ日本はその債務超過の大きさで際立っており、この二変数の関係性を強めるのに大きく寄与していると言える。

　このような政府に対する信頼感に注目する

研究は、一部のフランスの経済学者によって近年盛んに行われている。アギヨン（Aghion, Philippe）らによれば、人々の一般的な信頼感が少ないほど、政府に対してより規制をかけるように強める傾向があるという(5)（Aghion et al. 2010）。またアルガン（Algan, Yann）とカユック（Cahuc, Pierre）は、アメリカにわたってきた移民は、その出身国での信頼度を引き継いできており、民族ごとの移民の信頼感と、その母国の信頼感の間には相関があることを指摘した。そしてその信頼感が経済成長に寄与している（高い信頼感のある社会ほど、経済成長している）ことも示した。これだけだと、信頼感は民族的な固有文化によって規定されているかのように感じられそうだが、実際はその移民の第二世代になるとそうした相関は弱くなり、ほとんど消えている（Algan and Cahuc 2010）。つまり移住した先のアメリカ社会で生活する中で、そうした母国での他者との関係から生み出された信頼感が変容する可能性があることを示す。

山岸俊男は、信頼感の日米比較を行い、日本人は顔見知りであれば他者を信用する傾向があるが、知り合いでなければ疑心暗鬼になり、全くの知り合いではない他者への信頼感はアメリカ人より低いことを指摘している。また知り合いではない第三者への信頼感は、学歴が高いほど強いという（山岸 1999）。さらにアルガン、カユック、シュライファー（Shleifer, Andrei）は、信頼感の醸成には教育が重要であると指摘している。一方通行式の板書を写すだけのような授業を多く受けていると、対人討論やコミュニケーション・スキルを学ぶ機会が少なく、他人との協力関係が築きにくくなる。一方授業で生徒同士のディスカッションやグループワークなどを重視している授業を多く受けていれば、逆にコミュニケーションや対人交渉能力が養われて、ソーシャル・キャピタル（社会関係資本）の構築に役立つという（Algan, Cahuc, and Shleifer 2013)。つまり信頼感の程度は必ずしも不変で固定的なものではなく、条件によっては社会的にも十分変わりうるということが、これらの研究によって示されている。

2　社会政策の規定要因

（1）福祉レジームと意識の関係

福祉国家が必ずしも一つの方向に収斂しないとすれば、それは個々の国の状況を支える何らかの要因があると思われる。そこに住む人々の要求を体現するのが政治の役目だと仮に考えれば、人々の意識もそうした社会保障や福祉の実態に見合ったものになっているはずで、それゆえ社会保障・福祉政策に対する態度も変わってくると推測できる。

アイヴァーセン（Iversen, Torben）とステファンズ（Stephens, John D.）は、権力資源理論（power resource theory）と福祉生産レジーム（welfare production regimes）という二つのアイディアを用いつつ、政府の人的資本への投資の仕方の違いを見出し、三つに分類している。

一つ目は再分配政策や公教育への高水準の投資、産業や職業に特化した教育を提供する、デンマークをはじめとしたスカンジナビア諸国とフィンランドのような北欧諸国に観察されるもので、「強力なキリスト教民主主義政党なしの、比例代表民主制（proportional representation electoral institution）を採用する協調的（cooperated）市場経済」のモデルである。こういった国では（専門職でない）技術・技能職になるための高い知識を獲得することが奨励されている。そしてその結果、習得した技能を活用した企業間の移動が可能になることが社会的に追求されている。また公的な子育て制度が発達しており、両親が労働市場に出ることを可能にしている。それにより高い出生率や、公的な幼児教育の提供、結果として広範な福祉システムの維持が可能となっている。

二つ目は、高い社会保険と企業や産業に特化した職業訓練はあるが、公教育への投資は相対的に少ない、ドイツやイタリアのような「強力なキリスト教民主主義政党のある比例代表制選挙を採用した協調的市場経済」の国である。キリスト教民主主義の社会では、一般的に熟練の仕事に注目が集まるが、その一方で非熟練の仕事には関心が薄く、幼児・初等教育への公的な負担には積極的ではない。スカンジナビア諸国と最も異なるのは、女性の社会進出に積極的ではなく、むしろ女性を家庭に押しとどめるような税制が維持されている。

三つ目は、知識技能への投資は私的に行われており、公教育や再分配への投資は控えめな「多数派民主制（majoritarian electoral institution）自由市場経済」の国である。これらの国は教育訓練システムがあまり確立されておらず、また学校から労働市場の制度的リンケージもあまりない。そして幼児教育や初等教育に対する公的負担も低い水準にとどまる。この国では、よい成績を得ることが求められ、それゆえ勝者と敗者の二極化が進み、勝者たる中間層は左派的な主張に共感する機会はあまりない。そのため、こうした状況を改善しようとする投票行動へのインセンティブをもちにくくなっている。ここで三つ提示された経済システムは、おおよそだが、エスピン＝アンデルセンの福祉レジームの、社会民主主義、保守主義、自由主義各レジームにほぼ対応していると言える。

ただヤエガー（Jæger, Mads Meier）は、福祉レジームと公共政策への人々の支持（態度）との間に強固な連関は観察されないという先行研究が多いと指摘している。彼は、レジームと意識の関係は、単に支持の平均的レベルだけではなく、その散らばり具合を観察する必要がある、と注意を促す。再分配政策に関して言えば、その支持の平均的レベルは自由主義・社会民主主義・保守主義の順に上昇してゆく。一方、分散で見た場合は、自由主義・保守主義・社会民主主義の順に上昇する。自由主義の場合、支持が少なければ社会問題として認識すらされないので、そもそも政治的争点になることもあまりない。社会民主主義の場合、既に高い再分配が行われているので、さらに増やすべき、という人は少ないし、その政策が見えやすい分政治的争点になりやすい（から分散も大きくなる）。保守主義レジームでは、（自由主義と社会民主主義の中間とされるので）基本的には「理想とされる」配分の水準を高く求めがちである。また再分配の範囲を、社会全体というより（そのコーポラティズムの仕組みから）同業内で、というイメージをしがちで、それが分散も中庸にとどまっている原因ではないか、と考えられる（Jæger 2009）。

キム（Kim, Pil Ho）は、自由主義レジームの代表をアメリカ、社会民主主義レジームの代表をスウェーデン、保守主義レジームの代表をドイツとした上で、日本がどこに位置づくか、人々の福祉に対する態度をもとに検討した。その結果、左右のイデオロギーや投票行動といった政治的態度が、福祉に対する意識に直接影響を与えているのは、アメリカとスウェーデンであり、ドイツでの影響は弱く、日本では有意な影響がなかった。つまり、福祉に対する態度に、政治的なイデオロギーが日本では影響を与えておらず、その意味ではドイツの保守主義レジームに近いと結論づけた（Kim 2004）。

意識の研究をする際には、周辺の環境や文脈に十分注意を払う必要がある。同じ回答をしていても、そのニュアンスがコンテクストによって全く異なる形で捉えられることもあるからだ。例えば、エドゥルンド（Edlund, Jonas）によれば、スウェーデンの福祉国家政策への不信感は、福祉国家政策に反対することには必ずしもつながらないという。こうした不信感の多くは、期待に反して十分なサービスが提供されていないというものであって、新自由主義的な小さな政府イデオロギーに共鳴して（そうしたイデオロギーが浸透して）不信感を高めていると見られる人々の比率はそれほど多くはないという（Edlund 2006）。つまり政策の不信という回答が増えたとしても、小さな政府の支持者が増えているとか、新自由主義イデオロギーが市民一般に浸透している、というような結論を下すのは、やや性急に過ぎる、ということである。

福祉レジームだけではなく、税制や「公的扶助」か「社会保険」か、という点に着目することも必要である。例えば、国家の所得税・財産税といった直接税の割合が高い国ほど、納税者の重税感が強く意識されるため[6]（税の可視性）、英米や日本、デンマークなどで反税・反福祉運動が展開されやすい。また公的扶助と社会保険はそもそも考え方が全く異なる制度で、公的扶助は「下層階級への施し」と考えられ、いわば所得移転になるので、これが目立つ（公的扶助の割合が相対的に高い）と納税者の負担感が強まる。一方、社会保険はミドルクラスの社会保障制度で、保険料を支払ったものだけがそのメリットを享受できるため、権利意識が生じ、相対的に反発は少ない。英米やデンマークでは公的扶助の比率が高いため、反税・反福祉運動が生じやすいという[7]。さらに、労働組織が脆弱か否かが、反税・反福祉運動の存在を左右する。これについて新川敏光は、例えば税の可視性が高く、公的扶助の相対的に高いスウェーデンでは目立った反税・反福祉運動は起きていないが、それは強力な労働組織権力があり、コーポラティズム体制が維持されているためであった、と結論付けている（新川 2005: 216–221）。

そういった強力な労働組織が成立する要件とは何か。権丈善一によれば、その必要条件は人口規模が小さく、貿易依存度の高い国であり、逆に言えば日本でそれが成立したことはなかったし、今後成立する見込みもほとんどないという。通常、資本主義において資本家は再分配政策を（資本や所得の放棄につながるが故に）支持するはずもなく、自由主義を標榜するようになる。一方で労働者組織は、そうした資本家に抵抗し、平等という価値観を前面に押し出して自らの存在価値を主張し、社会保障政策を強く支持することになる。

小さな国は市場が小さい。したがって国民生活の向上を望むならば、輸出産業の振興に依存せざるを得なくなる。だからリーディング・カンパニーやリーディング・インダストリーに、国策として積極的な資本注入を行う。逆に競争力のない産業には、投資需要の抑制を通して淘汰させる。こうして経済開放性が強まると、国際的な景気変動の影響を受けやすくなるので、経済構造も脆くなり、国内政策の自由度も失われる。そうした危機に対して政府・労働・使用者の三者の利害関係が一致し、また問題意識を強く共有できるようになる。それゆえ国際的な景気変動からの緩衝剤（バッファ）を設ける必要に迫られ、社会保障政策が整備される。

また生産性の高い産業が保護され、そうでない産業は淘汰されるので、保護された産業の企業は巨大化し、集中化が進む。結果として巨大化した企業が、比較的同質な労働力を広範囲に要求するようになる。労働者も同質性が強いので同じ問題意識を抱きやすくなり、高い組織率をほこる労働組合が成立する。そうして労働組合は使用者のみならず政府との交渉を有利に進めるため、労働組合のナショナルセンターを構築し、交渉を一元化するようになる。一方でナショナルセンターも、個別の労働組合に権力を行使して、ときには自らの意に反する政策、例えば海外で発生したインフレ圧力が国内経済に波及しそうなときに、賃金抑制に協力することなどに従わせすらする。そして危機を乗り越えれば、今度はナショナルセンターが、その分の見返りを補償するように要求する。

しかし日本の経済の開放性は、アメリカ同様非常に低い(8)。このような環境下で、平等政策を強く推進する労働者組織が育つ可能性はゼロに近いといえる（権丈 2001: 126-136）。

（2）個人的属性と意識の関係

結局、社会保障や福祉は、サービスを受けられる人とそうでない人に分けられる。第三章の2-（3）で述べたように、政府のサービスの提供がユニバーサリズムに則っているのであれば、社会的な利害関係の対立は薄まるだろうが、ターゲッティズムの場合は、受給者と非受給者の違いが際立つ。したがって、ターゲッティズムになりやすい小さな政府をもつ国では、サービスを受け取れるような人が社会政策に賛成しやすいだろう。一般的には、所得の低い人、職の安定感がない人、高齢者、病気がちな人、また家族政策では女性や子育て中の親などが、社会保障や福祉サービスに賛成する傾向があるのではないか、と思われる。教育については、やはり子どもを抱える親の世代で、政府の役割だとか、政府が費用負担すべきだなどと考える人が増えるのではないか、と予想される。

ただし他の社会保障や福祉政策は、どちらかと言えば再分配的な、平等化政策の色彩が強いが、教育、特に高等教育は性質がやや異なる、と言うことは既に述べた。そもそも高等教育への進学者は、高い階層の出身者に多い。もっとも出身階層が高かろうと、かかるコストが安くなればそれは歓迎するだろうから、階層という面でいえば、教育政策についてはむしろ高階層者の方が政府の費用負担に賛成する可能性もある。

ブレケソーネ（Blekesaune, Morten）とカダーニョ（Quadagno, Jill）によれば、失業と、医療や高齢者への公的支援の人々の支持は、いずれも平等主義的イデオロギーの浸透している人や女性ほど支持しやすい傾向にあるが、医療と高齢者は個人にとって誰もが起こり得るリスクと考えられやすいためか、個人の従業上の地位（無業か、有業か）による支持の差はないという。また国レベルで見ても、失業者の比率が高いほど失業者への公的支援を支持する傾向が強いが、医療と高齢者福祉については、その国の平等主義的イデオロギーの浸透度とは関係がないという（Blekesaune and Quadagno 2003）。

またスヴァルフォーズ（Svallfors, Stefan）は、エスピン＝アンデルセンの福祉レジーム論に言及しつつ、それぞれのレジームタイプにあてはまる国を選んで、人々の所得再分配政策への支持の水準や、誰が支持するのかという支持構造を検討した。その結果、これらの国家間で見られた違いは、支持の水準の差で説明でき（社会民主主義や保守主義で高い支持があり、自由主義で支持が低い）、その中の誰が支持しやすいかという支持の構造[9]はレジームタイプによらず類似していたという（Svallfors 1997）。

3　国際比較分析

(1) 使用データと分析の視点

ここでは同一の質問紙で同時に複数の国で行った質問紙調査（意識調査）に基づき、先行研究を参考に、①人々の社会保障や福祉、それに教育政策を含む態度と、福祉レジームや政府の規模との間に関連があるか、②またそれぞれの政策は、受益者と思われる人々が支持する傾向があるのか、について検討する。特に②については、先行研究では再分配政策や高齢者・医療といった社会保障、福祉政策についてはよく見られるが、教育政策についてははっきりした結果はなく、またその支持構造の違いも明らかではない。

そこで扱うのは、序章（一一～一三ページ）でも触れたＩＳＳＰの二〇〇六年調査である。ＩＳＳＰでは、毎年何らかのテーマを掲げて[10]、そのテーマに即した質問紙を作成し、同時に調査を実施する。日本ではＮＨＫ放送文化研究所がその窓口・実施主体となっている。データは専用のウェブサイト[11]から、研究目的であれば無料でダウンロードできる（ただし英語で研究目的を簡単に記入する必要がある）。特に「政府の役割」に関する調査は、それ以前にもＩＳＳＰのプロジェクトとしての第一回目の調査である一九八五年の後、一九九〇年、一九九六年の三回実施されており、現段階で最も新しいものは二〇〇六年である。リーマンショック前で、その後のヨーロッパを中心とする金融危機といった変動の影響を受ける前であり、若干古い感は否めないが、政府役割についての意識を国際比較するものとしては、現状ではこのデータがベストと判断した。

本書で着目する意識項目は、主として以下のようなものである。まず政府の支出について尋ねた質問、

「次にあげるのは、さまざまな分野の政府の支出です。あなたは、AからHまでに挙げた分野の政府支出は、今より支出を増やすべきだと思いますか。それとも、今より減らすべきだと思いますか。それぞれについて、一つだけ○をつけてください。「今より増やすべきだ」と答える場合には、その分、税金が増えることもあると考えてください。」

であり、AからHまで八つの項目が並んでいるが、本書ではすべてを扱わず、関心の対象に沿った「保健・医療」「教育」「高齢者の年金」「失業手当」のみについて検討した(12)。なお選択肢は五段階で、「今より増やすべきだ」「どちらかといえば今より増やすべきだ」「今と同じくらいがよい」「どちらかといえば今より減らすべきだ」「今より減らすべきだ」となっている。

次に、「政府が行う経済政策についておたずねします。AからFにあげたような経済政策を政府が行うことに、あなたは賛成ですか。それとも、反対ですか。AからFのそれぞれについて、一つだけ○をつけてください」という質問のうち、Aの「政府の支出を削減すること」という項目を取り上げる。これも選択肢は五段階で「賛成」「どちらかといえば賛成」「賛成でも反対でもない」「どちらか

といえば反対」「反対」となっている。

最後に「全体として、あなたは、次のAからJにあげたことは、政府の責任だと思いますか。それとも、政府の責任ではないと思いますか。それぞれについて、一つだけ○をつけてください。」という質問について、以下の五つの項目について検討する。それは「収入の少ない家庭の大学生に経済的な援助を与えること」「病気の人々に必要な医療を施すこと」「高齢者がそれなりの生活水準を維持できるようにすること」「富む者と貧しい者とのあいだの所得の格差を少なくすること」「働く意志のあるすべての人に仕事を提供すること」である。[13] この項目の選択肢は四段階で、「政府の責任である」「どちらかといえば政府の責任である」「どちらかといえば政府の責任ではない」「政府の責任ではない」となっている。

二〇〇六年のISSP調査では三三ヵ国のデータが含まれている。ただし後の分析で国民負担の規模を考慮するため、税と社会保障費の両方を含む国民負担の対GDP比データが入手できない国については分析から除外することにした。結果的に分析対象となったのは二二ヵ国である。そうしたマクロ・データはOECDの統計データのサイトから入手している。[14]

(2) 政府支出削減の意識と、もっと政府が支払うべきだという意識の関係

表題で示した政府全体の支出削減と、個別領域で支出を増やせというのは、内容的に矛盾するといえる。もっとも「総論賛成、各論反対」という言葉をよく聞くが、日本では全体として無駄をなくすべきで、もっと政府は支出を削減できるはずだ、と言われながら、個別の政策を振るとそれを削るの

表 4-1　政府の支出削減への賛否と，各費目の増額賛否の関連性

（グッドマン＝クラスカルの γ 係数）

	教育	保健医療	年金	失業手当
アメリカ	.314	.320	.203	.267
イギリス	.197	.093	−.017	.048
スウェーデン	.075	.275	.026	.227
スペイン	.119	.023	−.014	−.023
スロベニア	−.011	−.159	−.002	−.040
ポルトガル	−.090	−.009	−.277	−.093
ポーランド	.013	−.064	−.068	.101
ノルウェー	.092	.008	−.136	−.012
ニュージーランド	−.020	.091	.044	.226
オランダ	.178	.139	.053	.248
韓国	−.032	−.075	−.044	−.004
日本	−.001	−.031	.040	.059
イスラエル	−.372	−.382	−.245	.192
アイルランド	.163	−.070	.170	.054
ハンガリー	−.152	.158	−.105	−.035
ドイツ	.030	.175	−.010	.141
フランス	.293	.143	.021	.429
フィンランド	.084	.291	.277	.310
デンマーク	.147	.403	.166	.359
チェコ	.046	.051	.043	.145
カナダ	.139	.176	.028	.150
オーストラリア	.093	.119	−.012	.130

注：データはISSP（2006）より．後の分析に含まれる国のみ算出

はまずいとか、根強い反対論が出てくることも多い。こうした回答の「矛盾」とも取れる傾向が見られるのかどうかを、国際比較の視点から検討してみたい。

実は回答傾向にはかなり偏りがあるので、もともとの五段階のままだと、国によっては極端な選択肢をほとんど選んでいない、ということがかなりある。計量的な分析では、そうしたレアケースが混在すると、推定の誤差が大きくなる。もっともここでは五段階あるとはいえ、問題なのは「増やすか」「減らすか」と、その中間の「どちらとも決めかねる」という三段階の選択肢に集約されるだろう。そ

こで「どちらかといえば…」という項目は、いずれも「増やす」もしくは「減らす」の項目に集約して三段階の選択肢にリコード（再コード）する。そして、総論としての政府の支出削減に対する意識項目と、各論としての四つの分野の支出を増やすか減らすかについての意識項目をクロスさせる。そうすることで両者の意識の関連性をみる。予想される結果は、「政府の支出を削減するべき」と考える人は、当然「各分野の支出を減らすべき」だと考える傾向がある、ということになる。

表４－１がその結果を示したものである。数値はグッドマン＝クラスカルのガンマ（γ）係数とよばれるもので、マイナス１からプラス１の間の値をとり、関連性がない場合は０となる。ここでは「政府の削減に賛成」する場合には各分野の支出の減らすべきだと考え、逆に「政府の削減に反対」する場合には各分野の支出を増やすべきだと考えているケースは、回答傾向に矛盾はなく、関連性はプラスになる。一方、削減に賛成しながら各分野では増額すべきと考える、あるいは削減に反対しながら各分野では減額すべきと考えるのは（もちろん各論を検討すれば十分あり得ることではあるが）回答傾向が矛盾していることになり、関連性はマイナスになる。

ガンマ係数の絶対値が0.1を下回っているような場合には、はっきりした傾向はほとんど見いだせない。絶対値が0.1を超えると弱い関連性が見いだせ、0.2を超えるとある程度はっきりした関連が見えるようになる。これを見ると非常にはっきりしているのはアメリカである。ガンマ係数はすべて正であり、財政削減をするのであれば、各種の政策の費用を減らさざるを得ない、という関連性で捉えている回答者が多いことを示している。つまりアメリカ人は、意識的に小さな政府を選択している可能性が高い、といえる。対照的に、グレーで塗ってある日本のところを見ると、すべての項目についてガンマ係数はゼロに近い。つまり両者の関連性がどの政策分野についても曖昧なままである。実際、（表を省略するが）全体の財政削減に対する意見が賛成であれ反対であれ、各分野の政府支出の増減に対する意見の分布はほとんど差がないということである。この点はまず押さえておく必要がある。

ガンマ係数がマイナスなのは、財政削減に対する意見と、各分野の政府支出の増減の意見の関係が逆になっていることを示しているが、イスラエルにそういった項目が多い。これはやや例外的で、なぜこうなるかの根拠やメカニズムは必ずしも明らかではない。それを除くと、全体的に大陸ヨーロッパで正の関連があることが多いようである。アメリカの次に目立つのはデンマークで、フィンランドも教育以外は正の関連性がある。ノルウェーはあまり傾向がはっきりしないが、スウェーデンは保健・医療と失業者対策について、正の関連が見いだせる。社会民主主義レジームのこれらの北欧諸国も、相対的には両方の変数の関連が見出しやすい。それ以外には、フランスとオランダが比較的目立つ。両変数に関連がないのは、日本の他、韓国や東・中欧諸国に比較的多いように見える。なお、自由主義レジームとしてアメリカと一括りにされるイギリスやカナダ、オーストラリア、ニュージーランドにおける両変数の関連性は、アメリカほど明瞭ではない。むしろアメリカが特殊に見える。

政策別に見れば、多くの人が年をとればほぼ確実に関係してくる高齢者年金については、両変数の関連性がはっきりしない傾向が強い。つまり財政削減を全体で進めても、それが年金に跳ね返ってくることに抵抗がある人がそれなりに多いのだと推察される。一方で、失業手当は明らかに特定の人をターゲットにした政策であり、こういったものについては削減されてもよいと考える人が少なからずいるということだろう。

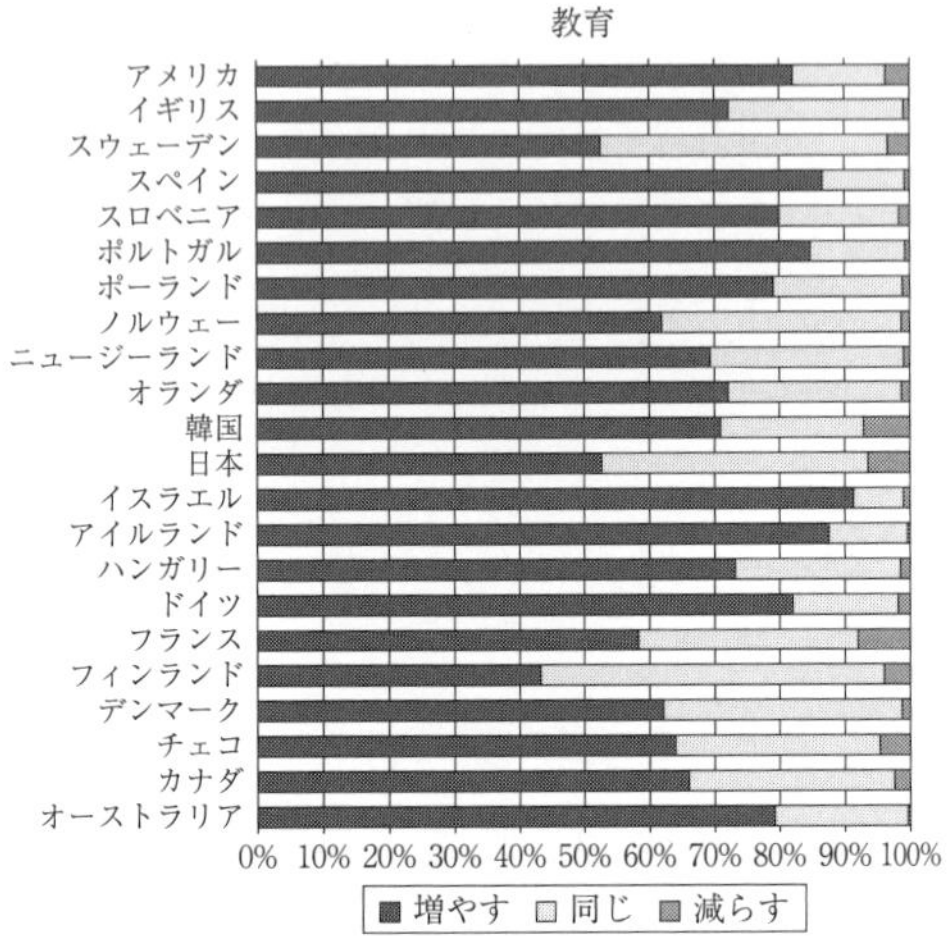

図4-2　ISSP（2006）の回答傾向―政府支出を増やすべきか（注・筆者算出）①

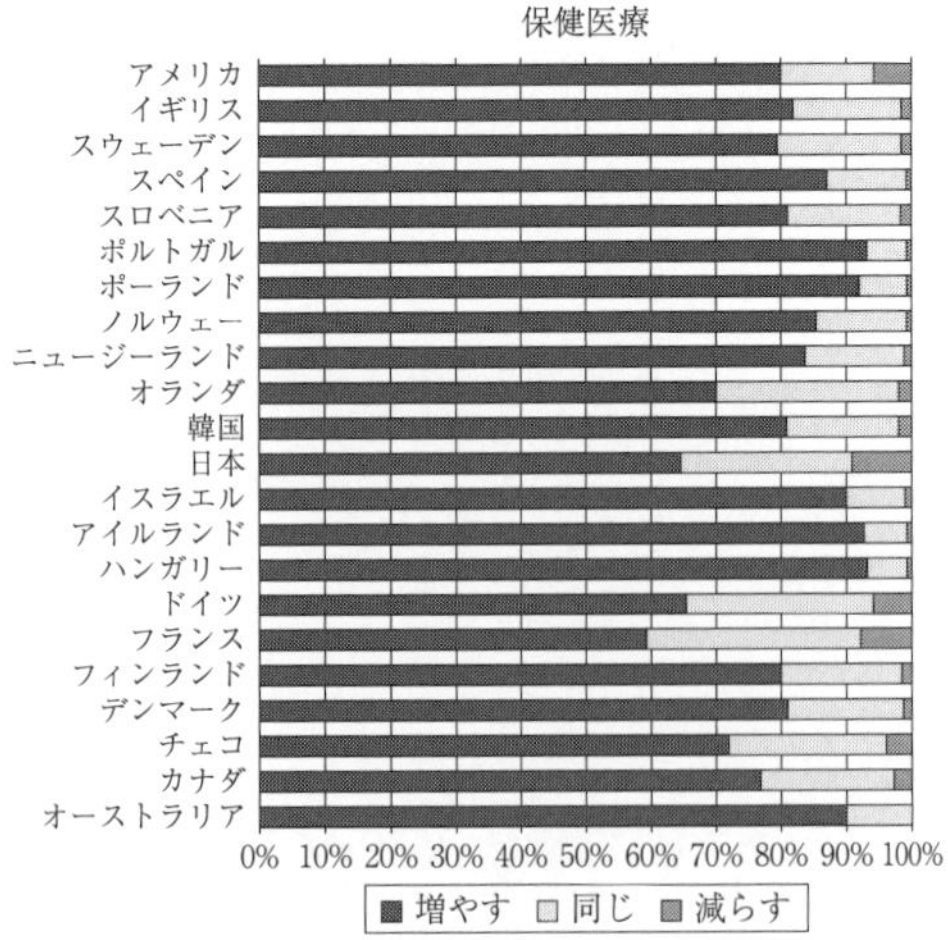

図4-2の続き②

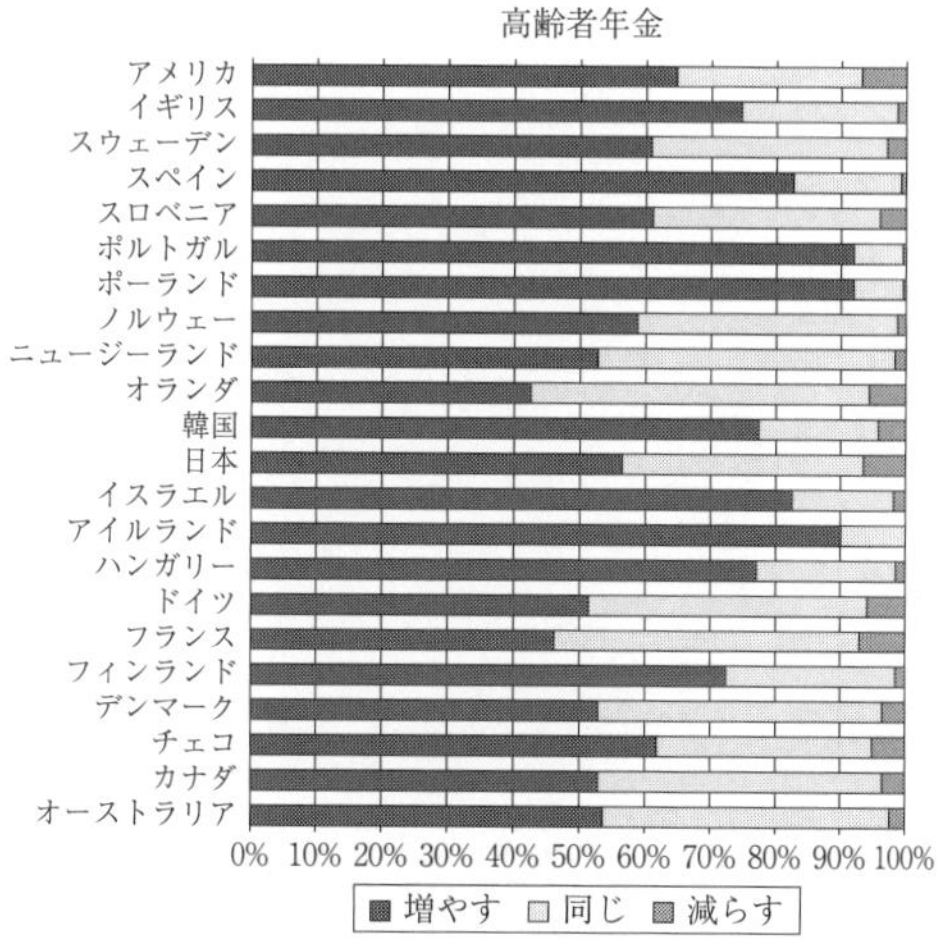

図 4-2 の続き③

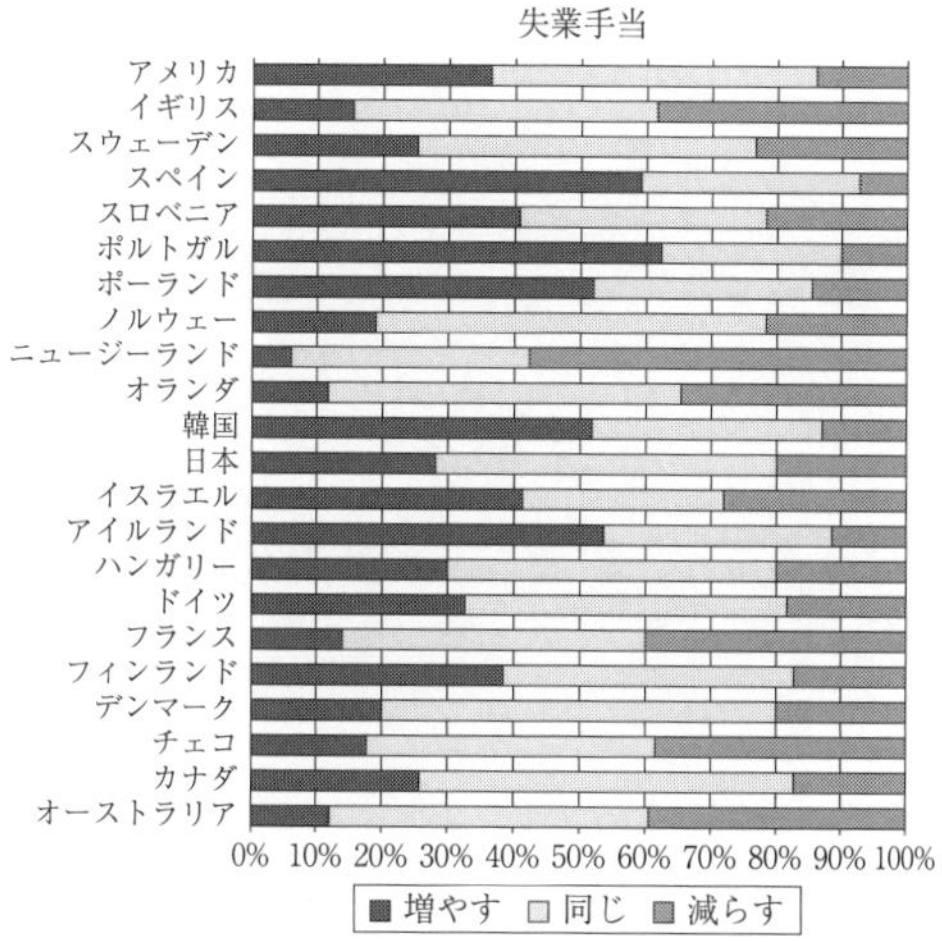

図 4-2 の続き④

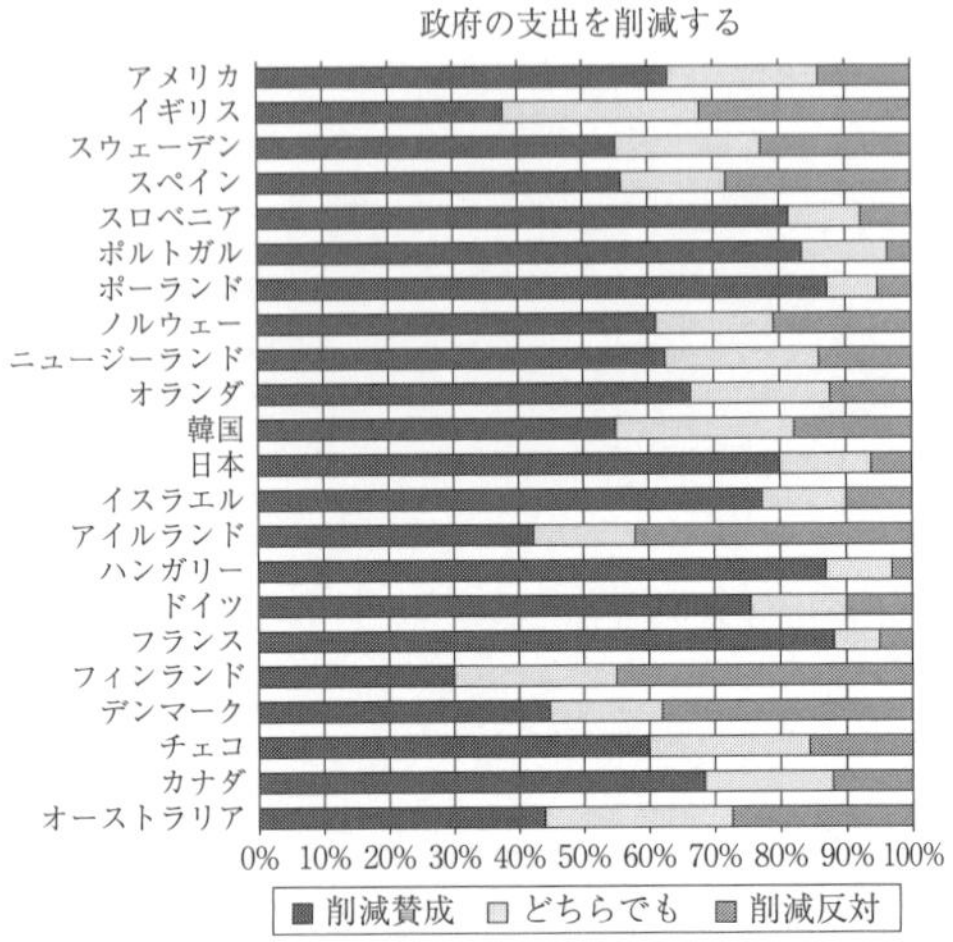

図 4-2 の続き⑤

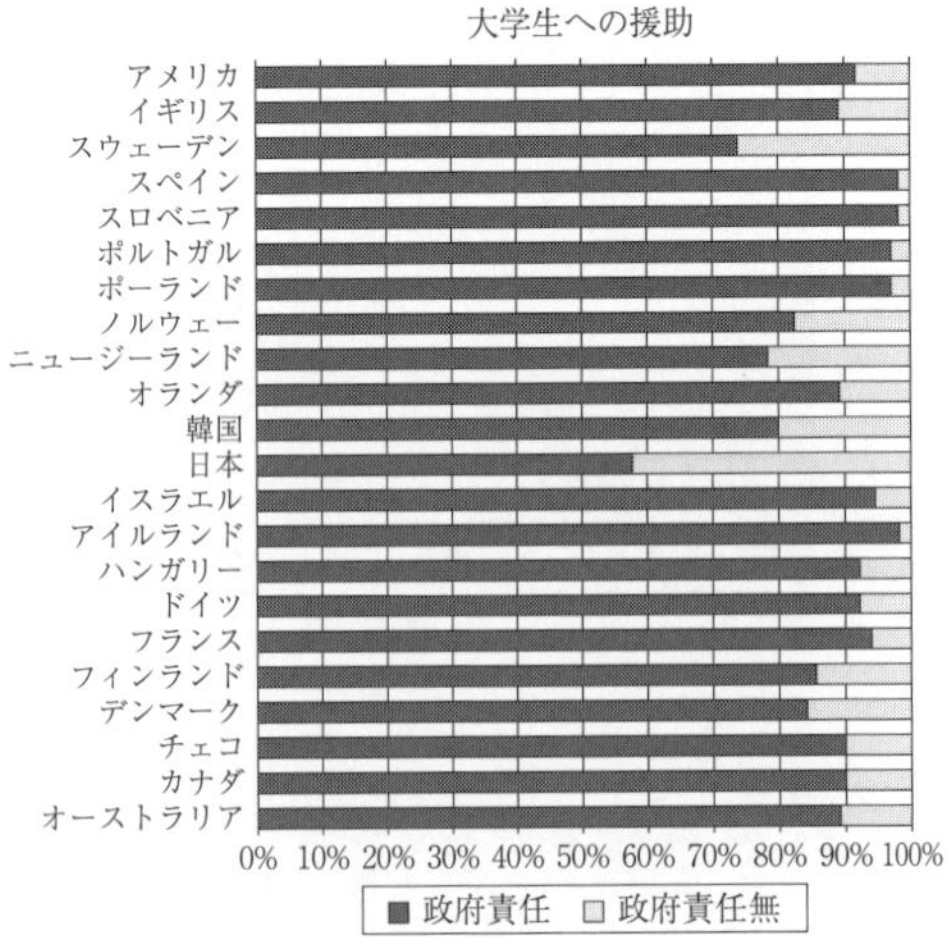

図 4-3　ISSP（2006）の回答傾向—政府の責任（注・筆者算出）①

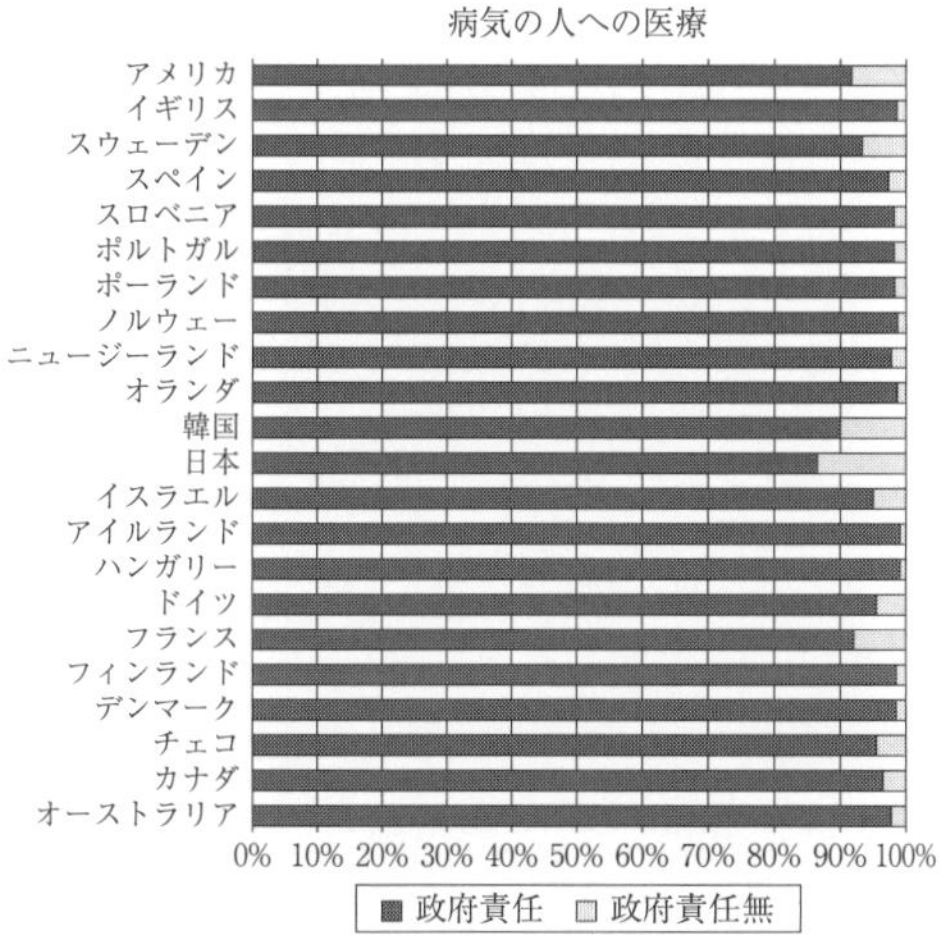

図 4-3 の続き②

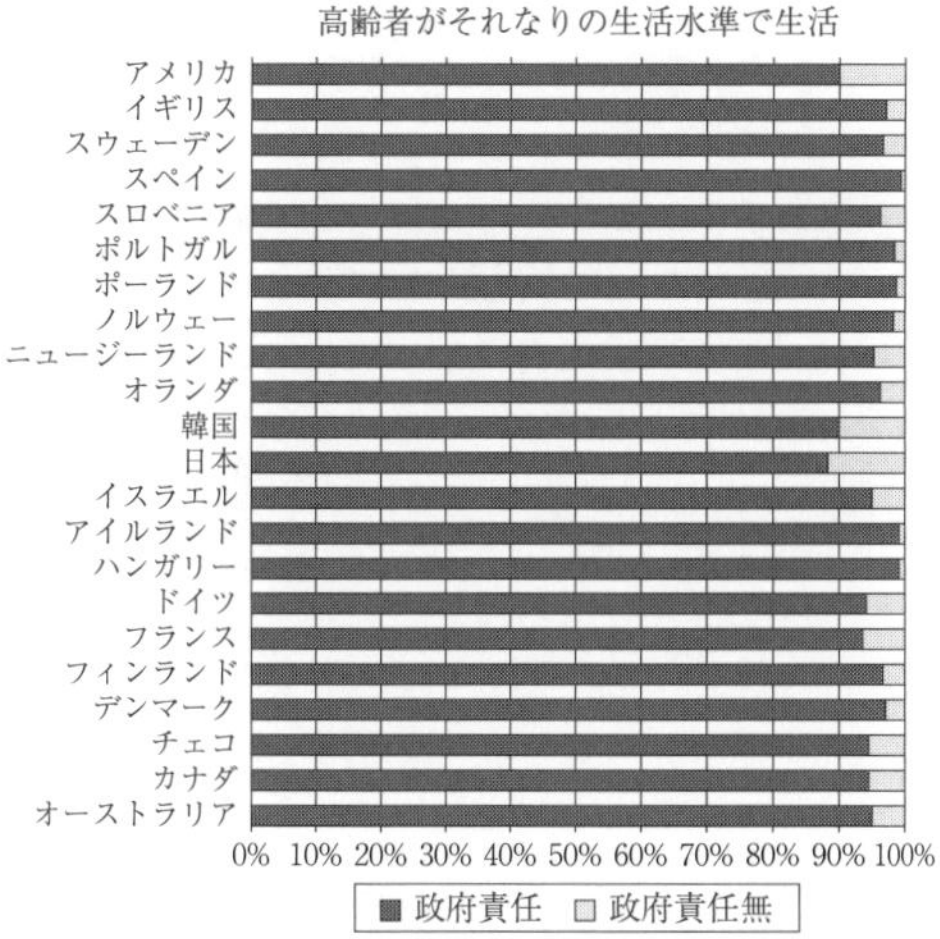

図 4-3 の続き③

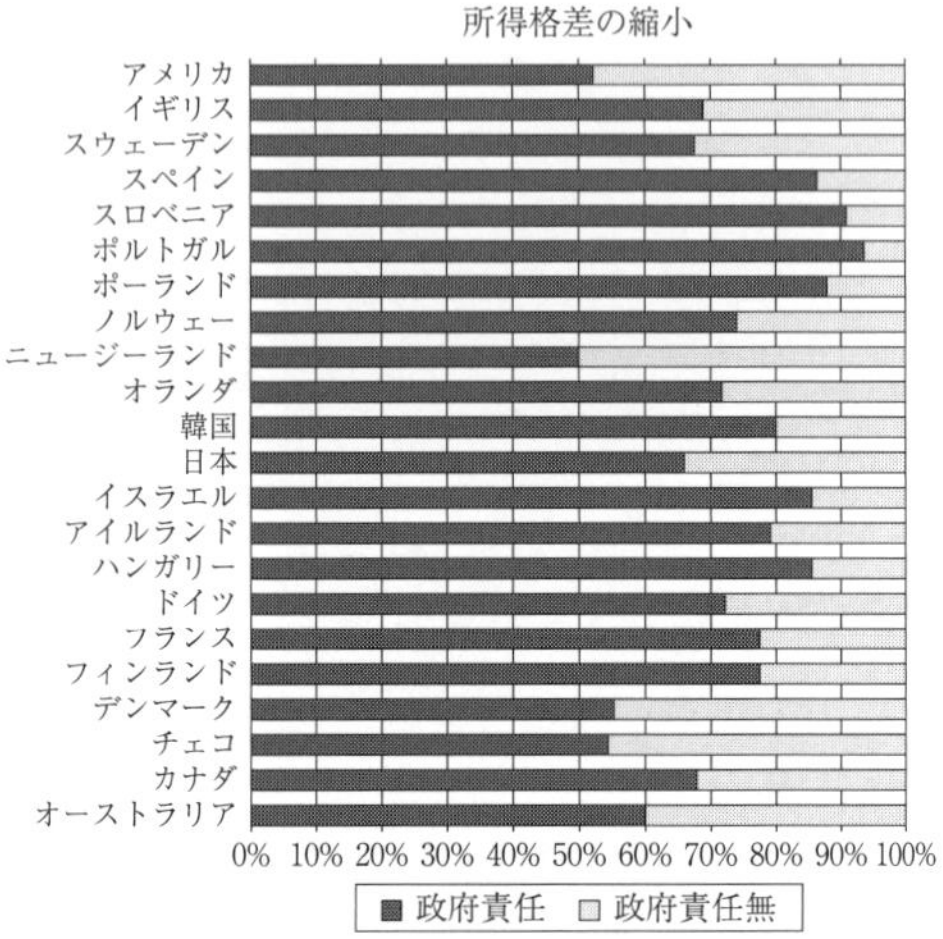

図 4-3 の続き④

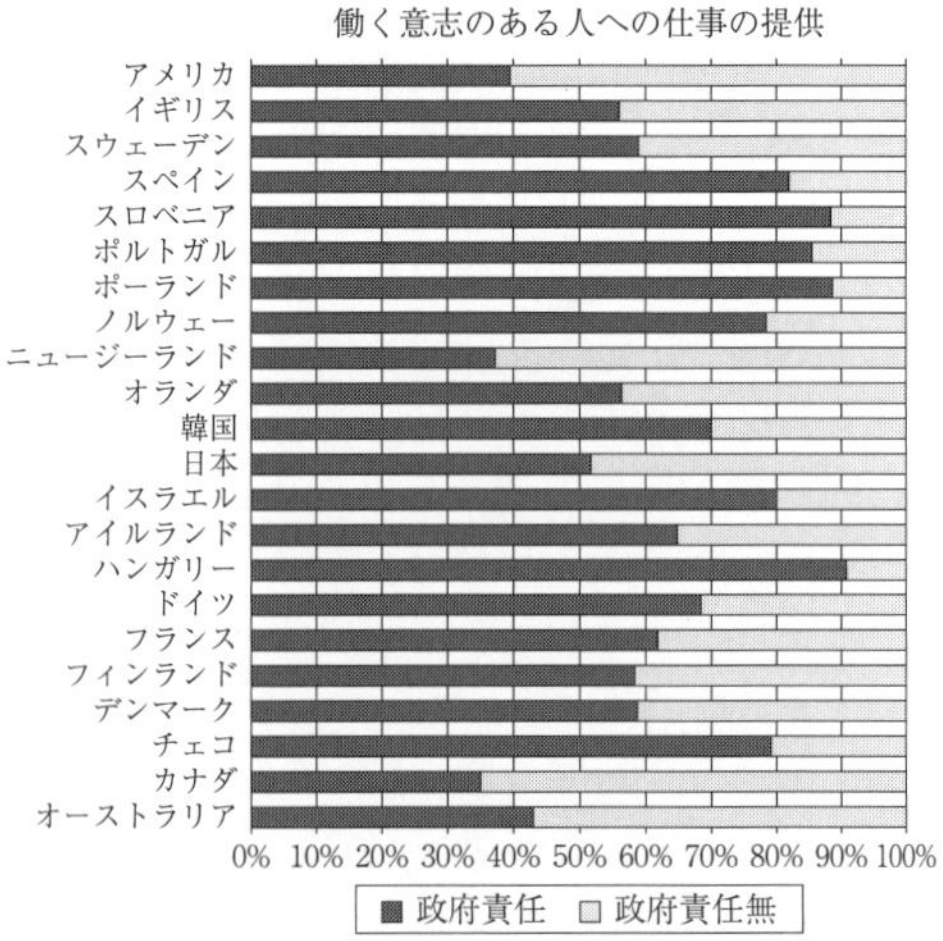

図 4-3 の続き⑤

（3）意識の基本的な回答傾向

図4－2と図4－3は、対象となっている質問の分布を示す。なお、政府の責任の項目についても、四段階の選択肢になっていたが、これを「政府の責任」「政府の責任ではない」の二段階にリコードした。

まず政府支出の項目についてだが、さすがに（失業手当以外）「減らすべき」と考える人はどの国でも少数派である。多くは増やすべきか現状維持と考えているようだが、増やすべきと考える人の多さと、福祉レジームは必ずしも対応していないようである。

教育についてみると、日本は何度も触れたように国際的には非常に低い水準にとどまっているにもかかわらず、公教育費を増やすべきと考えている人は多くなく、既に公教育費の割合が多いスカンジナビア諸国やフィンランドとほぼ同じか、むしろそれより少ないという状況にある。相対的にはフランスも増やすべきという人は少なめであるが（それでも日本よりは多い）、概してこれらのスカンジナビア諸国を除けば、公教育費を増やすべきという人が多いのが大勢である。その点で日本はやや特異な位置にあるといってよい。

保健医療や年金についても、これを見ると日本人の要求が特段高いわけではない。むしろ現状維持派が多く、増やすべきと考えている人は相対的には多くはない。なお、一番下の「政府の支出削減」については、日本の他、大陸ヨーロッパのフランスやドイツをはじめ大陸ヨーロッパ諸国で賛成が多くなっている。むしろ既に政府規模の大きな北欧は、削減反対が多い。政府支出の削減が、今ある福祉サービスを維持するのが困難になる、ということを理解してのことだろうと思われる。

表4－1で日本に関連が見られなかったのは、①社会保障は不十分である、②しかし公共工事などの無駄が日本には相当ある、③一方で財政赤字がかなり深刻である、という三点を前提に、財政赤字をなくすために無駄を削減しなければならないが、その無駄は福祉や社会保障、教育ではなく、公共工事や公務員数の削減で対応できる、と考えていたため、関連性が見られなかったのかもしれない。実際、二〇〇六年はまだ民主党政権に交替する前であり、まだ多くの人が日本には無駄がたくさんあり、それを削れば何とかなる、と考えていたのではないかと思われる。ただし公共工事を削減すべきなどということを問う意識項目は含まれていなかったので、この解釈はあくまで推測（可能性）に過ぎない。

（4）政府の支出に関する意識を予測するロジスティック回帰分析

ここからの分析は、政府の四つの各分野についての支出を増やすべきと考える人を1、それ以外の人を0、また政府の支出全体を削減するという意見に賛成の人を1、そうでない人を0と置き換え、これを従属変数とする回帰分析を推定する。

従属変数を予測すると考える独立変数は、性別、年齢、婚姻状態、学歴、職業、子どもの有無、収入といった個人属性の変数である。なお、データセットは各国で実施したものが一つにマージ（合体）された形になっている。言うまでもなく、同一国内の意識や態度は他国の意識や態度と比して似通っている可能性が高い。またこういった意識の賛否は、その国が行っている社会保障政策の現状の水準と関連があるかもしれない。したがって、従属変数を予測する説明変数は、上述のような個人レベルのものに還元できるものと、国レベルの制度的、環境的な要因とに分かれる。こういった制度的な要因を、個人水準の説明変数として推定するのは明らかにおかしい。つまり説明変数は、個人レベルのものと、制度的・環境的レベルのものとで分けて推定すべきである。こういった考え方のもとで近年よく用いられるようになっているのが、マルチレベル分析と呼ばれるものである。

従属変数が1-0のダミー変数をとる場合は、式（4.1.）で示されるようなロジスティック回帰分析という推定方法を採用する。

$$\ln(p_{agree}/1 - p_{agree}) = \alpha + \beta_k x_k + \varepsilon \quad \cdots \text{（4.1.）}$$

従属変数は、各質問項目の賛成者と非賛成者の比（オッズ）の自然対数である。αが定数項で、xが説明変数、βはその係数、εは誤差項である。もし説明変数がない場合には、αはこのサンプルの賛成者／非賛成者の対数オッズと等しくなる。通常はここに説明変数を入れていくわけだが、当然αやβが大きくなれば、それだけ非賛成に対して賛成側の人数が多くなることを示す。解釈の際には、βの指数をとったもの（$\exp(\beta)$）が用いられ、説明変数が1増加すると、従属変数のオッズも$\exp(\beta)$倍になる、と読み取ることになる。

先述の式（4.1.）は、調査サンプルがランダムにバラバラに散らばっているという仮定に基づく。しかし実際には上述したように、同じ国のサンプルは（似たような意見をもっている可能性が高いので）似たところに固まり、別の国のデータは別のところに固まる、といったような分布になっていると考えるのが無理のない仮定であろう。そこで式（4.1.）の切片のαは、国によって異なる、ということが想像できるから、

$$\alpha = \gamma + \upsilon \quad \cdots (4.2.)$$

という式が立てられる。γが国ごとの対数オッズであり、υが国間の誤差になる。そしてこうした国レベルの対数オッズが、環境的要因（国の政策など）によって異なる、というようなことを考えたときには、この式（4.2.）にも（国レベルでの）説明変数を加えることが可能である。同じことは説明変数の係数にも言えて、係数の大きさ自体が国によって異なるという仮説があるのであれば、係数も式4.2. のように分解し、またさらにここにも国レベルでの説明変数を入れることができる。

筆者はＨＬＭというソフトを使用して推定したが、最近は様々なソフトを用いて分析することが可能となっている。詳細は、日本語ではクレフト（Kreft, Ita）らの著書の翻訳（Kreft and de Leeuw 1998=2006）がわかりやすい。英語を厭わなければ、ローデンブッシュ（Raudenbush, Stephen W.）とブライク（Bryk, Anthony S.）の著作に定評がある（Raudenbush and Bryk 2002）。

表４－２がその推定結果である。[15] 定数項が大きなものは、それだけ非該当者に対して該当者が多いことを示す。一七二ページの図４－２を見ればわかるように、医療・保健費や教育費は、全体的に増額賛成が多くなっているので、定数項の係数が大きくなる。政府支出削減については、必ずしも賛成が多数派ではないことを示す。

各分野の増額についてみると、高齢者年金は年齢が高いほど賛成する人が多いことがわかる。これは年金の受益者が高齢者であることを考えれば、納得できる結果である。いわゆる階層にあたる変数が、学歴、職業、収入であるが、特に注目に値するのは学歴である。高学歴（大学・大学院以上）の

表 4-2　政府支出や削減に関する意識のマルチレベル・ロジット・モデルの推定結果

固定効果（レベル 1）	教育費増額		保健・医療費増額		高齢者年金増額		失業手当増額		政府支出削減	
	係数	S.E.	係数	S.E.	係数	S.E.	係数	S.E.	係数	S.E.
定数項	_2.526_	_.565_***	_3.418_	_.458_***	_.918_	_.388_*	_1.640_	_.603_*	_−.679_	_.598_
女性	_.106_	_.034_**	_.198_	_.037_***	_.147_	_.037_**	_.079_	_.026_**	_−.026_	.047
年齢（10 歳刻み）	_.006_	_.014_	_−.020_	_.012_	_.107_	_.027_**	.011	.011	_.055_	_.016_**
未婚・離死別	−.033	.041	−.059	.025*	−.016	.029	.127	.037**	−.110	.039**
中学校	−.094	.040*	_−.044_	_.051_	_.208_	_.064_**	.184	.033***	_−.014_	_.057_
短大	.015	.048	−.129	.040**	−.016	.049**	−.135	.039**	−.042	.034
大学・大学院	_.201_	_.054_**	_−.286_	_.058_***	_−.436_	_.061_***	_−.252_	_.049_***	_−.181_	_.065_*
専門管理職	.026	.037	−.121	.034**	_−.165_	_.054_**	−.202	.040***	.106	.034**
自営	−.216	.077**	−.165	.062**	−.019	.066	−.208	.072**	.293	.062***
農業	.168	.054**	−.134	.056*	_−.271_	_.094_*	−.219	.069**	−.028	.080
熟練工	−.029	.038	_−.025_	_.064_	.108	.042*	.034	.040	.005	.041
半・非熟練工	−.009	.036	.035	.060	.150	.039***	.213	.039***	−.058	.042
無職	−.175	.041***	−.018	.044	−.083	.047+	.087	.064	−.010	.046
子どもあり	.293	.051***	.031	.030	−.100	.034**	_.005_	_.038_	.042	.035
収入（下側第二四分位）	.053	.037	.060	.038	−.137	.034***	_−.213_	_.056_**	−.035	.040
収入（上側第二四分位）	_−.052_	_.049_	−.016	.043	−.264	.054***	_−.426_	_.055_***	.062	.060
収入（上側第一四分位）	_−.002_	_.052_	−.181	.061**	−.385	.051***	_−.587_	_.057_***	_.111_	_.056_+
収入（無回答）	−.021	.042	_−.101_	_.062_	−.149	.049**	_−.229_	_.061_**	.002	.045
固定効果（レベル 2）定数項										
国民負担対 GDP 比（10%単位）	−.496	.135**	−.518	.127**	−.143	.099	−.606	.150**	.281	.159+

注 1：+<.10 *<.05 **<.01 ***<.001
注 2：斜字の係数・S.E. にはランダム効果を設定
注 3：S.E. はロバスト標準誤差　N(レベル 1）=30149, N（レベル 2）=22
注 4：学歴の基準カテゴリーは高校，職業の基準カテゴリーは事務，収入の基準カテゴリーは下側第一四分位

人は、教育以外の社会保障・福祉政策への増額に反対している傾向がある一方で、教育のみ増額に賛成である。また学歴面では不利な立場にある中卒者レベルで見ると、高齢者年金や失業手当には賛成する傾向があるが、教育は否定的な評価となっている（いずれも、基準カテゴリーである高卒者と比べての結果である）。教育は本来受ければ低階層者でもメリットがあるはずだが、彼らには必ずしも増額が支持されていない。もっともこれはいわゆるクロスセクショナル（横断的）な調査なので、回答者の多くは学校段階を終えているから、特に低学歴層はそれだけ教育を受ける期間が短かったわけで、教育に公的な費用を割り当てるメリットを感じにくいのかもしれない。むしろ目に見える当座の生活やリスク、老後の問題に目が行くのは自然であろう。もっとも低学歴であっても、子どもには教育を受けさせたいという志向が働けば、必ずしもこの変数は有意にならないと考えられるが、実際には教育とそれ以外で全く逆の結果が出ている。

職業と収入は、学歴ほど一貫した傾向が出ているわけではないが、高齢者年金と失業手当は収入が最低水準の人に対して、収入が増えるほど増額に反対する傾向がはっきり出ている。また教育費の増額は、子どものある回答者で有意に賛成傾向があり、これも受益者が賛成しがちであることを示す。

レベル二の固定効果を見ると、高齢者年金以外の三分野は負に有意で、GDP比での国民負担が大きな国では、増額への賛成が少ないという傾向がはっきりしている。つまり図4－2の（日本は別だが）北欧諸国での増額への賛成比率が相対的に高くないことを反映している。

なお最右列の政府支出削減のモデルについては、学歴だけ見ると大学・大学院で（高卒に対して）有意に反対が多い。では高階層者が反対しているのかというと必ずしもそうではなく、事務職に対して専門・管理職や自営、また収入が最上位の人は有意に賛成する傾向がある。おそらくこういった職種の人や、収入が非常に多い人は、累進課税制度によって多くの税金を納めており、納付する税金に対する自らの受益が少ないと感じるのかもしれない。ただし政府の支出の大きさと社会保障サービスの充実さの関連性などについて、より深く考察しているのは、高学歴の人々であろうと思われる。そういった事情が、高学歴者の「政府支出削減への反対」という傾向を導き出しているものと思われる。

(5) 政府の責任の意識を予測するロジスティック回帰分析

今度は政府の責任に対する意識について、同様に検討してみたい。従属変数は、政府に責任があると考える場合が1、そうでない場合が0で、同じようにマルチレベルのロジスティック回帰分析を推定する。その結果が表4－3である。

教育に関連する、低所得層への大学進学への経済的援助だが、やはり他の分野と異なるのは学歴で、特に大卒者は（自らも関連する、もしくはしていたからか）政府の役割だと考える人が多くなっている。これは他の領域と異なる傾向である。ある程度一貫しているのは収入の変数で、収入が多い人ほど、どの分野でも政府の責任と考える人が減る。職業についても、ブルーカラー層はいずれの分野においても政府の責任だと考える傾向が強い。

ただ表4－2のように、他の領域と教育の分野で逆とも言えるような傾向が見えたほどのはっきりした結果は見られない。むしろここで掲げた政策については、どれも似たような結果が出ていると言える。この表4－3の「大学生への経済援助」の従属変数は、広く教育そのものの政府の責任を問う

表 4-3　政府の責任に対する意識のマルチレベル・ロジット・モデルの推定結果

固定効果（レベル 1）	教育費増額		保健・医療費増額		高齢者年金増額		失業手当増額		政府支出削減	
	係数	S.E.	係数	S.E.	係数	S.E.	係数	S.E.	係数	S.E.
定数項	*1.644*	*.907*$^{+}$	*2.939*	*.638****	*2.322*	*.388****	*.617*	*.421*	*1.142*	*.504**
女性	.045	.031	*−.083*	*.030**	*.071*	*.037*$^{+}$	*.253*	*.035****	*.291*	*.380****
年齢（10 歳刻み）	*.063*	*.020***	−.014	.009	*.004*	*.018*	.049	.009***	*−.015*	*.015*
未婚・離死別	.111	.025***	.041	.029	.026	.033	.098	.037**	.123	.036**
中学校	.030	.041	.009	.034	−.010	.040	.273	.030***	.217	.036***
短大	−.001	.044	−.021	.041	−.148	.045**	*−.154*	*.040***	*−.212*	*.045****
大学・大学院	*.151*	*.059**	*−.051*	*.059*	−.229	.044***	*−.136*	*.069*$^{+}$	*−.240*	*.064***
専門管理職	−.110	.039**	−.076	.026**	−.029	.037	−.212	.039***	−.180	.035***
自営	−.171	.070*	−.011	.087	*−.647*	*.049****	−.053	.061	−.218	.060**
農業	.192	.071**	*−.072*	*.065****	−.214	.051***	−.044	.086	−.055	.057
熟練工	.116	.038**	.185	.046***	.150	.060*	.142	.044**	.155	.044**
半・非熟練工	.055	.033^{+}	.244	.032***	.121	.052*	.259	.048***	.230	.056***
無職	.024	.041	.123	.042**	−.034	.086	.044	.045	.142	.053**
子どもあり	.192	.033***	.055	.027*	−.053	.029^{+}	.056	.026*	.032	.028
収入（下側第二四分位）	−.197	.041***	−.047	.022*	−.071	.029*	*−.116*	*.050**	*−.155*	*.045***
収入（上側第二四分位）	−.315	.041***	−.117	.026***	−.127	.035***	*−.374*	*.065****	*−.351*	*.055****
収入（上側第一四分位）	−.369	.044***	−.317	.040***	−.276	.052***	*−.653*	*.084****	*−.592*	*.058****
収入（無回答）	−.209	.045***	−.155	.031***	−.086	.039*	−.251	.054***	−.191	.040***
固定効果（レベル 2）定数項										
国民負担対 GDP 比（10%単位）	.014	.228	.019	.173	.159	.105	.072	.115	−.102	.126

注 1：+<.10 *<.05 **<.01 ***<.001

注 2：斜字の係数・S.E. にはランダム効果を設定

注 3：S.E. はロバスト標準誤差　N(レベル 1）=30149, N（レベル 2）=22

注 4：学歴の基準カテゴリーは高校，職業の基準カテゴリーは事務，収入の基準カテゴリーは下側第一四分位たというよりは、特定の層への大学進学機会を保障するという再分配政策に近いものであると考えられる。それが、他の社会保障政策と類似した結果を導く原因と考えた方がよいだろう。

(6) 教育の公的負担支持を増やすための公教育

政府への信頼がなければ、社会保障費をはじめとする社会支出を増やすことは現実的に難しい。また俗説では、日本人は政府への依存度や「お上意識」が強く、政府からのサービスばかり期待して、負担のことを考えないということも聞かれるが（それが完全に間違いだとも言えないが）、政府支出増額や政府の役割に対する意識をみると、国際的にその要求が高いとは言えず、むしろ低い水準にとどまるものも多い。もちろんこういった意識は、純粋にそれを支持しているのか、それとも現実的にこのようなものなのだという諦めに近い気持ちなのか、ということで意味が全く変わってくる。また政府支出については「増額」までは期待しないが、少なくとも現行水準程度は、という気持ちも読み取れなくもない。しかし実際の日本の財政事情を鑑みれば、国際的に見て低い水準の現状を維持することすらも難しいと言えるので、負担の問題を考えなくて済む、ということにはならない。

例えば一六九ページの表4－1で示したように、政府の支出の増減意識の関連性に辻褄があってないところがある。これはもちろん日本だけの問題ではないし、ここには公共事業など一部の論者で批判的であった分野の政策が含まれていないので、「全体として日本の政府は無駄が多く、その大半は公共事業で、その公共事業を削って、一方で福祉や教育に使えばよい」という思考が成立している可能性が背景には十分想定できる。ただし公共事業が日本の予算でも高い水準にあったのは過去の話となりつつあり(16)、むしろ近年は極端な削減の弊害や懸念も出ていると思われる。日本の場合、高齢化で社会保障関係の費用は自然増になるはずだから、やはり国民負担の増加の問題を避けて通ることはできない。したがって、現状の社会保障、福祉をはじめ、教育の水準を維持するだけでもコストが増えてゆくという前提で、負担の問題を自分たちの問題として考える必要がある。

一見すると福祉レジームと意識の間には、わかりやすい対応関係があるわけではないが、何らかの関連性はありそうである。ただし、こうしたレジームの違いを文化的な差異と結び付けて解釈すると、その文化固有の、変えようのないものと認識しがちになるが、一五八〜一五九ページでも触れたように、そう言った態度を変化させる余地がないわけではない。もちろんその国固有の制度は、いろいろなシステムに埋め込まれているものであり、変更が困難であるのは事実だが、変更が不可能というわけではない。またそれこそ、アルガンらの研究に見られるように、教育が何らかの役割を果たす可能性も否定できない。

コーサー（Koçer, Rüya Gökhan）とヴァン・デ・ヴェルフホスト（Van de Werfhorst, Herman G.）によれば、高学歴になれば客観的な広い視野をもてるようになる（もちろんそういった視野をもつ人が高い段階まで進学するに過ぎない、という可能性も否定できないが）ので、社会に存在する収入格差の存在をより客観的に認識するようになるという。また教育が職業志向的な内容を重視しているところでは、経済的不平等を是認するか否かの意見の散らばりは小さくなる。ただし教育システムそのものが分岐している（中等教育段階で、進学コースや就職コースに分化するような学校体系をもつ）と、経済的不平等の存在を肯定するようになり、再分配政策に対する意見のばらつきも大きくなる。

ピーター（Peter, Tracey）、エジャートン（Edgerton, Jason D.）、ロバーツ（Roberts, Lance W.）によれば、ＯＥＣＤの行う生徒の国際比較習熟度調査（Programme for International Student Assessment, PISA）から、学校間の成績差を検討すると、保守主義レジームの国でその差が最大になり、社会民主主義レジームでは最低になる。社会民主主義レジームの国にとって教育は市民の平等の条件であり、自由主義レジームにとっては機会の平等という意味合いが強く、社会にとっての投資でもある。ところが保守主義レジームはいずれのイデオロギーとも距離があり、いわゆる分岐型の教育システムをとっているところが多い。そしてこの教育システムは、労働市場構造や社会的保護制度と関連している（Peter, Edgerton and Roberts 2010）。

ドイツに代表される保守主義レジームでは意見がばらつくことが多いのだが、それはそういった国の教育システムが分岐している傾向があるからである。つまり分岐型教育システムは意見の分化を促しやすい。コーサーらは、そういった国であっても、職業教育を実施することで、意見の分化が緩和される可能性を示唆している（Koçer and Van de Werfhorst 2012）。

カークホフ（Kerckhoff, Alan C.）がまとめたように、教育システムが分化することは、特定の分野の教育に特化することを可能にするので、職業教育には親和的である。そういった意味では、労働市場へのスムーズな移行を促しやすい（Kerckhoff 2001）。ただしかつては日本でも、後期中等教育（高校段階）での専門分化は、教育を労働市場の下請け化してしまう、あるいは社会の階級・階層構造を再生産する機能を強化するだけだという批判が根強くあった。日本で戦後、高校の普通科が圧倒的に多くつくられ、また職業教育があまり行われてこなかった背景は、そうした事情がある。一方で日本の教育システムが分岐型でないにもかかわらず、教育から労働市場の移行がスムーズに行われてきたのは、日本独特の就職システムの慣習があるからだとされてきた（Kariya and Rosenbaum 1995）。そうした就職システムについても、近年は厳しい労働市場を反映して必ずしもうまく機能しなくなってきているため、問題が指摘されるようになっている（Brinton 2008）。したがって長期的には日本でも職業教育が見直される方向に進むと考えられ、特に近年は職業上「役に立つ」「実用的な」教育を望む声が強まっているように思われる。役に立つことや実用的という意味については少し深く考える必要があると思われるが、ただ同じ社会に住む共同体構成員としての教育と、職業教育の在り方の関係性を深く考え直すべきときに来ていることに違いはない。

注

（1）ブルックス（Brooks, Clem）とマンザ（Manza, Jeff）は、ある意識があるから政策が決定されるという因果関係の存在と、特定の制度が存在していることで、意識が喚起されるという二つの方向の影響を精査しているが、後者の影響については否定的な結論を出している（Brooks and Manza 2006）。

（2）もちろん、高齢層は既に子育てから離れるようになり、教育よりも自らの老後の生活が第一の関心事としてある、という可能性も否定できない。これはパネル調査のデータを見なければ確定できない。

（3）ただしチューは、公教育に対する支出は、その人が親の立場にあるか否かも重要なファクターだが、それ以上にその人がもっている政治的イデオロギーのほうが大きな影響力をもっていると結論づけている（Chew 1992）。

（4）こうした現状を踏まえ、過剰ともいえる官僚・公務員たたきを行い政府の信頼をどんどん貶め、結果的に国民が負担を忌避することになるのがいいことなのか、という点を、鶴光太郎は「日本は南欧化するのか?」という記事で警鐘を鳴らしている(『日本経済新聞』朝刊、二〇一二年六月二一日、二一面)。

(5)アギヨンらは、労使の信頼関係と最低賃金規制の関連についても検討している。北欧などのスカンジナビア諸国では、良好な労使関係があり、規制のレベルも低いが、それは両者の協力関係が築かれていて、直接対話し交渉する環境が整えられ、また労働組合の組織率も高いからだという。一方南欧諸国は、労使関係が悪く、組合組織率も低く、お互い疑心暗鬼で交渉する環境が根付いておらず、結果的に規制に頼ることになる。結果的にこれが労働におけるパフォーマンスに影響を与えている可能性があることを指摘している(Aghion et al. 2011)。

(6)これは既に触れたウィレンスキーの提唱に基づく。

(7)ローゼンベリー(Rosenberry, Sara A.)による説(Rosenberry 1982)。

(8)日本は工業製品を輸出して経済大国になったという貿易立国のイメージが強いが、貿易依存度は決して大きくない。例えば二〇一〇年の輸出依存度は一四・一%であり、この傾向は以前からほとんど変化がない。ちなみにアメリカは八・七%、イギリスは一八・三%であるのに対し、北欧諸国のスウェーデンは三四・四%、ノルウェー三一・八%、デンマーク三一・一%となっている。総務省統計局ホームページ(http://www.stat.go.jp/data/sekai/pdf/09.pdf)参照(二〇一四年三月一九日最終閲覧)。

(9)具体的に言えば、非熟練工に対して、ホワイトカラー的な職業の人は支持しにくく、有業者に対して無業者、もしくは男性に対して女性は支持しやすい、といった傾向がある(Svallfors 1997)。

(10)テーマは社会的ネットワーク、社会的不平等、家族と性別役割分業など、多岐にわたっている。

(11)http://www.issp.org/ 二〇一四年三月一九日最終閲覧

(12)他には「環境」「警察・裁判」「防衛」「文化と芸術」がある。

(13)この他には「物価を安定させること」「産業が成長するように援助すること」「失業者がそれなりの

生活水準を維持できるようにすること」「家を持てない人にそれなりの住居を提供すること」「環境が破壊されないように、産業界を法で厳しく規制すること」がある。

(14) OECD. StatExtract (http://stats.oecd.org/Index.aspx) のサイト。調査が二〇〇六年であることを考慮し、基本的には二〇〇五年のマクロ・データを使用している。

(15) なお、マルチレベル分析を行う際には、個人レベルの誤差よりも、国レベルの誤差が大きいと考えられるときに、式 (4.2) の υ がモデルに組み込まれる。この υ をランダム効果とよぶ。理念的には、どの係数や定数項についても、国レベルの誤差を想定するのがふさわしいと思われるが、基本的に統計モデルはよりシンプルなものを推定するのが望ましい。またマルチレベルのロジスティック回帰分析は推定が複雑なので、複雑なモデルを組むと結果が収束しないこともある。そこでランダム効果については、五%水準で有意なもののみ残して推定した。表のイタリック（斜字）体の係数は、ランダム効果をモデルに組み込んでいる。

(16) ただし、一般会計で公共事業の占める割合はそれほどでもないが、その背景には財政投融資が大幅に増加しており、その用途が専ら公共投資であるという指摘もある。これについては第五章で触れる。また二〇一二年の総選挙の結果を受けた自民・公明の第二次安倍連立政権成立後、こうした動きに再び変化が起こる可能性もあり、注視しておく必要がある。

第Ⅱ部　教育の公的負担が増加しなかったのはなぜか

第五章　日本の財政と教育

1　政府の赤字財政の原因

（1）財政危機の社会学

前半の第四章までで、政府の提供するサービス、特に社会保障や福祉政策と教育との関係性、また日本の社会政策や教育政策に対するスタンスなどについて、国際比較の観点から検討してきた。ここからは、ではなぜ、いかにして日本が現在のような政府と国民の関係を構築するに至ったのか、公教育費は低い水準のままで推移してきたのかを、検討することにしたい。

現在の日本の財政は、非常に厳しい状況にある。財政赤字のレベルは、先進国でも飛び抜けて世界最悪の水準である。そのような状況下で、教育費の公的支出割合のみをさらに増額するように要求するのは、それほど簡単なことではない。

赤字財政の問題は、新しい問題ではない。一九七〇年代頃に、欧米諸国の財政も悪化し、右派、左派両者からその問題が指摘されたことがあった。ブキャナン（Buchanan, James M.）やワグナー（Wagner, Richard E.）による公共選択の経済学は、いわゆるケインズ派の経済政策と民主主義が結びつくことで、とめどもなく財政赤字が膨らむという帰結を「必然的に」もたらすと結論付けた。それはどういうことか。

本来、均衡予算を維持したり予算の剰余を作るには、実質税率の引上げ、実質公共支出率の引下げなど、両者のバランスを維持する必要がある。しかし予算剰余の捻出あるいは増加は、例えば税の引き上げといった手段をとることになるので、即座に可処分所得の減少というようなコストを伴う。それが不可能なときに均衡財政を維持しようとすると、公共サービスの削減という形に帰着せざるを得ず、それはサービスの質の低下を意味する。要するに均衡財政の維持や予算の剰余は、市民レベルでいえば基本的に利得者を生み出さない。間接的に、予算剰余はインフレの予防に役立つといえるが、この利益は市民が直接体感しにくい。したがって、民主政体で市民が予算剰余の政策を支持する可能性は低い。もし赤字国債の発行などにより、課税せずとも支出を可能にするという予算赤字が正当化されるなら、市民はそれによって損をするわけではないから、赤字予算政策は支持されやすくなる。間接民主制は、市民の意見を政治家に付託することで成立するが、政治家はそれを「生業」とする以上、基本的に専らの関心は次の選挙となる。デモクラシーを採用する以上必然的なことだが、政治家は基本的に市民の嫌う負担増を叫べば落選の危機が強まるので、そういったリスクは敢えて冒さない。これが国家の支出癖や赤字創出癖と結びついたら、破滅的な帰結をもたらす。これがブキャナンやワグナーの唱える赤字財政が不可避な根拠である（Buchanan and Wagne 1977=1979）。

ケインズ式の政策指針に対してどう対応するかといえば、①大衆はケインズ式政策指針を上述のような理由で必然的に支持するから、民主政治が政策の失敗をもたらすということになる。だから民主政治を否定して、もっと独裁的になる。あるいは、②民主主義社会を維持することを優先させるのであれば、ケインズ式政策を否認して別の政策原理を考え出す、といういずれかを選ぶしかない。その場合、通常は②の方が優先されるだろう（Buchanan and Wagner 1977=1979: 6）、と述べ「大きな政府」を否定するのである。

一方で、ハバーマス（Habermas, Jürgen）やオッフェ（Offe, Claus）は、晩期資本主義の社会では、基本的に政府が租税という手段によって社会基盤を提供するようになっているが、経済成長の鈍化や高齢化など、税収の確保が困難になるという問題が生じているという。その中で大衆は、政府からのサービスをより多く求めようとする。大衆が納得して税を支払うのは、相応の見返り（メリット）があるからだが、一般的に大衆はサービスを受け取るようになると、より高いレベルのサービスを求めようとする。しかし税収の確保が限界に達すると、サービスの質は大衆の期待にそぐわなくなる。それにより大衆の政府に対する不信感が強まる。こうした不信感の強まった大衆への徴税は、強制力を持つものとなり、それによりますます大衆の心は政府から離れる。そこで政府が大衆の要求に応えようとすると、今度はますます大衆の要求も強まり、要求と現実のギャップが広まってしまう。結局更に大衆の不信が強まると徴税機能が落ち、結果的にサービスの質が落ちる。サービスの質が落ちれば、大衆からの国家の信頼は失われるという悪循環が止まらなくなるのが、この晩期資本主義に共通する問題であるという（Habermas 1973=1979; Offe 1987=1988）。

ブキャナンと、ハバーマス、オッフェは、イデオロギー的な立ち位置は全く対照的であるが、指摘している問題点は共通している。しかもここで言われている問題は、現在の日本にかなり該当する危機のように思われるが、既に欧米では三〇年以上前から論じられていた問題なのである。

（2）財政赤字の原因

近代国家は、税なしに生き延びることはできない。ただし税は自然に生みだされるのではなく、国家の権力を背景として私有財産から調達しなければならない。これは市民からの抵抗を生むことになるが、少なくとも近代国家は、強制力によって税を調達するのではなく、国家が市民に説得し、市民との間で同意をとって、税を徴収するしかないのである（諸富 2013: 13）。また理論上、政府による再分配政策を実施するにあたり、その財源調達方式と国民負担との関係は、次のようにまとめることができる。すなわち社会の全構成員を対象とする施策には一般税をもって充当する。社会一部構成員に対し受益と負担といった権利性の関係を明確にするのが保険料である。また社会内の特定グループの費用負担配分を最適化するには目的税を充当する。問題はこれら三者の割合をどうするか、なのだが、その最適解は見つかっているわけではない（成瀬 2001: 26）。

日本の財政危機は、基本的には過大な歳出というより、より根本的には税収不足に起因する。特に一九九〇年代以降に繰り返された減税で、歳出とのバランスを欠くようになり、税収が明らかに減少した。この税収の低さはOECD諸国でも際立っている。注意しなければならないのは、財政危機の根本原因は、政府の財政規模そのものにあるのではない。例えば北欧諸国は、その福祉国家というイメージの通り財政規模が大きく、税収の対GDP比も突出している。しかし政府債務の規模は極めて小さい。要するに、財政の健全性は政府規模に関係するのではなく、特に税収調達能力に大きく依存しているのである（井手 2012: 9–10, 2013: 32–34）。

日本が「大きな政府」か「小さな政府」かという点については様々な議論があるが、財政的な側面や、実際に官の分野で働く人々（公務員数）に着目すれば、相当に小さな政府である、ということは、専門家の間ではある程度共有されているといえる（権丈 2001, 2004; OECD 2013など）。問題なのは、にもかかわらず未だに「無駄の削減」や「公務員数や公務員給与の削減」といったことが政治家の公約に掲げられ、それが一定程度の支持をもって迎えられるということにある。それは実感として、官の強い影響を感じる場面が多いとか、官の行うことが市民の間に役立っているという実感があまりもてないからであろう。例えば武川正吾は、大きな政府と小さな政府といったとき、必ずしも財政的側面だけに着目するのではなく、規制的側面にも着目すべきだと述べる（武川 2007）。コストという面で見れば、財源を確保するのは容易ではない。だから低コストで政府が権力を発揮するとなると、規制を設けるのが最も容易である。つまり規制の多さによって民の動きを制約し、少ない官僚（公務員）の働きを穴埋めする側面があるということは否定できない、ということである[(1)]。日本の規制の強さが指摘されるのは、日本政府の財政規模の小ささの反映かもしれない。また民間と見做されている関連団体や業界団体は、関連官庁と強い結びつきをもつことが多く、実際、省庁の意向の影響のもとで発足した団体もある。人々はこのような状態を見ることで、官の力の大きさを実感しているのかもしれない（飯尾 2007: 69–71）。

先の第四章で政府の信頼について検討したが、そうした規制の強さが政府の権力性を実感させ、また人々の間のお上意識を醸成させる原因にもなっているのかもしれない。さらに田中秀明は、OECD諸国において、日本の予算・財政の透明性は最悪レベルであることを問題視している。財政赤字や債務残高の多さのすべてを、予算や財政の透明性という指標で説明できるわけではない。しかし予算・財政の透明性が低いほど、債務残高が多くなるという負の相関が観察される。財政が透明でなければ、真の姿が隠されてご都合主義がはびこり、金融市場でも政府の信頼性が低下するため、金利が上昇する。また名目上の目標が達成されても、それが会計上の操作によるものであれば、当然信頼性は低下する。したがって目標達成やルール遵守を検証する透明性の確保は必須である。また単に透明であればいいというものでもなく、目標やルールが厳しすぎると、会計上の操作を誘発する。会計上の操作が蔓延するようになれば、信頼性がそれによって低下する、という可能性もある。田中によれば、日本は予算や財政の透明性という点ではきわめて問題があり、それが財政赤字の恒常化の大きな原因になっていることが考えられるという（田中 2013: 129–132）。

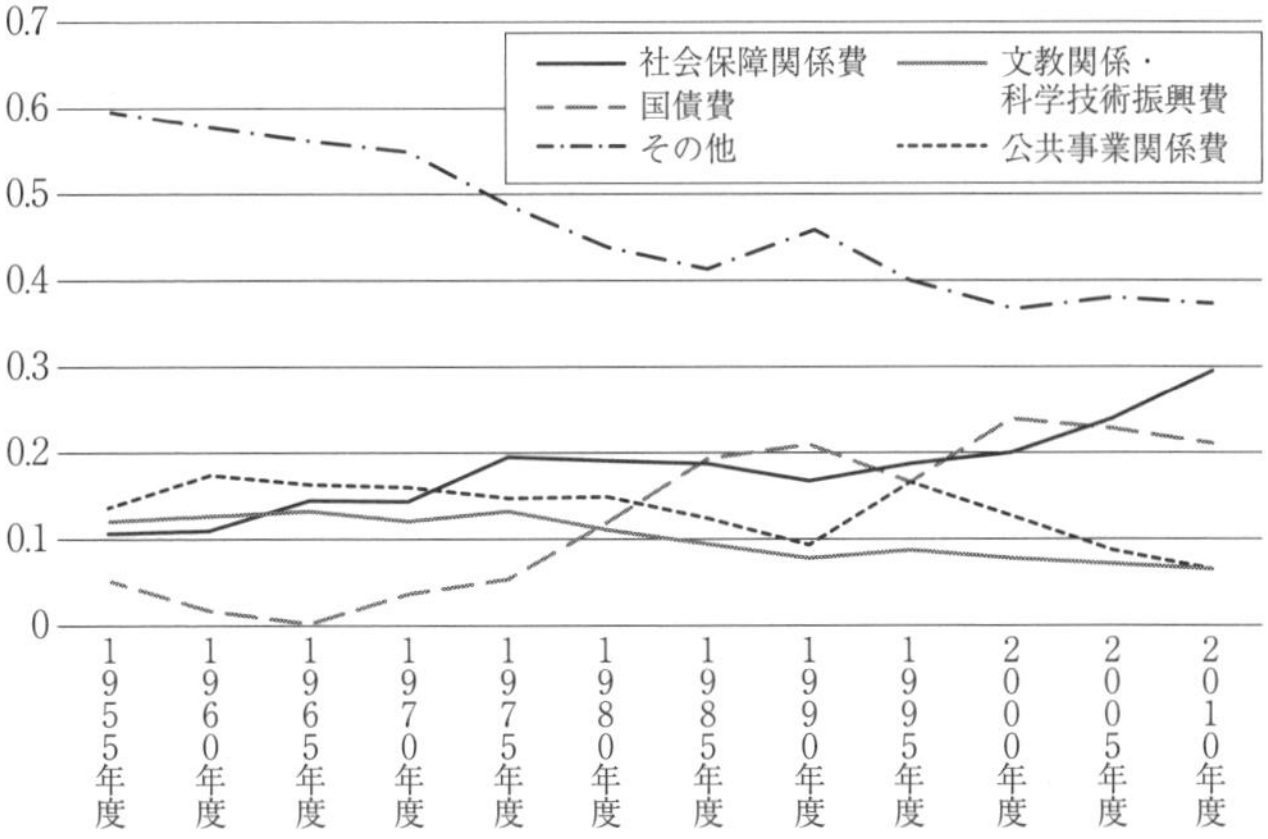

出典：財務省ホームページ（http://www.mof.go.jp/budget/reference/statistics/data.htm）の第19表（2014年3月19日最終閲覧）

図5-1　一般会計予算における経費別分類の推移

2　財政と予算

（1）日本の財政活動の特色

財政の仕組みについては、専門のテキストに委ねられるべきであるが、本書でも基本について少々振り返っておきたい。

日本政府の財政活動は、一般財政と財政投融資に区分でき、一般財政は、一般会計と特別会計、そして政府関係機関から成立する（湯本 2008: 17-30）。私たちがまず着目するのは一般会計予算であるが、その経費別割合の推移を五年ごとに示したものが図5－1である。本来予算は、政府がすべての歳入・歳出を一つの会計で処理するのが望ましい（単一予算主義の原則）。しかし特定の事業について、あるいは特定の資金を保有して運用を行う場合、また特定の歳入があって目的に沿って特定の歳出に充てて一般歳入や歳出と区別する方がよい場合に、特別会計を設けることができることになっており、二〇一三年二月現在で国は一八種類の特別会計を保持している。

二〇一二年度（平成二四年度）の一般会計予算は、補正も含めて一〇〇兆五千億を超える規模である。一般会計歳出では、国債の元利利払い、社会保障関係費、それに地方交付税交付金で事実上七割が占められる。なお、一般会計歳出の社会保障関係費とか公共事業関係費などは、直接支払われているというより、一旦特別会計に繰り入れられて、そこから支払われていることが多い。そういったことを含めて図5－1を眺めると、社会保障関係費が漸増傾向にあり、特に二〇〇〇年代に入ってからの伸びが大きい。そして長期的に見れば、国債費が漸増傾向にある。ただし実際は、政府の財政活動をみるときに、一般財政だけに着目するのはミスリーディングな結論を導くことにもなりかねない。減傾向で、公共事業関係費も近年は減っているように見える。文教関係・科学技術振興費は漸

特別会計の予算は補正も含めると二〇一二年度において約三九四兆円で、実は一般財政を大きく上回る。ただし上述したように、一般会計から特別会計に繰り入れられる（五〇兆円強）など、重ねて計上されているものもあるので、単にこれらの額を加算すれば政府の財政活動の規模を示すということにはならない。なお、この特別会計には多額の積立金があり、二〇一一年度（平成二三年度）決算後の時点で一六七兆円規模になる。これがいわゆる埋蔵金とよばれたもので、うち一三三兆円が将来の国民の年金支払いへの備え、二一兆円が外国為替資金などとなっている。この埋蔵金は基本的に将来リスクにかかわるもので、その額の大きさの判断は論者の価値観によるが、特別会計は基本的に所管官庁にその管理が委ねられ、独立行政法人や公益法人を通じた非効率なプロジェクトに利用される

温床となるなど批判も大きい部分でもある。ただし埋蔵金を使ってしまうと、それは一回限りで終わって何も残らないので、日本の赤字財政を根本的に解決する手段になるわけではない（湯本 2008: 178-179）。そもそも日本の赤字財政は、急激な社会保障費の増加と高齢化といった、経常的な費用の増加に原因のかなりを求めることができるからである。

そして日本の財政を見る上で、注意すべきなのは財政投融資である。日本の財政における無駄の象徴として、しばしば公共事業があげられてきた。公共事業関係費とは、予算総則に示される建設国債の対象経費のことである。財政投融資とは大蔵省（財務省）運用部に預託された資金により、国が政府関係機関や地方自治体に対して融資を行い、それを財源に公共投資が行われたものを指すので、いわゆる公共事業と完全にイコールなわけではない。とはいえ財政投融資の内実は、実質的に建築、建設といった公共事業に分類されるもので構成されている。一般会計だけ見れば、一九七四年度予算から、社会保障関係費が公共事業関係費を上回るようになっていたのだが、実は一九七〇年代からは一般会計の公共事業関係費や社会保障関係費をはるかに上回るペースで財政投融資が増加している、という背景がある（井手 2013: 42-44）。

財政投融資が一般財政と異なるのは、一般財政が事実上取り切り・払い切りの世界なのに対して、財政投融資は貸し借りの世界、つまり金融取引になるということである（湯本 2008: 22-23）。二〇一二年度当初予算では、一七兆円を超える規模がある。この財政投融資が日本の財政政策全体に及ぼした影響については、この後で再度触れることにする。

ここまでで述べたことからわかるように、財政の問題といってもその内実は複雑で、一般の人にとっては非常にわかりにくい。国の規模が大きくなれば、それはやむを得ない面もあるが、例えば一般会計と特別会計の存在は、その両者での会計操作を行いやすくさせる側面がある。これ以外にも、本来喫緊性が高まったときに行われる補正予算は、毎年ほぼ予定されたかのように立てられるようになっており、これもわかりにくさや、会計操作を生む原因となっている（田中 2013: 第4章）。制度の複雑さは、論者によって解釈の違いを生み、一般の人々も混乱させる。民主主義は民意を反映するのが基本であるが、その大前提として国民に正確な情報が伝わっていなければならない。しかし専門家の間でも、真っ向から対立する見解が表明されることがあるのが、この財政、税、社会保障制度の問題である。こうした混乱自体が、第四章でも触れた政府に対する信頼感の欠如などにもつながってくると言えるだろう。

(2) 予算編成の仕組み

日本の予算編成は、分野別の割り振りを決めてから内部を詰めるという形はとっていない。各省庁内部における予算の調整が、各課・局への積み上げ式で進行してゆく。その積み上げたものをもって、各省庁が大蔵省（財務省）と交渉する（各省庁と大蔵省（財務省）とのやり取りも何度か繰り返される）。

一九七〇年代までの高度成長期までは、歳出額に伸びがみられたので、最終的な大蔵省の主計官会議が予算配分の調整を行っており、大蔵省の権限は非常に大きかったといえる。しかし七〇年代後半に赤字国債を発行し、歳出抑制のための概算要求枠（シーリング）が設けられたことで、実質的な各省庁への予算配分枠が、概算要求前にある程度みえるようになった。そのため、大蔵省への概算要求以前に、各省庁内部での予算の絞り込みの方が重要になり、大蔵省への予算要求や査定の意味は、相対的には低下した。ただいずれにしても、こうした積み上げ式の予算調整は安定感をもたらすが、全体として大きな変革をもたらしにくい側面があることは否定できない（飯尾 2007: 56–59）。

また概算要求枠（概算要求基準）を定めたシーリングは、国際的にも非常に厳格である。しかしその厳格さが巨額の財政赤字の原因だとする見方もある。そもそもシーリングが適用されたのは、一般会計の当初予算に限定されていた。そして一九九〇年代以降、特別会計が一貫して増加を続け、また補正予算の枠も拡大していった。つまり一般会計におけるシーリングが厳格すぎて自民党の反発を生み、族議員を中心とするシーリングの例外事項項目の追加や増額の圧力が強まった。大蔵省としては、政治家に部分的に譲歩することで不満を和らげるためにこうした特別枠を設け、シーリングそのものを維持しようとした。しかし結局シーリングの適用範囲が一般会計に限られたものであるだけに、トータルでみた財政赤字の解消には役に立たなかったのである(2)（天羽 2013）。

さて、その予算編成の具体的手順であるが、まず各省庁の所管課が、四月中旬頃より総務係長をヘッドにして案の作成に入り、それを局内の総務課が審査する。そして担当各課と局の総務課の予算折衝が行われ、そこで局内の予算案が決定される。次に、各局の総務課と省の官房予算課の折衝となり、これを繰り返すことで省としての予算案が出来上がる。こうして上がった省の予算案をもって、大蔵省（財務省）との交渉に入るのである（大森 2006: 146–147）。

そもそも大蔵省の大きな究極的目標は国家財政の統制にあったが、それは各省庁の細かい予算細部の統制ということではなく、予算全体の規模の統制であった。シーリングの設置や維持にこだわったのも、そのためである。一九六一年以降、大蔵省が前財政年度編成時と比較した場合の予算伸び率を決定し、各省庁はこれに従って概算要求を提出してきた。一方で、一旦予算が作られてしまえば、大蔵省はその統制には無関心で、実行予算は計画予算としばしば異なるものとなっていた（加藤 1997: 62–65）。

その中で文部省は、伝統的に局単位の縦割りが明確で、それぞれの局が国民生活に直結した関連機関（初等中等教育局なら小学校・中学校・高校、教育委員会など）を多く抱えているという特徴がある。小川正人によれば、文教政策は学校などの現場の声を全く無視して政策を実行することが不可能であるため、政策はボトムアップ型の合意重視であったとされている(3)。

すなわち、小川（2010）によれば、戦後直後の文教行政は、戦前の内務省出身の官僚や大臣の影響を受けていた。内務省は国内内部の行政を統括しており、戦前の文部省が地方に教育行政機関をもたなかったことが、内務省の影響を残存させる要因となったのである。地方の治安（警察）も内務省の管轄であった。したがって、当時の教育行政は、治安的側面から教育を管轄し、地方を統制することに力が置かれていた。その点で内務省系大臣などの文教族は、社会主義者や日教組を監視し攻撃することで、政権与党にとっての存在意義をもつものとなった。しかし一九六〇年代より、自民党内部からも教育政策を「政策」として論じ、政治課題化する、われわれがイメージするような文教族が出現した。この頃になると、総務会の下に置かれる文教科学部会などの力が強くなり、相対的に文部省（役所）の力が低下するようになった。しばしば指摘されることだが、補助金のつく農林、建設（国交）、商工（通産→経産）は議員がその補助金をもとに票を集めることができるため、自民党の中では力をもっており人気があったが、文教族はそうした補助金や票には結び付きにくかった。ただ逆に、そのことが票とは無関係に、自分の政治信念や姿勢を実現するために教育政策を実行したいというイデオロギー色の強い議員が多いとされてきた。

しかしグローバル化や冷戦体制の崩壊で、教育政策の相対的位置が一九九〇年代以降大きく変化し、そうした文部省・省庁再編後の文部科学省の性格は大きく変わらざるを得なかった。特に衆議院における小選挙区制の導入で政治家の発言力が相対的に強まり、内閣の機能強化が図られた。そのことは文部科学省が強い影響力をもつようになるには政治の力が必要であることを意味し、換言すれば、政治の力がないと予算を拡充できない、ということになる。

もっとも、小選挙区で政治家の発言力が強まったと書いたが、小選挙区制では個別の政治家ではなく政党として政策をアピールすることになるので、政治家個人が特定の政策の強みをいかした選挙活動をするというより、広い分野にわたって政策をアピールする必要に迫られる。それゆえ上述のいわゆる「族議員」の影響力が薄れることになる。場合によっては、その族議員の声を「既得権益」「抵抗勢力」とよんで批判し、むしろ選挙で自らに優位に働くように利用する、ということも起こる。典型的なのが小泉郵政改革であり、内閣の強い権限が働くようになったとされる一つの事例であった。これに伴い、文部科学省内の組織も、省を横断するような生涯学習政策局（政策課）や大臣官房政策課の調整が重要になり、最終決定もより上の段階（事務次官や大臣）へと引き上げられる傾向が強まっていった（小川 2010）。

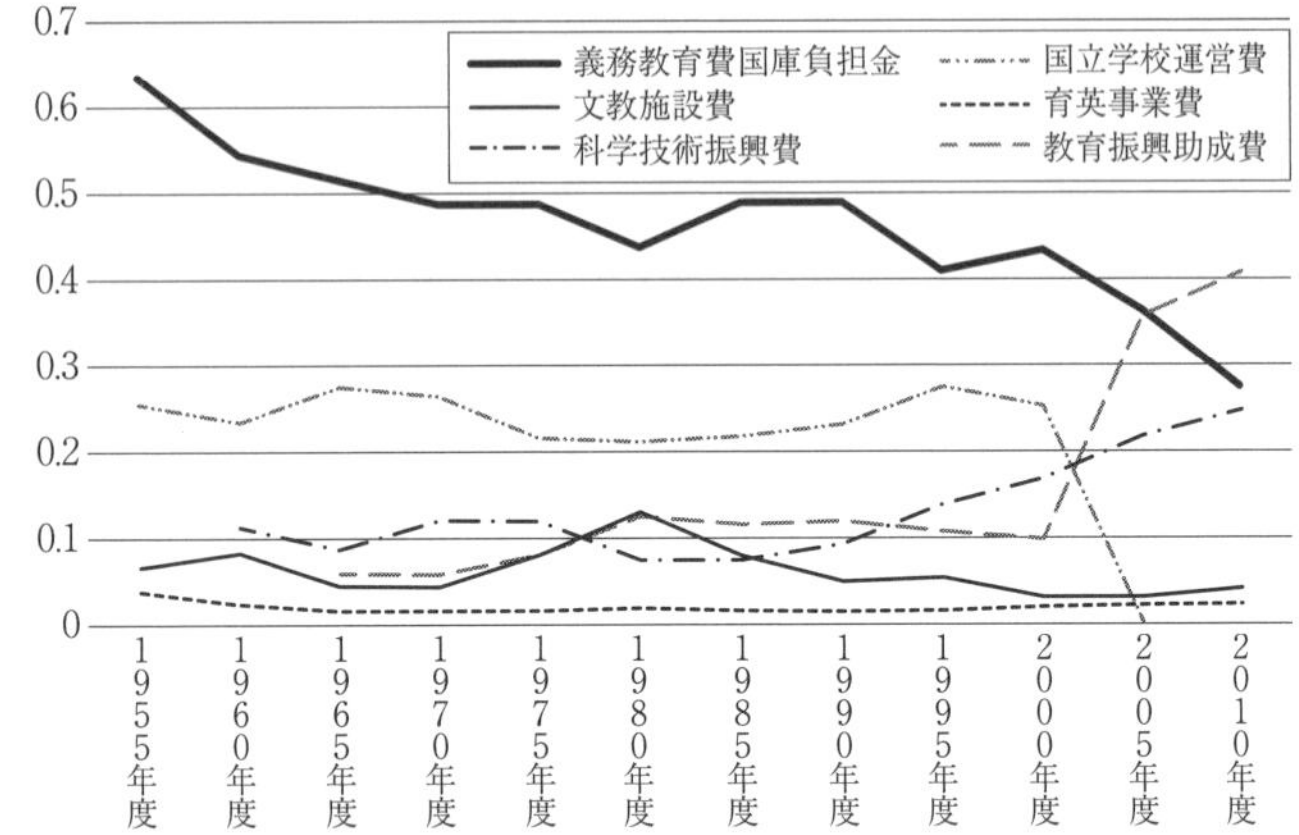

出典：財務省ホームページ（http://www.mof.go.jp/budget/reference/statistics/data.htm）の第19表（2014年3月19日最終閲覧）

図5-2　一般会計予算の，文教及び科学技術振興費の経費別分類推移

（3）日本の文教及び科学振興助成費の構成と子どもの学習費

図５－２は、一般会計予算（補正も含む）における「文教及び科学技術振興費」の経費別の内訳である。これをみると、義務教育費国庫負担金はその割合を大きく減らしており、現在は三割を切っている。代わって最も多くなっているのが、教育振興助成費である。これは二〇〇三年度予算まで、国立学校特別会計への繰り入れが別に分類されていたのだが、国立学校の法人化により、私立学校への助成と同じ枠組みで理解されるようになり、私学への助成が含まれる教育振興助成費に入れられるようになったためである。二〇〇五年から教育振興助成費が跳ね上がっているのはそのためである。なお、そういった学校への助成のほかには、教科書などの教材の配布に要する費用がここに含まれている。文教施設費

の割合は徐々に減っていく傾向にあり、代わって科学施術振興費は増加傾向にある。育英事業費については、一貫して低い水準で推移している。

文部省（文部科学省）が行う『地方教育費調査』の結果を包括的に振り返ると、教育分野別では少子化を反映して、小学校費は全文教費の二七％前後、中学校比は一五％前後で推移しており、近年は安定している。特別支援学校費は漸増傾向にあり二〇一〇年度で四％、高等学校費は減少傾向で一二％弱程度、高等教育費は増加傾向にあって近年は一五％前後となっている。

二〇一〇年三月に民主党政権のもとで「公立高等学校に係る授業料の不徴収及び高等学校等就学支援金の支給に関する法律」が成立し、高校無償化・就学支援金支給制度が発足した。その予算案は二〇一〇年度に反映されている。図５‐２は五年ごとの推移なので、ややわかりにくいが、二〇〇九年度と比較して過去三〇年間で最高の三〇〇〇億円超（文部科学予算の約五・九％）の伸びを示している。この高校無償化・就学支援金支給制度にかかわる費用も、この教育振興助成費の中に含まれている。

しかしこれまでも再三述べてきたように、公財政教育費支出そのものが、国際的に日本では低いとされている。初等中等教育に限れば、必ずしも下位とはいえないが、そこでの支出の圧倒的シェアは教員給与が占めている。換言すれば、教員給与以外の消費的支出（教材費、学用品費、校舎などの維持管理費など）はＯＥＣＤ平均で二〇～三〇％を占めるのに、日本は一割強でしかない（石井 2012）。したがって日本では義務教育でありながら、実態としては子どもの教育に金がかからないということはなく、ＰＴＡ費や学級費など様々な名目で保護者から集めた資金や寄付によって運営がなされている。例えば、文部科学省が隔年で行っている『子どもの学習費調査』（二〇一二年度）によれば、授業料の

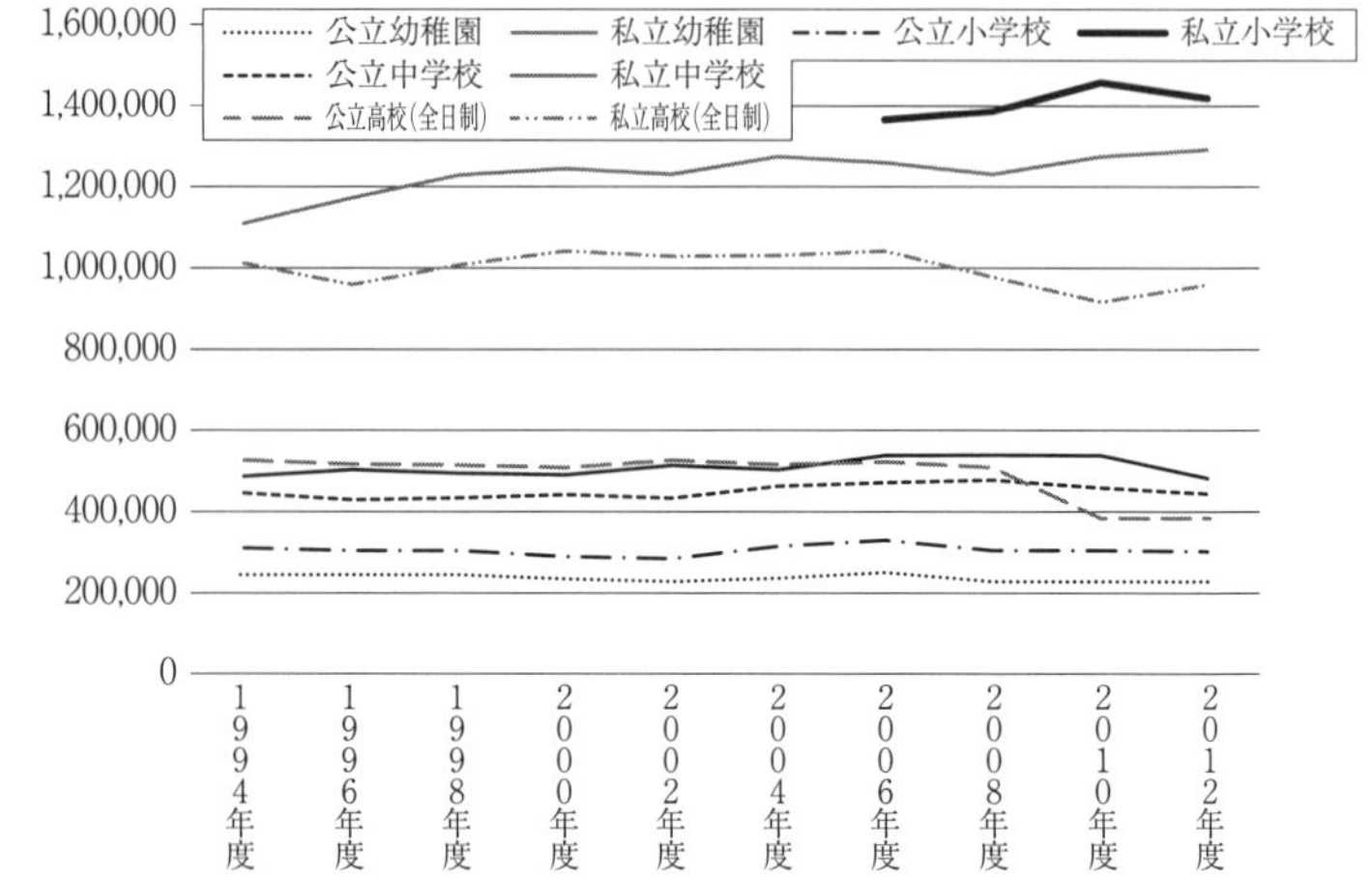

出典：文部科学省『子どもの学習費調査』より

図 5-3　子どもの学習費総額の推移

かからない公立学校でも、小学校で年額五万五一九七円、中学校で年額一三万一五三四円、高等学校で二三万〇八三七円もの費用がかかっている（いずれも「学校教育費」）。

図5－3は、その『子どもの学習費調査』に基づいて、学習費の総額（学校外教育を含む）の推移を示したもの（単位・円）である。幼稚園は別として、私立学校に通わせる場合には、下の学校段階ほど多くの費用がかかる。私立の小中学校は一〇〇万円を超えており、高校も一〇〇万円近い（過去には一〇〇万円を超えていた時期もある）。公立高校の二〇一〇年度の費用が急減しているのは、高校無償化・就学支援金支給制度の導入によるものである。私立高校も費用が二〇一〇年度に低下しているが、二〇一二年度の上昇がやや目立つため、公立高校ほどにはこの無償化・就学支援金支給制度のインパクトが見えにくくな

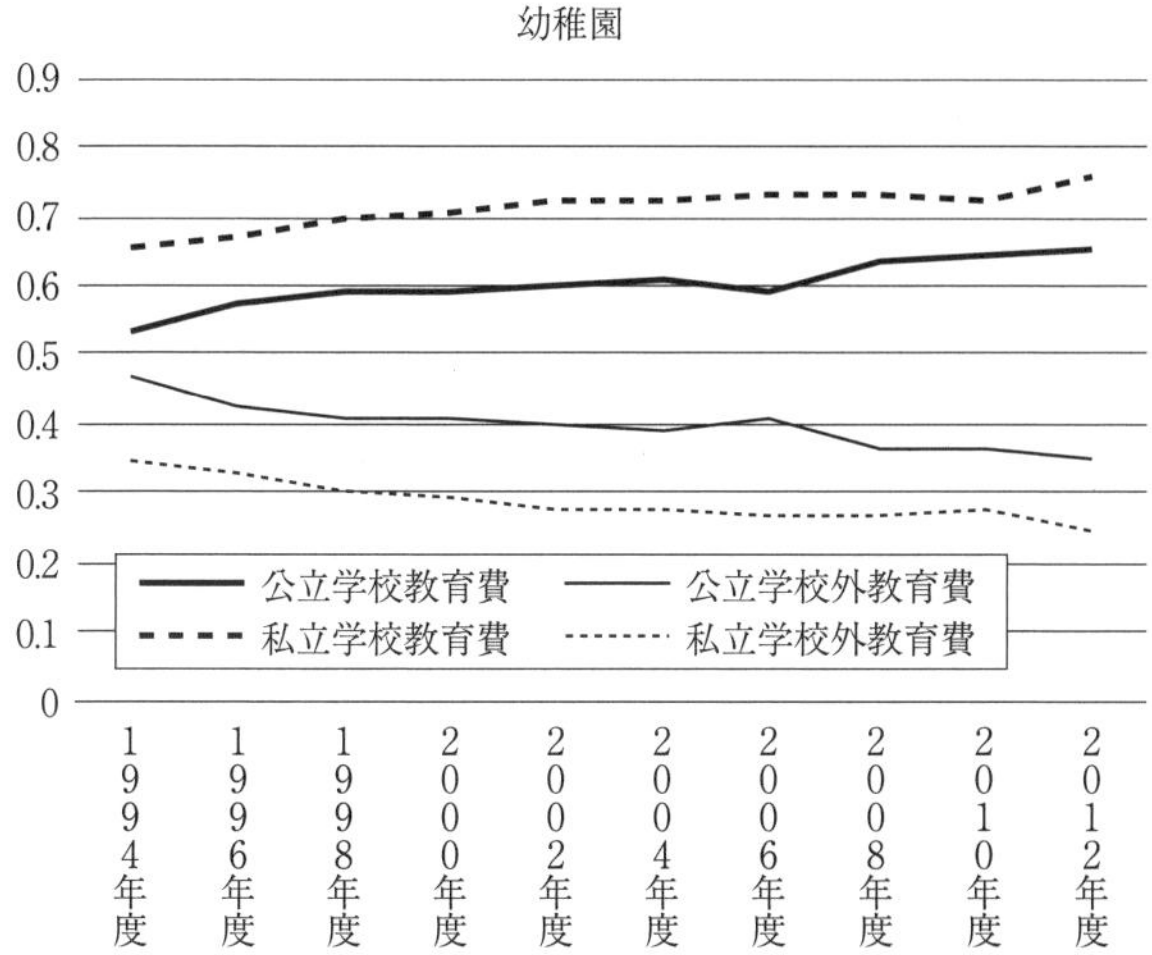

出典：文部科学省『子どもの学習費調査』に基づき計算

図 5-4　各学校段階における「学校教育費」「学校外教育費」の割合の推移①

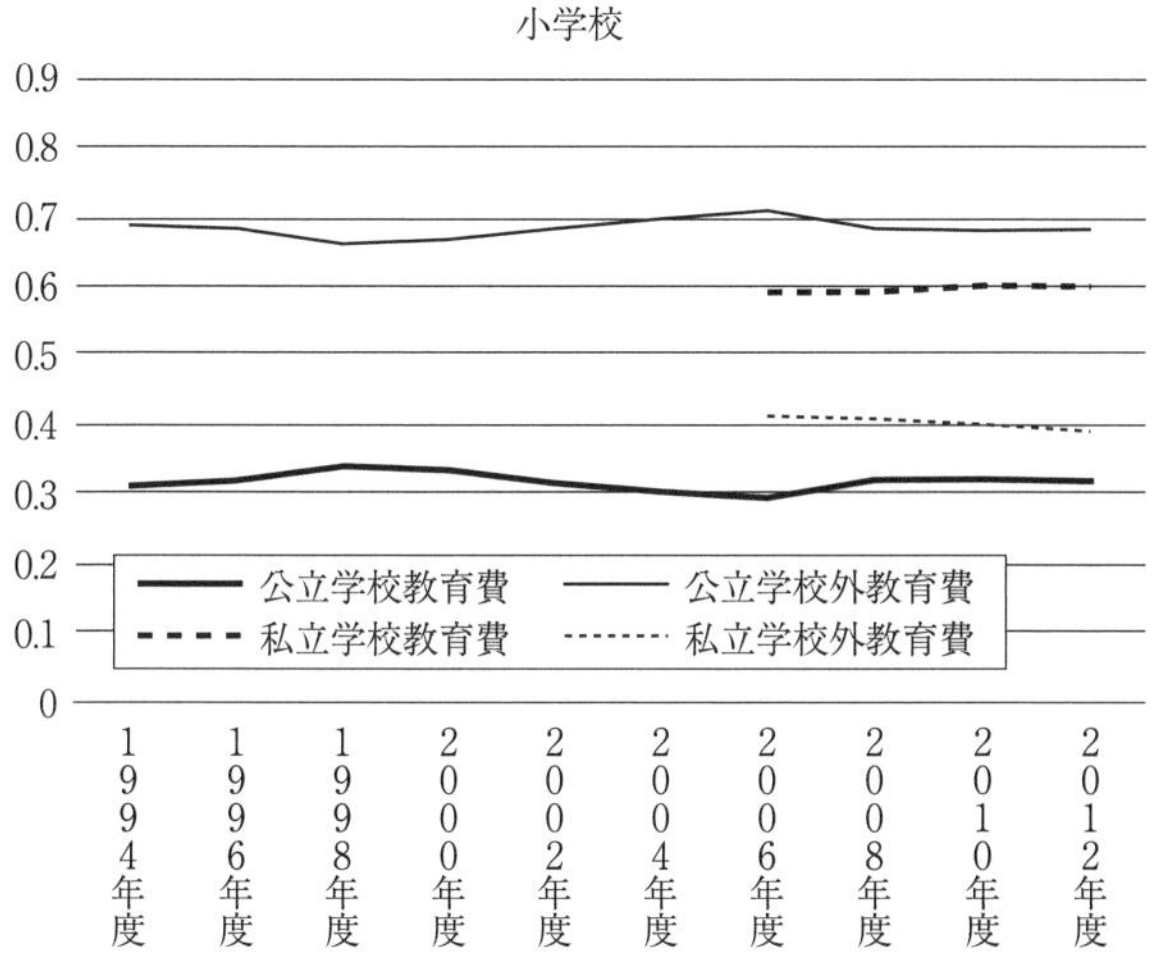

図 5-4 の続き②

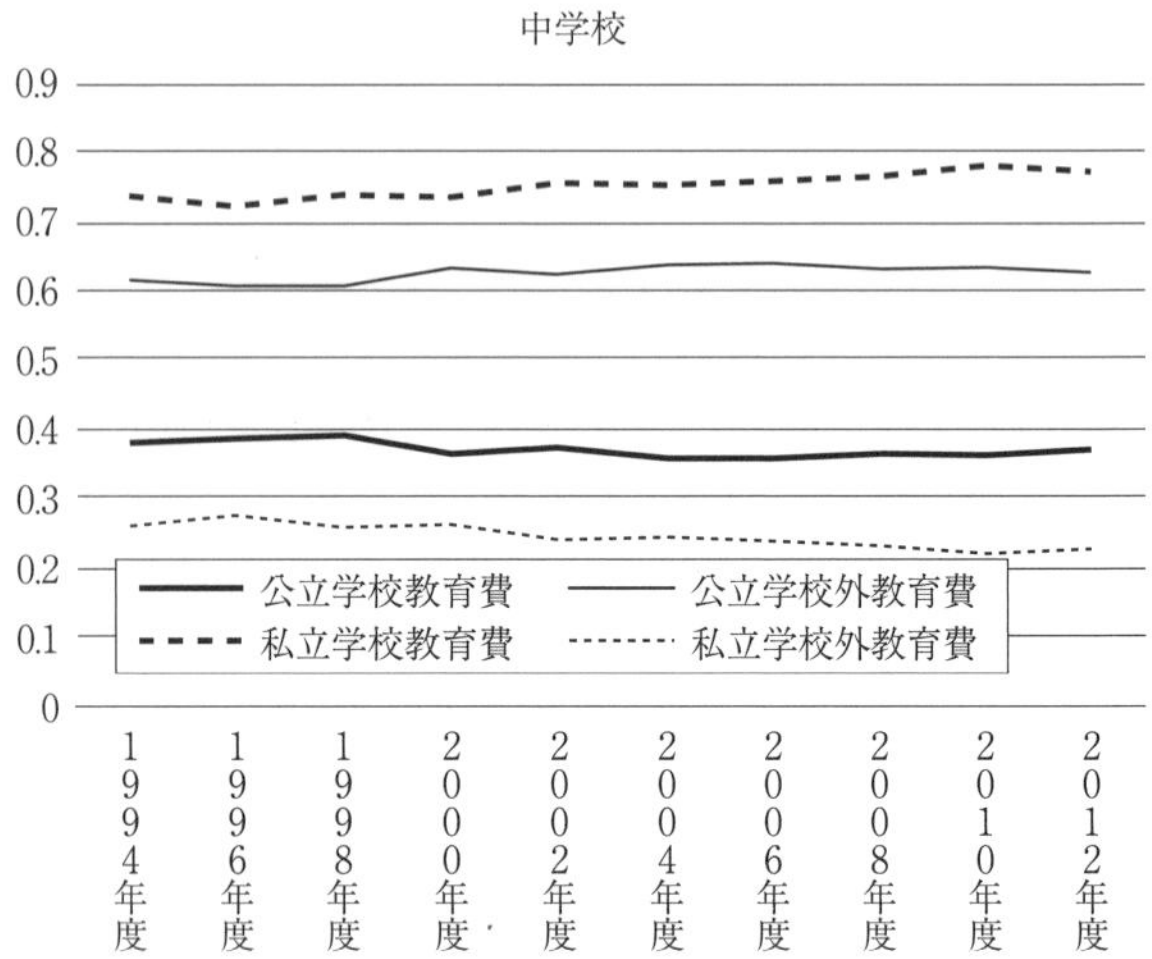

図 5-4 の続き③

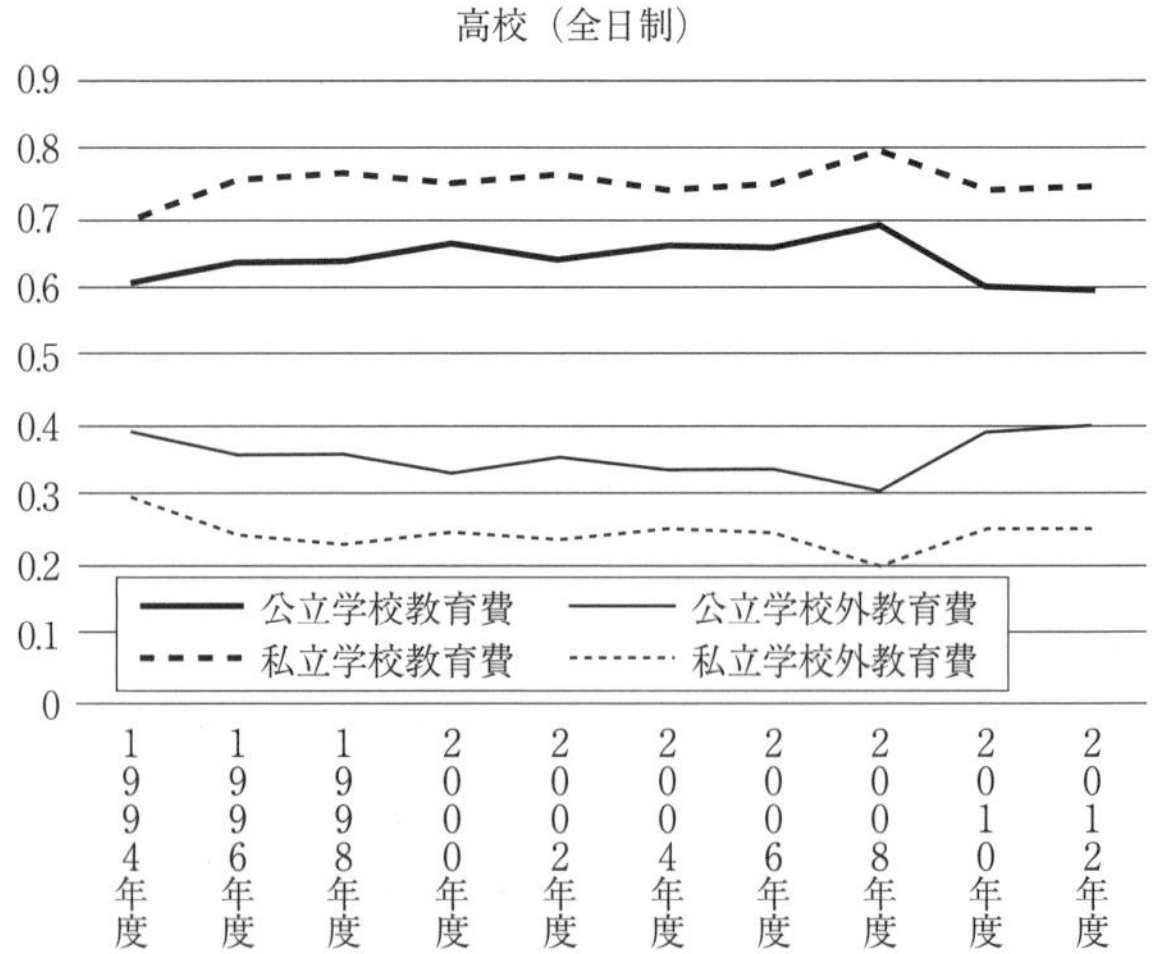

図 5-4 の続き④

っている。

図5－4は、学習費総額に占める「学校教育費」と「学校外教育費」の割合の推移を示したものである。この中の「学校教育費」には、授業料、学校行事の費用、ＰＴＡ会費や児童・生徒会費、教科書・図書・学用品、教科外活動、制服、通学などの費用が含まれている。また「学校外教育費」は塾、家庭教師、家庭内学習用の物品や図書、お稽古ごとやスポーツ・体験活動などの費用や月謝が含まれる。濃い線が学校教育費、薄い線が学校外教育費、実線が公立、点線が私立を示している。

小学校と中学校については比較的割合が安定的に推移しているが、幼稚園と高校は変動が大きい。幼稚園は学習費総額が大きな変動を見ているわけではないが、全体として学校教育費の割合が漸増している。内訳を見たところでは、どの費目が特に増加しているといったはっきりした傾向は見出せないのだが、教育費の問題として見落とされがちな就学前教育の公的負担も、日本はＯＥＣＤ諸国の中で低い水準にあることを想起すべきであろう[4]。そもそも幼稚園は就学前の子ども全員が通うわけではなく（近年は五歳児の六割前後で推移している）、そこで幼稚園就園の有無に関して一定の選別が働いているが、この調査によれば公立でも七万円強、私立だと二四万円弱の授業料が必要となっている。幼稚園児を抱える親は若年世代なので、その分負担感は重くなることが推察される。

社会階層研究において、教育達成や学業成績に対して出身階層が影響を与えることはしばしば指摘されるが、その影響を弱めるためにも、早期の対策がより重要になると思われる。例えばアメリカでは、民主党のジョンソン（Johnson, Lyndon B.）政権が「貧困との戦い」のキャンペーンに基づいて開始したヘッド・スタート（Head Start）計画は、まさにこうした問題意識に則ったものである。しかし日本では、そうした早期の教育や育児に対する公的な支援は非常に脆弱であり、学校教育費自体に多くの費用がかかっているという点について、何らかの対策が考えられてしかるべきであろう。

一方高校については変動が大きいが、特に学校教育費の割合は二〇一〇年度より導入された無償化・就学支援金支給制度により低くなっている。この制度の導入により、実に一〇万円以上の家計支出が軽減されているので、そのインパクトは小さくないはずである。ただこうした授業料の負担が軽減されると、その分別の教育費（学校外教育など）に回ってしまうのではないか、特に授業料が高く高階層者が通うケースが多いと推察される私立にそれが顕著なのではないか、という懸念もあるかもしれないが、データを見る限りそうした傾向は見出せない。図5－3から言えるように、全体としての家庭の教育費負担はもはや飽和状態にあり、基本的には大きく増えるという傾向は近年には見られなくなっている。(5)

義務教育段階の小学校・中学校の場合は、公立の場合学校教育費の占める割合は低くなっている。逆に言えばそれだけ私立の小中学校の授業料が高いことが、こうした結果を導く原因となっている。

3　負担と利益のバランス

(1)　財政の社会学

財政とは貨幣による統治であり、財政政策は常に政策体系の中枢にある。誰が有意なアクターであるかは、分析の対象設定（予算政策そのものか、個別領域についての財政政策かなど）によって異なる。

またそれは歴史的文脈によっても変わってくる。アクターが行う選択は、制度によってその方向性が決まる。またアクター自らの政策権限の強化というインセンティブによって、彼／彼女の選択は突き動かされるし、その選択は当面の政治状況や市場の反応、その時期に支配的な国民意識によっても左右される。また制度はアクターの行動を規定するだけではなく、半ば習慣化した実態の追認という側面ももつ。

財政を取り扱う「財政社会学」の主題は、公共財政と国家の関係の追究である。これはゴルトシャイト（Goldsheid, Rudolf）の言葉である。財政社会学とは、ウェーバーの理論を採用したイェヒト（Jecht, Horst）によれば、財政を全社会的・経済的機構との関連で説明しようとするものである。より具体的に示すならば、財政政策に関する意思形成過程という対象設定と、国家を自律的主体と捉え、制度とアクターの関係に分析の焦点を絞った歴史的制度論がその中心に位置づけられる。神野直彦の整理によれば、現代の財政学は、ドイツ財政学の流れを引き継ぎつつも、財政の根拠を市場の失敗に求め、基本的には新古典派総合の流れに位置づけることができるマスグレイブ（第二章）からの延長として位置づけられる系譜と、社会全体の流れの中で財政現象を分析しようとする財政社会学の伝統に区分できるという。その財政社会学は、歴史社会学者で国家の自律性を強調するスコッチポル（Skocpol, Theda）の流れを引き継ぐホブソン（Hobson, John M.）のネオ・ウェーバー的財政社会学、ブラウンリー（Brownlee, W.Elliot）らの歴史的財政社会学、財政における政治の決定過程を重視する制度論的財政社会学に区分できる（神野 2002: 61-70）。

ここでの国家とは、時間や空間の制約のもと、人為的に作り上げられ機能している原則や制度と見なすことができる。国家による財政権の行使は、以下の三つに整理できる。①国家権力から国民に向けての管理と統制という流れがあり、それに対応して国民による国家権力に対する支持や同意という流れがある。②その前提として、国家権力による課税と、納税者としての国民による納税つまり租税の流れが生じ、これを財源とする貨幣的・物的給付が国家権力から国民へと流れる。③さらに国家権力と信用を背景に行われる国と企業、国と家計の間での貨幣の貸借、財政を通じた貨幣の金融流通が加わる（大島・井手 2006: 245-252）。現在の日本で特に重要なのは①であるが、その前提になる②の税と国家、税と国民の関係について振り返っておきたい。

税制の最大の目的は、確実に税収を確保することである。税制を通じて何らかの経済政策を行うこと（例えば、環境保護のために化石燃料に対して税を課す環境税など）もあり得るが、それはあくまで二次的な目的に過ぎない。とはいえ近年、どの国も確実な税収の確保に苦慮するようになっている。例えば、高所得者が多くの税を負担する累進課税制度があるが、近年は累進化の程度が弱まりフラット化が進行している。そうした累進課税制度に反対する根拠として、高額所得者の労働意欲を妨げるからということが言われるが、それを支持する実証的データはほとんど存在せず、むしろ序章の冒頭でも触れたような、高額所得者の様々な租税回避行動が問題となっている[6]。グローバル化した現在、高額所得者は所得税のほとんどかからないような国や地域に所得を海外移転することを厭わない。法人も同様である。高い法人税のため、企業が海外移転をしてしまえば、結果として働き口が減ることにもなる。むしろ現在は、法人を呼び込むために、法人税引き下げ競争が起こっているような状態である。したがって、所得税の累進化や、法人税アップによって税収を確保しようとするのは、周辺諸国の税制との関係を考慮すれば限界がある。消費税に注目が集まるのは、こうした世界の動向と無関係ではない（諸富 2013: 238-246）。

また日本の税制で問題なのは、課税ベースが狭いということである。税収は、どのような所得に対して税がかかるかという課税ベースと、税率をかけたもので決まってくる。つまり広い課税ベースであれば税率は低く済み、狭い課税ベースであれば、それだけ税率を高くしないと同等の税収は望めない。基本的に世界的な税制改革の方向は、できるだけ広い範囲に負担をしてもらう（課税ベースを広くする）ことで公平性を確保し、その分税率を下げて経済的効率や活性化を図る、という形で進んできた。

日本はそもそも課税ベースが狭い上、不況打開のための大幅な減税政策が繰り広げられたことで、「課税ベースが狭い上に税率も低い」という形になってしまっている。それは森信茂樹の推計によれば、小さな政府の代表例と言われるアメリカの半分ほどでしかない（森信 2010: 92-95）。特に日本の所得税には多くの控除制度が存在しており、このことが課税ベースを大きく引き下げる原因となっている。

（2）財政投融資を活用した公共事業

財政投融資については二〇一ページでも触れたが、井手英策によれば、俗にいう「土建国家」日本の戦後の財政政策は、次のように財政投融資を積極的に活用して維持され、機能してきた点に特徴があるという。それは①財政投融資を活用して租税負担を低くし、②減税によって中間層、中小企業経営者や自営業者を取り込み、③公共事業で景気を刺激しつつ、低所得層の雇用を確保し、④それによって低所得層も公的扶助の受給者から納税者へと転換させ、⑤就労機会を与えることで保険料の納付を可能にし、（公的扶助対象者ではなく）多くの人を社会保険の枠内にとどめていた。もちろんこれが一時的にであれ、うまく機能していた時期があったことも評価すべきであろう。しかし人口構造の変化、都市住民の比率が上昇し急速な財政赤字が進むと、地方の公共事業に対する批判も強まった。

このことは、もともと社会保障制度が充実していないにもかかわらず、赤字削減のために「無駄な」公共事業が急速に縮小され、配偶者特別控除の廃止[7]や減税の縮小・廃止（事実上の増税）が行われるということにつながった。すると地方では雇用の機会が失われることになる。日本全体の景気が低迷しており、これ以上の増税を訴えることも政治的に不可能な状況にある。結果的にただでさえ不十分な社会保障の削減が施行され、ますます国民の不満は強まるという悪循環に陥ってしまったのだ（井手 2012: 232-233）。そして無駄の削減ということばかりが強調され、国民の目はますます厳しいものになっている。近年では生活保護などへの公的扶助の不正受給に対する報道が繰り返され、あたかも不正受給が蔓延しているかのような印象が社会的に強められている。その結果、そうした社会的弱者に対する視線は以前にも増して厳しくなり、世の中の寛容さが失われているように見える。

もっとも日本は、今後もこれまで同様に借金を続けることが難しくなりつつあることは明らかである。そのためには予算制度の改革が不可欠だが、前提として民主主義国家の建前をとる以上は、国民のコンセンサスが必要になる。コンセンサスが得られれば、政治家はそれに突き動かされざるを得ない。積もり積もった財政赤字は、政治家、官僚、国民が改革を回避してきたという結果でもあるのだ

（田中 2013: 250–251）。国民は納税者であるとともに、政治家を選択する投票権を保持している。ただし既に述べたように、国民が正確な判断を下すにしては、その財政制度や官僚組織はあまりに複雑になりすぎている。そういった複雑な知識を国民全員が学び、的確な判断ができるようになるという世界も、あまり現実的ではない。したがって政府と国民を結びつける専門家の役割も重要になってくるはずである（中林 2004）。

戦後日本を振り返ると、高度成長期までに現在の財政赤字を生む日本の財政システムが確立されたことがわかる。いわゆる「所得倍増」を打ち出した池田勇人は、もともと主税局畑を歩んだ税の専門家であり、政策的には均衡財政、減税に力点を置いていた。その背景には、国の経費をできるだけ節約し、安い政府を打ち出して国民負担をできるだけ軽減することが重要だという信念があった。

池田が蔵相であった一九五七年度予算編成時に、高度成長を背景に税収が大幅に増加することになった。それゆえ、積極的な施策を打っただけではなく、急増した給与所得者への税率を変更し大幅な減税政策に打って出た。そして国民所得に対する税負担の割合を二〇％前後にとどめるという方針が打ち出されると、それを超える税収は減税に回すというやり方が半ば恒常化した。こうして基礎控除、扶養控除、一九六一年度からは配偶者控除制度も発足し、中低所得層に対してはこの控除を引き上げて税率を調整した。一方中小企業には、税率を軽減し、租税特別措置を拡充した。

こういった減税政策にもかかわらず、高度成長により税収が生まれ、しかもそれによる減税によってさらに成長が進むという好循環を生み出すことになった。減税は国民生活や企業活動に浸透し、同時に国民は余った所得を貯蓄に回す。この貯蓄として膨大なものとなったのが、郵便貯金や簡易保険であった。こうした貯蓄を活用して政府が投融資活動を行ったのが財政投融資で、公共事業を拡大する大きな源となった。つまり財政投融資制度は、低い租税負担のもとで、社会資本を整備するための投資を行う資金として、またこれによって地方にも雇用が生み出される、という点で、日本の財政運営の骨格を形作ったといってよい。それだけではなく、税制改革といえば減税、減税によって票を集める、また減税による景気浮揚政策で税収を増やす、というような主張が受け入れられやすくなったのは、こうした戦後日本の記憶によるものが大きいと言える。

自ら民主党議員としても活動したことのある斉藤淳は、戦後長期にわたって続いた自民党政治をこう総括する。自民党は特に地元の後援会や業界との関係を通じ、彼らに利益をもたらすことによって支持を受けてきた。こうした利益誘導政治は、後援会や業界の意見の要求を無視すれば全く支持を得られないことになるのは当然なのだが、あまりに早期にその要求を実現してしまうと、支援体制が弱体化するというジレンマを抱えていた。高速道路や新幹線のような大きな公共事業では、その実現までは自治体を巻き込んだ建設期成同盟会を組織し、集票装置として機能させることができる。しかしこうした大型インフラは完成してしまえば、どこの政党や候補者を支持しようと、その利益を享受できることに変わりはない。だから次々と、必要性の曖昧な大型土木事業が始まることになるのだが、こうした土木事業が地方に一定の雇用を生み、それによって所得が生まれ、税収などにも一定の貢献をしたことは確かに否定できない。一方で、土地改良、ダム、干拓といった必要性や目的の曖昧な土木事業の増加は、特に都市部の有権者の不信を生み、結果的に大きな財政負担を後世に残すことになった。このような膨大な財政赤字は、今後日本が取るべき政策の自由度を大きく制約することになるに違いない(8)（斉藤 2010: 16–17）。

それでも公共事業が進められると、ともかく社会資本は充実するようになる。そうなれば一般の人にとっては、年金、介護、医療など、将来の自らの生活のリスクが主な関心の対象となってゆく。しかしそうして関心をもって見つめ直すと、日本では社会的にそれらを支える仕組みがあまりに脆弱なのに気づかされる。福利厚生は、特に大企業が（女性＝妻の専業主婦化を前提として）その仕組みを整えてきたが、グローバル化によりそのような福利厚生を維持する余裕がなくなってきた。そして妻が専業主婦のままで、子どもの莫大な教育費を支払えるほどの昇給も夫に望めなくなる。もちろん性別役割分業意識という価値観自体が揺らぐということもあるのだが、それだけではなく妻が（意識はどうであれ）子どもの教育費のことを考えれば、必然的に働きに出ざるを得ないという状況を生むわけである。

そして労働人口（納税者）は都市部に集中している。一方で人口の減少している地域での大規模な公共事業はいったい誰のためなのか、という批判は必然的に強まるだろう。人々がライフコースを冷静に俯瞰的に眺めたとき、このような状況下で、費用のかかる出産や育児は、非常に重い決断とならざるを得ない。

既に述べたように、日本の社会保障は高齢者福祉に非常に偏っている。高齢者給付に限っていえば、スウェーデンをはじめ、北欧にすら見劣りしない水準なのである。ところが家族向け給付や障がい者向けの給付といった現役世代への給付、特に現物給付は先進諸国でも最低水準となる。別に現役世代を犠牲にして、高齢者がいい思いをしているということが言いたいわけではない（実際、そんなことはないだろう)。しかしそうした感覚を抱かせかねないようなアンバランスさである。それゆえ主たる納税者の現役世代にとっては、負担だけで受益感がない、という実感を生むことになる。そうした状況が、結果として、いわゆる世代間対立なるものをかき立てる原因ともなり得るのである[9](井手 2013: 155–163)。

(3) 租税負担と受ける便益のバランスを考える

政府は様々な活動を行うために資金調達を行う。序章で触れたように、国民負担には租税負担と社会保障負担がある。ただし社会保障負担は、(日本の社会保険は強制加入なので)強制性はあるが、保険料をおさめなければその便益を受けることはできない。つまり納付のメリットが個人に見えやすい。しかし税の場合は、政府が強制的に徴収し、またその支払った対価がわからないという(納付者側からみれば)無償性をもっている。こうした強制性や無償性が税への反発を生む一つの原因になっていることは否定できない。

ただし神野直彦が指摘するように、国民負担、特に租税負担が大きな国は、政府に強い不満をもっているかといえばそうでもなく、むしろ人々の幸福感は高いことが知られつつある。一つの考え方として、神野(2013: 83–94)は日本人の「公」に対する意識が、税に対する認識や理解を歪め、不満の大きな原因となっている可能性を指摘する。すなわち、日本人はお上意識が強いなどと俗に言われることがあるが、「公(public)」の観念があまり浸透しておらず、むしろ「公」と「官」が混同されてしまうことがある。例えば公立学校と言ったときには、お上(政府)が設置した学校だという認識がまずあって、一人一人の税金という負担に基づいて共同で運営された学校というイメージをもつことはほとんどないだろう。つまり一人のものではなく、みんなが利用するものだから、少しずつ負担することで共同管理しようというのが「公」の考え方だが、それが薄い。それゆえ「官から民へ」というスローガンが叫ばれると、「官」と「公」の区別が不分明なため、共同管理という考えを飛び越して、公の領域を個人や企業といった私的領域に任せてしまえ、という発想になってしまう。

政府は、個人の私的関心のもとで放置しておくとアナーキーな状態になってしまう世の中を安定化させ、安心して人々が暮らすことができるように、当座そこに特別な権限を与えることによって、社会を統治させる装置である。ただし一旦権限を与えると、たまたま権力を掌握した人物が横暴を働くとか、人々の意思を反映しない統治を行う可能性があるので、選挙という形で民意を反映する仕組みがつくられているわけである。したがって政府には強い権力という強制性といった性質と、そこで生活する人々の意思をできるだけ反映させる手段としての公共性の性質が備わっており、その両者のバランスの上に成立していると言える。

ところが日本では、特に近代国家建設にあたって西洋の仕組みを急激に輸入したため、制度そのものの移築はすぐに進んだが、その意図や意識はなかなか国民のもとには根付きにくかったものと思われる。こうした西洋の「異質」な制度の輸入は、馴染みがないだけに、ときには大きな反発を生むからだ（第2章・九六ページ）。だから政府とか国というと、一方的に統治され虐げられる、あるいはそれに対して抵抗し、反発するという二者択一になってしまう。

日本の左派政党は、増税を弱者苛めだと批判する伝統があり、ずっと反対してきた。戦前の日本の思想統制の歴史を振り返れば、政府や国家権力に対して慎重なスタンスにあるのは理解できないことはない。しかし社会主義や共産主義はそもそも経済活動を制御する思想であり、そこには必ず政府が介在する。そして社会全体にサービスを行き届かせようと思えば、広い負担が必要になる。ところが当座、一旦は広く税という形で負担をしてください、その分のこれだけのサービスを還元します、その仲介を政府が行います、という発想ではなく、富をむさぼる一部の富裕者と結託した政府が人々から収奪していてけしからん、という特定の「権力層」を敵と見なすような発想になってしまう。そこでは誰もが参加する、という「公」の観念は薄れ、むしろ社会の内部に「敵」を生み出し、政府はもてる者に多く支払うように仕向けよ、という態度に終始してしまう。もちろん、社会での貢献や働きの程度に比して、過剰ともいえる富を貪っているように見える人がいないわけではないが、当事者は言うまでもなく、率直に言ってこのような姿勢が一定程度の生活水準が維持されている現在の日本で、広く共感を呼ぶとは思えない（実際、戦後日本で高い支持を得ることはなかった）。そして公共サービスのユニバーサリズムはみんなでの支えあいなのだから、社会の内部に敵を見つけるかのような姿勢は社会の分断化を生じるもとともなるし、ユニバーサリズムの発想とは相容れない。

逆に近年、左派の主張に対し、単なるわがままな主張であり、それは権利ばかりを教え義務を蔑ろにしてきた戦後教育が悪かったというような保守派の主張が目につくようになっている。ただしこれも上述の左派の主張に対する反動として出ているため、国家がもっと強い権力をもつべきだという思想につながりやすく、やはり「公」という発想は乏しい。したがって結局戦前と同様、国家権力が絶対的な存在であり、「公」を通り越して、個人は国の犠牲になるべきというような思想へと直結してしまう危険性がある。政府という機関が一体何のためにあるのか、という発想がそこにはない。個人が政府の犠牲になるというのは、本末転倒としか言いようがない。

例えば所得に応じた税負担（累進課税）を忠実に行おうとすれば、所得の捕捉は不可欠である。そこにはコストが発生するから、そのコストを抑制するためにも、所得を政府が正確に把握するシステムを構築する必要が生じる。そのためにも、納税者番号制度などを導入することが検討されなければならない（森信 2010: 140–161）。それがなければ、結局誰かがきちんと税金を納めていないのではないか、という不信を生み、税制や政府そのものへの信頼を失うことになるからだ。しかし個人情報の一元的管理が問題ないのか、という懸念だけではなく、日本政府という権力が一元的にそうしたシステムを管理することそのものに対する抵抗感が、国民の間には根強くあるように思われる。特に社会主義的な政策をとれば、政府の機能は拡大せざるを得ず、当然こうしたシステムは不可欠なはずだが、おそらく日本では一元的管理システムに対する抵抗は、左派の方に強いだろう。それが戦前の日本政府の統治の歴史という「記憶」に由来するものなのかは必ずしも明らかではないが、「公」という概念が薄い日本では、国家権力や政府に権限を一元化することへの抵抗が強いのも理由がないわけではないのである。こうした「官」「公」「民」をめぐる日本人の複雑な感情の絡んだ関係自体が、政府による公共サービスの構築を困難にしている原因になっているようにも思われる。

注

（1）もっとも、規制によって、規制に違反していないかの監視コストがかかることも考えられる。そういう意味では、トータルでみたときに、どちらがコスト安なのか、ということは一概に言えないかもしれない。

(2) 田中秀明も、厳格すぎる予算制度は、むしろ厳格さゆえに表向きの辻褄を合わせようと様々な会計操作を行いやすくさせる側面があると述べている（田中 2013: 4章）。

(3) 現役の官僚である前川喜平による文部省の特徴に関する記述にも、縦割りが明確であること、政策決定は現場ニーズの積み上げが主流であることが触れられている（前川 2002）。

(4) 本書では内訳を示さないが、文部科学省ホームページの統計コーナーで閲覧が可能である。

(5) もっとも、授業料の高い私立高校に高階層者が進学する傾向が明瞭にあるか否か、についてはかなり地域差があると思われるので、一概にはこの前提が正しいとは言い切れない。

(6) 租税回避のための所得の海外移転の最たるものが、タックス・ヘイブンの存在である。タックス・ヘイブンとは、志賀（2013）によれば、まともな税制がなく、固い秘密保持法制があり、金融規制をはじめとする法規制が欠如している国や地域を指す。一部の高所得者や法人は、文明社会の利益を享受しておきながら、自らの所得をこうしたタックス・ヘイブンに移し、税という負担を免れている。市民社会が納税により維持されていることを考えれば、由々しき問題であるといえるだろう。

(7) 二〇〇四年一月から実施。配偶者に対する控除は、配偶者控除と配偶者特別控除がある。配偶者のパート所得が年間一〇三万円以下のときは、配偶者控除三八万円が適用される。配偶者特別控除は二つの枠組みがあって、一つは一〇三万以下の所得に適用されるもので、七〇万円までは三八万円で定額だが、それ以上になると減額され、一〇〇万を超えると〇円になるものである。もう一つは所得が一〇三万円を超えた場合で、同様に三八万円と初期値が設定され、一四一万円まで控除額が減らされる（一四一万円を超えれば適用されない）。ここでの配偶者特別控除の廃止は、前者のものを指す。

(8) このことは、特に一九九三年の自民党分裂の際、自民党を離党する行動をとったか、またその後一旦自民党を離党した議員が復党したか、といった行動と、地域の大規模インフラ（新幹線）の整備の度合いに密接な関係があることによっても実証される。インフラの整備が不十分なエリアでは、自民党にとどまったり、自民党に復党するケースが多い（斉藤 2010）。

（9）年金制度に対する不信感も根強くある今、このアンバランスさを補正しようと、国民負担を増やさず闇雲に高齢者給付を減らすと、ますます年金制度への不信が強まるだろう。

第六章　教育費高騰の戦後史

1　戦後民主主義教育体制の発足と教育費の負担

(1) 中央と地方の狭間で

戦後の民主主義体制の確立の上で、新しい教育制度を構築し、それを定着させることは非常に重要な課題であった。特に戦後は、新制中学校の誕生により、義務教育修了年限は一二歳から一五歳に延びた。これが意味するのは、義務教育終了後に就ける職業が農業のみではなく、製造業を中心とした被雇用層に急速に拡大していったことである。さらに高度成長に伴う産業構造の変化は、農業出身者の若者を都市部に吸収していくこととなった。そもそも都市の被雇用者世界は学歴がものをいう世界であり、結果としてこのことが新制の高校進学率を急激に上昇させる起爆剤となった。苅谷剛彦は、こうした戦後の急速な教育拡大が進む社会を「大衆教育社会」とよんだ（苅谷 1995, 1998）。

文部省内では当初、教育行政の一般行政からの独立性を財政面で強化する必要性を認識していた。しかし教育基本法（一九四七年施行）や、学校教育法施行規則には、緩やかながら規定されていた学校設置基準の実施に必要な財政制度に関する規定は存在しなかった。その後一九四九年に文部省設置法が制定され、それとほぼ同時並行的に教育条件整備の最低基準に関する法案や、それを実施するのに必要とされる財源確保の教育財政移転制度にかかわる法案が起草された（世取山 2012: 36–39）。

戦前から、地方財政において教員給与は最大の問題点であった。というのも、戦前は主として教員給与を市町村が負担しており、その財政力の差が教員給与に直結していた。一九一八年に制定された市町村義務教育費国庫負担金制度は、教員給与の一部を国が負担するもので、そうした問題を解消する目的をもっていたが、現実には教育財政の上で、機会の均等を促進するような機能はほとんどなかった（井深 2004; 苅谷 2009）。戦後はそういった問題を放置することは（民主主義や、平等といった理念を標榜する以上）許されなかったのだが、ここで新たに新制中学校を設置するということが、教育財政の問題をより難しい状況に追い込んだ。

新制小学校と新制高校は、それぞれ旧制の国民学校（尋常小学校）、旧制の中学校・高等女学校・実業学校を母体としていた。しかし新制中学校の前身にあたるものは存在しなかった。しかもこれは義務教育である。だから新制中学校の設置と整備は何にも増して優先させられなければならなかった。しかし現実にはそれはなかなか適わず、小学校の教室や、廊下や物置、場合によっては寺院や民家などを間借りして凌いでいるような例も見られた。それでも新制中学校の施設をつくるための費用すら十分に計上されていないような有様であった[1]。例えば一九四九年四月二六日の衆議院本会議における岡延右エ門（民主自由党）は、以下のように述べている。

「御承知の通り、わが国はすべての武装、武器を捨てて、平和的文化国家たらんことを全世界に向つ《ママ》て宣言しているのであります。そうして、その文化の基礎が教育にありますことは論をまたないところでありますが、それにもかかわらず、終戦後の国家の総予算と教育予算との比率を比べてみますると、昭和二十一年度（筆者注・一九四六年度）が一・八％、昭和二十二年度が四％、昭和二十三年度が六・三％、昭和二十四年度が五・一％というまことに情けない数字を示しているのであります。

次に、ただいま問題となつております六・三制建設国庫補助と公共事業費との比率を見ますと、初年度たる昭和二十二年度が四・七％、二年目の昭和二十三年度が十・二％を示してる《ママ》のでありますが、完成年度である昭和二十四年度の建設予算が皆無となつていることは、やむを得ざる事情とはいえ、まことに遺憾千万であります」（『国会議事録』衆議院本会議五回二二号より。漢字は旧字体のものは新字体に改めた）。

また一九五〇年に実施された『地方教育費の調査』の結果によれば、一九四九年度教育費の八割が義務教育に使われていた。そして財源の一一％は「六・三寄付」「ＰＴＡ寄付」といった保護者による寄付が占めており、特に幼稚園と高校での寄付割合が高いという(2)。当時の自由党（与党）の角田幸吉《かくたこうきち》も衆議院予算委員会で、一九五一年二月六日に以下のような質問を行っている。

「六・三制というと何か寄付というふうに考えられております。寄付といえば、PTA、こういつたようなわけで、今日六・三制というと、何か寄付によつてまかなわれておる。こういうふうな印象がいまだ農村にはあるのであります。そしてわれわれは農村のPTAというものは寄付によつて発達し、育成されて来たのだ、こういう感すら持つておるのでありますが、非常に地方財政が困つておりまして、そこに平衡交付金が参りますが、教育費には充てないで、むしろ急ぐ土木、ごと《ママ》に災害でもありますと、そつちの方に持つて行つて教育費の方にまわらない、こういうのが実情であります。そこでこれは新聞で私は拝見いたしましたので、はつきりしたことは申し上げられないのでありますが、何でも文部省の調査だというものによりますと、一部十六県の調査によりますと、小学校では教育予算の七二%がPTAその他の寄付によつてまかなわれておる。中学校におきましては、六六%が寄付によつてまかなわれておる。これは文部省の調査だという新聞によつて私は見ておるのであります」（『国会議事録』衆議院予算委員会一〇回八号より）

徳久恭子によれば、戦後直後は、戦争の反省と文化国家の確立という目標もあって、その後の高度成長期以降に固定化する左右のイデオロギー的対立というような図式はまだ成立しておらず、新教育体制の構築に向けて問題は立場を超えてある程度共有されていたという。特に戦前への反省から、文部省は教育の一般行政からの独立性、教育の中立性、ということに強くこだわった。しかしそれはGHQの中の民間情報教育局（Civil Information and Education Section: CIE）の方針とは一致せず、また財政を統括する大蔵省とも対立した。さらに戦前もあった義務教育費国庫負担金制度は地方財政平衡交付金制度によって廃止されたが、補填措置が不十分だったこともあって、地方財政が著しく悪化し教育予算が確保できなくなっていた。地方自治庁は総合行政を目指して地方財政平衡交付金制度[3]を支持し、大蔵省は均衡財政を阻む可能性の高かった義務教育費国庫負担金制度に反対していた。しかし強い世論の要求などもあって、国庫負担制度は義務教育の維持や、民主教育の要である六・三制の維持に欠かせないとして、当時の自由党も態度を変えて支持するようになった。

この過程において、GHQによる日本統治の方針も、当初は民主主義の定着にあったにもかかわらず、ソ連や社会主義・共産主義イデオロギー浸透に対する脅威があったこと、また教職員組合がそうしたイデオロギーと近づき、組合運動を先鋭化していったこともあって、徐々に統治の重点を経済的安定へと移していった。それにより、教育政策の中立性や独立性といった方針が結果的に薄められ、教育財政自体が他の政策との関連性抜きでは語れなくなり、他の予算の影響を受けやすくなったという側面は否めないという（徳久 2008: 286–292）。

義務教育費国庫負担金制度とは、その前に実施されていた地方財政平衡交付金制度から義務教育費を切り離して、最低保証の義務教育経費を法律で定め、それにより地方の負担率を算定し、生じた差額はすべて国庫で負担しようとするものである。地方財政では義務教育費が大きな割合を占めており、交付金から独立させて地方財政の安定化を図り、さらに国の義務教育における財政上の責任を明らかにしようとしたのがその目的であった(4)。

地方自治庁は、地方自治や地方分権の精神が、義務教育費国庫負担金のみ、いわゆるひも付き財政となることで、地方財政の自立性が損なわれると強硬に反対していた。さらにその国庫負担の範囲として、文部省は教員給与費、学校維持費、施設費を含ませようとしたが、大蔵省と地方財政委員会が給与費以外は認めないという主張を曲げず、当時与党であった自由党が給与費と、維持費のうちの教材費のみを国庫負担とし、施設費は建設起債の枠を確保してその償還利子は国庫で負担するという妥協案を出した(5)。

しかしその後も、地方自治を抑圧するものとして地方財政委員会や大蔵省の反対が続く。結局、六月一八日に、大蔵省案をもとにした法案が衆議院で可決され、翌月参議院でも可決されたことで義務教育費国庫負担金制度は成立した。これを実施するため、教育公務員を国家公務員とする「義務教育学校職員法案」が一九五三年二月一九日に提出された。しかしこれは徐々に激化していた左右のイデオロギー対立のもとで、日教組側には、自由党などの保守勢力が教員の政治活動を制限するものと映った。一方保守勢力は、日教組が当時圧倒的な力をもっており、社会主義的なイデオロギーに則った偏向教育を行っていると考えていた。野党や日教組は、国による教育の中央統制を強めるものとして強い反対を表明した。結局、「義務教育学校職員法案」は自由党内でも慎重な意見が出て、いわゆる「バカヤロー解散」によって審議未了となった。

また義務教育費国庫負担金制度をそのまま実施すると、政府の財政が不足するのは明らかだった。そこで東京・大阪・神奈川などの富裕自治体には国庫負担金を打ち切ろうとする「義務教育費特例法案」も提出された。しかしこれもまた、強い反対で廃案に追い込まれた。翌一九五四年に成立した補正予算案の可決により、これらの富裕自治体にも義務教育費国庫負担金が配分されたことで、この国庫負担金制度は一応の決着をみた(6)。

さてその教員給与の算出についてだが、アメリカなどでは、生徒一人あたりにかかるコストを計算し、それをもとに教員の配置が決定される。苅谷（2009）はこれを当座「パーヘッドの世界」と名付ける。パーヘッドの思想のもとでは、一日に四〇人のクラスを三時間指導すると、一二〇人分の時間指導をしたものと計算され、これは一日に三〇人のクラスを四時間指導したものと等価と見なされる。そして一人の教師は一日一二〇生徒時間の負担を理想とすると、一クラス三〇人であれば四時間の授業が望ましい、と計算する。したがってこのパーヘッドの思想のもとでは、学校の児童生徒数から教員数が計算されて、その下で学級編成がなされて担任が割り振られる。そしてパーヘッドの思想のもとでは、単位が児童生徒一人であるから、基本的には教師がカリキュラムや教授法の個人化に対応できる、という前提があった。

一方日本は学級定員の上限をまず定め、そこから学級数を導き出し、教員数を割り出すという非常に特殊な方法を採用していた。これを苅谷は「標準法の世界」(7)とよんだ。これは（政策立案者としては当時の厳しい財政事情を鑑みて、やむを得ず選択された制度ではあったが）教員の指導や教育の単位が個人ではなく学級である、と考えられることになり、結果的に学級規模を全国で基準化して共通の教育を行う（それこそが教育の平等である）という思想の定着に大きく寄与することになった。しかも当時は第一次ベビーブーマー世代が学齢期にあったが、その後は急速に子どもの数が減る。当初は五〇人学級なども珍しくなかったが、このベビーブーム世代が去れば、結果的に教員を解雇整理しなくとも、学級の定員数は抑えられ、数字上の教育環境は改善されると見られていた[8]。もしパーヘッドの思想にこだわれば、児童生徒急減に伴い、教員数も減らされることになったであろう（苅谷 2009）。しかしそうならず「標準法の世界」が維持されたことで、その後の初等中等段階に限った公教育支出は、国際的にみて必ずしも低い位置ということにはならずに済んだともいえる。

(2) 終戦直後の授業料値上げの動き

このように戦後は財政逼迫状況にあったわけだが、文部省は敗戦間もない一九四八年四月から、官立学校の授業料を二～三倍に値上げする（私立学校もそれに合わせて五割増し）方針であるとの報道がなされた[9]。結局、五月下旬に文部省は通達を発表し、国立大学、高専、中学の授業料を三倍に値上げした[10]。当時の私立大学の運営はすべて授業料で賄わなければならず、官民格差は非常に大きなものがあった。特に理工系学部のあった日本大、早稲田大、慶應大などは「経営難」の状態にあり、学生一万人を抱える早稲田の総予算より、当時の国立大学で最低予算であった名古屋大の総予算のほうが大きい、という状況だった[11]。

学費値上げに対する反発は収まらなかったが、翌年すぐに文部省と大蔵省は、国立学校の授業料を更に二倍にする案を提示した。それにより、新旧国立大学は三六〇〇円、旧高専・大学予科は二四〇〇円、新制高校は一二〇〇円、私立大学は一万円前後になるだろうと報じられている[12]。復興時で財政的基盤がない中、既に述べたように義務教育が三年間延長され、新制中学校の整備が教育政策における最優先課題であったから、高等教育にまわす財政的余裕はほとんどなかったのである。

このような急激な大学の授業料値上げは、教育の民主化を求める当時の時代的風潮の中で当然問題視された。いわゆる日本育英会の奨学金についても、貸与制ではなく、給付制で、という声が、保守サイドからもなかったわけではない[13]。しかし文部省側は、借金として、というよりは、借りた金を後に続く者への貸費だと考えて、また広く浅く恩恵を預かる者が出るようにするためには、貸与が適切との見解を述べていた[14]。

一九五五年には、早稲田、慶應などが授業料を大幅値上げするのに倣って、多くの私大が授業料値上げを決定した。入学必要経費は、一九五四年に文科で三万八〇〇〇円、理科で四万五〇〇〇円だったものが、四・五～五万円ほどになった。例として、早稲田では文系が二万～二万二〇〇〇円、理系が二万五〇〇〇～二万八〇〇〇円、これと別に施設費が文系において五〇〇〇～八〇〇〇円、理系八〇〇〇～一万一〇〇〇円となる。慶應では、入学金と施設拡充費が、それぞれ五〇〇〇円ずつだったのが、前者が二万円、後者が一万円と計二万円増となった[15]。こうした状況について「貧乏人は入れない」「私大生だけが苦しい」「坊ちゃんだけが学士」といった見出しで、大学の学費が高すぎることに切実な声があることが報道されている[16]。その一方で、一月二一日には当時法政大学の総長であったマルクス主義経済学者の大内兵衛が、私大の授業料値上げはやむを得ないという論陣を張っている[17]。

私立大学は授業料の値上げを継続していたため、一九六〇年現在で、大学四年間における負担は、国立と私立で三〇万ほどの格差となっていると文部省は推計した[18]。そして大蔵省が一九六三年度の新入生から、一九五六年以来据え置かれていた国立大学の授業料を、九〇〇〇円から一万二〇〇〇円に値上げする方針であることが報じられた[19]。一九六三年早々の『朝日新聞』では、その他の生活物資の物価値上がりや、公務員給与改定のあおりを受けて、幼稚園から大学まで一斉に値上げの動向を見せており、しかも授業料以外の目に見えにくい教育費（教材費や学校外教育費）も皆上昇傾向を見せていると報じている[20]。そういった全体的な物価上昇の中での値上げに対する反発が激しくなったため、多くの公立高校や国立大学では、一九六四年度の授業料は据え置きとなったが、一方で財政の厳しさも指摘されている[21]。

公立高校の授業料の値上げを多くの都道府県が盛り込んでいたものが、政府の公共料金据え置き、という流れに沿って、多くの都道府県で値上げを見送ったのだが、私立高校については政府の通達の効力はなかった。当時の社会党の堂森芳夫による質問に対し、灘尾弘吉文部大臣は、

「物価の推移等も関係のあることと存じますが、各学校の経営の上にだんだん窮屈な事情もできておるように思うのであります。したがいまして、現在主として私立の学校だと思いますが、明年度から授業料の引き上げを行ないたい、こういう空気はかなり濃厚のように伺っております。しさいなことは私どもよく承知いたしませんけれども、そのような空気にあるようでございます。公立のほうも若干そういうふうな気分でおるところもあるやに聞いておりますが、詳細なことは私承知いたしておりません。国立のほうにおきましては、学校の運営につきましての予算については、事情の推移に応じまして予算の増額等のことも考慮してまいりたいと思っております。授業料を上げるというふうな考えは全然いたしておりません。

この授業料の問題につきましては、いろいろ御議論もあろうかと思うのでありますが、文部省といたしましては、今回のいわゆる公共料金というふうな範疇の中では考えておらないつもりでおります。どうしても上げなければならない事情にあるものは、これはやむを得ないというふうな考え方をいたしております。ことに私立の学校については、われわれもちろん授業料がどんどん上がることを望むものではございませんけれども、学校の運営上やむを得ないという場合には、これはいかんともしがたい、かような気持ちでおるような次第でございます」（『国会議事録』衆議院予算委員会四六回三号、一九六四年一月三〇日）

と答弁し、事実上周囲の物価高騰に並んで上昇している私立学校の授業料値上げは黙認される形となった。

教育評論家、重松敬一[22]は、当時の圧迫する教育費について受験競争とのつながりを以下のように指摘する[23]。基本的に（他の生活費に対して、教育費は料金が決まっているから）どのような家庭背景にあっても、支払う額に大差はない。また内訳を見ると、学校に直接支払う経費ではなく、参考書や学校外教育のような、学校に直接支払わない経費の上昇が非常に大きい。このことは、学校間格差が存在し、有名校をめぐる過度の進学競争があって、その受験に対して準備を強いられているからである。これを放置しておくと、結果的に家庭の支払い能力と学力の対応関係が明瞭になり、近代学校制度を根本から脅かすもとになる。さらに問題なのは、教育には金がかかり、それを支払うのは親のつとめであるという歪んだ教育責任感が蔓延することにつながる。特に日本の老後保障は貧弱で、かといって子どもに扶養義務を裏付けるような財産や暖簾の受け渡しも普通はおぼつかない。多くのサラリーマンにとっては、親が子に渡せるのは「学歴」だけである。つまり不安な老後をかすかな期待に置き換えようとするのが、こうした庶民による教育投資という営みなのだという。現在にも直結する教育の私的負担の大きさの問題や、日本の社会保障システムの脆弱さの問題が、既に一九六〇年代半ばからこうして論じられていたことは注目に値する。

以上から、戦後直後から日本政府の財政的基盤は非常に脆弱であり、文教予算も限られ、それが初等中等教育に優先的に回されたこと、結果的に高等教育への予算配分が非常に少なくなるという現在に直結する事態が生じていたことが理解できる。

2　高度成長期から安定成長期にかけての教育費

(1)　学生運動と学費値上げ

戦後の新聞の「学費」「教育費」「授業料」に関する記事を検索すると、いくつかの山があることに気づかされる。最初の山が一九五三年前後で、この時期は義務教育費国庫負担金制度の成立に関連する記事が圧倒的に多い。その後、一九六〇年頃から、ちらほらと大学における学費値上げ反対運動に関する記事が見られるようになる。

いわゆる全共闘運動に関する評価はいろいろあり得るだろうが、後述するように、全共闘運動の拠点の一つが日本大学であり、日本大学が日本一のマンモス大学であること、その意味で大学の大衆化に大きく貢献していたこと、一方で不十分な学習環境、それに釣り合わない授業料と不明瞭な大学経営といった不満が、運動の一つの大きな原因をなしていたことは疑いえない。朝日新聞記事検索の『聞蔵』では、いわゆる一九七〇年安保闘争を終えた一九七二年に、いわゆる授業料（学費）値上げ反対運動（闘争）に関連する記事の数がピークを迎える。

私立大学で授業料を大幅に値上げしようという動きが目立つようになったのは、一九六四年末頃からである。そして一九六五年に、慶應義塾大学で値上げ反対運動が勃発する。[24] この運動は授業ボイコットに転じたが、こうした値上げの動きは慶應に限ったことではなかった。実際の私学経営は非常に厳しく、その運営は多くが授業料のみで成り立っていたが、多くの私大は定員外収容（定員の一～七〇％）によってその運営をかろうじて保っており、私立大学における教育環境は劣悪なものとなっていた。さらに当時の私立大学教員の給与も低かったとされている。定員外収容を行った結果、全員が出席すると実験もできなければ、すべての学生が席に座れない、というような事態も起こっていた。[25]

その後こうした学費値上げ反対運動は、高崎経済大、専修大、翌年には早稲田大へと続いた。私立大学の授業料値上げの背景には、競争相手である国立大学教員給与のベースアップに合わせて増加させる必要のある人件費の問題が大きい。また国が私学経営に対して、ほとんど関与してこなかったことにも問題があった。一方で経営難といいつつ、莫大な投資をして大学・学部・学科の増設ラッシュが続いており、大学の経営は一体どうなっているのかという経営に対する不透明感、不信感が運動を生じさせた大きな原因とも指摘される。[26]

一九六七年度の予算案では、結局国立大学の授業料は据え置きとなった。しかし大蔵省は、度重なる私学の授業料値上げ反対紛争の原因の一つを私立と国立の授業料格差にあると考え、一九六八年度には必ず国公立大学の授業料を上げる方針としている[27]。この年は明治大学での紛争が激化し、政治経済学部経済学科長が自殺したり、学生が検挙される事態となった。また中央大学ではバリケード封鎖という事態に対し、理事会と教授会の方針が対立、結局機動隊投入という事態を避けるため、一九六九年度の授業料値上げの方針は撤回された。このことは、学生が強硬な運動をすれば、授業料値上げを撤回できるという誤ったメッセージを送るものとして、他の私大から激しい非難を浴びた[28]。中央大学の事件については、あまりに大きな値上げ幅と、その根拠の薄弱さを学生につけ込まれるという甘さがあった、などということが指摘されている[29]。

経営の不振という点では、先に触れた日大紛争がよく知られているが、これも当時の理事会の不明瞭な会計が発端の一つであり、一九六八年一一月一〇日には日大講堂で「父兄会」が催され、当時の理事の総退陣、会頭の背任・横領での告訴を決議するに至った[30]。こうした相次ぐ紛争に、多くの私学は翌年の授業料値上げを断念することとなった[31]。

一九六九年から七〇年にかけてが、大学生による学生運動のピークであった。私大も（芸術系を除き）国立大との授業料の格差が広がりすぎて、これ以上学費を上げるのは限界、ということで、一九七〇年には頭打ちという状況となっていたのである[32]。

（2）受益者負担主義の導入と国立大学授業料値上げ

一九七〇年代までには、義務教育段階の整備がある程度落ち着いていた。高度成長期に、いわゆる団塊世代の高校進学熱が高まることによって、全国に高校が新設されたが、団塊世代が卒業すると自然に定員に余裕ができたことで、新たに高校を設置しなくとも、結果として中卒者の多くを高校に入学させることが可能になった(33)。そのことで、漸く義務教育や高校以外の側面に少し目を配る余裕が出てくるようになったと言える。また学園紛争の原因の一つとして、脆弱な高等教育環境があったことは否めなかった。教育財政において、高等教育に目が向けられるようになったのは、一九六〇年代中頃からである（市川 2000: 9）。

一九七一年六月に出された中教審の答申は、通称「四六答申」とよばれ、「第三の教育改革(34)」と銘打って非常に注目されることとなった。その骨子は①四・四・四制などの学制改革の試行的試み、②幼児教育の充実、③教員養成改革と教員の待遇改善（現職教員用の教育大学院設置など）、④高等教育の多様化や整備、⑤大学の管理運営の改革、⑥私学政策の転換、などでまとめられる。

⑥の私学政策の転換は、私学助成制度へと結びつくのだが、その前提として私大の授業料をこれ以上上昇させることが難しくなっており、だからといって私大に国から補助をしようとしても、私大の授業料を当時の国立大学の授業料程度にできるほどの補助を与えるような財政的な余裕はなかった。そこで一九七〇年の後半から、文部省と自民党の間で国立大学の授業料値上げの動きが模索され始めた。その根拠は、他の公共料金とのバランスが悪く、国立大学の授業料が不当に安すぎる、というものであった。

一九六五年に赤字国債が発行されることになり、大蔵省を中心に歳出の合理化の必要性が説かれるようになった。その流れの中で、一九六五年の財政制度審議会中間報告において「受益者負担」が提言される。つまり財政的危機にある中で、租税負担は低いまま便益だけを受けるというのは虫のいい話であって、便益を得ようとするのであれば相応の負担が必要で、その負担を受益者となる国民に求める、ということである。もちろん教育は、一つの投資であり、その投資の見返りは個人と社会両方に還元されるのだが、「不当に安い」国立大学の授業料の水準にまで私大の補助をするような余裕はない、しかし私大をそのまま放置しておくわけにもいかない、そこで「私学助成」というメリットを文教側に与える一方で、国立大学の授業料の値上げという譲歩を文教側に迫ったものとも解釈できる。国立大学の授業料値上げは、こうした社会的文脈のもとで理解される（井深 2004: 349-358）。

上記の論の例として、当時自民党の河野洋平が一九七一年二月に、衆議院文教委員会で行った質問とその答弁を見てみよう。

「私大の補助等について国立大学並みにできるだけしたいというお考えのようでございますが、一方国立大学のほうを見ますと、これはたとえば授業料一つをとりましても、社会常識からいって少し安過ぎるのではないかという議論があちこちでございます。とかく最近は、政治の上でも社会常識をもっと大事にしなければならぬという世論が強い時期でもあります。今回、国立大学の授業料の値上げは公共料金の抑制ということを理由に見送られたようでございますが、物価の値上げに何も一役買う必要は毛頭ないわけでございますけれども、やはり社会常識から考えて、現在の国立大学の授業料ということをベースにして、私立大学をあのベースに合わせるということはまさに至難のわざだろうと思います。それはなぜかといえば、いまの国立大学のあの授業料は、あまりにも合理性がないということではないかと思います。そこで、国立大学の授業料についても、やはり値上げということではなくて適正な授業料に変えるということは、私はどうしても必要だろうと思います。その適正な合理的な授業料に変えるという努力を、公共料金の抑制ということだけで、もうそういう努力を放棄する、そういう検討もしないということでは私はいけないのではないか。一方では、特殊教育その他に非常に零細な人たちが一生懸命その任に当たっておられる。片方では、国立大学は合理的でないと思える授業料で、そのまま今日まで推移してきているということでは、どうも社会常識上納得できない部分があるわけでございますが、その点については大臣はいかがお考えでありますか。」

それに対して坂田道太文部大臣は以下のように答弁した。

「本年度におきましては、確かに国立大学の授業料というものの値上げは思いとどまったわけでございます。しかしながら、私どもといたしましては、いまの国立大学の授業料がほんとうに適正であるかどうかということについては深い関心を持っておるわけでございまして、もう少し世間の人たちも納得のいくような適正な授業料にしなければならない。その時期あるいは方法というものはもう少し考えさせていただきたい、かように実は思っておるわけでございまして、その授業料が適正であるかいなかということを考える場合に、単なる物価というようなこと、あるいは単なる私学との比較ということだけではきめられないのであって、日本の大学制度における奨学金制度、あるいはまた今度答申が出ます大学改革[35]というものとにらみ合わせながら、適正な授業料というものをきめたいというふうに私は思っておるわけでございます。したがいまして、お話しのようにあまりにも合理性のない、どんなにでも安ければいいんだというようなことでは、私はかえって学生自身にも理解ができなくなるのじゃないかというふうに思うのでございますから、その点、やはりいろいろの面から総合的に考えまして、適正な授業料というものをひとつ考えていきたいというふうに思って検討いたしておるところでございます。」

そして続いて、政府委員の文部省大学学術局長、村山松雄は以下のように答弁する。

「わが国の教育制度におきましては、明治に学制ができまして以来、ずっと国立の学校でも授業料というものは取るというたてまえをとっております。その考え方といたしましては、国立の教育施設は国の営造物である、営造物を使用するのでありますから、それの手数料あるいは使用料といたしまして、受益者に一部負担をさせるという考え方のようでございます[36]。ただ、それが幾ら取れば適正であるかということにつきましては、いつの時代におきましても、いろいろ議論があったようでありますけれども、一定の明快な線が出ておりません。常識的に受益者に一部負担はさせるけれども、負担が過大にならない程度というようなことで、教育上あるいは財政上の配慮等から、金額がおのずからきまっておったようでございます。昨今では、諸般の情勢から国立大学の授業料はかなり長い期間据え置きになっておりまして、その間に物価あるいは私学の授業料などが上がっておりますので、常識的に見まして、相対的な考え方でありますけれども、国立大学の授業料は安いのではないかという見方もございます。

それからまた、観点を変えまして国際的に見ますと、大学の授業料に対する考え方は国によってもきわめてまちまちでございます。かなり必要な費用をペイする程度に近いような考え方をとっておる国もありますし、また、社会主義国家のみならず自由主義国家におきましても、国立の大学の授業料は取らないというたてまえをとっておる国もあるようであります。」(37)

この議論そのものの細かい論評は避けるが、国立大学の授業料に合理性がない、適性がない、ということを判断しているのは、必ずしも保護者ではないだろう。文部大臣の答弁にある「世間の人たちの納得」とか「社会常識」というのは、おそらく国立大学と競合する私立大学関係者であると思われる。私立大学関係者からすれば、学費の面で国立大学は全く競争相手にならず、国立大学並みの授業料では経営が成立しないからである。つまり私学側にも助成という形で補助を行うにしても、それだけでは国立大学との授業料格差を埋めることは到底難しい。広い意味で大学の公的機能が国公立と私立で大きく異なるとは考えにくいのに、私立だけが不当に授業料が高いのはおかしい、ということである。そこで受益者負担の原則に則って国立大学側も授業料を上げることで、少しでも国公立と私立の格差を是正せよ、ということになる。

学生紛争は、いわゆる東大紛争の終結後一旦鎮静化した。一九七〇年度は小規模私大で授業料の値上げが行われたが、その年の末になると、同志社、早稲田、法政などの大きな私大で再び学費値上げ反対闘争の動きが勃発した。大蔵省は、財源問題と国立私立格差問題を根拠に国立大学の授業料を値上げすべきと主張したが、文部省は沈静化した学園紛争が再燃することを恐れ、それに反対した。大蔵省が強く要求したのは、紛争のため多くの私大で授業料値上げは先送りされてきたが、いよいよ経営が行き詰まり、一九七〇年には早稲田、上智、青山学院、関西、南山などで値上げが実施されることで、さらに国立と私立の授業料の格差が目立つようになったからである[38]。結局一九七一年末には、都内の一五大学で学費値上げ反対闘争が再燃した。それを受けて日本私立大学連盟は国に大幅な国庫補助を要請するに至った[39]。

そもそも、戦前は授業料に国立と私立の差はほとんどなかった。例えば一九二〇年代頃だと、まず国立大学の授業料の値上げがあって、そこで国立大学の授業料を若干上回る額の授業料を早稲田と慶應が設定し、そしてその差額を埋め合わせるために国立大学がまた値上げする、というサイクルが読み取れる。そして多くの私立大学は早慶の授業料の動きに追随していたのだが、現在の国立と私立ほどの差はない（金子 1987）。また私学は多くの設備投資を伴わない文系（社会科学）に特化して、本科の他に別科や予科を設けて利益を得るといった方法で資源の少なさを補っていたのである。しかし戦後、大学設置の基準が緩くなったこともあって、私立大学が急増した。しかしこの時代に設置された私立大学の多くは戦前以上に基本財産をもっておらず、国庫からの補助がないため授業料をはじめとする学生納付金にすべてを頼るしかなかった。結果的に、日本の高等教育拡大は、授業料の高い私立大学によって機会均等が図られ、安くて競争率が高く、入るのが難しい国立大学ほど、富裕な階層出身者が入学する傾向が出るという矛盾が起きてしまったのである（丸山 2009: 62-63）。

市川昭午は当時の新聞におけるコメントで、安い国立大学に通う学生は、私立大学の学生より裕福なケースが多く、そもそも大学進学率が二五％程度の状況で、全額を税金で支払うのはおかしいと述べている(40)。結局、自民党の文教制度調査会も、国公立大と私大で、果たしている社会的役割が大きく異なるとは言えないとして、「国立と私立の格差を縮小する」という根拠のもと、二倍から三倍に授業料を引き上げるのが相当、という結論を出した(41)。その後、自民党の文教制度調査会と文教部会との合同会議で、奨学金の充実や免除の拡大などを条件に、国立大学の授業料値上げに同意するという結論が出された(42)。

一九七二年に自民党と文部省は、大学の学部授業料を三倍（年一万二〇〇〇円から三万六〇〇〇円）にすることに合意した(43)。文部省は当初、学園紛争の再発に懸念を示したが、今は学生運動が落ち着きかけている、いつかは値上げしなくてはいけない以上、今が落としどころ、という判断が働いたという。また大蔵省にここで譲歩する代わりに、上述したように、中教審の答申で出された奨学金や私学助成の拡充に焦点を絞りたいという戦略や思惑もあったといわれている。ところが文部省の懸念通り、大学の学費値上げ反対運動は拡大し、一月一八日時点で八六もの大学に広まった（バリケード封鎖は六大学(44)）。しかし一〇六もの私大では、その春に授業料の大幅アップを決定、大学や学部による授業料の違いも目立つようになってきた(45)。そして急激な物価上昇もあって、一九七二年後半には、一部の私立大学では授業料の物価スライド制の導入が検討されるようになった(46)。そして一九七三年度の私大学生納付金の平均額をみると、文系で二〇万円前後、理系で三〇万円前後（薬は四〇万円強）、医歯系で一〇〇万円を超えるという結果となった(47)。

一九七三年は第一次石油危機が発生し、急激なインフレが社会問題になった年でもある。四月には大学だけではなく、小学生の教材費や給食費も大幅に値上げされた(48)。値上げをめぐる混乱に対し、文部省は特に私立大学の授業料について、「私学振興調査会」を設置し私大への国庫助成方式の検討を開始することを決めた(49)。そしてインフレ状況下で、幼稚園から中学・高校まで、私立は大幅に授業料を上げざるを得なくなっていた(50)。一九七四年四月には消費者物価が前月比三・五％上昇と暴騰した。経済企画庁は、野菜と教育費の高騰といった四月という季節的要因と説明したが、その後も公共料金の値上げは継続した(51)。

私大の支出の七割以上は人件費で占められる。それゆえインフレに弱い。教職員の給与を維持しようとすると、学費値上げか、定員の水増ししかないが、特に後者は教育環境の悪化をもたらし、以前の学生運動の発端となった問題が再燃しかねない。早稲田では、一九七五年一月末時点での累積赤字が二八億円に上り、値上げをしても赤字はまだ増える、と報じられた(52)。地方都市の私大は特に経営が厳しく、一九七五年時点で既に生徒集めに苦労している様が報じられている。そうした中で苦肉の生き残り策は、キャンパスの敷地売却や副業しかない(53)。もっとも、この頃になると、レジャーランド化した大学に、これ以上税金をつぎ込むことが正しいのか、といった批判も聞かれるようになった。

末冨によれば、日本の教育費において、私費負担割合が劇的に増加した転換点としては、一九七一年と一九七五年の二つの説があるという。前者は一九七一年の中教審答申で、中教審が明確に受益者負担強化の方針を打ち出したことを根拠とする。後者は私学助成法改正により私立学校への公費助成が図られた一方で、授業料の国私格差是正政策で国立大学の授業料が急激に上昇したことを根拠としている[54]（末冨 2010: 60）。

3　恒常化する重い教育費負担

（1）私学助成導入前後の教育費の高騰

新聞記事をもとにした世間の教育費に関する関心の変遷を、末冨（2010）は以下のようにまとめている。一九五〇年代は義務教育費国庫負担金制度の確立期であり、もっぱら教育費（特に公教育費）の問題といえばこの問題を指し、記事数も突出していた。しかしこの制度が確立すると記事は激減し、代わって家庭教育費の問題が散見されるようになる。つまり教育費の私的負担の大きさが問題にされ始めたのは、この時期からであるといえる。さらに一九七〇年代に入ると、私立学校の教育費負担の大きさ（特に大学）の軽減策、幼稚園就園補助、教育費の税控除といった教育費軽減策への提言が目立つようになり、一九八〇年代はその流れに沿って、私教育費、特に学校以外の家計教育費一般（塾など）の負担の重さが指摘されるようになる。この流れは九〇年代前半まで続くが、後半から日本経済の停滞から、家計教育費の伸びが頭打ちになり、それにより以前よりは家計に占める教育費が幾分減少するようになったという記事も出るようになる。ただしそれはあくまで経済的な停滞が主因であって、依然教育費の負担は重い、という記事が多く見られる。

そうした中で、特に高等教育に対する費用の増加に厳しい意見が見られるようになったのは、やはり一九七〇年代以降である。この時期までにある程度、教育費に関する制度が整備されていった一方で、国民全体の生活が豊かになり、進学行動が活発化していった。それにより、高等教育は特別なものではなく、一般的なものとなり、結果的に大学が果たす公的機能や効果が過大に見積もられているのではないか、大学が過剰にありすぎるのではないか（大学として期待できる社会的機能や貢献を本当に果たし得ているのか）といった批判が目立つようになってきた（末冨 2010: 167–181）。

矢野眞和の分析によれば、一世帯当たり平均教育費の消費支出に占める割合の推移を調べて見ると、一九七三年の第一次石油危機を境に、負担割合が減少から増加に転じている。石油危機以前は負担割合が減少していたが、それは教育費の上昇以上に所得が増加し、教育価格が相対的に低下していたからであった。しかしオイルショック後は所得が伸び悩んでいたにもかかわらず、教育費はそれ以上に上昇した。そして教育費の高騰は、高等教育における授業料の上昇だけではなく、高等教育進学の準備教育（塾などの学校外教育）が一般化し、またよりランクの高い大学に進学する上で私立学校が有利とされ、受験の低年齢化が進んだことにも起因している。また大学生が、実家を離れて大学に通う場合、その仕送り費を含めると、家計負担は相当なものとなっていた（矢野 1996: 44–56）。

一九七五年頃から、国立大学の授業料がしばしば、しかも大幅に値上げされるようになってきた。私大の財政難は相変わらずで、授業料値上げ反対運動も活発だったが、この頃から国立大学でも授業料値上げ反対運動が増えてゆくのは、国立大の授業料が急激に上昇したのと無関係ではない。ただし当時、ロッキード事件の余波で国会が紛糾したため、一九七六年度での国立大学授業料値上げは秋からとなった(55)。一方、私大側の不満は、授業料の格差だけではなく、育成資金の配分が、過度に国立に偏っていることにもあった。例えば、この国立大の授業料値上げに対応して、奨学金額も上げられた

が、私立大学で授業料が上がっても何も対応しない、また採用率自体が国立大に偏重していたという。(56)
多くの私立大学は、合格者が（その後に合格した）国立大学に逃げるのを避けるため、授業料の前納金制度を採用していた。国立大学の授業料の値上げと引き換えに、一九七六年四月から私立学校振興助成法が施行されることとなったため、私学も国から正式に助成が受けられるようになった。それにより世間の私学に対する目が厳しさを増し、文部省も前納金廃止を勧告した（一九七五年一〇月）。当初、早慶のような有力私大を除き反発の声があったが、結果的に多くの私大はこれに従うことになった。

私学助成制度などにより少しは高等教育に予算が振り分けられるようになったものの、それは決して十分なものではなかった。教育費は総じて伸びており、初等中等教育に限れば他のＯＥＣＤ諸国と比較しても遜色ない水準になっていた。問題なのは高等教育予算で、明らかに国際的に低い水準にとどまり、しかも大学進学率は四〇％に届きそうな勢いでありながら、予算の伸びはそれほどでもなかった。つまりそれだけ量的拡大に質の充実が伴っていないことを示している。(57)当時の文部省の調査でも、小中学生の塾や教材などの家庭教育費は年一〇万円を超え、五年間で倍増しているということがわかった。(58)都内の私立中学・高校は、初年の年間学費が平均五〇万円を超え、高い私立では一〇〇万円を超えるところも出てきた。(59)財政制度審議会において、国立大学の学部間に授業料の差を設けるべきという議論がなされ始めるのもこの頃からだが、その背景には私立の医大・医学部や、歯科大学・歯学部における異常ともいえる学費の高騰があった。私大の医学部は経営が不安定で、入学時に学債や寄付金を事実上強制するなど不明朗な会計が問題視されてきた。文部省の指導でそれが不可能になり、表に出てきた納付金の金額は一般家庭にはとても手に届くとは思えないものであった。その平均は初年度七〇〇万円にもなるが、大学による差が非常に激しく、しかもそれだけ納付されても、経営は安定しないのだという[60]。

一九七八年春に国立大学の授業料は再度、一・五倍（九万六〇〇〇円から一四万四〇〇〇円）値上げされた。新聞では、こうした教育費の高騰についての特集が組まれるようになる。幼稚園から高校まで通うと仮定すると、かかる累計教育費は五〇〇万円を超える。仮にすべて公立でも二三六万円である。もし大学まで行かせれば、一貫して私立の場合は九〇〇万、ずっと公立であっても五〇〇万を超え、しかも大学の授業料値上げは続いているので、今後これで済むとは思えない。銀行では教育ローンが花盛りとなり、「親がしてやれるのは教育だけ」「あとで後悔するよりは…」という意識がますますこの風潮を強めることになる[61]。また、離島に住む農家の息子が、本土にある市内の高校に通おうとしたが、このままではとても仕送りはできない。貯金をはたき、簡易保険金を前借して市内に引っ越したが、あっという間に金はなくなり、父親の職も見つからない。父親は酒や煙草を絶ち、一人島に戻って農家の仕事に精を出し、「自分にできなかったことをせめて子どもにさせてやりたい」という一心で耐える。過疎地での教育が難しくなり、こうしたケースは増えているとある[62]。そして高校でも、大学でも、安い公立に、比較的裕福で恵まれた階層出身の子どもが通うという矛盾した現象が続く。当時の東大生の主たる家計支持者の年収は五一七万円であるが、全国の国立大学平均が三七六万円、公立大学が三七七万円、私立大学が五〇四万円、一方で勤労世帯の全国平均が二八一万円という時代であったから、特に東大生の出身家庭世帯は相当高所得層であったことがわかる[63]。厚生省の『国民生活実態調査』の結果では、早くも未就学児のときから、かける教育費に所得階層差が歴然と現れるようになっていることが指摘されている(64)。

（2）財政再建下における家庭への教育費負担増加

一九八〇年代に入ると、教育費や授業料に関する新聞記事は、数としては減ってくる（ただし授業料の値上げが行われなくなったわけではなく、むしろ恒常化している）。一方で、親の教育費負担が重すぎる、という論調は継続している。当時の第一勧業銀行の調査で、都内の大学生は月換算で七万円の出費が必要（下宿している場合は一〇万弱）だが、住宅ローンも抱えているので家計は厳しい状況を強いられているという(65)。同じ時期の東京都の調査で、学校、塾、おけいこ事などを含めると平均五万六〇〇〇円の支出、家計支出の二割を占めるという。調査回答者の四分の三が教育費負担を「重い」と回答しているものの、「教育しか残せる財産がない」という親の「涙ぐましい」さまが報じられた(66)。国立大学の授業料は二〇％アップで、一九八二年度より一八万円から二一万六〇〇〇円となった(67)。

当時の政府は、赤字財政が恒常化し一般消費税の導入を模索するなど、赤字財政の克服が課題となっていた。しかし一般消費税の導入は強い反発を招くこととなり、一九八一年に鈴木善幸内閣のもとで第二次臨時行政調査会が設置され、「増税なき財政再建」のもとで行政改革が実行されることとなっていた。

財政赤字の状況にあって、大蔵省は一九八三年度予算において、私学助成費の一割以上の削減を求めた。定員を超えて水増しさせている大学や、収益状況が著しく改善している大学や高校は助成金割合を減らそうとするものだが、逆に助成を減らした場合に（経常経費の三割を占めるため）それが入学金、授業料などの学費値上げに走るのではないか、と文部省や私学関係者は反発した。大蔵省はそれに対し、この数年で学校法人の経営が相当改善に向かっており、保有資産も増加、また私立大学の教職員給与水準が国立大学に比較して平均一割以上上回っていて、中には三～四割増し、というところもあると反論した(68)。

こうした私学助成の削減を受けて、私大の授業料値上げの動きが強まったことから、「国立・私立の格差是正」の名目のもと、一九八四年から国立大の授業料が再度値上げされることとなった。一九八二年からは年額二一万六〇〇〇円だったが、値上げ幅は二五％で、約二七万となり、月額換算にすると初めて二万円を超えることになった(69)。また文部省による『全国教育費調査』によれば、中学生の家庭教師・塾の月謝の割合が急上昇しており、家庭教育費の四割に達した。ただしこの四割という数値は、塾に通っていない生徒も含めてのものなので、実際に塾に通っている子どもの父母の支払う費用は、学校教育費の八割程度になると試算されるという(70)。私学助成の削減は、一九八四年も継続した。

こうした学費値上げの動向はこの後も続くのだが、大学生の授業料値上げ反対運動は徐々に下火となる。そして一九八五年になると、学生も平穏、という記事が出現する。値上げ反対という声が上がったのは明治や早稲田などの一部だけで、ほとんどのキャンパスは平静で、学生も「値上げは仕方がない」という意識が支配的となってしまう。こうした状況の背景には、多くの私大が学費の物価スライド制を導入したことにある。これは一年ごとの上昇幅が少なく、また入学時に将来の改定を了解しているため、値上げというショックが少なくなるのに貢献しているからだという(71)。

しかし大学入学時の費用を含め、四年間の大学生活にかかる経費は八〇〇〜九〇〇万円にも上っていた。特に、下宿生などに「リッチな生活」を求める風潮が強まり、下宿する私大生では年に一九〇万円、国公立でも一五〇万ほどの費用がかかり、子どもはリッチな生活だが、親はプアだと揶揄されている。[72]こうした状況下で、さすがに臨教審でも教育財政を拡大すべきだという意見が相次いだ。[73]ただ一方で、国の財政には無駄が多いという記事も現れる。例えば厚生年金が死亡者に払われている例があったり、国立大学の授業料免除の家庭所得の基準が日本育英会の基準より甘い大学が一九あり、学業の基準もほとんどで育英会より甘い基準となっており、留年者にまで成績優秀者と見なして授業料を免除していた例も報告された。[74]一九八〇年代後半は、日本がバブル景気に進むことになるが、多大な教育費負担が社会問題化している中で、一方で単に公的負担を増やせばいいのか、実際には公費に無駄が多いのでは、という記事が出てくる点で興味深い。

東京都の調査では、一九八六年での教育費調査で、一世帯当たりの教育費が七万円を超えたというデータが示された。特に世帯主が四〇代付近の家庭で家計負担が非常に重く、家庭によっては四〇％〜五〇％の家計支出が教育費、という例まであった。[75]国立大学の授業料は、一九八七年度から一九％上昇して年額三〇万円とされ、授業料と入学金が交互に値上げされる状況が続いていたが、大蔵省は入学金値上げの順番にあたる一九八八年春からは、私立との授業料格差の縮小と財政負担の軽減のため、理系に限って二〇％程度の授業料値上げを画策するようになった。理系の場合は、教授陣が多く配分されているうえ、実験費などが格段にかかる。そこにコスト意識や受益者負担の原則を持ち込ませようとするものだが、明治以来全学部同一の授業料という原則を破るもので、特に低所得層の理系大学進学への機会を奪いかねないとして、文部省は強く反発した[76]。結局、入学金と入学検定料（受験料）の値上げで合意し、理系学部の授業料値上げは見送られたが、大蔵大臣の諮問機関である財政審議会は、国立大学の学部別授業料の導入をこの時から正式に打ち出すことになった[77]。

授業料の高騰は、日本の家計だけではなく、留学生にも影響した。特に円高が急激に進んでいたこともあり、国立大学での授業料免除対象者を一九八七年度は前年度比五割増しの一五〇〇人程度とした[78]。そしてバブル景気真っ盛りの一九八九年度から、国立大学の授業料は一二％アップの三三万六〇〇〇円となった。学生自身の生活志向の変化もあるが、バブル景気の影響で住宅事情も変化し、特に東京では地方から出てきた大学生の住居費が非常に膨大になっていることも問題になった[79]。そして私大に行くためには、初年度に地方から上京した場合二〇〇万以上が必要になり、これはこの一〇年で倍増したことになる（親の平均収入は、一・八倍の伸びにとどまっている）。だからといって私立大学の財政が改善されたわけではなく、単年度収支で赤字の大学が（私大連盟加盟校九六校のうち）六〇校で、五三〇億円にも上った[80]。

（3）一九九〇年代以降の教育費負担の流れ

一九九〇年代に入るとすぐに、第二次ベビーブーム世代が大学受験を迎え、その後は少子化により一八歳人口が減少する。バブル景気も終焉し、日本は長期の経済低迷期に入る。しかし授業料や入学金の値上げの動向は、その後も継続することになる。大蔵省は、財政難や私立との授業料格差の是正を根拠に、一九九五年度入学生でもまた授業料を上げることを求め、結果的に月額あたり三〇〇〇円の上昇、年額四四万七六〇〇円となった。特にこの頃の大蔵省は、理系の授業料を上げること（学部別授業料の導入）を画策しており、そうしたことをめぐっても様々な議論がなされていた。

国立大学の授業料は、一九九七年入学生からも再度値上げされ四六万九二〇〇円となった[81]。その後、一九九九年度の入学生から、国立大学の授業料にはスライド制が適用されることになり、それまでは入学時の授業料が卒業まで適用されていたのだが、一九九九年度からその都度授業料が変わることとなった。ちなみに一九九九年度の入学生は、授業料が四七万八八〇〇円であった。

ところが、不況が長期化し、学費の支払いにいよいよ困難が生じるようになる。一九九八年一〇月には、私立中高の三ヵ月以上の授業料滞納率が一・四％に上るという記事がでた[82]。静岡では、県立高校の授業料は九〇〇〇円だが、全額もしくは一部免除の適用を受けた生徒が急増して一八五五人（三年前より四七九人増）に上り、経済上の理由から退学した生徒も一〇八人（三年前と四五人増）となった。同様の傾向は大都市圏でも見られるという[83]。

また地域などの限定されているデータだが、足利銀行地域金融部が栃木県内の企業で働く20～50代の男女一〇〇〇人に聞いたアンケートで、半分以上の人が出生率の低下原因に「教育費の負担が重い」をあげていた。特に四〇代は七割が教育費の負担が重いことをその原因として選択していたという[84]。また一九九五年に首都圏の大学や短大に入学した生徒に対し、東京地区私立大学教職員組合連合が行った調査によれば、地方から上京して都内の私大に入学するのにかかった金が二一〇万円を超えた一方で、各家庭の年収は統計を取り始めてから初めて減少し、三割弱の家庭では借金をして賄ったことが明らかになった[85]。

　こうしてバブルが崩壊し、日本が長期の不況に入ると、その影響が徐々に文教予算にも及ぶようになった。義務教育費国庫負担金は、当時半額国が支払うことになっていたが、地方交付税の不交付団体は富裕自治体として補助単価が圧縮されていた。ところが景気低迷により税収が減少し、神奈川、愛知、大阪が一気に地方交付税の交付団体に転落し、その分の補助が必要になったが、大蔵省がそれを認めなかった。そこで文部省は富裕団体となる基準を「過去三年間の財政力指数が一・〇を超える」という形に政令を変更して、これら三自治体への補助を削減するという辻褄合わせを行った[86]。

　一九九〇年代後半から、大型倒産などが相次ぎ、親の会社が倒産したり、リストラによる中高年雇用者の解雇により学費が払えず、分納や延納を申請したり、最終的には除籍される学生も増えてきたことが問題視されるようになった。それにより大学が低利学費融資制度を始めるところも出てきた[87]。例えば、一九九九年の全国私立学校教職員組合の調査では、私立高校一校あたり一・三八人が経済的理由から退学し、三月末現在で一〇人ほどの滞納者を抱えているという。中には未払いで電話が止められ連絡がつかなくなったり、生徒はガソリンスタンドで働いてどうにかしようとしたが、それもかなわず退学した、という例もあったとされる。安い公立に移ろうとしても、そういった編入制度は確立されていないのも問題であるとされた[88]。

　またこの頃まで私大は、授業料を国公立大学の合格発表前に納付させて、受験生が国立大学に逃げるのを防ごうとしていた。しかし景気低迷で相対的に安い国公立大学志向が強まり、私大入学を辞退する受験生も増えたが、一旦支払った授業料は返還されなかった。しかし授業を受けていないのに、授業料をとったままなのはおかしいという声が上がり始め、文部科学省も指導に乗り出すようになるなど、大学への納付金に対する世間の見方が厳しくなった[89]。そして二〇〇三年頃になると、日本の景気はデフレ傾向を見せるようになったが、にもかかわらず教育費だけは上昇傾向が目立っており、家計に対する負担度は更に大きくなった[90]。

こうして教育費の高騰はしばしば新聞記事でも取り沙汰されてきたのだが、結果的にはそれが「社会問題」となるわけではなく、仕方ないものとして受け止められ、その状況を甘受する、という状態が続くことになった。次章で詳しく触れるが、教育が広い意味での政治的な争点になること自体がそれほど多くなく、あったとしてもイデオロギー的な面に注目が集まりがちで、教育費の負担が選挙の争点になることは極めて少なかった。長期に政権党であった自民党は、もちろん選挙公約に教育関連の項目を入れることはあったが、専ら道徳教育をはじめとする徳育重視などの理念的なものが多く、無償化などの財政の絡む問題はほとんど盛り込まれなかった。一方で、社会党や共産党などの野党は、確かに公約として高校無償化や奨学金の充実などを謳っていた。しかし財源ははっきりしないか、現実味に乏しいものが多く、何より野党という立場にあったことで、こうした政策を実現する手段をもっていなかった。

そうした点を考慮すると、二〇〇九年の衆議院選挙において、民主党が子ども手当や公立高校無償化という公約を掲げて戦い、政権を掌握し、そして実際に実現させたことの意味は大きい。特に二〇〇〇年代に入り、小泉政権以降「聖域なき構造改革」によって、義務教育費国庫負担金制度の見直しがなされ、廃止にされることこそなかったが、国庫負担は半分から三分の一に削減された。こうした状況もあって、文教予算はますます厳しい位置に追い込まれていた。その中で「コンクリートから人へ」のスローガンを掲げ、二〇一〇年度予算では過去三〇年間で最高の文教予算の伸び率を示した（第五章二〇七ページ）。もちろん、これでもまだ国際的な水準にはほど遠い、という評価を下す人もあるかもしれないが、過去の経緯を考えれば、少なくとも教育関係者にとってはもっと肯定的に評価されてよいだろう。例えば、国会審議でも以下のような民主党議員の発言がある。

「一方、成果として、少人数学級を実現する標準定数法の改正ですとか、来年度以降の制度の在り方について必要な見直しの検討を行うとしながらも、高校の授業料無償化など、教育制度改革が行われてきているということ、あるいは教育予算がここ二年増額で来ている、こうしたことは教育関係者から一定の評価が聞かれるわけであります。(91)」

また、当時野党であった自民党議員からも、消費税率アップの目的を問う中で、以下のように一般の社会保障・福祉だけではなく、教育を主たる税の目的として位置付ける必要があるのではないか、ということが指摘されるようになっていった。

「具体的に考えていくと、今、菅内閣において税と社会保障の一体改革を進めるんだということになっております。消費税が、今の論調ですと社会保障の目的税化しつつあるんではないかというふうに感じるわけですが、教育予算をしっかりと確保していくためには、私はこの消費税の議論の中に教育を大きな目的の一つとして位置づけるということが重要だと思います。(92)」

ところが、現在の日本全体において、おそらく民主党政権に対する評価は著しく低いものとなっているだろう。そもそものマニフェストに無理があった、ということもあるが、政権交代を優先するあまり、目玉となるマニフェストの政策が（ときには矛盾し得るものも）、選挙のたびに付け加えられ累積していったのだという。特に財源の問題は早くから指摘されていたが、それは単に景気後退によって税収が伸びなかったということだけで説明できるものではない。そもそも無駄の削減をあれほど叫んでおきながら、民主党政権になってむしろ歳出は増えているのである。当初は事業仕分けが注目されたが、事業仕分けはそもそも住民参加の予算編成とか透明性の確保といった目的もあったもので、財源確保を前面に打ち出したものではなかった（日本再建イニシアティブ 2013: 23–24, 104–107）。だからこそ、最初は珍しさもあって国民の拍手喝采を浴びることもあったが、やがて逆に強い反発を受けることにもなった。

二〇一〇年の参議院選挙は、民主党の敗北に終わり、いわゆる「ねじれ国会」が幕をあける。しかしこのときの選挙結果と実際の投票数の関係は単純ではない。比例代表、小選挙区、いずれも得票数で見た場合、当時はまだ民主党が自民党を大きく上回っていたのである。そもそも二〇〇九年の衆議院選挙があまりに極端な大勝であったこともあり、それと同水準の議席を維持するのも難しい状況が初めからあったともいえるのだが、一方で選挙制度がもたらした民主党の敗北と言ってよい。特に地方区で得票率を下げ、議席も多く失った（都市部では得票率を上げたにもかかわらず、それが票の増加につながらなかった）。

民主党の何よりの問題点は、そもそもマニフェストの多くが財源の問題に突き当たり、行き詰まるのは目に見えていたが、個々に「やりたいこと」をマニフェストに連ねたにすぎず、きちんとした党としての綱領ももっていなかったことにある。政権交代自体が自己目的化し、政権交代して何をやらなければいけないのかについては明確ではないか、党として意見が一本化されていなかった（日本再建イニシアティブ 2013: 248-251, 274-275）。また国民自体も、自民党長期政権に嫌気がさし、とりあえず政権交代を、という感覚で投票した人も多かったのかもしれない。第七章でも引き続き検討するが、民主党の掲げた目玉政策は、実際には必ずしも多数の支持を得ていたとは言えないものも含まれている。特に教育政策は重要な目玉政策であったが、国民一般にあまり正確に理解されていたとは思えない。

次章以降では、こうした人々の声をどう政治が汲み取っていくのか、それ以前に人々が具体的な政策に対してどのように考えていたのか、ということを検討してゆく。

注

（1）例えば一九四八年六月一八日の参議院予算委員会における公述人の荒木正三郎（教職員組合中央執行委員長）や、一九四九年四月五日参議院本会議における田中利勝（日本社会党）による質問から、こうした状況がうかがえる。なお、少し後になるが、一九五三年九月六日付『朝日新聞（東京）』朝刊一面にて、昭和二九年度文教予算では、未だ小学校を間借りしていることの多い中学校校舎整備が、一つの大きな焦点になるだろうことが報じられている。中学校の建設にあたっては、大蔵省は市町村が自主的に建設すべきという立場をとり、国庫負担すべきという文部省と意見が対立していた。

（2）一九五一年五月二七日『朝日新聞（東京）』朝刊三面。

（3）主要な行政事業ごとに財政需要算定を行い、財政需要総額が財政収入を超える自治体に対して不足額を国の一般会計から交付するというもの。ただし使途は制限されなかったので、ただでさえ財政難だった地方が、これを教育費に充当する保証は全くなかった（徳久 2008: 228）。
（4）一九五一年一二月二三日『朝日新聞（東京）』朝刊一面。
（5）一九五二年四月三日『朝日新聞（東京）』夕刊一面。
（6）一九五四年二月四日『朝日新聞（東京）』夕刊一面。
（7）通称「義務教育標準法」、正式名称「公立義務教育諸学校の学級編制及び教職員定数の標準に関する法律」（一九五八年）のことである。
（8）つまり教育的必要性が先にあったというより、教育的見地と財政的見地の両面から妥当とみられる教員数を決定すべき、という妥当性原則を採用していた。小学生数は一九五八年、中学生数は一九六二年にピークに達し、その後は減少することから、子どもの自然減によって生じる教員数の自然減をどの程度埋め合わせることが可能かということを目安にして、標準人数を段階的に引き下げてゆくという提案を文部省が大蔵省と自治庁に行い、それが同意を見て標準法の成立に至ったという経緯がある（世取山 2012: 63）。
（9）一九四八年一月二四日『朝日新聞（東京）』朝刊二面。これによれば、官立大学は六〇〇円から一二〇〇円、官立高専が四〇〇円から九〇〇円、官立旧制中学が二〇〇円から六〇〇円へ、私立学校については、大学文科が二〇〇〇円から二八〇〇円、大学理科が二五〇〇円から三三〇〇円、高専・大学予科の文科が一六〇〇円から二八〇〇円、同理科が二〇〇〇円から三三〇〇円、旧制中学が一二〇〇円から二〇〇〇円、などとなっている。大蔵省は授業料の三倍増を主張していた。
（10）一九四八年六月四日『朝日新聞（東京）』朝刊一面社説。結局国立大学は一八〇〇円、高専は一二〇〇円、旧制中学は六〇〇円ということに落ち着いたことになる。なお、この社説では、当時進学できている比較的恵まれた学生が、ストのような穏当でない手段で反対することに対して懸念を表明しており、またインフレの状況下で、学費だけ据え置くという主張は無理があり、大学における月額一五〇円相当の授業料が不当に高いとも思われないと主張している。
(11) 一九四八年六月二八日『朝日新聞(東京)』朝刊二面。
(12) 一九四九年二月二八日『朝日新聞(東京)』朝刊二面。入学金も、大学六〇〇円、高専・予科が四〇〇円、新制高校が二〇〇円と倍額になると伝えている。
(13) 例えば、民主自由党(後に自由党となり、一九五五年の保守合同で日本民主党と自民党を結成する)の苫米地英俊は、一九四八年六月二九日の衆議院予算委員会第二分科会で、そのことを主張している。
(14) 注(12)の苫米地の質問に対する、文部事務官の剱木《けんのき》亨弘《としひろ》による答弁より。
(15) 一九五五年一月一二日『朝日新聞(東京)』夕刊三面。
(16) 一九五五年一月一六日『朝日新聞(東京)』夕刊二面。
(17) 一九五五年一月二一日『朝日新聞(東京)』朝刊五面。大内はここで、戦前と比較し、物価に比してむしろ私学の授業料は割安に抑えられており、それは教員の待遇の悪さに跳ね返っていることを挙げている。ただし一方で、当時の授業料に対する不満は、国立大学に比して私立大学の授業料があまりに高すぎるという格差にある点も指摘し、それは国の予算が著しく国立大学に偏重しているという問題点を突いている。しかも育英会の奨学金の受給者も著しく国立大学に偏っていることに触れて、非常に不公平であると指摘している。
(18) 一九六〇年二月二二日『朝日新聞(東京)』朝刊一〇面。
(19) 一九六二年一二月一四日『朝日新聞(東京)』朝刊一面。
(20) 一九六三年一月二九日『朝日新聞(東京)』朝刊四面。なお、現在義務教育における教科書は無償で配布されているが、これは戦後すぐに実施されていたわけではない。当初は一九五一年度の小学校一年生の国語と算数のみ実施されたが、財政難などにより一九五三年度で一旦廃止された。その後一九六三年度に復活して徐々に対象学年を拡大し、現在のように義務教育年限すべてを対象とするようになったのは一九六九年度からである。

(21) 文部科学省は初等中等教育局長名で、公立高校の授業料引き上げを極力抑制するように求める通達を一九六四年二月四日に各都道府県教委に出している。背景としては、物価上昇傾向が強く、それに対して政府が経済政策として物価上昇を抑制するため、公共料金の引き上げを行わないことを前提に予算編成を行っていることと、地方財政法一部改正で施設建設費の一部を住民負担とすることが不可能となり、都道府県の負担経費が増加しそうな見込みのため、その負担上昇分を授業料でカバーしようという動きが出てきたことにある。

(22) いわゆる教育熱心な母親を「教育ママ」と揶揄する呼称があるが、この「教育ママ」のもとになった「教育過剰ママ」という言葉を最初に用いたのが、この重松敬一である（小針 2011）。

(23) 一九六四年九月二三日『朝日新聞（東京）』朝刊一一面。

(24) この闘争は、二月五日、経営（理事会）側の譲歩によって決着した。

(25) 一九六五年一月二九日『朝日新聞（東京）』朝刊一四面。

(26) 一九六六年一一月二九日『朝日新聞（東京）』朝刊一五面。日本私立大学協会は、授業料の値上げが最低一律一五％増は必要と述べている。

(27) 一九六七年二月二〇日『朝日新聞（東京）』夕刊一面。この授業料値上げは、財源対策というより、私立との格差是正が目的であると報じている。

(28) 一九六八年二月一七日『朝日新聞（東京）』朝刊一五面。

(29) 一九六七年二月一八日『朝日新聞（東京）』朝刊一面の「天声人語」や二面の「社説」。

(30) 一九六八年一一月一一日『朝日新聞（東京）』朝刊一五面。

(31)一九六九年二月一一日『朝日新聞（東京）』夕刊八面。
(32)一九七〇年二月二三日『朝日新聞（東京）』朝刊一四面。
(33)ただし首都圏、中京圏、関西圏といった都市部では、人口の急増、集中により、高校定員の逼迫する状態が一九七〇年代に入っても続いていた。公立高校は多くは都道府県が設置しており、設置者負担の原則に基づけば自治体が設置すべきものとしながらも、一九七五年度予算では文部省が高校新設の国庫補助を要求した（一九七四年九月九日『朝日新聞（東京）』朝刊三面）。
(34)第一の改革が明治の学制発布、第二の改革が戦後の新学制施行を指す。
(35)一九七一年六月の中教審答申を指す。
(36)授業料といっても、私立学校の授業料は教育サービスへの対価だが、国公立大学の場合には、施設利用（営造物）の使用料もしくは手数料で文部大臣が定めるもの、と理解されていた。これは国立大学協会が、当時出していた見解である。国立大学は企業ではないので、教育内容というサービスの対価とは考えない、という立場であり、それゆえに国立大学と私立大学の授業料を同列に並べて比較するのはおかしいという論陣を張っていた。
(37)以上の三発言は、第六五回衆議院文教委員会二号（一九七一年二月一七日）より。
(38)一九七一年一二月四日『朝日新聞（東京）』朝刊二面。
(39)一九七一年一二月八日『朝日新聞（東京）』朝刊三面。
(40)一九七一年一二月九日『朝日新聞（東京）』夕刊七面。
(41)一九七一年一二月一七日『朝日新聞（東京）』朝刊六面。
(42)一九七一年一二月二九日『朝日新聞（東京）』朝刊二面。
(43)一九七二年一月一〇日『朝日新聞（東京）』朝刊一面。同時に自治省も、公立高校の授業料を一・五〜二倍（それまでは平均月額八〇〇円）にする方針を明らかにした。なお、その後予算案の成立が国会紛料で遅れたため、春に値上げを実施することはできなかった。
(44)一九七二年一月一八日『朝日新聞（東京）』朝刊三面。
(45)一九七二年一月二五日『朝日新聞（東京）』朝刊一面。一〇六校は当時の私大の四割にあたり、平均授業料は一〇万四〇〇〇円（一三％増）、入学金などの初年度納付金は二五万五〇〇〇円（九％増）。
(46)一九七二年一二月一日『朝日新聞（東京）』朝刊三面。国立大と私大の格差について、記事では「いわば私大生は国大生の一〇倍もの学費を納めながらも、量的には国大生の四分の一水準の教育環境でしか学べないことになる」と述べている。
(47)一九七二年一二月二六日『朝日新聞（東京）』朝刊三面。
(48)一九七三年四月七日『朝日新聞（東京）』朝刊二一面。
(49)一九七三年六月一日『朝日新聞（東京）』朝刊二面。それまでは、一九七〇年度から五ヵ年計画で、専任教員給与を含めた経常費を五〇％まで助成する制度があったが、急速な物価上昇でほとんど焼け石に水といった状況になっていた。
(50)一九七四年二月一二日『朝日新聞（東京）』夕刊六面。
(51)一九七四年四月二六日『朝日新聞（東京）』夕刊一面。
(52)一九七五年一月二七日『朝日新聞（東京）』夕刊六面。
(53)一九七五年一月二八日『朝日新聞（東京）』夕刊六面。
(54)ただし「受益者負担」の方針により、私立大学も授業料や入学金を上昇させ、日本経済も豊かになったことで実際その学費を無理にでも負担できる層が増加したこともあり、結果的に私学助成は私立大学進学者の負担を軽減することにはつながらなかった（末冨 2010: 77）。
(55)一九七六年三月一六日『朝日新聞（東京）』朝刊二面。国立大学は三万六〇〇〇円から九万六〇〇〇円、短大・高専・高校も、一・六七～二・六七倍に引き上げられようとしていた。

(56) 一九七六年六月六日『朝日新聞（東京）』朝刊三面。この問題は、本章の注（17）も参照。
(57) 一九七七年一月二九日『朝日新聞（東京）』朝刊二面。
(58) 一九七七年八月四日『朝日新聞（東京）』朝刊一面および八月一四日『朝日新聞（東京）』朝刊一面。
(59) 一九七七年一一月一六日『朝日新聞（東京）』朝刊二二面によれば、白百合学園中学が最高で一〇三万円、ついで青山学院中学が九一万四〇〇〇円、一一月二三日の『朝日新聞（東京）』朝刊二二面では高校の同じ問題が取り上げられ、最も高い桐朋女子（音楽）が一四七万三二〇〇円、白百合学園が一〇四万九八〇〇円、普通科では開成や武蔵が学費の高い例として挙げられている。一年後には早くも平均が六〇万円を超えることになる。
(60) 一九七七年一二月九日『朝日新聞（東京）』朝刊一面。
(61) 一九七八年三月一四日『朝日新聞（東京）』朝刊二三面。
(62) 一九七八年三月一五日『朝日新聞（東京）』朝刊二二面。仕送りが難しくなり、一家で離島から市内に移り住む有様を「教育移住」とよんでいる。
(63) 一九七八年三月一九日『朝日新聞（東京）』朝刊二二面。
(64) 一九七九年六月一四日『朝日新聞（東京）』朝刊一五面。この階層差は、高校までは同じ程度で維持されたままに移行し、大学で一気に拡大する。
(65) 一九八二年四月二三日『朝日新聞（東京）』朝刊二二面。
(66) 一九八二年五月二七日『朝日新聞（東京）』朝刊二三面。
(67) 一九八一年一二月二七日『朝日新聞（東京）』朝刊一面。
(68) 一九八二年九月一九日『朝日新聞（東京）』朝刊二面。
(69) 一九八三年一〇月一一日『朝日新聞（東京）』朝刊一面。ただし結局年額二五万二〇〇〇円に落ち着いた。
(70) 一九八三年一二月二四日『朝日新聞（東京）』朝刊二三面。

(71) 一九八五年一月四日『朝日新聞（東京）』夕刊一〇面。
(72) 一九八五年二月七日『朝日新聞（東京）』朝刊二一面。
(73) 一九八五年一一月六日『朝日新聞（東京）』朝刊三面。
(74) 一九八五年一二月一三日『朝日新聞（東京）』朝刊二三面。
(75) 一九八六年七月一五日『朝日新聞（東京）』朝刊三面。
(76) 一九八六年一二月一六日『朝日新聞（東京）』朝刊一面。
(77) 一九八六年一二月二四日『朝日新聞（東京）』朝刊四面。
(78) 一九八七年六月一九日『朝日新聞（東京）』朝刊三面。私立大学では東京理科大が、私費留学生を対象にした授業料一部免除制度を初めて採用した。当時日本政府が「二一世紀初頭に留学生一〇万人」という計画を打ち出していたが、円高の上に授業料が高騰し、しかも生活費がかかるのに、奨学金や宿舎の整備が全く追いついていないため、特に私費留学は相当困難になるであろうことが指摘されている（一九八七年三月二九日『朝日新聞（東京）』朝刊四面）。
(79) 一九八九年一二月二五日『朝日新聞（東京）』朝刊二七面。
(80) 一九八七年一二月二二日『朝日新聞（東京）』朝刊一面。
(81) 一九九五年一二月二四日『朝日新聞（東京）』朝刊二二面。
(82) 一九九八年一〇月二三日『朝日新聞（東京）』朝刊三八面。
(83) 一九九八年一〇月二六日『朝日新聞』朝刊・静岡面。その後、類似の記事が千葉や埼玉でも同年に見られる。
(84) 一九九三年八月一六日『朝日新聞』朝刊・栃木面。
(85) 一九九五年四月一日『朝日新聞（東京）』朝刊三面。
(86) 一九九四年二月一三日『朝日新聞（東京）』朝刊二六面。

(87)　一九九八年一二月五日『朝日新聞（大阪）』夕刊一五面。
(88)　一九九九年六月一六日『朝日新聞（東京）』朝刊三九面。
(89)　二〇〇二年六月四日『朝日新聞（東京）』朝刊三三面。
(90)　二〇〇三年二月一日『朝日新聞（東京）』朝刊八面。
(91)　那谷屋正義（民主党・新緑風会）による参議院文教科学委員会（二〇一二年一〇月二七日）における発言。
(92)　松野博一（自民党・無所属の会）による衆議院文教科学委員会（二〇一二年三月三〇日）における質問の中での発言。これに対する当時の高木義明文部科学大臣は「少子高齢化が進む中でありながら持続可能な社会保障をしていくためには、現役世代が元気であることが必要であろうと思っております。したがいまして、いわゆる医療、年金、介護などにとどまらず、やはり子育て、人づくり、こういう教育も当然その中の一つの重要なテーマとしていくべきだ、私はこのような思いでおります」と答弁している。

第七章　教育費をめぐる争点

1　自己責任と化する教育費負担

（1）政府への不信感の形成

民主主義の社会にとって、政策の実行には人々による広範の支持が必要である。しかしわれわれの生活が豊かになり、一定水準の生活が保障されるようになると、徐々に人々の政府に対する希望は多様化する。また政治家は一般の人々の支持を取り付けようとするため、財政的には大盤振る舞いとまではいかないまでも、無理のある政策を提唱しようとしがちである。いわば人気取り政策が争点になってくるのだ。実際には、人々にとって人気のある政策ばかりをやれば済むわけではない。新川敏光のまとめによれば、政治家は人々からの非難を回避するため、次のような戦略を採用するという（新川 2004）。

①アジェンダの制限。非難を生む争点を、政策アジェンダから排除する。

②争点の再定式化。損失を与えるような政策に対して、何らかの積極的な意味づけを与えたり、損失を与える政策の代償政策を展開する。

③可視性の低下。二つあり、一つは誰が政策を決めているかをはっきりさせないようにする。もう一つは政策効果を低下させる。つまり政策を一度ではなく段階的に導入して、マイナスの効果を分散させようとする。

④スケープゴートの発見。異なる利害をもつ集団間の対立を煽り、非難の矛先をかわす。

⑤超党派的合意形成。政治的党派を超えて合意を形成し、非難が自分のところだけにくるのをかわそうとする。

現在の日本は経済状況が悪く、人々の所得も伸びない状況にある。こうした中で、特に所得再分配政策は政府から一方的に金銭の付与が行われていると映るため、その利益を得られず、また税負担を担っている人々（特に中間層）の間では極めて大きな反発を招きやすい（宮本 2008: 45-46）。最近では、生活保護取得率が低い状況にあるにもかかわらず、不正取得の問題が繰り返し報道され、またそれに関する非難が強まったことに現れている。例えば二〇一二年一月三〇日の参議院本会議における中村博彦（自民党・たちあがれ日本・無所属の会）の代表質問において、生活保護が待ったなしの課題であり、受給者は二〇〇万人を超えて過去最多、二〇一二年度当初予算で三兆七千億円に膨れ上がっており、特に医療扶助で不正受給が増加していること、特に大阪市はひどいケースがあり、市の財政が生活保護で麻痺状態である、また貧困ビジネスが跋扈している、といった趣旨の質問がなされている(1)。民主党の野田政権のもとで消費税の増税方針が決められたとはいえ、未だに増税への忌避感情が強い。このような状況では、国民の支持を受けやすい費用のかかる政策は政治家も打ち出しにくい。自民党政権時代は、無駄な公共事業の「ばら撒き」が批判されてきたが、民主党政権で相対的に重視されてきた教育、福祉や社会保障に関してまで（財源や制度上の詰めや説明が甘かったために）「ばら撒き」が批判された。そして後者の批判は反発を受けるどころか、一定程度社会的に共感をよんでいるようにも見える。

第三章（一二七ページ）でも触れたが、社会保障の在り方として、その受給対象を極力絞るターゲッティズム（選別主義）と、逆にあらゆる社会成員にサービスを提供しようとするユニバーサリズム（普遍主義）がある。前者は日本の生活保護制度が典型例だが、ミーンズ・テストとよばれる受給資格の有無の審査を経て、それを通った者のみが受けられるサービスである。言うまでもなく、これは中高所得層の税負担が、低所得層に移転されるわけだが、そこには中高所得層に利益は生じないため、中高所得層の低所得層への目は厳しくなる。本当に受給資格があるのか、審査は公正に行なわれているのか、といった疑心暗鬼の念が常に付きまとう。一方で、初等教育が無償なのは、誰もが享受できるメリットである。つまり人々が少しずつ負担し、また該当する年齢の子どもがいれば誰でも受けることができるし、基本的にすべての大人もかつてそのメリットを享受してきたはずである。こうしたユニバーサリズムを中心に据えれば、異なる人への疑心暗鬼の念は薄れ、社会的連帯を促す可能性も出てくると言える（井手 2012: 255-260）。もちろんユニバーサリズムは、メリットを受ける人の選別を基本的に行わない分、負担も大きくなる。ただし必要になれば、審査を経ずに全員がそのサービスを受けられるから、負担があってもその理由に納得しやすいというメリットがある。

よく考えれば当然ではあるのだが、痛税感は、絶対的な税負担の重さ（規模）だけで決まるわけではない。税を支払う以上、それに対する何らかのメリットを求めるのが納税者であり、問題はその利益を得ていると納税者が感じているか否かが重要である。実際、税負担の大きなことで知られる北欧の痛税感はそれほど高くないのに対し、日本のそれは先進諸国の平均を上回っている（井手 2013: 7-9）。このことは、論理的に考えると非常に困難な状況を生み出すことを容易に想定できるようになる。

痛税感が強いということは、それだけ受益感がないということであり、それゆえ増税への抵抗は強まる。むしろこんな政府に税金を取られるなどまっぴらだと考える人が増えるだろう。こうして人々の政府に対する信用が失われる（第四章参照）。政府は財源が不足するため、住民サービスの拡充をすることが困難になる（住民の声にこたえることができない）。それゆえますます住民の政府に対する目は厳しくなり、住民の間に増税などもってのほか、という雰囲気が強まる。財政赤字が拡大すれば、僅かな税収を財政再建に回さざるを得なくなるだろうが、こうなってしまうと納めた税金は住民の実生活にほとんど還元されなくなってしまう。特に税金を納める中間層らによる「無駄の削減」の声が強まり、矛先は低所得層のサービス受給者に対する不正受給への疑念、そして彼らは税負担をせず、一方的に利益を得ているだけだという感情的な批判につながる。それにより審査の厳格化の声が高まり、行政がその声に応えようとすれば監視コストをかけざるを得ない。こうして住民サービスは徐々に狭められ、僅かな資源をめぐってお互い監視し合うという「不寛容な」社会が生まれることになる（井手 2013）。

（2）受給者への不満

ギデンズ（Giddens, Anthony）が述べているように、福祉国家政策により、もてる者ともたざる者という対立軸は薄められたが、問題はその福祉政策を実行するにあたっての資金調達をめぐる対立が顕在化することにある。有権者の脱政党の傾向が強まると、政党はその浮遊層を取り込むことに熱心になる。以前は広く支持を集めていた累進課税も、徐々に抵抗が生まれるようになる。さらにニューライトの人々が言うように、福祉国家の官僚制組織は融通が利かず、効率が悪く、無駄が多く映る。したがって政府は、人々のニーズに鈍感だという印象が与えられる。また社会主義者は、経済的な変数（貧富の問題）に関心を集中させてきたが、感情、道徳、文化の問題を含む他の争点をあまり考慮していない傾向がある。それに対して保守主義者は、伝統の擁護によって、感情、道徳、文化の問題を埋め合わせようとし、人々の共感を得ようとする（Giddens 1994=2002: 100–104）。

そもそも福祉国家は、労働者階級が革命によって勝ち取ったものではないし、資本家階級が労働者階級をなだめるために導入したというものでもない。これは多くのヨーロッパ諸国で右派政府が政権にあったときに、大量の失業に対して何らかの対処を行う必要性から生まれたものであった。また戦時下において経済と社会の結集は必要なことであり、国家の機能や役割も増加する。

福祉制度の背景には、働こうとする人々を積極的に労働市場に取り込むことが盛り込まれている。すなわち人々の勤勉さを労働という形で表出させ、その人に対し社会の中における労働者として積極的に役割を与えようという試みが、福祉国家というプランの中には内包されていた、ということである。そして福祉国家は常に国民国家であり、国民の連帯性を促進させたいという当局の望みがあった。福祉制度を構築することは、国家の建設過程と不可分であり、福祉国家について語るときには国民国家を語ることを避けることができない。そして福祉計画は一種の社会保険で、リスク管理の一種である。以上は福祉国家の構造的源泉といえる。特に戦争体験を経て、不確実性やリスクを国民国家の国民が共有したことで、連帯性や集団での努力（勤勉さ）がますます強調されるようになってきたのが、過去の福祉国家の発展を見る上で見逃せない歴史である（Giddens 1994=2002: 172-177）。

日本でも、社会政策や社会福祉は歴史的に戦時体制と切っても切り離せない部分はあるのだが（例えば冨江 2007）、ここではそれはさておき、戦後の福祉国家体制の構築に議論の焦点を絞ろう。

日本ではイギリスの労働党だとか北欧に見られる、いわゆる社会民主主義が形成されていない、と指摘されることがある（宮本 2008: 90-94）。実際、福祉政策をめぐる議論そのものはイデオロギー的に対立していた（国家が福祉に責任をもつか否かという選択肢として存在していた）というよりは、専らイデオロギー的対立は防衛・外交・歴史認識をめぐる話に収斂し、保守の自民党は（不十分ではあったが）左派への懐柔策として福祉政策を利用して大衆の心をつかんでいった、という側面が強い。左派の社会党や共産党はもちろんイデオロギー的に福祉を重視する立場にあったから、露骨な福祉政策反対や削減を叫ぶ政党は、日本にはほとんどなかったのである。特に一九六〇年代から、公害問題や住民運動、市民意識の高まりから、特に都市部で革新自治体が次々誕生し、いわゆる福祉政策を実施して革新政党が民衆の支持を集めていた光景は、自民党には脅威であったのである（新川 2005: 73-84; 武川 2007: 123-125）。こうして未曽有の高度成長ということも相俟って、人々の生活は飛躍的に改善し、表向きの階層（階級）差は見えにくくなってきたのが、戦後日本の歴史であった。

ただし不十分とはいえ、福祉政策の拡大は、当然政府支出の増大につながる。日本の長期国債の発行は、戦後だと一九六五年に遡る。真渕勝によれば、その後の財政赤字の増加は、以下のように整理できる。一九六五年はオリンピックの翌年で、経済成長の鈍化により税収が著しく落ち込んだ。結果的に、その税収不足を補うための補正予算に際して、赤字国債を発行することが決まったのである。均衡財政においては、基本的に歳出規模も税収によって決まるので、それに収まらない要求は計上しないことになる。しかし赤字国債の発行は、財政支出に対する歯止めが脆弱になったことを意味する。そして大蔵省は歯止めがきかなくなることを恐れ、国債の使途の限定（建設国債）と、国債の消化は市中で行い、日銀の引き受けによる再発行は行わないことを確認した。しかし建設国債の対象の範囲は曖昧であり、結局純然たる歳入補填機能を維持していた。つまり歯止めとしての機能はあまり果たされていなかった。

やがて高度成長から安定成長へと移行すると、社会資本の立ち遅れを埋めようという動きが強まり、公共事業によって財政支出を積極化する路線へ舵を切ることになる。大規模開発は一朝一夕に終わるわけではないので、一旦事業が始まると、長期の恒常的な支出が発生する。さらに自民党が長期政権を担うことで、特定の利益集団との癒着関係を保持する「族議員」が生まれ、彼らが更なる積極財政支出の路線に拍車をかけた。こうして歳出に占める「当然増」経費の比率が増加し、財政の伸縮性が失われて財政当局の統制がきかなくなる。これを財政の硬直化という。硬直化を打開するため大蔵省は総合予算主義(2)を採用するなどの試みを行ったが長続きせず、経済条件が再び上向きとなって大蔵省自身の危機感も薄れた。

また当時の大蔵省は、他の省庁からの復活折衝において、自省（大蔵省）管轄の様々な名目のもとで予算に入れていた資金を小出しにして、その予算復活に応えるという手法を採用していた。それゆえ、復活折衝後も予算総額は変わらなかった。こののち、大蔵省はこの復活折衝で利用できる資金を予め公開し予算編成を効率的に進めようとした。しかしこの公開財源の折衝において、予算編成のプロセスに自民党が介入する余地を与えた。田中角栄内閣では、列島改造論により当初から積極財政の方針で臨んだが、第一次石油危機や地価高騰などで徐々に人気を失い、都市部では社会党や共産党を中心に革新政党の躍進が続いた。そして積極財政路線はそのままで、対象を公共事業から社会福祉へと大きく転換させた。さらに田中は一九七四年予算で、二兆円減税を施行し、人々の人気を引き付けようと試みた。こうして財政赤字は決定的なものとなり、一九七〇年代後半からの緊縮財政、増税なき財政再建路線へと歩んでいく下地が形成されるのであった（真渕 1994）。

一九八二年の時事通信社の世論調査では、財政に対する国民の関心が高まり、「増税なき財政再建」への支持は高まっていた。歳入不足については、三七・一％が歳出削減を支持したが、増税と回答したのは二・五％に過ぎない。仮に歳出削減と赤字国債の発行両方を行う回答者と、増税支持者を合わせても一四・七％で、増税絶対反対者は五二・九％に達していた。ただし歳出削減の具体策を国民は支持しておらず、五一・一％は政府がシーリングから外した防衛予算と政府開発援助（ＯＤＡ）に対する支出を削減すべきと回答していたのに対し、政府がシーリングを適用した社会保障と教育支出は維持すべきと考えていた（加藤 1997: 154）。このことは換言すれば、新たな負担は望まない、しかし社会保障は不十分で教育費も高騰している、防衛予算やＯＤＡなどを社会保障や教育に回せば十分賄える、という主張であったのだろう。

第五章でも述べたように、日本の財政や公共事業重視政策は、財政投融資なしでは語れない。税負担は低いままで、政策的に消費や貯蓄を促し、その貯蓄が公共事業投資の原資となった。それにより社会資本の整備は進み、一定程度地方の開発も進んで、かつてほどの地域間格差は目に見えて意識するほどのものではなくなったのかもしれない。もちろん相対的な経済的格差は残ったかもしれないが、戦後直後の食べるのにも困るという状況を考えれば、僅か数十年で、誰もが一通りの電化製品などの「基礎財」を揃え、普通の生活を送れるようになり、実感として経済的な豊かさを感じることができるようになった。一方で、エコノミック・アニマルと揶揄されたり、過労死が社会問題になったりと、仕事（会社）優先のライフスタイルが当然のものとして日本人の間に確立した。

もちろんこうした働きぶりがもたらしたポジティブな側面（生活水準の向上、経済発展など）は否定できないが、第一章（五四ページ以降）で述べたように、とかく同一行動や集団行動を好み、また同一の処遇を望む傾向のある日本社会の中にあって、結果的に生じる差は「機会の不平等」ではなく、

「個人の努力」や「やる気」の問題と見なされやすかった。だから旧来の階層や階級といった不平等の問題や、経済格差の存在が不公平であるという意識が社会的にリアリティを失い、「豊かな」社会における不平等という新たな分析枠組みや問題設定が必要になった、という提案もなされたのである（原・盛山 1999）。そして今、格差社会論が広く流通する中でも、一方で生活保護バッシングなどが見られるように、社会的には弱者に対して手を差し伸べようとする力だけではなく、生じた結果は本人の怠惰や我儘という自己責任に帰せられるのであって、自業自得であるという言論が力をもち始めている。税負担をする中間層も必ずしも生活が楽ではない中で、彼らの不満が受給者という弱者に向けられているわけである。

（3）個人負担を望む日本人の保護者

第六章で振り返ったように、日本では教育費の私的負担が急増していったわけだが、その負担感を嘆く声はしばしば聞かれても、それを社会的に解決しようという声にはなかなか結び付かなかった。主義主張はともかくとして、実態としては保護者が教育費を負担するのは当然であり、「親の役目だ」という意識や規範が浸透しているようである（末冨 2010: 106-107）。

このことは実際の調査からも裏付けられている。古田和久によれば[3]、日本では相対的に、親の教育費負担が当然であると考える人が珍しくない（全額負担を当然とする層が六割以上にも上る）。この教育費負担の意識を丹念に検討すると、大学入学機会が公平に与えられていると認識している富裕層が、全額負担を当然と考える傾向が強い。ただし全体として、こうした教育費負担の意識は、学歴や職業といった階層変数とはあまり関連をもたない（古田 2007）。

日本の家庭は、教育費を優先させて個人的にやりくりしている現状がある。子どもが小さいうちはまだいいが、高等教育になると一気に家計負担が増す。そのことがわかっているので、子育て世帯は当然貯蓄しようとする。ただし貯蓄できるのはせいぜい子どもの義務教育期間くらいであろう。しかもその頃は保護者の所得も十分ではないので、貯蓄できる額も限度がある。さらに近年は日本的雇用システムの崩壊で、年齢とともに所得が上昇する見込みも薄い。このような状況では、出生率が低下するのは目に見えている。また子どもが少ないからこそ、さらに思い切って教育費にお金をつぎ込むという構造も見て取れよう（矢野 1996）。

公共サービスには便益と費用という関係があり、その便益を得られる（受益）のが個人だけなのか、それとも社会的に及ぶのか、ということをもってして、費用負担を私的なものと考えるのか、税金を投入する根拠になるのか、ということが語られる。そして矢野（2013）は収益率の計算、特に社会的収益率や財政的収益率の計算を通して、大学に対する公財政支出が効率的な公共投資であることを示しているが、一方で大学の大衆化により、日本社会一般に大学教育の社会的便益に対する疑念が非常に強く根付いていることを問題視している。特に矢野の調査によれば、大学の教育費については、個人もしくは家族が負担すべきという意見が七〜八割を占め、しかもその意見の分布と社会階層の間にも有意な関連はなかったという。実際、戦後の日本の高等教育が私立に依存し、しかも教育が専ら家計によって支えられてきたという実情によって、このような意識が当然というように見なされるようになったのかもしれない。また政策的な優先順位も、大学教育は非常に低い。もっとも、実際には

「すべてを」家計もしくは政府が負担するというよりは、両者が適当な割合で折半し落ち着くようにする、というのが実態の意識の分布に見合っている部分もあるという（矢野 2013）。

ただ教育に対する社会的便益への意識が低い日本では、結局教育の私的投資の側面ばかりが強調されてしまう。繰り返しになるが、学校現場での処遇の平等性を強調し、また入試などの選抜方法の条件に過敏なほどの公平性を求める姿勢は、結果として結果責任を個人のものと見なさせる。敗者は自分の努力が足りなかったとして反省し納得するし、勝者はそれを自分の努力の結晶と考える。ただしそこには、恵まれた学習環境にあったとか（その学習環境自体に相当な個人差があるとか）、目に見えない様々な社会的サポートがあったはずであるという視点は希薄である。教育が社会的に広く浸透して、人々の知的水準が上昇し、何らかのポジティブな影響が社会全体に及んでいると考えてもおかしくないが、それがどの程度のインパクトをもっているのかを推計するのは容易ではないし、実感として理解しにくい。だから当座、教育費の嵩む家庭だけは負担軽減を求めるが、それ以外の人々は教育の問題に無関心となってしまう。財政の問題が逼迫する中で、そんな教育に公費をつぎ込む余裕があったら、自らの老後の社会保障にまわしてほしい、という（これも結局個人主義的な考え方だが）希望が反映されてしまうことになる（濱中 2013: 228-232）。

本章から残り二章では、政府、国家、あるいは政府の行う政策に対する意見、意識に着目することにしたい。現行の間接民主制のもとで、自らの望む政策の実現として最も一般的なものは投票行動となる。そして政策のオプションを示すのが政党である。教育費の問題に関して、政治がどう関与してきたのか、あるいはしてこなかったのか、それに対して国民がどう反応してきたのかを振り返ることにしたい。

2　選挙の公約・マニフェスト

(1) マニフェスト選挙の始まり

選挙では、投票者は自らが望む政策を実行してくれそうな政党や候補者に一票を投じ、自らの意思をその候補者に託すことになる。そうして票を多く獲得すれば、同一の意見をもつ者が多数派を占めることを意味するから、社会的に一定の支持が得られたものとして政策を実行するわけである。だから投票前に有権者に示す公約は、投票者と候補者の信頼関係の根源ともなる重要な意味をもつはずである。

ところがかつての日本の選挙公約は、概して総花的であり、スローガンばかりで実現性にも乏しい、という印象が否めなかった。だから従来の日本の投票行動は、三宅一郎が指摘するように、公約に基づいて個人が判断するというよりも、利害ネットワーク（特定の職業などに関連する団体への加入や、それに関連する人々との人脈の有無）、保革イデオロギーによって説明されると言われてきた。有権者が個々の政策に通じているということはほとんどありえないし、特に争点が見えにくい選挙では投票の判断材料となる情報獲得にもコストがかかる。また冷戦体制下では、イデオロギー対立が鮮明であっただけに、個々の政策の中身も、立つイデオロギーによってどのようなものになるかの予想がしやすかったこともあるだろう。だからイデオロギーは、政党間の違いという情報を提供する材料となる

（三宅 1989: 147–148）。

しかし冷戦体制の崩壊後、そのイデオロギーの違いは不明確になり、何より旧来左派の勢力は著しく弱まった。だからといって、いわゆる階級的、もしくは階層的な変数による説明力も、必ずしも大きくはない。平野浩によれば、年齢や、（階層や階級と直結しない意味での）職業が、今でも投票行動に影響を与えることが多く、収入による説明力はほとんどないという（平野 2007: 15–30, 85–103）。

ただし衆議院に小選挙区比例代表制が導入されるようになり、政権交代に現実味が生じてきた。イデオロギー的対立が不明確になれば、有権者は左右のイデオロギーに依存しない別の要素で投票先を決めなければならない。そこで民主党が目を付けたのが「マニフェスト」である。

マニフェストの起源となったイギリスにおいて、「マニフェスト」と言うとき、近年当然視されている具体的政策の「数値目標、達成時期、具体的財源」は書かれていないことが多いという。日本では、小選挙区制の導入によって有権者の意思を政党が反映する、という委任関係が明確化するようになった。だから余計、具体的政策を掲げて有権者に選択を迫るという方法が重視され、採用されるようになったのである。ところが本家イギリスで、マニフェストと言えば政党の理念的なものや綱領のようなものを指している。日本でそれはマニフェストと見なされず、具体的政策そのものがマニフェストとよばれるようになった。それだけではなく、政党はマニフェストを有権者からの委任状と見なしてしまったから、政党はその内容に縛られるようになり、マニフェストに描いたことができないと「マニフェスト違反」を公然と非難された。政党によるイデオロギー的な違いが不鮮明になりながらも、小選挙区制により政党を選択しなければならなくなり、さらに無党派層が増大したことは、そういった日本版マニフェスト重視の選挙の前提となり、またそうした選挙の形態を促進することにつながった[4]（中北 2012）。

（2）選挙における争点の変遷史

そうした機能をもつようになった日本版マニフェストはもちろんだが、それ以前から政党の出していた公約も、一応その選挙における争点や有権者の関心を一定程度反映していることに違いない。しかしそこでは教育がどの程度論点となってきたのだろうか。これまで何度も教育費の高さが取り沙汰されながら、それが選挙の論点になることはなかったのだろうか。

「（財）明るい選挙推進協会調査」の一九七二年から二〇〇〇年の国政選挙後の世論調査データによると、有権者の視点から選挙の争点として多くあげられていたのは、「物価・景気」、「福祉・介護」、「税制」、「不況」といった生活や経済に密着した問題である。「政治浄化・倫理・改革」の問題はよくマスメディアの話題に浮上していた印象があるが、政界の混乱や汚職事件が表面化していなければさほど重視されていない。「教育・文化」「農業」の問題は安定して選択されているが、平均して一割強で、二〇〇〇年はゆとり教育や少年犯罪の凶悪化言説が広まった関係もあってか二割を超えた。ただし、政党のイデオロギーを大きく反映している防衛問題や憲法問題は、有権者が注目する争点としては高いとはいえない（谷口 2005: 19–23）。

では実際の選挙では、一体何が争点となっていたのだろうか。表7－1は戦後の衆議院選挙について、その特徴と争点を『朝日新聞』に掲載されていた各党の公約・マニフェスト一覧から筆者が整理して抜き出したものである。公約の取りまとめ方については、選挙ごとに若干異なり一定していないのだが、多くの場合は、ときの選挙に際して「外交」「防衛」「物価」などのような大項目を立てて、それぞれの項目に対する各党の政策が整理されて掲載されている。争点は、基本的にその項目自体が選挙における争点になっていたトピックと考え、それを抽出した。また、選挙によっては政権与党であった自民党が教育に関してほとんど触れていないが、野党の社会党や共産党が教育について若干触れている、ということもあった。それについてはやや恣意的な判断になるが、与党側の政策が実現しやすい傾向にあり、その後の政策へのインパクトが考えられることなどから、与党側が大きく触れていない場合には、その選挙において積極的な争点となってこなかったと見なすこととした。

これを見ると、戦後しばらくは、日米安保条約や自衛隊、防衛費のような外交・防衛問題といった政党間のイデオロギーの違いが明確なものが争点になっている傾向が強い。ただし徐々にその優先順位は下がってきて、特に東西冷戦終結後は、消費税の問題、行財政改革、経済や社会保障問題の優先順位が上昇する。有権者の関心と共通するのは、物価、景気、税制などの経済に関する問題で、生活に密接に関連するため、ほとんどの選挙で積極的な争点としてあげられている。

教育については、そもそも争点として取り上げられていない選挙もかなり多い。教育の争点が取り上げられていても、その優先順位は必ずしも高くない。さらにいえば、教育に関するトピックは、財政的な問題よりも、イデオロギー的な問題として取り上げられることが多い。二〇〇三年の衆議院選挙は、珍しく教育基本法改正を巡り、教育分野が選挙の争点として上位に掲げられた選挙であった。この時期は小泉内閣の「聖域なき構造改革」路線に沿って、義務教育費国庫負担金の問題が議論にな

表 7-1　戦後の衆議院選挙とその争点①

選挙名	実施日	選挙の特徴	主な争点（『朝日新聞』より）	教育関係の争点
第 22 回衆議院	1946.4.10	大日本帝国憲法下では最後の選挙。戦後初で，男女普通選挙として実施されたのも初めて。幣原内閣。	インフレ・食料・天皇制・産業再建・失業対策・土地問題	なし
第 23 回衆議院	1947.4.25	吉田内閣。中選挙区制で実施。	インフレ・食料・経済産業の国家管理	なし
第 24 回衆議院	1949.1.23	日本国憲法下で初の総選挙。吉田内閣の「馴れ合い解散」。	インフレ・企業整理・行政機構の整理・産業振興	なし
第 25 回衆議院	1952.10.1	吉田内閣の「抜き打ち解散」。直後に教育委員の公選制導入による委員の選挙。	米価・再軍備・減税や控除制度・失業対策・中小企業対策	六三制堅持・義務教育国庫負担制度・育英制度
第 26 回衆議院	1953.4.19	吉田内閣の「バカヤロー解散」による。	産業の国家管理・再軍備（保安隊）・スト規制・米価・減税・特需景気への対応・中小企業対策	なし
第 27 回衆議院	1955.2.27	鳩山内閣の「天の声解散」による。	減税・住宅・コメ（主食）・自衛隊・失業対策・中ソとの貿易	なし
第 28 回衆議院	1958.5.22	岸内閣の「話し合い解散」。保守合同後，初の総選挙。戦後最高の投票率を記録。	安保体制・自衛隊・核問題・ソ連や中国との外交・新経済 5 か年計画・中小企業対策・国民年金・憲法改正	道徳教育（道徳の時間の設置），教員の勤務評定，すし詰め学級解消

表 7-1 の続き②

選挙名	実施日	選挙の特徴	主な争点（『朝日新聞』より）	教育関係の争点
第 29 回衆議院	1960.11.20	池田内閣の「安保解散」。社会党と民社党の分裂後の選挙。安保条約発効後の選挙。選挙直前に社会党の浅沼委員長暗殺。	安保体制（ただし選挙時には成立）・核武装や自衛隊・中ソとの外交・「所得倍増計画（経済成長）」・貿易自由化・公共料金値上げ阻止・減税か富裕者への増税か・拠出型国民年金	教育基本法・道徳教育・教員の勤務評定
第 30 回衆議院	1963.11.21	池田内閣の「ムード解散」「所得倍増解散」などといわれる。	消費者物価の上昇・日韓と原子力潜水艦寄港などの外交問題	義務教育完全無償・高校義務化・大学の自治自由
第 31 回衆議院	1967.1.29	佐藤内閣の「黒い霧解散」。公明党が衆議院選挙初参加で議席獲得。	政界の黒い霧の粛正（政治浄化）・中国との外交・安保・防衛問題・国債の発行	なし
第 32 回衆議院	1969.12.27	佐藤内閣。自民党追加公認含めると 300 議席獲得，社会党が大敗北，公明・共産の躍進。都市部での多党化傾向。	安保体制と沖縄返還・物価の高騰と減税・米作	大学紛争の沈静化をめぐる対応
第 33 回衆議院	1972.12.10	田中内閣。	列島改造・物価の抑制・年金や老人医療無料化などの社会福祉	なし
第 34 回衆議院	1976.12.5	三木内閣。前回衆議院議員任期満了による。ロッキード事件。	ロッキード事件の追及と政治粛正・選挙制度・物価安定・安保条約・日中外交	知識偏重教育の解消・高校全入・私学助成
第 35 回衆議院	1979.10.7	大平内閣の「増税解散」。	行政改革と一般消費税導入を含む「増税」・インフレとエネルギー政策・政治腐敗の是正・福祉と負担の関係・対ソ外交	地方国立大の充実・放送大学設置・共通一次試験をはじめとした入試改革

表 7-1 の続き③

選挙名	実施日	選挙の特徴	主な争点（『朝日新聞』より）	教育関係の争点
第 36 回衆議院	1980.6.22	大平内閣「ハプニング解散」，選挙期間中に大平首相急死。自民党が議席回復。	物価（インフレ）対策・福祉と負担（日本型福祉社会の実現）・エネルギー政策・安保防衛・行革・政治浄化	四十人学級実現・受験地獄解消・ゆとりある教育
第 37 回衆議院	1983.12.18	中曽根内閣の「田中判決解散」。ロッキード事件による田中角栄元首相への実刑判決，自民党過半数割れ。	田中角栄元首相の処遇・増税か減税か・核軍縮・防衛費 GNP 1% 枠・被用者健康保険本人給付 8 割の厚生省案・農産物自由化	学制改革・道徳教育充実・四十人学級実現（校内暴力などの解消）
第 38 回衆議院	1986.7.6	中曽根内閣「死んだふり解散」で，自民単独 300 議席獲得。社会党は 100 議席を割り込み大敗。	憲法・政治倫理・行革・減税と大型間接税導入・円高対策・外交防衛・原子力発電・日本型福祉社会	いじめ解消・脱学歴社会・徳育や個性重視・入試改革・私学助成や奨学金制度による負担軽減・40 人（35 人）学級推進
第 39 回衆議院	1990.1.24	海部内閣の「消費税解散」。89 年の参議院選挙で自民党は社会党に負ける。自民党は議席を減らし，社会党が躍進したが，それ以外の野党も議席を減らした。リクルート事件後。	自由主義か，社公民の連立かの政権選択・消費税・政治腐敗・コメ問題・軍拡・土地対策	なし
第 40 回衆議院	1993.7.18	宮沢内閣の「嘘つき解散」。自民党分裂と新党ブームで，自民党が結党後初の野党。社会党も大幅に議席を減らす。	コメ開放の問題・所得税減税や消費税の処遇	なし

表 7-1 の続き④

選挙名	実施日	選挙の特徴	主な争点 (『朝日新聞』より)	教育関係の争点
第 41 回衆議院	1996.10.20	橋本内閣。小選挙区比例代表並立制による初の選挙。自民党と新進党の 2 大政党。民主党の第三局。社民党（旧社会党）の埋没。	消費税 5%・行政改革（省庁再編）・有事法制・国連常任理事国入り・企業団体献金・歴史認識	なし
第 42 回衆議院	2000.6.25	森内閣「神の国解散」。	公共事業投入など景気対策・年金の社会保険方式と税方式の選択	なし
第 43 回衆議院	2003.11.9	小泉内閣。自由党が民主党と合併したことで，自民と民主の二大政党制の性質が濃厚となる。マニフェストが掲げられる。	教育基本法改正・高速道路の無料化	教育基本法改正
第 44 回衆議院	2005.9.11	小泉内閣の「郵政解散」。自民党の圧勝。民主党は年金問題などの争点化に失敗。	郵政民営化・経済財政改革・公務員の削減・年金子育て	なし
第 45 回衆議院	2009.8.30	麻生内閣。自民大敗し，民主党が 300 議席獲得。政権交代。期日前投票数も過去最高。	経済対策（雇用対策）・年金改革・農業戸別所得補償・ガソリン税暫定税率廃止・高速道路無料化・後期高齢者医療制度	子ども手当・公立高校実質無償化・大学奨学金拡充
第 46 回衆議院	2012.12.16	野田内閣。民主党大敗，自民公明政権回復。第二次安倍政権へ。	経済成長戦略・TPP・原発などエネルギー政策・復興・消費税・社会保障・憲法改正	学制改革・基礎学力徹底・教科書検定・大学入試・いじめ問題への対処

っていたが、この議論が（教育関係者は別として）国民の間で広く話題になったという印象はない。また教育基本法改正の議論も、言うまでもなくイデオロギー的な側面が強調されることとなる。

教育財政の面や、教育費、授業料に直結する問題としては、戦後直後の第25回衆議院選挙で、第六章でも検討したような義務教育費国庫負担金制度の確立自体が争点となっていた。このときは財源不足で大蔵省や地方自治庁が一般財源化を強く主張していたが、六・三制の定着が広く国民の間で支持されていたこともあって、保守勢力も義務教育に関する文教予算が削減されかねない提案は支持しにくかった。しかし革新勢力は別として、与党自民党はその後、教育の問題を争点に掲げたとしても、家庭の教育費負担の軽減につながるような提案は、ほとんど行うことはなかった。一九七〇年代に入り、私学助成の問題が持ち上がったが、これも既に述べたように、国の財政難に伴う受益者負担論が先にあって、国立大学の授業料を「適切な価格に」値上げすることと引き換えに成立したようなところがあり、家計の教育費負担の軽減につながったわけではなかった。

そういったことを考えると、家計に占める教育費負担の軽減をより具体的な形で目指した第45回衆議院選挙での争点は、特筆すべきものがあったと言える。民主党の子ども手当を中心とする子育て政策は、子育てを親中心の私的な責任のものとするスタンスから、いずれ高齢者の社会保障を維持する担い手となる子どもの育成は社会的、公共的な責任のもとで行うべきであるとする社会的意義の転換が図られたものだ。特に子ども手当では、所得制限の撤廃や配偶者控除制度の廃止がセットになっていた。このことは子ども手当の普遍主義（ユニバーサル）化を意味し、子育て＝社会的責任という意味をもたせる意味で非常に重要な意味をもっていたのである。配偶者控除制度はそれまでも女性の経済的自立の阻害になっていると指摘されており、特に男女共同参画を促進するためには欠かせない側面があった。そして不妊治療の保険対象化、出産時助成金、子ども手当、高校無償化、奨学金制度の拡大により、高齢者に偏っていた福祉政策のバランスを取って、社会的に子どもの成長や自立を支えるというパッケージが成立した。そういう点からすれば、本来は単なる「ばら撒き」政策ではなく、重要な政策転換の意義をもっていたはずであった。

ところが実際の民主党政権内部で、こうした政策の体系性をきちんと理解している議員がそもそも多くなく、重要な政策理念が議員間で共有されていなかった。さらに財源の詰めが甘いがゆえに、その問題が指摘されると金額の問題ばかりがクローズアップされ、理念について説明したり、考察したりする機会を失うことになった。関連する大臣（文部科学、厚生労働、少子化対策担当、男女共同参画担当）も頻繁に入れ替わり、在日外国人への不正受給や、実際には子どもと別居している親への受給など、制度の不備や欠陥が制度全体を否定することになった。また何より子ども手当に対しては、民主党政権の当初から、国民の期待や要望は高くなかった(5)。だからこそ、理念をしっかり説く必要があったわけだが、党内部での問題を多く抱えていたがゆえにその機会を失い、ますます国民の支持を失っていった（日本再建イニシアティブ 2013: 162-180）。

二〇〇九年の衆議院選挙において、自民党が敗北し民主党政権が誕生したときには、新政権に対する期待度はそれなりに大きかったように思われる。ただそれは政策そのものへの評価というよりも、自民党の利益誘導型の集票システムが崩壊し、あるいは有権者が自民党に見切りをつけたことで、政権交代が起こったと考えるべきだったのかもしれない。一方二〇一二年末の第46回衆議院選挙の結果、

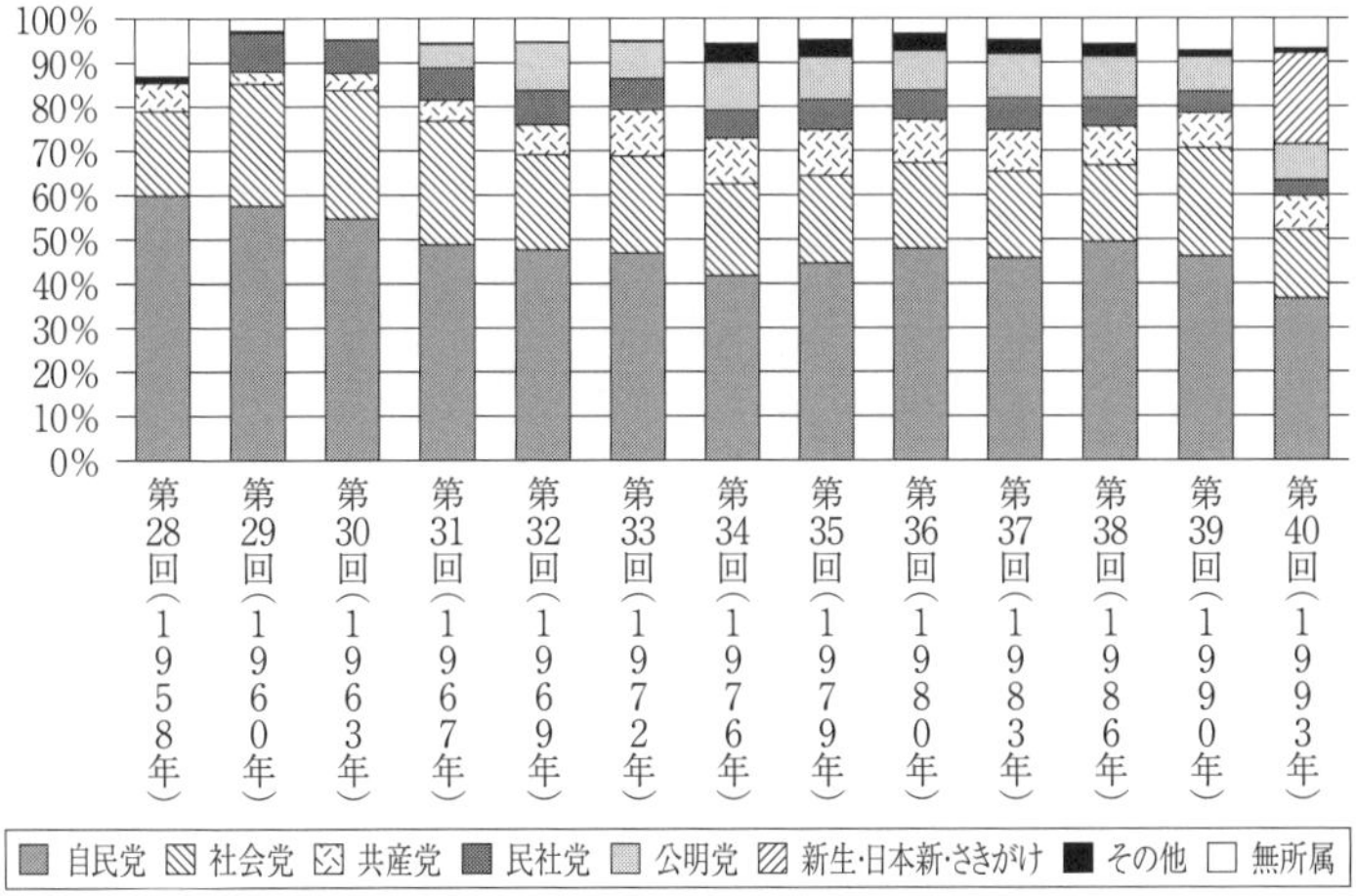

出典：総務省データによる

図 7-1　衆院選・得票数割合（中選挙区時代）

民主党政権が倒れ、自民・公明の連立政権が誕生することになったが、これも自民党が積極的に支持されたというより、民主党政権の様々な失策や「マニフェスト」という契約を履行できなかったことによる有権者からの信用失墜がもたらしたという側面が強い。ただし自民党の大勝は、小選挙区制という死票を多く生む選挙制度がもたらしたともいえる。そうしたからくりを、次に確認しておきたい。

（3）戦後日本の選挙結果と民意

図7－1は、一九五五年の保守合同（自民党の成立）以降の衆議院選挙における候補者の所属政党の得票率の推移を示している。そして図7－2は実際に獲得した議席の比率である。比例代表選挙を採用しない限り、当然得票率と実際の議席数にはズレが出てくる。一九九三年の第40回衆議院選挙までは中選挙

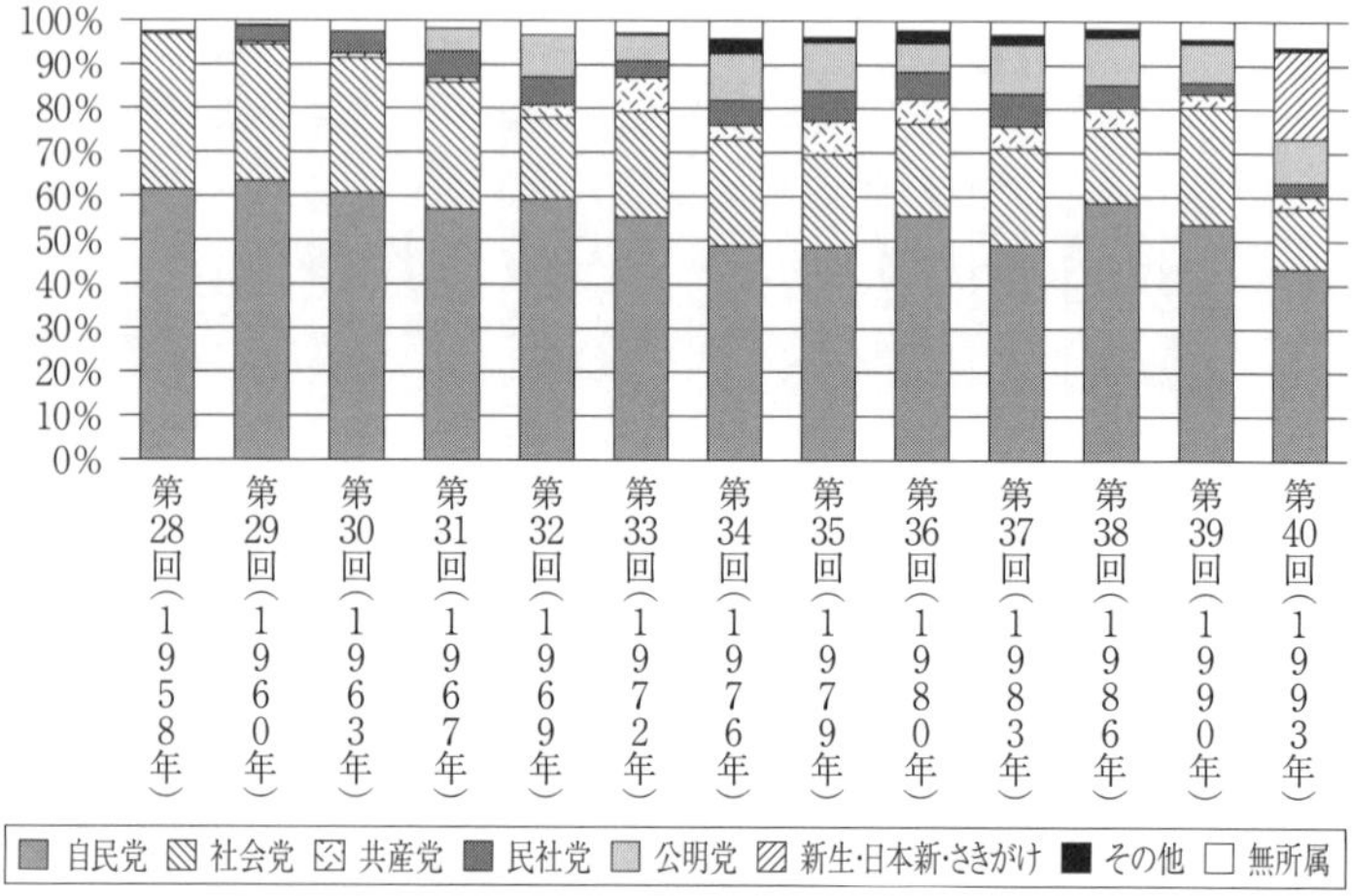

出典：総務省データによる

図7-2　衆院選・獲得議席数割合（中選挙区時代）

区制が実施されていたので、候補者の力があれば、必ずしも大政党でなくとも当選する可能性は十分あった。それでも全体的に見れば、自民党が実際の得票率を上回る割合の議席を得てきたことが理解できる。

図7－3は衆議院選挙が小選挙区・比例代表並立制となってからの、比例代表の得票率を示している。そして図7－4は小選挙区と合わせた衆議院選挙における実際の獲得議席数の割合である。小選挙区制では、その差が僅かであっても一票でも得票数が多い人しか当選できないので死票が増える。そのため、得票数の比率と議席数の比率の乖離が大きくなりやすい。

これを見ると、小選挙区制が導入されて以降、得票数という観点から見れば、既に自民党は当初から比例代表における絶対多数派ではなかったことがわかる。例えば二〇〇五年

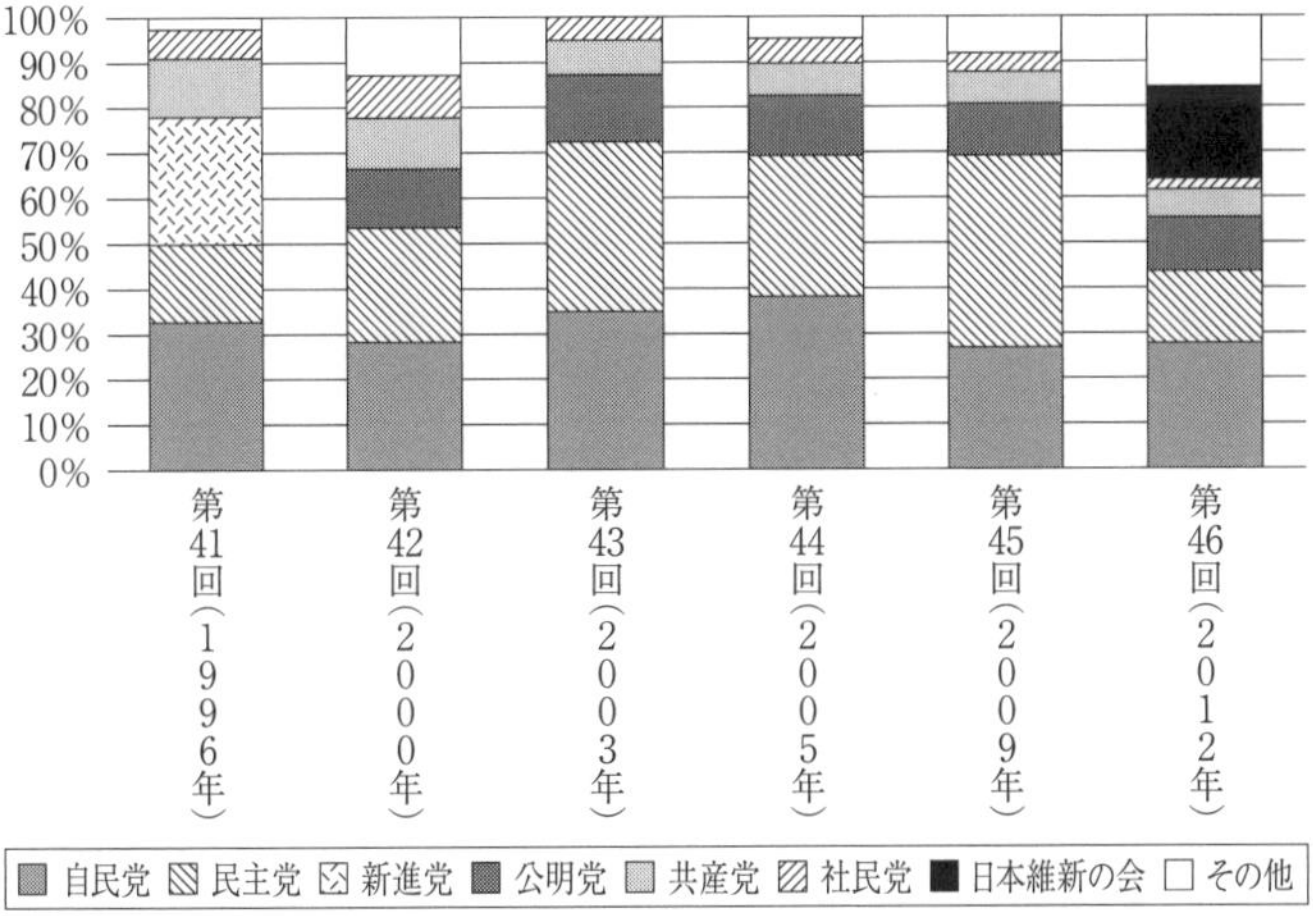

出典：総務省データによる

図 7-3　衆院選・比例代表得票割合（総務省データによる）

の衆議院選挙は、小泉内閣の郵政解散によるもので、自民党が圧倒的な勝利を収めたことになっているが、これは選挙制度がもたらしたものといってもよく、絶対的な得票数の割合は四割にも満たないのである。また民主党が下野し、自民党が政権を回復することになる二〇一二年の選挙についても、最終的な議席割合は二〇〇五年並だが、得票数の割合という面から言えば二〇〇九年の自民党大敗時と大差なく、三割を下回っている。民主党が大きく割合を減らしているのはともかくとして、その分の票は自民党ではなく、日本維新の会やみんなの党などのその他の政党に流れている。小選挙区制とはこういうものだと言ってしまえばそれまでだが、民意を反映させるということを考えれば、実際の得票率と議席数の間にこれだけの大きな乖離が生じているということは有権者も実態として認識して

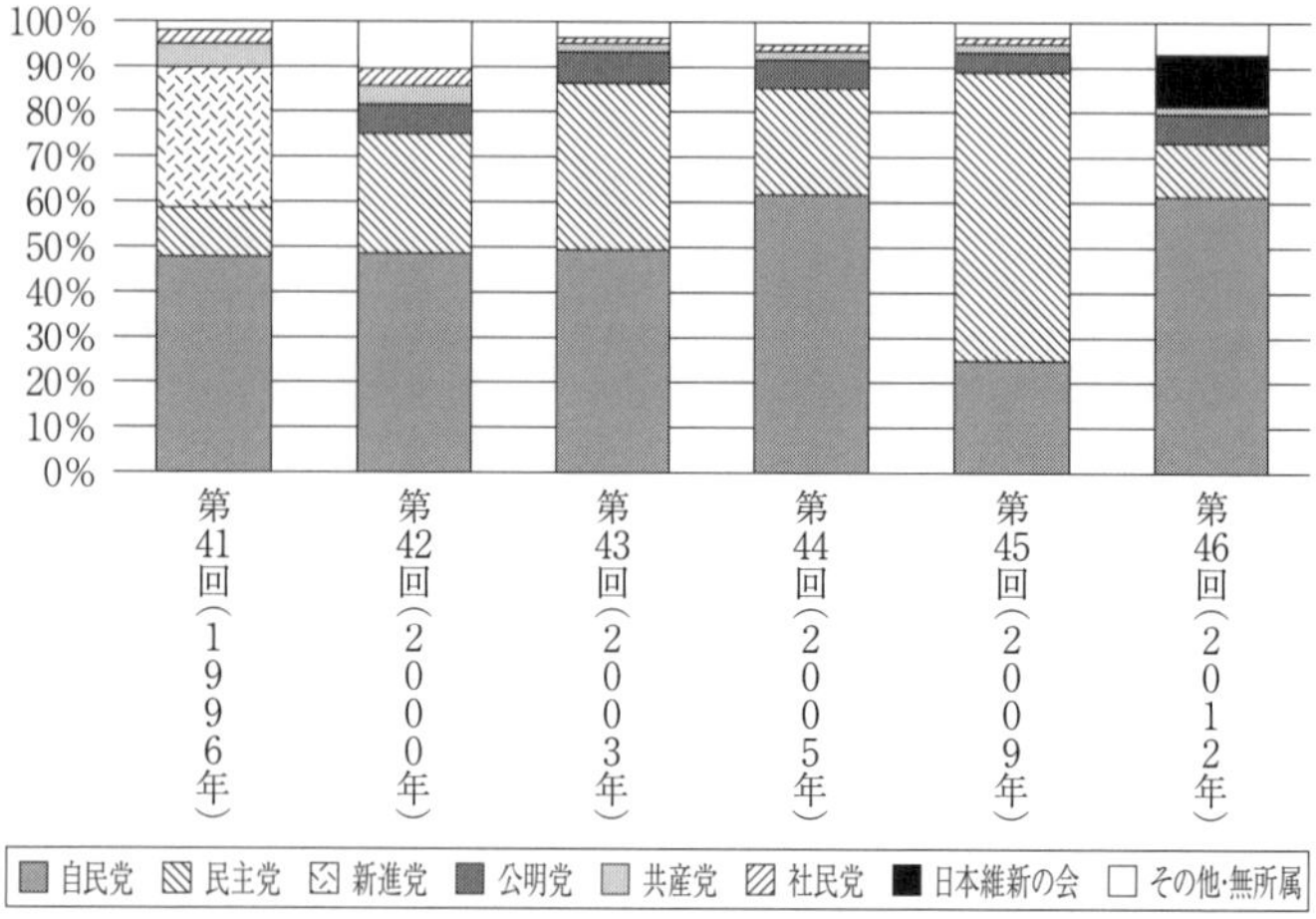

出典：総務省データによる

図 7-4　衆院選・小選挙区・比例代表合計獲得議席割合

おく必要があるように思われる。

中選挙区制の場合、ドラスティックな得票率の変動が起こりにくいため、政権交代がなく、与党も野党もその地位に甘んじて政策面でのお互いの議論を深め、切磋琢磨するのを怠ることになりがちである。また中選挙区制や比例代表制は、どこかの政党が絶対多数を獲得することは困難なので、連立政権を組まざるを得なくなるなど、政権の基盤が不安定になりやすい。また中選挙区制では同一選挙区で同一政党からの候補者を複数出さざるを得なくなり、そうなると政策面とは異なる部分での競争が生じるため、不正や汚職などの原因となりがちであることが指摘されてきた。

ただマスメディアの報道などから、概ね選挙の風向きは事前にある程度予測されることが多い。ドイツのノエル＝ノイマン（Noelle-Neumann, Elisabeth）が唱えた「沈黙の螺旋

（the spiral of silence）」という理論がある。自分の意見（立場）が少数であると認識すると、周囲からの孤独を恐れて公的な場で自分の意見を表明することを抑制するようになる。そうすると少数派であると認識されている意見をもつ人は、世間で意見表明を行わなくなるので、社会全体として徐々に一方の意見しか観察されなくなる。その結果ますます優勢な意見の勢力が増大し、そうでない意見の人は隅に追いやられる。

日本社会は同調性が強く、一部のハードコアな意見保持者（反対者）は別として、そういった雰囲気に流されやすい危険性があるように思われる。また小選挙区制のように勝敗のはっきりする選挙制度において、もし事前に勝敗がはっきり予測がつきそうな場合（特に自分に近い意見をもっている側が敗色濃厚な場合）、合理的な投票者は投票しても負けのわかっている候補者や政党に投票に行くことを避けることになるだろう。もちろん、そう言った投票者は必ずしも多数ではなく、民主主義社会では自らの意思を表明する手段が投票行動であることを理解し、粛々と投票権を行使する有権者は一定程度はいるかもしれない。しかし問題なのは、民意をやや誇張のある形で反映した議席数の配分によって、政治がますます世論から乖離したものに映ってしまう可能性が増してしまうことだ。そうなれば、国民の政治不信や政府不信はまた深まるかもしれない。間接民主制の根幹が問われていると言える。

3　民主党政権の掲げた教育政策への賛否

(1) 使用するデータと変数

さて、戦後の政策や政党支持の傾向を踏まえた上で、ここからはより具体的に、教育費に関連する政策への人々の態度について検討したい。本章では、日本版総合社会調査（Japanese General Social Surveys: JGSS）の二〇一〇年版のデータを使用する[6]。というのも、この調査には、当時民主党が掲げていた目玉政策について、個別に賛否を問う質問が含まれているからである。当時の民意を測れる貴重な全国規模の信頼できるデータであるといえる。

ここでは大きく二つの観点から検討する。まず人々が教育や社会保障・福祉に関してどこまで政府の責任と考えているか、またその責任と租税負担との関係をどう考えているのか、という問題である。そこでまず「以下の項目は、個人や家庭の責任でしょうか、国や地方自治体の責任でしょうか。それぞれについて番号（1～5）を選んでください」という質問を検討する。項目は、A・高齢者の生活保障（生活費）、B・高齢者の医療・介護、C・子どもの教育、D・保育・育児、の四つであり、五段階で1に近い（数値が小さい）ほど個人や家庭の責任、5に近い（数値が大きい）ほど国や地方自治体の責任と考える、という回答が選択できるようになっている。続いて負担の問題について、「福祉と負担について、次のA・Bのような意見があります。あなたの意見は次の1～4のどれにあたりますか」という質問があり、「A・増税をしてでも、福祉などの公共サービスを充実させるべきである」

「B・福祉などの公共サービスが低下しても、税負担を軽減すべきである」という二つの意見に対してAに近いか、Bに近いかの四段階で回答することになっている。ここでは数値が大きいほど、Aに近い立場をとるものと定義する。

続いて、民主党が掲げた政策について、賛否を問う質問について検討する。その政策はA・中学卒業まで「子ども手当」を支給、B・公立高校の実質無償化／私立高校生に相当額助成、C・高速道路無料化、D・二酸化炭素の排出量を二〇二〇年までに一九九〇年に比べて二五％削減、E・最低賃金の引き上げ、F・性別・年齢・雇用形態にかかわらず同じ職場で同じ仕事をしている人は同じ賃金（同一労働同一賃金）、G・配偶者控除制度の廃止、の七種類である。そして賛成か反対かを四段階で回答させており、「わからない」という選択肢も設けている。本書では教育や社会保障に関連すると思われるA，B，E，F，Gの五つをとりあげる。

なお、これらの意見について、どういった変数が関連するかを後に検討するが、そこでは性別（女性を1とするダミー変数）、年齢（一〇歳刻みでダミー変数を作り、基準変数は二〇代）のほか、学歴（中卒、高校卒、短大・高専卒(7)、大学・大学院卒の四つのダミー変数を作り、中卒を基準変数とする）、本人の職業（国際比較で標準的に用いられているカテゴリー(8)を用いる。専門・管理職、事務職、（被雇用の）販売職、自営・農林漁業、熟練工、半・非熟練工、無職の七カテゴリーを作成し、事務職を基準変数とする）、世帯収入（二五〇万円未満、二五〇〜三五〇万円、三五〇〜四五〇万円、四五〇〜六五〇万円、六五〇〜一〇〇〇万円、一〇〇〇万円以上、無回答・わからないの七カテゴリーを作成し、二五〇万円未満を基準変数とする）、婚姻状態（「結婚している」を1とするダミー変数。なお離死別は0とする）、二〇歳未満の子ども

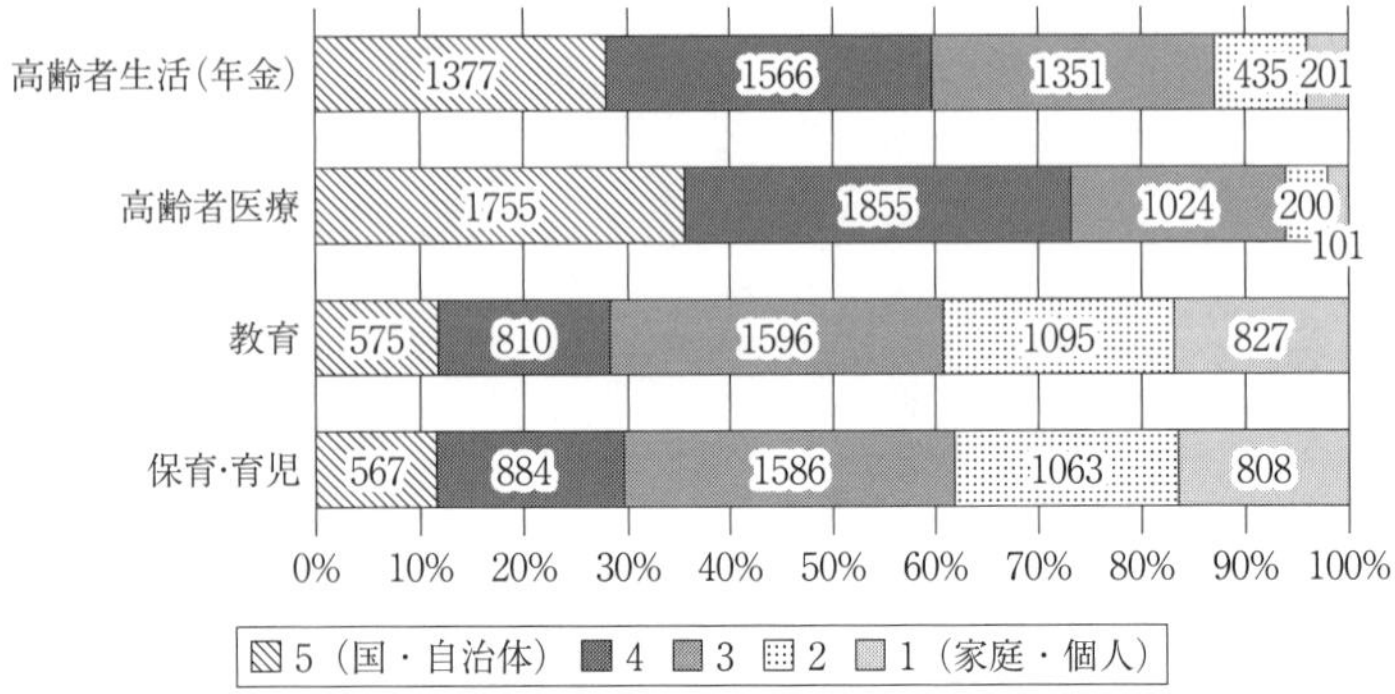

出典：JGSS 2010

図 7-5　政府の責任か，家庭の責任か

の有無（いれば1のダミー変数）を考慮する。

（2）公共サービスと負担のバランス

まず増税してでも福祉を選ぶか否か、という問題だが、この回答を見ると全体として七割ほどが「増税してでも福祉などの公共サービスを充実させるべき」側の選択肢を選んでおり、サービスが低下してもいいから減税すべきという小さな政府志向の人は三割にとどまる。回答はいずれでも「どちらかといえば」という真ん中の選択肢に集まりがちで、極端な意見は少ないのだが、はっきりと福祉重視を打ち出している人は二割ほどいるのに対し、明白な小さな政府主義者は六％ほどと一割にも満たない。

これを支持政党別に見ると、党是を考えれば自民党など保守勢力で小さな政府志向、民主党や共産党支持層で福祉志向が強まると予想されるのだが、（そう読み取れない部分もないわけではないが）それほど明瞭な結果が出ているとは言い切れない。確かに相対的に小さな政府志向が強いのは、自民党と公明党支持者で、（「どちらかといえば」を含めると）それぞれ約三八％、約三五％である。一方民主党と共産党支持者のそれは、約二七％、約二九％である。支持政党なしの場合は約三〇％で、トータルのサンプルサイズが二四〇〇人を超えていることを考えれば、この程度の割合の差を真に有意と見なせるかは微妙なところである。つまり負担の問題と、公共サービスの問題が、政党支持に明瞭に反映されているとは言えないようなのである。

図7－5は四つの領域に関して、国や自治体の責任か、個人や家庭の責任かを問うた設問への回答の分布を示したものである。これを見ると、高齢者福祉の領域と、子育てや教育の領域で明確に支持傾向が分かれていることがわかる。高齢者福祉については、圧倒的に国や地方自治体の責任がある（責任が大きい）としている人が多いのだが、教育と育児はそうではなく、家庭や個人の責任と見なしている人もかなりに上り、本章1－（3）（二八〇ページ）の記述を裏付けるものとなっている。

また第四章の表4－1（一六九ページ）で検討したように、負担感と、政府と家庭のいずれの責任かという質問との関連を、同様にグッドマン＝クラスカルのτ《タウ》によって検討すると、やはり四つの領域すべてでほとんど0に近い値となり、増税してでも公共サービスを充実させるべきという意見と、国や地方自治体の責任という意識はかみ合っていない人が多いようである。これを学歴別に検討すると（表は略）、いずれも高学歴層ほど国や自治体の責任が重ければ負担が大きくなる（増税も必要）という関係が目に見えるようになり、学歴が低い場合は両者の関係がはっきりしない。τの絶対値は小さいが、教育と保育・育児については、低学歴層におけるτは負の値にすらなり、国や自治体の責任を求めておきながら、公共サービスを低下させても税負担を減らすべきと考える人が少なくないこと

表 7-2 「政府の責任」と考えるか否かに関する順序ロジット回帰の推定結果

	高齢者生活保障		高齢者医療介護		教育		保育育児		増税・福祉充実	
	係数	S.E.	係数	S.E.	係数	S.E.	係数	S.E.	係数	S.E.
女性	−.052	.056	−.008	.057	−.027	.056	−.133	.056*	−.212	.083*
30 代	.043	.112	.109	.114	.240	.112*	.121	.110	.010	.168
40 代	.370	.114***	.446	.115***	.352	.113**	.059	.112	.235	.168
50 代	.194	.111+	.313	.113**	.399	.111***	.109	.110	.250	.168
60 代	−.004	.115	.266	.117*	.487	.115***	.134	.114	.090	.174
70 代	−.062	.127	−.077	.129	.535	.127***	.053	.126	−.097	.197
80 代	−.307	.161+	−.361	.164*	.246	.160	−.129	.158	−.052	.246
高校卒	−.187	.084*	−.170	.086*	−.137	.083+	−.037	.083	.230	.125+
短大・高専卒	−.186	.105+	−.139	.107	−.237	.104*	−.174	.105+	.407	.158*
大学・大学院卒	−.302	.100**	−.252	.102*	−.111	.099	−.035	.099	.656	.151***
無職	−.066	.086	−.067	.087	−.220	.085**	−.130	.084	−.012	.128
専門管理	.041	.100	−.074	.102	.098	.100	.088	.100	.134	.148
販売	−.040	.110	−.073	.112	−.086	.109	−.064	.109	−.161	.158
自営・農業	−.236	.123+	−.229	.125+	−.521	.122***	−.306	.122*	−.325	.184+
熟練工	−.028	.126	−.052	.128	−.443	.125***	−.326	.123**	−.556	.181**
半熟練・非熟練工	.064	.099	.058	.102	−.224	.098*	−.208	.098*	−.367	.148*
世帯収入 250 万〜	−.230	.112*	−.222	.115+	−.254	.112	−.218	.112+	−.068	.167
世帯収入 350 万〜	−.035	.118	−.135	.121	.013	.118	.002	.118	.141	.178
世帯収入 450 万〜	−.299	.105**	−.169	.108	−.076	.105	−.038	.106	−.033	.156
世帯収入 650 万〜	−.201	.109+	−.162	.111	−.170	.109	−.097	.109	−.091	.163
世帯収入 1000 万〜	−.386	.132***	−.294	.133*	−.242	.131+	−.125	.130	−.072	.197
世帯収入 無回答	−.117	.093	−.143	.096	−.088	.093	−.068	.093	−.015	.139
既婚	.055	.068	.124	.069+	−.070	.068	.010	.069	.011	.105
20 歳未満の子あり	−.102	.081	−.065	.082	.322	.080***	.136	.080+	.159	.117
閾値 1	−3.496	.169	−4.005	.185	−1.635	.155	−1.816	.155	−2.511	.244
閾値 2	−2.244	.159	−2.868	.166	−.463	.153	−.671	.153	−.589	.235
閾値 3	−.718	.155	−1.127	.158	.928	.154	.690	.153	1.725	.237
閾値 4	.635	.155	.488	.157	2.024	.157	1.862	.156	—	—
N	4910		4915		4883		4888		2426	
− 2Log Likelihood	13889.494		12423.425		15034.822		15123.155		5653.935	

注：+<.10 *<.05 **<.01 ***<.001

を示している[9]。

さて最後に、それぞれの意識項目を従属変数とした場合の順序ロジット推定の結果を表7－2に掲載する。従属変数は数値が大きいほど、大きな政府志向（増税に許容的で、公共サービスを充実させるべきと考える、もしくは国や地方自治体の責任を大きく考える傾向があること）を示している。したがって係数が正の説明変数であれば、それは大きな政府志向を意味し、負であれば小さな政府志向であると考えてよい。

教育においては、（意外にも）年齢の効果が強く出ており、しかも（二〇歳に対して）年齢が上昇するほど政府の役割だと認識する傾向が強まっている。学校教育を受けて間もない年齢より、学校教育を終えてから時間がたっている年齢ほど、教育を国や自治体の責任だと認識している。ただしこれが年齢の経過によってこういった傾向を示すようになるの（年齢効果）か、それとも世代による意識の違いなのか（世代効果）、というのは、この一時点での調査の結果からははっきり断定できない。また無職の変数が負で有意（個人や家庭の責任）となっているが、これは女性の専業主婦の存在が反映しているものと思われる[10]。また他の領域と比して特筆すべきなのは、子どもの有無が有意な影響をもっていることである。係数はプラスなので、子どもがいると、国や自治体の責任であるとする回答が増える。また教育と保育・育児では、ブルーカラー層や自営層で家庭や個人責任を強調する傾向が生まれる。

高齢者福祉については、学歴が上昇すると個人や家庭の負担を望む声が大きくなるとする結果が出ている。ただし教育や、育児・保育にそのような傾向は見られない。ただしここでいう「個人や家庭の責任」について、金銭的な意味を想定して回答者が回答しているかどうかは留保が必要である。個人や家庭の責任とは、子どもの教育方針は親が決めるもので、国や自治体に干渉される筋合いはない、というような意味で回答者が考えているとすると、この結果の解釈を、教育財政的な側面だけから探るのはミスリーディングになる。

とはいえ、高齢者福祉に関しては、サービス受給の当事者たる高齢者に強い（国や自治体への）支持傾向があるわけではないので、現在目に見えて利益を受けている人ほど、国や自治体の責任だと見なしていると解釈できる余地は、ここからは読み取れない。そして年齢にかかわらず、老後の生活は誰にとっても避けることのできないリスクである。一方で教育や、保育・育児は、専ら関係してくるのが子どもの年齢が小さいときや通学している期間であり、それを過ぎれば個人のメリットとして感じる部分は少ない。したがって教育や、保育・育児は「子どもの有無」により、利害の対立を引き起こしやすい分野であると考えられよう。

（3）民主党政策への支持について

それでは次に、民主党政権が掲げていた教育と社会保障に関連する政策への意識について検討してみよう。

図7－6は単純な、分野ごとの賛否の分布を示したものである。図7－5にあるような教育や保育・育児に対する意見の分布を前提にすれば、子ども手当や高校実質無償化は半数以上の賛成を得ていることになるので、案外多いと思われるかもしれないが、それでも賛成率は六割には達しておらず、

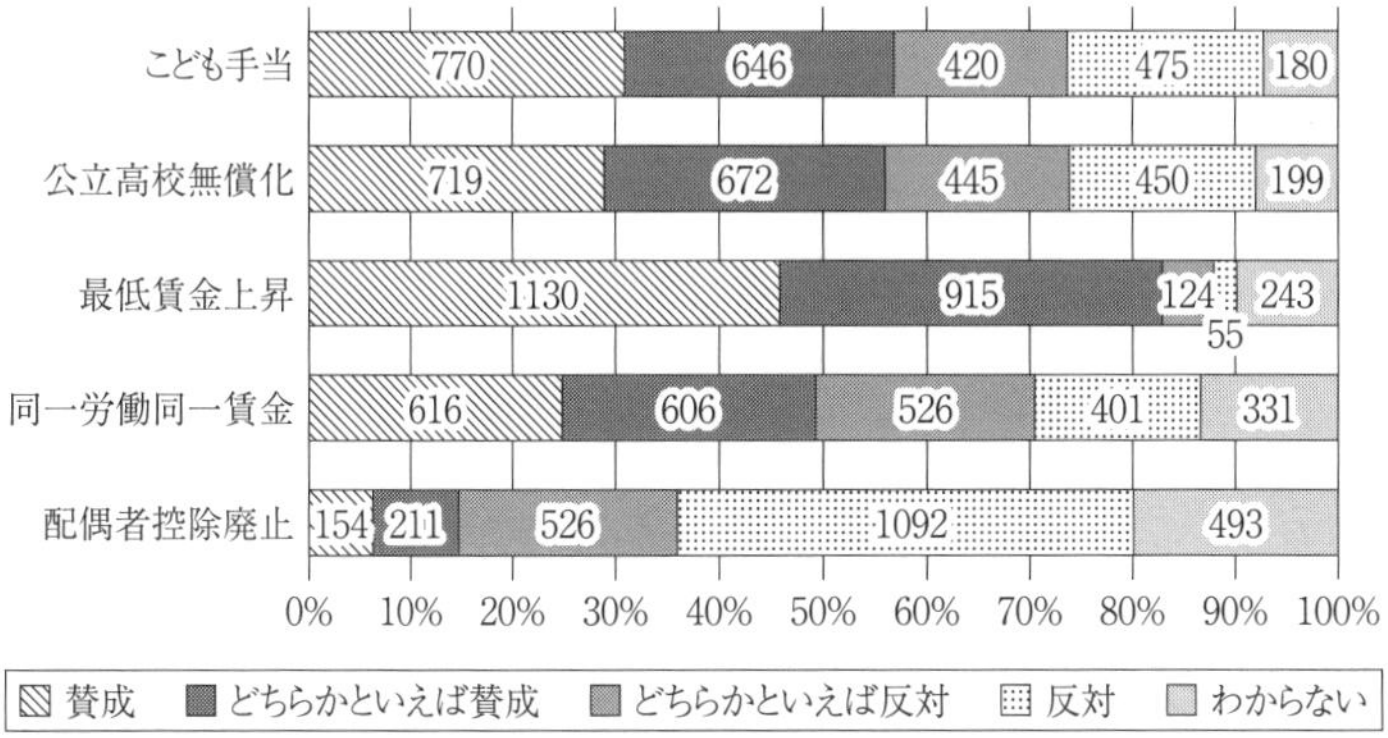

出典：JGSS 2010

図 7-6　民主党政策に対する賛否

反対も拮抗している。特にこれらの財源は、配偶者扶養控除の廃止を想定しており、男女共同参画社会によって、社会として教育や子どもの育成を考えようとしていた民主党政権の理念は必ずしも広く浸透していたとは言えず、配偶者扶養控除制度廃止については（実質的に負担増と捉えられるためか）圧倒的に反対が多い。

　またこの政策の評価を政党支持別に見ると（図表は省略）、特に子ども手当は支持政党による違いが大きく、民主党では反対者が二割程度にとどまっているが、自民党やその他の支持政党では半分近くが反対している。公明党支持者は民主党支持者と似た分布をなしているが、共産党支持者は反対が四割程度に上り、むしろ自民党に近い。公立高校の実質無償化は、子ども手当ほど明瞭ではないが、似たような傾向は示している。自民党支持層では半分近くが反対しているが、民主党・公明党支持層は三割程度である。教育や子育てに関

表 7-3　民主党政権の政策に関する賛否の順序ロジット回帰の推定結果

	子ども手当		高校無償化		最低賃金引き上げ		同一労働同一賃金		配偶者控除廃止	
	係数	S.E.	係数	S.E.	係数	S.E.	係数	S.E.	係数	S.E.
女性	−.233	.084**	−.153	.084+	.125	.091	.181	.084*	.259	.097**
30 代	.059	.170	−.024	.171	−.046	.183	.313	.173+	.244	.201
40 代	−.943	.170***	−.642	.171***	.000	.183	.473	.172**	.114	.201
50 代	−.819	.169***	−.745	.170***	.175	.183	.821	.173***	.235	.196
60 代	−.545	.175**	−.571	.177**	−.140	.190	.709	.180***	.089	.208
70 代	−.505	.196*	−.523	.198**	−.062	.216	.800	.202***	−.052	.235
80 代	−.069	.256	−.372	.263	−.216	.286	.866	.274**	.178	.315
高校卒	−.271	.125*	−.152	.127	−.008	.139	.017	.132	.020	.152
短大・高専卒	−.407	.155**	−.208	.157	−.116	.173	.013	.163	.096	.186
大学・大学院卒	−.588	.148***	−.423	.150**	−.428	.165*	−.123	.156	.253	.175
無職	−.007	.125	−.142	.126	.046	.137	.024	.128	−.483	.142**
専門管理	.079	.147	−.092	.146	.212	.158	−.022	.147	−.218	.162
販売	.059	.157	−.131	.155	.063	.169	.057	.158	−.342	.177+
自営・農業	.274	.196	−.035	.194	−.502	.205*	−.252	.191	−.394	.213+
熟練工	−.001	.180	−.184	.179	.061	.197	−.189	.180	−.190	.194
半熟練・非熟練工	−.060	.147	−.076	.149	.058	.160	−.092	.149	−.376	.169*
世帯収入 250 万〜	−.011	.172	.077	.175	−.467	.189*	−.170	.173	−.470	.209*
世帯収入 350 万〜	−.197	.179	−.108	.181	−.552	.198**	.007	.185	−.321	.211
世帯収入 450 万〜	−.073	.159	−.078	.160	−.479	.176**	−.417	.163*	−.157	.185
世帯収入 650 万〜	−.477	.165**	−.281	.167+	−.814	.182***	−.420	.167*	.092	.188
世帯収入 1000 万〜	−.636	.201**	−.623	.201**	−1.087	.222***	−.636	.205**	.327	.225
世帯収入 無回答	−.265	.143+	−.172	.145	−.659	.160***	−.273	.147+	−.229	.169
既婚	.239	.105*	.073	.106	.075	.116	−.059	.110	−.922	.126***
20 歳未満の子あり	1.107	.120***	1.353	.120***	.056	.128	−.052	.120	.092	.132
閾値 1	−2.120	.241	−2.084	.243	−4.286	.292	−1.240	.246	−.585	.279
閾値 2	−1.168	.238	−1.042	.240	−3.042	.270	−.006	.244	.778	.279
閾値 3	.108	.236	.337	.239	−.584	.260	1.214	.245	1.802	.285
N	2303		2277		2216		2140		1976	
− 2Log Likelihood	5962.594		5865.896		4187.056		5785.537		4269.031	

注：+<.10 *<.05 **<.01 ***<.001

する政策の意識は、二〇一四年現在、連立政権与党となっている自民党と公明党の間よりも、むしろ民主党と公明党の分布の方が近い関係にある。

一方賃金や配偶者扶養控除制度の廃止については、教育ほど政党間での意識の違いははっきり見られない。ただし同一労働同一賃金については、自民党支持層のみ反対が四割を超えているのに対し、共産党支持層は反対が三割を切っており、若干政党間でのイデオロギーや立場の違いが浮き出ているように見える。

続いて、これらの意識について、責任の所在意識（政府か家庭か）と同様に順序ロジット・モデルを推定した。その結果が表7－3である。なお、「わからない」という回答をした者は分析から除外している。

これを見ると、やはり子ども手当や高校無償化は子どもの有無が決定的な要因となっているが、いずれも高学歴層や、高収入層における支持が弱くなっている。年齢も有意に関連しており、年齢が上昇するほど反対が多い。また女性の反対も有意に多くなっている。このあたりは、先の高齢層ほど教育の責任を国や地方自治体と考えていた結果と矛盾するように感じられる。先の国や自治体の責任というワーディングが、必ずしも財政的なものを想起させるものではなく、教育内容的なものを想定させたのかもしれない。また高学歴層ほど、日本政府の財政事情をよく理解しているだろうから、単独でこれらの政策を見たときに、現在の日本にそういった余裕があるのか、といった批判的な目で評価を下している可能性もある。また高齢者は、自らの年金や医療の負担が関心の対象となるだろうから、十分な理解がない限り、子ども手当や高校無償化政策は単なるばら撒きと映った可能性がある。これらのサービスは、民主党のプランではユニバーサルに（誰にでも）提供されるはずのものなので、本来であれば階層による指示の差は生じにくいと思われたのだが、高学歴や高収入層の抵抗があるのが気になるところである。やはり政策の意図が十分浸透していない（理解されていない）ことの証明なのかもしれない。なお、子ども手当は震災復興の予算が不足したこともあり、旧来の児童手当法の枠組みで対応することとなって、二〇一一年度で廃止された[11]。さらに高校実質無償化についても所得制限が設けられるようになっており[12]、そうなればユニバーサリズムの理念は崩れるため、結果的に中・高所得層の抵抗がさらに高まる可能性もある。

賃金の問題は、やはり世帯収入と強い関連があり、高収入層ほど反対の傾向が強い（特に最低賃金の上昇において、その関連は明瞭であり、学歴とも関連がある）。同一労働同一賃金に対する意見が高齢ほど高くなっているのは、高齢者の定年後再雇用において、賃金が抑えられていることに対する反応であろうか。また女性の賛成が多いのも、仕事内容より雇用形態（正規雇用か非正規雇用か）により賃金に大きな格差があることに対する不満が反映されているものと考えられる。

配偶者扶養控除の廃止については、全体として（女性の社会進出を阻害するものと言われてきたことを反映して）女性に賛成が多い。ただしこの制度の恩恵は当然既婚者のみが受けることができるので、婚姻状態とも関連がある。表では省略するが、男女別に分析した結果と重ねて解釈すると興味深いことがわかる。無職の負の効果は専ら女性（専業主婦）の反対を反映している（男性限定では有意にならない）。また職業変数の効果は男性サンプルの影響による。一方世帯収入では、二五〇万～三五〇万の比較的少ない層で（最低所得層に比して）反対が多くなっている。男性サンプルに限定すると、世帯収入一〇〇〇万以上の層では正に有意な効果が現れ、扶養控除制度の廃止を求める傾向がある。これはおそらく、夫の収入があまり高くない層において（その扶養控除制度を活用するために）妻が就労コントロールを行っているため、扶養控除の廃止はメリットを失うが、世帯収入が多い層は夫婦ともフルタイムの共働きでそれなりの収入を得ている可能性が高く、彼らはその扶養控除制度の恩恵を受けていないからだと思われる。

以上から言えるのは、既に述べたように民主党が手厚い子育て支援の方向に踏み切ったのは、子育てが社会的な営みであるという前提に立ち、女性の社会参加を促してサポートしていくという姿勢をもっていたからであろう。だから配偶者扶養控除の廃止は、子育て支援政策と強い関連をもっていた。しかし本章注（5）でも触れたように、育児の外部化に伴う環境が未整備であり、そういったニーズを十分捉えきっていなかったこと、政策に対する理解が社会的に浸透していなかったことが、必ずしも広い賛同を得られなかった原因と考えられる。だから有権者は、当座の（目の前の）利害関心に基づいて政策を評価し、これまでの日本の社会保障や福祉の在り方から大きな転換を遂げるチャンスを、必ずしもうまく活用できなかった。次章では引き続いて、人々の意識の変動について、さらに理解を深めることにしたい。

注

（1）『国会会議録』参議院本会議（二〇一二年一月三〇日）第一八〇回三号。

（2）年度途中で補正予算を組むことが財政膨張傾向を招いているという批判のもと、補正見込み分を予め当初予算に「予備費」として計上する方法。

(3)「二〇〇三年仕事と暮らしに関する全国調査」による。二〇～六九歳日本全国の男女で、有効サンプルは一一五四(回収率五七・七%)である。

(4)つまり党員、労働組合、様々な業界団体などの強力な集票装置の機能が薄れ、無党派層が増加したことにより、各政党も凝集性が揺らいだため、具体的政策(マニフェスト)の違いで各政党の一体感を打ち出す「市場競争型デモクラシー(中北 2012)」が作動することになった。

(5)これについては、むしろ都市圏を中心に待機児童が問題になっており、保育所の拡充が強く求められていた。民主党はこういった声に対する対応も後手後手に回ることとなった。

(6)日本版 General Social Surveys(JGSS)は、大阪商業大学JGSS研究センター(文部科学大臣認定日本版総合的社会調査共同研究拠点)が、東京大学社会科学研究所の協力を受けて実施している研究プロジェクトである。本書の分析にあたり、東京大学社会科学研究所附属社会調査・データアーカイブ研究センターSSJデータアーカイブから「日本版 General Social Surveys〈JGSS-2010〉」(大阪商業大学JGSS研究センター)の個票データの提供を受けた。

(7)ここにはいわゆる「専門学校」は含まれない。高校を出て専門学校に進んだ場合には、この分析では高卒として扱われている。

(8)いわゆるエリクソン(Erikson, Robert)、ゴールドソープ(Goldthorpe, John H.)、ポルトカレロ(Portocarero, Lucienne)の提唱したEGP階級分類をもとにしたもので、国際比較の階層研究において最も広く用いられているものである(Erikson, Goldthorpe, and Portocarero 1979)。

(9)なお、補足的に政党支持と学歴の分布について触れておく。学歴別で見ると、政党支持の傾向は比較的明瞭に現れており、自民党は中卒や高卒層で相対的に多く、民主党は高学歴層で支持が高い。公明党は自民党と似て、低学歴層ほど支持が増える傾向にあるが、共産党やその他の政党は傾向がはっきりしない。支持政党なしは中卒層で少ない（半数以下）が、他の学歴では傾向ははっきりせず、ほぼ六割程度が支持なし層、ということになる。

(10) サンプルを女子に限定しても、この無職変数は有意だが、男子のみにすると有意な結果ではなくなる。

(11) この「児童手当」は、事実上「子ども手当」に所得制限がかけられるようになったものと解釈できる。

(12) 二〇一三年度から、世帯年収九一〇万円未満に限定されている。

第八章　政策の実現と政党に対するスタンス

1　「官」に対する厳しい眼差し

（1）議院内閣制と政策の実施

本書がこれまで貫いてきた立場は、日本が議会民主主義を採用する以上、国民からの課税には、国民の納得（支持）を取り付ける必要がある、ということである。一般的に市民は負担増を嫌うので、増税は困難である。一方で予算編成は膨大な労力を伴い、特に新規予算の計上される部分に作業の重点が置かれる。そのことは換言すれば、既存の予算は必要とされるのが前提となり、一種の既得権益となって、容易には削られないことを示す。こうした予算の構造は、社会の大きな変革に対して鈍感であり、また特定の世界、業界との癒着関係を生みやすく、一般の人々から見れば変化への抵抗勢力とみなされる。したがって議会制民主主義では、増税においては民意を頼みにする必要があるのに、予算編成では民意を反映しにくい、というジレンマに陥る（井手 2011）。

その議会制民主主義について、レイプハルト（Lijphart, Arend）はイギリスに典型的な多数決民主主義のウェストミンスター・モデルと、スイスに典型的な多極共存型で調整型のコンセンサス・モデルの二つの理念型を提示している。バーナム（Burnham, June）とパイパー（Pyper, Robert）は、両者のモデルを分ける特徴として、特にウェストミンスター・モデルに注目しながら、以下の九つに整理している。

第一に、ウェストミンスター・モデルの特徴として、執行権が単独政党・多数派の与党で構成される内閣に集中していることである。第二に、政府（内閣）と議会の関係は名目上対等であるが、実際には前者が有利な立場にあるという議院内閣制の特徴である。[1] 第三には、議院が一院しかない、あるいは二院制であっても一方の権限を強くしている、という議会内の権力構造をもつ。第四に、二大政党制を基本とすることである。第五に、産業構造や社会構造において同質性が高い社会では、争点が社会経済的な面に限定されるため、シンプルで二極化した討論が交わされやすく、結果的に二大政党制となる。例えば、複数の拮抗するエスニック・グループが存在すると、議席数などでその点を考慮した配分がなされる必要があるとか、そのことが結局異集団間の交渉を必要とする点で調整が日常的に行われやすい、といったことになる。第六に、これも政党制のあり方と関連するが、シンプルな争点のもとで選挙を行うため、小選挙区制を採用し、政策に基づいていずれかの選択肢を選ぶという形で選挙が動いていきやすい。第七に、システムや制度が一元的であるということである。第八に、議会が主権を有し、議会多数派の力を制約する成文憲法が存在しない。そして最後に、議員は国民の代表者であるという自負を強く抱いており、大衆レファレンダム（住民投票のような直接民主主義）には否定的である。

以上のような特徴をもつウェストミンスター・モデルのもとで実施される統治機構での公務の特徴を、ホワイトホール・モデルとよぶ。そこでの公務とは、非政治的で中立でなければならず、ジェネラリストを採用して内部で育成し、成績に基づく昇進をさせる。公務員の仕事の説明責任は、公務員個人ではなく大臣にあり（それゆえ公務員は匿名性をもつ）、逆にいえば公務員は大臣に対して政策の実行に必要な助言を行ったり補佐をする役割を担わされているから、中立性が必要になるのである。したがって公務員は、決められた政策を速やかに行わなければならない。命令系統は一元的であり、分野別に省庁のような組織が編成され、相互調整を経て政策が実施されるのである（Burnham and Pyper 2008=2010: 26–36）。

イギリスではこうしたホワイトホール・モデルが、サッチャー政権下の改革で急速に失われたとされている。例えば、スコットランドや北アイルランドなど地方政府に権限委譲が進み、ＥＵへの加盟により各個別政策分野への特化が進んで、むしろ他国の同一分野の公務員との利害調整が優先されるようになった。それにより、国内の縦割り構造の分化が進行している。

日本の政治機構の在り方は、教科書的には議院内閣制と言われるが、同様の議院内閣制を採用するイギリスとはかなり様相が異なっている。飯尾潤によれば、しばしば日本の議院内閣制が民意を代表せず、権力を集中させるような大統領制（やそれに近いような制度）にすべきという批判を耳にすることがあるが、それは議院内閣制の本来の在り方を理解しない的外れな批判であるという。議院内閣制は内閣や首相が民主政における議会を存在根拠にしており、基本的に両者の関係が矛盾することはない。それゆえに、選挙で信任を得た代表者（議員）の中から首相が選任され、首相が内閣を組織し、その内閣が官僚制組織を動かして有権者が官僚の暴走を止め、コントロールするという側面をもっている。

ところが日本では長い間自民党が政権を維持し、長らく党総裁選で代表（＝首相）を選ぶという慣行が続いたため、「派閥の力学」のような党内の論理によって国務大臣が選出される事態が常態化した。このような状態では、必ずしも適任者が大臣になるとは限らず、またしばしば内閣改造などによって大臣が交代するのも珍しくなくなり、大臣は専ら官僚の意のままに（所轄官庁の代表者のように）振る舞うことが常態化するようになる。このような大臣の行動は、必ずしも首相や内閣全体の論理ではなく、所轄官庁の論理が優先されることも普通となり、しばしば内閣は機能不全に陥ることになる。これを飯尾は「官僚内閣制」とよんだ（飯尾 2007: 21–25）。ただし官僚内閣制は、このような形態にあるからと言って、必ずしも外に閉じた存在であったわけでもない。官僚集団は、対外的にはその省庁と関連する社会団体との関係も構築している。その点で、社会的団体の意向をある程度反映することにもなっており、何でも官僚（中央省庁）の意のままに政治家（内閣）を動かせるということにはならない。

ただし官僚内閣制は、こういった事情で特定の業界団体の意向は反映しても、必ずしも広い民意を反映しているとは限らない。また当の政治家や政党与党も、自らが意思決定した結果の責任を強く保持することはない。長らく政権を担ってきたのは自民党であるが、その自民党政権が行ってきた予算編成について自らの責任を問うことなく、政治の中身が民意を反映していないと批判するのは、議院内閣制の正確な運用や理念が理解されていないことの証であるという（飯尾 2007: 116）。

しかし衆議院選挙が中選挙区制から小選挙区比例代表制に変わったことは、後に民主党への政権交代を導いただけではなく、首相の地位や、首相となる要件が大きく変化したことを意味する。また橋本内閣の際に実施された内閣機能の強化（内閣府を設置し、各省庁より一段上の権限をもたせて省庁間の調整を行う）も、首相の権限を強めるものとなり、従来の派閥がもつ意味は薄れることとなった。これにより、首相の選抜は自民党内部の論理ではなく、一般の市民からの人気や世論の動向を無視できなくなり、選挙の候補者も（小選挙区である以上）政党からの公認を得ることが決定的に重要になった（竹中 2006）。小泉政権はこうした変化を十分に利用した上で成立したものである。

真渕勝はシルバーマン（Silberman, Bernard S.）を援用して、政府組織を専門指向型官僚制と組織指向型官僚制に区分している。この類型はウェーバーのいう理念型的なものだが、主として政治的リーダーの継承ルールが不安定か否かで区別でき、前者の典型はアメリカで、後者の典型は日本だという。

アメリカでは、大統領の任期が明確に決まっており、政権交代も一定の手続きに沿って繰り返し行われている。このような国では、政治的リーダーが変わったとしても、その継承方法がルール化されているので、政権が変わったときの対処についての不確実性は少ない。むしろ非効率な政権継承が行われて、クーデターなどのような不規則な事態を起こさないためにも、専門性をもった官僚がきちんと統治する必要があるのである。こういった官僚制組織のメンバーは専門性そのものが重視されるので、政権交代が起これば、政権に就いた側はその専門性に沿って自らの政策を実現させるために有効な人材を登用するなど、官と民との間の人事交流が盛んに行われる傾向がある。

一方、日本では政権交代こそほとんど起こらなかったが、首相や内閣の交代はいつ行われるか全く予想できず、しかもその交代の在り方も状況依存的である。このようにリーダーの継承について不確実性が高い国では、政治的リーダーの統治の正統性が危ういため、安定した統治のために強固に組織化された官僚制が形成されるという。それゆえ、こうした国の官僚は（もちろん一定程度の政策に対する専門性は要求されるが）組織への忠誠が一義的に重要となり、いわばときの政権が実施しようとする政策を忠実に実行することが第一の機能となる。このような組織では、構成員の組織へのコミットメントを高める必要があるため、昇進や昇給の仕掛けを官庁組織そのものに準備する必要があり、それゆえ組織構成員が政権交代によって大きく入れ替わることはない（真渕 2010）。したがって、組織志向型官僚制の場合は、官庁組織が民意と離れた組織を強固に構築しやすくなる。

（2）官僚制の逆機能と公務員批判

官僚制は、組織を扱う社会学では古典的なテーマである。官僚の官はもともと君主に仕えて政治を執り行う仕事を意味し、官僚とは官の仲間、ご同役、を意味した。その意味で、官僚というときに対象となるのは「国家公務員」であって、本来は自治体の職員を含むことはない(2)（大森 2006）。そしてしばしば中央省庁の官庁は「霞が関」とよばれ、そこで働く人々を官僚とひとくくりにして批判の槍玉にあげることは一般的によく観察される。

しかし序章や第三章でも触れたように、中央官庁を一元的に「国」や「官」として捉えて批判するのは、必ずしも正確ではない。現実には、異なる中央官庁の間で様々な利害が交錯しており、省庁間でのコンフリクトも珍しくないからである（今村 2006）。また、社会学的にいう官僚制とは、あくまで近代以降に典型的に観察される複雑な構造や形態を保持する組織形態を意味するに過ぎない。したがって官僚制という言葉には、必ずしも官庁組織というニュアンスはこめられていない。実際、いわゆる官僚制の特徴を備えている組織であれば、学校であれ、民間の企業であれ、NGOであれ、それはすべて官僚制組織である。われわれは一般的に官僚制を、既存の公務員制度（特に「霞が関」の中央官僚）に対して批判を加えるときに言及するため、官僚制という言葉に何となくネガティブなイメージを込めて使うのが自然になっている。しかし官僚制は、近代に特徴的な組織形態を示す用語に過ぎないので、学術的には必ずしもネガティブなニュアンスが込められているわけではない。

近代が目的合理性を重視する時代である以上、複雑化し、特定の目的をもって成立した人為的組織は、いわゆる官僚制組織たらざるを得ない。近代社会では、個人でなすにはあまりに大きく複雑で困難な目標を実行する場面が増加する。それをより合理的に、かつ効率的に達成するためには、組織内のセクショナリズムを進め、役割分担を明確にし、それぞれの専門性を備えた人々が決められた職務を遂行する必要がある。それゆえに官僚制組織では、人々が業績原理で採用され、配置されることになる。国家の運営にも、機能や目的の異なる様々な省庁が並立しているのもそのためである。ただし社会学的に、（私たちにとっては馴染みのある）官僚制組織に対する批判的見解や解釈を加えたものとしては、マートン（Merton, Robert K.）の「官僚制の逆機能」の話がよく知られている（Merton 1957=1961: 179–207）。

通常、「機能する」という言葉は、目的に沿って役に立つ、うまく働いている、という意味で使用する。社会学的には、様々な組織やルール、慣習などが、社会にとってどう作用しているのかを考察するのが機能分析である。マートンは、機能という言葉を必ずしもポジティブな意味に限定せず、むしろある組織、ルール、慣習などがあることによって本来の目的を損ねたり、社会の円滑なコミュニケーションが阻害されたりすることがあることに着目し、そういったマイナスな作用が行われることを逆機能とよんだ。

官僚制組織は発展してゆくと、組織の自律性が強まり、むしろ自らの組織の保身に走るようになる。それは組織そのものだけではなく、組織内の担当部局、課などといった小さな単位内でも起こりうる。また組織内での機能分化が進むがゆえに、担当部局のことは通暁しているが、それ以外の事情には疎くなる。つまり大目標を達成するために機能分化した組織が官僚制組織であったにもかかわらず、そこで働く人々は全体の目標を見失い、自分の狭い部局のことを第一に考えるようになる。また各省庁や部局は、関連する市中の民間団体とも関係をもつことがあり、ますます自らの組織の割拠性が強まってゆく。これがいわゆる縦割り行政の弊害、とよばれるものであり（今村 2006: 84–88）、官僚制の逆機能の一種と解釈できる。

公務員や官に対する批判は、最近の日本では非常に根強い。しかし昨今のような官僚批判や公務員批判が喧しい中では想像しにくいが、以前の日本では「官僚が優れているから（政治家がいい加減でも）日本は高度成長が可能になった」などという官僚に対する肯定的評価が多かった（Nye et al. eds. 1997=2002: 321-340のファー（Pharr, Susan J.）による論文参照）。それが一転したのはリクルート事件の頃からバブルの崩壊した一九九〇年前後以降のことである。では一九九〇年代以降に、実際に官僚や公務員の質は急激に劣化したのだろうか。それについて実証するのは困難である。劣化の定義が困難で主観的にならざるを得ない、という問題もある。考え方によっては、不況に入った一九九〇年代以降、相対的に安定しているとみられている公務員の志望者は増えるので、公務員になるための競争条件は難化していると考えられるから、むしろ一九九〇年代以降に入った若い公務員のクオリティは上がっているのではないか、という推論が立っても不自然ではない。しかしここでは、そうした公務員の質を測定することには関心はない。むしろこの時期以降に、官僚制や公務員批判がなぜ急激に広まったのか、ということの方が問題である（野口 2011: 84-87）。

日本の「官」に対する批判は、官の機能が肥大化しており、もっと官の機能を縮小すべき、という大きな政府批判が主流とは言えない。もちろん規制緩和や民の力を活用せよという声がないわけではないが、それは官僚の融通の利かなさ（杓子定規なところ）や、官僚制機構の非合理性に根拠を求めるものである。ただしこうした官僚制組織が民衆の意思から乖離し、非合理な側面をもっているとしても、それに対抗するには、私たちは別の官僚制組織を作り出さない限り対抗できない、というパラドクシカルな側面がある。つまり強固な官僚制の非合理を正すには、それに対抗する側も専門性のある人々を合理的に配置し、戦略をたてて組織化を図る必要があり、結果としてそうした組織化自体が官僚制化にほかならないからである（真渕 2010: 36-38）。

さらに厄介なのは、官に対する批判は、昨今の厳しい経済情勢を反映して、相対的に安定した地位にある公務員を「民間は厳しい中頑張っているのに、公務員はたるんでいる。恵まれすぎている」というような感情的なものが多く、しかも政治家がそうした言説を利用して票集めをしている状況が見て取れることである。このことが日本の政府不信を増幅させている一つの要因になっていると思われるが、政府不信、増税の困難さ、しかもそれを有権者の代表である政治家自らが率先して行っているところに問題の深刻さがある。そして本章冒頭で述べたように、日本の統治システム、それを前提にした（シルバーマンのいう）組織指向型官僚制という特質が、そういった批判を生む材料を自ら提供してしまっている。

もちろん官僚制組織は規模が大きくなると、個人の意図やコントロールを離れて動くようになるため、常にチェックし、批判的に点検する視点をもつのは重要である。ただし日本人の一般的感情として、本当に小さな政府を望んでいる人がさほど多いとは思われない。それは第七章における調査データの分析からも明らかである。多くの有権者にとっての関心は社会保障にあり、逆に言えば現在の日本の社会保障システムが不十分だからこそ、人々の注目が集まるとも言える。そして福祉システムの充実した運用のためには、福祉サービスが国家という存在抜きで語れない以上、一定規模の公務員（官僚制）組織の存在なしに考えられないのである（野口 2011）。

（3）官僚批判と新自由主義の親和性

官僚制組織のもとでは、円滑な組織の運営を目指そうとするため、合理化が進む。それにより個人間のウェットな関係は除かれ、形式主義や脱精神主義が促進される。これが人によっては、非人間的で冷たく感じられる。これがいわゆる「お役所的な」対応、ということになるが、全体社会の運営のためには、それもやむを得ない部分がある。またセクショナリズムが進むことで、効率的な運営を目指した官僚制組織は、むしろその縦割り構造によって、効率的な運営が阻害されることもある。つまり合理的で効率的であったはずの官僚制組織が、むしろ非合理で非効率の象徴となる。これも官僚制の逆機能によるものと解釈できる。

合理化とは、第三者にも理屈によって理解できるような説明が可能な論理のもとで運用を行うことであり、それゆえ個別の親密な関係者同士でしか通用しない論理（阿吽の呼吸とか、以心伝心といったもの）は排除される。したがって、カリスマ性をもった人間が独裁によって恣意的に権力を振りかざす可能性は減る。一方で、官僚制機構に基づくデモクラシーの支配は人々を納得させる論拠として多数決制を用いるようになり、それが非人間的に感じられ、個人の暴政はなくなるが、多数派による暴政がそれにとって代わる。これは第一章でも触れたトクヴィルが、『アメリカの民主政治』の中でも触れたことだ（Tocqueville 1888=1987）。このことで、不条理な官僚制に対する反感が芽生え、新たなカリスマの出現が期待されることもある。

そうすると、「官」ではダメで、力強いカリスマの出現によって、彼／彼女のリーダーシップによって官僚支配による現状を打破すべき、という言説が力をもつようになる（野口 2011: 16–30）。官僚制支配は、一般的に退屈なルーティンワークを強要するため、ときにそれを打破する思い切った改革者が望まれるという性質をもともと内包している。それゆえに、著名なイギリスの思想家でもあり功利主義経済学者でもあるミル（Mill, John Stuart）は、官僚制支配はときに突飛な提案が受け入れられてしまう「危うさ」があるとして、警鐘を鳴らしているのである（野口 2011: 51–56）。

野口雅弘は、日本で近年広まっている「過剰」ともいえる公務員叩きや、官僚バッシングは、逆に民主主義の根幹を揺さぶることになるのではないか、と懸念を示す。なぜなら官僚による支配は非合理で非効率的であるから、「民意」を重視し素早く「実行」するというスローガンを実現するには、組織をスリム化する「小さな政府」の「新自由主義」との親和性をもつことに直結する。本来、多様な意見を尊重するというのは民主主義の根幹にかかわる価値観だが、実際にはその維持に手間と時間、コストがかかるものなのだ（森嶋 1977）。さらに多様な意見は様々な立場を反映しているが、それぞれの立場は「既得権益」と解釈されやすく、結局すべて削れという乱暴な議論に結び付けられやすい。だから多様な立場に配慮しようとする人は、既得権益にしがみつく悪人と見なされ、バッシングされやすくなる。そして既得権益を叩く人間はヒーローとなり、民意を得やすい、ということになる。一部の地方自治体における公務員・官僚バッシングは（部分的にそれが正しい面もあるかもしれないし、実際過去に批判されても仕方のないような無駄や、非効率的な運営があった面は否めないが）、こういった側面から理解できる。

しかし近代社会を維持する組織やシステムは、そもそも複雑で容易に説明のつかないものである。それをわかりやすく、容易に述べるというのは、何らかの説明を恣意的に削ぎ落とし、無理を生じているということでもある。官僚制組織の存在により、その組織に即した規則が存在し、その規則に則った処理がなされるはずなのだが、脱官僚制による政治主導とは、そうした処理の一部をカリスマ的指導者の判断に委ねることにつながる。もし統治機構の正統性を維持しようとするなら、その指導者は政策決定の説明責任を負うことになる。しかし指導者の非合理で恣意的な決定については、民衆の支持を得られなくなる（それを押し通せば、民主主義の否定であり、単なる独裁になる）。政治家が独裁という批判を逃れるには、政府の機能を減らし、市場原理に委ねる方策をとるというインセンティブを招きやすくなる。市場原理に徹すれば、一貫した論理や、ぶれない政策を維持しやすいためである（野口 2011: 94-117）。

しかし政府が何もできない、すべて市場に任せるべき、と考えるのは、それはそれで極端な考え方である。もしそれを推し進めれば、究極的には政府や国家の存在を全否定することになってしまう。そうした考えが受け入れられるとは到底思えないし、新自由主義者が国家の存在を全否定しているわけではない。彼らは公的サービスの民間への移譲、規制の撤廃や国家役割の縮小を主張しているが、そもそも私的所有、個人の自由、企業活動の自由を保障するには、必要とあらば強権を発動できるような強力な権力を必要条件としていることになる。その点で国家や政府の存在は否定できないし、彼らが時に治安維持、防衛（軍事）などの点で強硬な主張をする背景は、彼らの論理が、そうした強権なしに成立しないからでもある（Harvey 2005=2007: 34）。

2　間接民主制における民意の反映

(1)　負担増を主張できる政治勢力へ

一九七〇年代後半頃には、多くの西洋諸国で財政危機が問題化した。ハバーマスによれば、現実社会における経済・社会問題には、多くの政府の決定が関与している。しかしそれらは多くの国や多くの事象と複雑に絡み合っており、容易には解決できない。さらに人々の間では、社会保障や福祉への期待が強まるが、高度な経済成長でもない限り、そうした人々の要求には容易に答えることができない。そもそも利害関係が複雑に絡み、ある政策を実施することによりメリットを得る人がいれば、一方で大きくデメリットを受ける人が存在することは珍しくない。政府によるそれらの調整は困難を極める。中途半端な政策を行えば効果は薄れるだろうし、仮にうまくいったとしても、複雑な利害関係が絡むことでデメリットを受けた人々の間では政府への敵意が強まるだろう。人々の認識では、政府が自分たちの要求に答えていない、ということになり、政府に対する信頼が大きく損なわれる。こうして「このような政府に税金を支払うなどとんでもない」とか、果ては「このような政府の年金制度は破たんしており、信用できない」というような言説が広まる。その言説を信じる人々が増加すれば、実際に政府の存続自体が危ぶまれることになる（野口 2011: 70–74）。さらに、政府が対処しなければならない問題そのものが大規模になり、国民が政府の責任と捉える範囲も幅広くなっている。小さな政府を志向しているとされるアメリカですら、そういった指摘がある[3]（Kettl 2008=2011: 33–62）。

行政サービスは一旦提供されると、人々はそれに満足するようになるというより、むしろ不満が募ることがある。それは単に、一旦サービスを享受するようになると、それに甘えて有難味を感じなくなる、というような意味ではない。サービスが提供されることそのものが需要を生み、その需要が増えれば、サービスの受け手は供給が不足しているように感じられるからだ。仮に一部の人々に学費の補助を行うような政策を実施したとしよう。そういう人が生まれると、サービスを享受できなかった人は、当然自分もサービスを受けたいと思うだろう。かくして、学費の補助はすべてに行なわれない限り、常に誰かが不満を抱くことになるが、不満を解消するまでには相当の資源を投入する必要があるだろう（真渕 2010）。

日本人が今後負担を回避しようとするなら、福祉産業も教育も結果的に市場原理に委ねる選択をするしかなくなる。しかし日本は既に労賃が高く、サービス業が安価になるのは困難である。ミドル・クラスの人々ですら、簡単に安く利用できるサービスが本当に市場で供給されるのか疑わしく思い、将来に不安を抱くはずである。それゆえ合理的な個人は、将来直面するリスクに備えて貯蓄に励み、経済活動は委縮することになってしまう（権丈 2004: 163）。

ただし国民の負担を増やすことで、デイ・ケアの需要を政府が増やし（こうして労働力需要が高まり）、女性の社会進出も促されれば、購買力も高まるし、仕事と家庭の両立を願う女性の希望を叶えることにもなる。特に就学前児童の保育サービスの（都市部の）不足は致命的であることがわかっているのだから、そこに優先的に政府が資本を注入することで、結果的には少子化の抑止に寄与することになるはずである（権丈 2004: 184–193）。それが進まなければ、ますます人口構造は歪んだものとなり、結果的に誕生した若い世代の負担は一層重く感じられるようになり、不公平感が増すことになるだろう。

政府が財政危機に瀕しているがゆえに、所得制限や、何らかの例外措置を、という意見は無視できないものとなる。とはいえ、それとてどこかで線引きをしないと、結局政策の効果が薄れたり、また人々の疑念を増やすもとになったりしかねない。一方で、経常的にコストの発生する教育、社会保障や福祉政策は、安定した税収の確保の上でも、ミドル・クラスの人々の支持が不可欠である。そうした人々の支持をどう取り付けるか、ということにも十分考慮する必要がある（宮本 2009: 100–102）。

(2) 政党支持と投票行動

政策の実現には、同じような政策的意見をもつ者が集って政党を築き、彼らがその政策的な中身を世間に訴えることで支持者を集めることが必要となる。政党支持については、アメリカのミシガン大学のキャンベル（Campbell, Angus）、コンヴァース（Converse, Philip E.）、ミラー（Miller, Warren E.）、ストークス（Stokes, Donald E.）の四人が The American Voter（『アメリカの投票者』）という本で示したモデルが政治学ではよく知られており、ミシガン・モデル（Michigan Model）とよばれている。これを三宅一郎に倣って整理すると、①有権者のほとんどが政党への帰属意識をもち、②この帰属意識は家庭内での社会化によって形成され、③有権者の多くは、リーダーや政策、綱領が変わっても、その政党への帰属意識を持ち続け、④帰属意識を変える原因となるのは、両親の政党帰属意識がないか弱い場合、もしくは成人後の準拠集団が変わったとか、大規模な社会変動があった場合であり、⑤政党帰属意識は政党への心理的近さと感情の強さに正確に反映され(4)、⑥政党帰属意識が強ければ、その政党に投票する可能性が高く、⑦帰属の程度が強いほど、政治的事象への評価と認知の方向は政党と一致するようになり、⑧投票と政党帰属に不一致があったとしても、それは特定の政策争点や候補者のアピールによる一時的なものである、というようにまとめることができる。この政党帰属意識は、候補者そのものへの態度や個々の政策への態度と比較して投票行動に安定して影響を及ぼすとされている。日本では政党帰属という言葉はあまり用いられず、専ら政党支持、という言い方をするが、特に多党下では、政党支持と支持強度は必ずしも一致するとは限らない。ある政党への支持が他の政党の不支持になるとは限らないからで、実際感情温度計(5)による調査によれば、複数の政党に五〇点以上の好意評価を下した人は三割近くになる(6)（三宅 1989: 100–114）。

なお、通常の世論調査などで示される政党支持の調査は、調査時点における分布を示すに過ぎない。支持率の変化は仮に大きくないとしても、個人に焦点を当てると、長期間に支持政党を動かしている人がかなりの数に上る(7)。上述のミシガン・モデルの想定よりも日本の政党支持は不安定であるが、他の政治的態度と比較すると相対的には安定している。職業代表政党に基づく政党支持、周囲に影響される後期政治的社会化の影響の他、基本的に支持の幅は保革のイデオロギーと関連している。また冷戦大戦下におけるデータに基づく解釈ではあるが、政党イメージはイデオロギーや社会集団というより、統治能力に起因するものが多く、それは自民党と他の野党とを決定的に分ける要因になっている、とされる（三宅 1989: 126–127）。

選挙の際には最終的に政党もしくは候補者に投票を行うわけだが、そのことが意味するのは、議会制民主主義において、最終的に議席を獲得した政党が、政治を動かす決定的な影響力をもっているということである。しかし一般的にイメージされる政党のイデオロギーのイメージと、具体的に政党が掲げる政策とが必ずしもマッチしないのではないか、ということがしばしばある。しかし日本では、固定的な政党支持層は必ずしも多数派ではなく、選挙によって投票先を変えているという人もかなりいると思われる。そうした有権者の投票行動と意識の関係を、詳細に追跡することは、政党支持や投票行動を正確に把握できることにつながるだろう。そのためには、一時点で集めた質問紙調査では不十分で、同一個人を追跡したパネルデータによって、個人内の意識や投票行動の変化や推移を確認する必要がある。

3　政党支持と政策への態度の関係

(1)　投票行動の個人内変化

ここで使用するのは、東京大学社会科学研究所が二〇〇七年から実施している「働き方とライフスタイルの変化に関する全国調査」(8)のデータである。このデータは、二〇〇七年時点における二〇～四〇歳の日本全国の男女を対象としており、毎年一回、追跡調査を行っており、二〇一四年現在も継続中のプロジェクトである。

このパネル調査の中では、過去四回の国政選挙（二〇〇七年七月の第21回参議院通常選挙、二〇〇九年八月の第45回衆議院選挙、二〇一〇年七月の第22回参議院選挙、二〇一二年一二月の第46回衆議院選挙）

表 8-1　パネル調査からみる投票政党の変遷（個人内変動）

21 回参議院通常選挙（07 年）と 45 回衆議院総選挙（09 年）の比例投票先

	自民党	民主党	公明	共産・社民	その他	棄権	忘れた
自民党	285	201	11	3	15	53	22
民主党	91	728	4	28	48	46	28
公明	9	23	96	2	3	9	4
共産・社民	7	27	0	78	5	5	9
その他	11	11	0	0	21	3	3
棄権	66	192	4	13	11	370	64
忘れた	43	134	15	15	13	61	86

45 回衆議院総選挙（09 年）と 22 回参議院通常選挙（10 年）の比例投票先

	自民党	民主党	公明	共産・社民	その他	棄権	忘れた
自民党	363	38	10	3	48	26	29
民主党	106	802	16	25	121	125	116
公明	4	3	100	0	4	5	7
共産・社民	7	19	1	77	11	7	15
その他	11	9	2	0	73	8	8
棄権	44	33	9	6	18	372	57
忘れた	19	20	1	3	18	41	111

22 回参議院通常選挙（10 年）と 46 回衆議院総選挙（12 年）の比例投票先

	自民党	民主党	公明	共産・社民	その他	棄権	忘れた
自民党	407	25	10	8	102	98	25
民主党	238	233	15	40	352	216	50
公明	14	5	97	2	10	20	3
共産・社民	14	7	0	91	15	19	6
その他	70	23	1	11	195	40	18
棄権	75	21	5	9	89	514	30
忘れた	60	26	16	21	79	123	102

出典：東京大学社会科学研究所『働き方とライフスタイルの変化に関する全国調査』より

の投票先のデータが含まれている。分析には、これらの投票結果が含まれる、第二波、第四波、第五波、第七波のデータを使用する。

表８－１が投票行動の変化を追った表である。この四回の投票行動がすべて把握できるのは、二五八七人いる。この中で、最も多いのが四回の選挙全て棄権したという二一六人（八・三％）である。その後は、四回すべて自民党に投票した一五三人（五・九％）、最

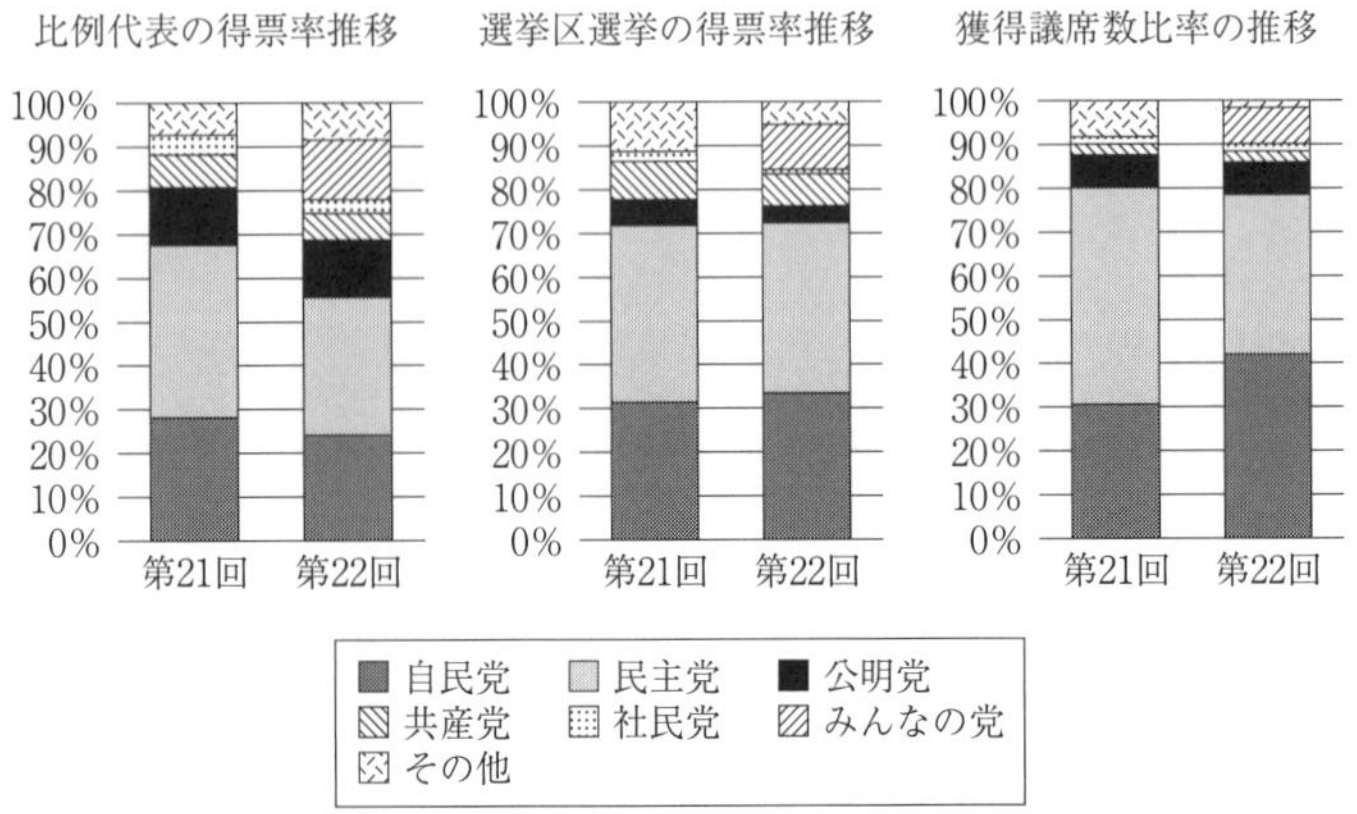

出典：総務省選挙関連資料

図 8-1　参院選結果推移

初の三回が民主党で二〇一二年にその他の政党に投票した一四八人（五・七％）、四回すべて民主党に投票した一二一人（四・七％）、最初三回を民主党に投票し二〇一二年に自民党に投票した七七人（三・〇％）、最初三回を民主党に投票し二〇一二年に棄権した六七人（二・六％）、四回とも公明党に投票した五〇人（一・九％）、四回とも共産党に投票した四二人（一・六％）、と続く。なお、最初の三回に民主党に投票していた人は四三四人（一六・七％）いるが、その中で二〇一二年に民主党以外に投票した人は実に三一三人に上る。つまり過去三回民主党に投票していた人の七割以上が、二〇一二年に他の政党に投票することになったということである。

この表８－１を見ると、確かに前後する選挙で同じ政党に投票した人も多く見られるが、そうでない人も相当数いることがわかる。例えば二〇〇七年の参議院選挙で自民党に投票した人は、かなり民主党に流れているが、それと同時に目立つのは、前回棄権していた人で二〇〇九年に民主党に投票しているケースがかなりいるということだ。このあたりからも、二〇〇九年の政権交代に寄せる期待の大きさがよくわかる。

二〇〇九年と二〇一〇年を比較すると、自民党から民主党へ、という流れはあまりないが、民主党から自民党という人は一定程度みられる。ただし全体としては民主党に継続して投票している人が多い。この選挙では、前回の衆議院選挙はもちろん、二〇〇七年の参議院選挙と比較しても、民主党は得票率や議席の比率を減らしている。そして普天間基地移設問題などで鳩山内閣が倒れるなど、民主党内の混乱が続いたこともあって、民主党の敗北感が目立っているが、実際は得票率という面で言えば、自民党より民主党の方が多くなっている。しかし選挙制度の関係で最終的に自民党の獲得議席が増えた（図8－1）。パネル調査のサンプルは若年世代の一部に限られ、有権者全体を代表しているわけではないが、自民党への比例代表投票者は五五四人、民主党は九二四人と、まだ民主党への投票者が圧倒的に多い。ただし前回の衆議院選挙で民主党に投票した人から、自民党に投票するようになった人以上に、その他（この選挙の場合は、みんなの党が多い）や棄権に移った人がかなりいることも見逃せない。

しかし二〇一〇年の衆議院選挙と二〇一二年の参議院選挙で状況は一変する。二〇一〇年に民主党に投票した人のうち、二〇一二年に民主党に投票した人は多数派ではなく、圧倒的多数がその他（この選挙では日本維新の会やみんなの党が多い）や自民党に移っている。また棄権している人もかなり多い。そして前回二〇一〇年と今回の二〇一二年両方で棄権している人が五〇〇人以上と、このクロス表のサンプルの一五％近くにも上る。それ以前の投票行動についてはこのクロス表だけでは確認できないが、政治に失望したためなのか、あるいは関心を失ったためなのか、投票行動を忌避している層が一定程度存在していることも理解できる。なお、図7－3でも示したが、この選挙で自民党は大きく議席を回復するが（議席数の六割以上）、得票率でみたところでは比例代表の三割にも満たない。この表でも、確かに自民党は最も多い数（八七八人）となっているが、これはその他の八四二人とほぼ拮抗する数値で、全投票者の三七％である（棄権や忘れた人を含めれば、全体の二五％弱からしか信任を得ていない）。

分析結果の表は省略するが、二〇〇九年に民主党に投票した人の中で、二〇一二年に再度民主党に投票した人の特徴は、①（一九七六～八六年生まれに対し）一九六六～七五年生まれで有意に多く、②（事務職に対して）販売職、自営・農業、ブルーカラーで有意に少ない、という特徴をもつ。言い換えれば、比較的若年層で、非ホワイトカラー層が、民主党への投票を避けるようになった、ということである。

(2) 政党好感度と政治的態度

このパネルデータを分析した前田幸男によれば、支持政党（選挙での投票政党ではない）の選択はある程度安定性があり、特定政党から支持なしという変化が多く、政党の鞍替えだとか、支持政党をころころ変える人は多くないという。女性に固定的無党派と政治的無関心が多く、政党支持するのは男性が多い。教育程度が高くなると、自民・民主・固定的無党派が増える。ただし民主において女性支持が少ないことを除き、全体的に社会的属性と政党支持の関係は曖昧である。個別な意識や政策について言えば、格差意識（所得格差が大きいことは、日本の繁栄に必要である）や結婚意識（一般的に言って、結婚している人の方が、結婚していない人より幸せだ）は、自民党支持と固定的無党派と関連があり、いずれも同意する人ほど自民党支持の傾向が増す。自民党支持と民主党支持については、主として防衛政策で意見が明瞭に分かれており、福祉については両者を分ける根拠になっていない。防衛と福祉については、自民・民主と公明・共産という形で色分けされている。また支持政党を明らかにしない人は、政党忌避の人と、政党に抵抗感がない人が存在し、乱暴に言えば前者が二〇〇五年の自民に、後者が二〇〇九年の民主に投票した傾向が強い（前田 2013）。

「支持政党」は一つしか選択できないが、章末の注（6）にあるように、必ずしも第一の支持政党でなくてもそれなりに好感度が高い政党というのは個人内部で存在し得る。その場合、何らかのきっかけで、投票先の政党を変えることもあり得るだろう。この調査の中には、注（6）にある感情温度計を利用した質問が設置されている。そこで、自民党、民主党、公明党、共産党、社民党の五つの政党の好感度が四回の調査で尋ねられているので、その好感度の変化を追跡することにしたい。そしてその変化が何らかの個人の環境（属性）的要因によるものなのか、あるいは政策に対する意識の変化と関連するものなのかについて検討を行う。

ただし本書のテーマに直結する、教育政策に関する意識は調査の中に含まれていない。そこで代わりに、いくつかの政治や政策への態度と関連する意識項目を分析に使用する。ここではそうした意識の変化と、政党好感度の変化に何らかの関係があるのかを検討する。

とりあげる意識項目は、「あなたは以下のような意見について、賛成ですか、反対ですか。もっとも近いと思う番号1つに○をつけてください」という質問である。その意見とは、「A・日本の防衛力はもっと強化すべきだ」「B・日米安保条約は現在よりもっと強化するべきだ」「C・収入の多い人と少ない人の所得格差を縮めるのは政府の責任だ」「D・公共事業による地方の雇用確保は必要だ」「E・年金や老人医療などの社会福祉は財政が苦しくても極力充実するべきだ」「F・お年寄りや心身の不自由な人は別として、すべての人は社会福祉をあてにしないで生活しなければならない」の六つで、賛成から反対までの五段階に最もあてはまる意識に○をつけてもらうものである。ただし今回の分析では、「賛成」「どちらかといえば賛成」は「賛成」としてまとめて一のスコア、「反対」「どちらかといえば反対」は「反対」としてまとめてマイナス一のスコア、「どちらともいえない」に0のスコアを与える。「わからない」という選択肢もあるが、これも便宜的に0のスコアを与えておく。

まず政党好感度の推移を確認しておこう。表8－2がその結果である。既に述べたように、二〇〇七年、二〇〇九年、二〇一二年が抜けているのは、国政選挙の投票先のデータのある年の調査のみを分析対象にしているからである。ただこれでも大まかな動きを読み取ることができる。自民党は政権交代のあった直後の二〇一〇年に好感度が最低になっているが、その後は好感度を上げ、二〇一三年では五〇点を上回っている。一方の民主党は下降の一途をたどっている。公明党・共産党・社民党は好感度に大きな変化はなく、いずれでも自民党や民主党を下回っている。公明党と共産党は、他と比較して若干標準偏差が大きくなっているが、これは個人による好き嫌い（得点）のばらつきが大きいことを示す。

表 8-2　政党好感度（100 点満点）の推移

		2008 年	2010 年	2011 年	2013 年
自民党	平均	42.65	40.48	44.67	52.05
	標準偏差	20.62	20.29	20.45	20.81
民主党	平均	47.37	44.45	37.60	34.38
	標準偏差	18.73	20.87	21.40	20.72
公明党	平均	33.28	30.95	31.88	32.62
	標準偏差	22.61	22.75	22.89	22.82
共産党	平均	33.50	33.78	32.97	32.32
	標準偏差	21.43	21.39	21.76	21.62
社民党	平均	33.98	33.55	32.99	30.71
	標準偏差	20.24	20.48	20.60	20.92
N		3785	3070	4071	3675

出典：東京大学社会科学研究所『働き方とライフスタイルの変化に関する全国調査』より

そして表８－３が政策や政治的意見に対する態度の得点の推移を示したもので、値は一とマイナス一の間をとり、正であれば賛成となる。この間に目立つ動きは、特に近隣諸国との関係悪化を反映してか、防衛力強化や日米安保堅持が、急激に賛成傾向を強くしていることである。また福祉を充実させるべきという意見は依然優勢ではあるが、得点はかなり減少しており、代わって福祉をあてにすべきでないという意見も急激に得点を伸ばしている。二〇一二年の衆議院選挙の得票率は確かに自民党回帰とは必ずしも評価できないが、代わって出てきた第三極とされた日本維新の会やみんなの党も保守系であること、いずれも小さな政府主義を唱えているところが共通しており、そういった政党への志向性の変化が、こういった政治的意見の推移に反映されているものと予想できる。

（３）パネルデータの分析

第七章では社会的属性と政治的態度の関係をＪＧＳＳのデータで分析を行ったが、ＪＧＳＳはクロスセクショナルなデ

表 8-3　政治的態度の得点の推移

	2008年	2010年	2011年	2013年
A・防衛力強化　平均	.132	.096	.301	.389
標準偏差	.738	.714	.682	.674
B・日米安保堅持　平均	−.017	.034	.193	.290
標準偏差	.661	.651	.628	.621
C・所得格差縮小　平均	.350	.293	.275	.276
標準偏差	.677	.698	.675	.664
D・公共事業雇用確保　平均	.370	.439	.454	.448
標準偏差	.688	.686	.670	.667
E・福祉の充実　平均	.663	.625	.561	.467
標準偏差	.571	.590	.639	.674
F・福祉をあてにしない　平均	−.003	.066	.146	.279
標準偏差	.774	.773	.753	.732
N	3895	3127	4226	3736

出典：東京大学社会科学研究所『働き方とライフスタイルの変化に関する全国調査』より

ータ（一度の調査で得られたデータ）なので、仮に意識と社会的属性と何らかの関連が見出されたとしても、それは厳密に言えば分布に何らかの関連があることを示唆するに過ぎず、例えばその社会的地位を「もともと」もっている人がそういった態度を保持する傾向があるのか、それともその社会的地位を「獲得する」ことによってそういった態度をとるように「なる」のか、ということをデータそのものから区別することはできない。つまり独立変数と従属変数に関連があった時に、それが独立変数の変化によって従属変数にも変化がもたらされるということを意味するのか、それとも独立変数についてある特性をもっている人が、従属変数でも特定の性格をもっているという傾向を意味するに過ぎず、独立変数の変化が従属変数の変化に結びつくとは限らない、ということを意味するのかは、パネルデータを見ないとはっきり区別できない。その厳密な区別を行うためには、パネルデータの分析が不可欠だとされてきた[9]。

パネルデータの分析にはいくつか方法があるのだが、

ここではアリソン（Allison, Paul D.）の提唱したハイブリッド・モデル（hybrid model）を用いて、政党好感度の変動について検討してみたい（Allison 2009）。

ここで説明変数には、性別（女性＝1のダミー変数）、出生コーホート（一九六六〜一九七五年生まれを1とするダミー変数。基準カテゴリーは一九七六〜一九八六年生まれ）、学歴（中高卒、短大・高専・専門学校卒、大学・大学院卒の三カテゴリーで、中高卒を基準カテゴリーとする）、職業（第七章と同様に、エリクソン・ゴールドソープ・ポルトカレロによる職業分類を用いる）、世帯収入、婚姻状態、調査時点を示すダミー変数（二〇〇八年を基準とし、二〇一〇年、二〇一一年、二〇一三年を示すダミー変数を投入）といった説明変数を考慮する。この中で、性別、出生コーホートと学歴は、観察期間内で個人内の変化が起きない変数である。それ以外の変数については、観察期間内に変動が起こり得る変数である。調査時点ダミーを除いた他の可変変数については、個人内の平均得点と、各時点における得点と個人内平均との差を示す点数の両方をモデルに投入する。これがハイブリッド・モデルで、計算はパネルデータ分析におけるランダム効果推定を行う。

分析の厳密な意味については、Allison（2009）や中澤（2012）の解説に委ねるが、一定の留保が必要とはいえ、不変変数の係数は、事実上回答者がもともと持っている個人の特性と、従属変数である政党好感度の間の関連性（つまり個人間（between）変動）を示す。可変変数における個人内平均の係数について、アリソンは積極的な解釈を行っていないが、これも一定の留保つきとはいえ、係数は個人内平均が1上昇したときの従属変数たる政党好感度の平均的な得点の個人間の差異を示している。一方、個人内平均と各時点の実スコアの差をとった変数の係数は、個人内で1説明変数の変化が起こった時の、従属変数たる政党好感度の変化量を示している。この係数は、データに欠損がない(balanced panel data)場合には、計量経済モデルにおける固定効果モデルの係数と一致する。つまり「もともとある性質をもっている人がつける政党好感度の傾向」をみたいときには個人内平均の係数を、「ある性質をもつようになると、政党好感度がどう変化するか」をみたいときには個人間平均の係数をみればよい。

表8-4がその分析結果である。ただし個人の職業や世帯収入の変化は、政党好感度に有意な影響がなかったので、煩雑になることもあり、表から除いた。また調査時点ダミー変数の係数は、事実上二〇〇八年を起点にした政党好感度の変化を示すものに過ぎず、表8-2からおおよその推移を推測できるので、この結果も除いて掲載した。

個人間の差異に着目すると、高学歴の人が低い得点をつけているのは公明党と社民党である。因果ははっきりしないが、少なくとも分布の上で、中高卒に比べて、短大・高専卒については二・八九七点、大学・大学院卒については五・六二四点、公明党に対して低い点を与えている。社民党も大学・大学院卒は一・五四六点低い点を与えている。逆に女性は、公明党、共産党、社民党に有意に高い点を与える傾向がある。

まず個人内平均の係数に着目しよう。自民党の個人内平均は、防衛力、安保、公共事業で正に有意であり、所得格差解消は負に有意である。つまりもともと前者三つについて肯定的な意見をもつ人は自民党に高い点を与え、後者一つに肯定的な意見をもつ人は自民党に低い点を与えるということである。個人内平均の係数は、ある程度政党間のイデオロギーの違いを反映している。防衛・安保に肯定

表 8-4　パネルデータ・ハイブリッド・モデル分析の結果

	自民党		民主党		公明党		共産党		社民党	
	Coef.	S.E.	Coef.	S.E.	Coef.	S.E.	Coef.	S.E.	Coef.	S.E.
女性	.094	.579	.439	.578	3.665	.703***	3.887	.654***	5.474	.598***
1966-75 年生	.607	.547	.814	.545	.001	.664	−.977	.616	−1.765	.564**
短大・高専	.389	.655	.534	.653	−2.897	.795***	.234	.739	−.631	.676
大学・大学院	.974	.690	.995	.689	−5.624	.839***	−1.083	.779	−1.546	.713*
個人内平均										
既婚	.037	.643	−.439	.578***	2.104	.779**	.038	.724	.799	.663
防衛力強化	1.710	.550**	.814	.545***	−5.989	.663***	−4.271	.618***	−6.955	.566***
日米安保強化	8.114	.644***	.534	.653+	5.606	.777***	−2.277	.724**	−.271	.664
所得格差解消は政府の責任	−5.160	.501***	.995	.689	−1.334	.606*	2.583	.564***	1.272	.516**
公共事業による地方雇用確保	6.372	.510***	−1.113	.510*	5.873	.616***	.407	.573	1.573	.525**
年金老人医療は財政事情にかかわらず充実	−.844	.574	2.739	.573***	1.256	.693+	1.522	.645*	3.004	.591***
福祉をあてにせず生活すべき	.509	.447	−.753	.447+	−1.319	.539*	−.630	.502	−.519	.461
個人内変化										
既婚	−1.280	.798	1.511	.874+	−1.039	.763	−.633	.794	−.990	.783
防衛力強化	1.612	.325***	−.189	.356	.237	.311	−1.026	.324**	−1.011	.319**
日米安保強化	1.989	.330***	−.745	.362*	.548	.316+	−.209	.329	−.605	.324+
所得格差解消は政府の責任	−.709	.306*	.243	.335	.163	.292	.220	.304	.335	.300
公共事業による地方雇用確保	1.290	.307***	−1.297	.337***	.082	.294	−.104	.306	−.498	.301+
年金老人医療は財政事情にかかわらず充実	−.654	.326*	1.165	.357**	.233	.313	.375	.325	1.112	.320**
福祉をあてにせず生活すべき	.463	.250+	−.292	.274	−.134	.240	−.545	.249*	−.224	.245
N of observations	12617		12629		12587		12583		12560	
N of persons	4055		4057		4049		4048		4047	
R^2 (within)	.122		.135		.007		.006		.017	
R^2 (between)	.145		.056		.099		.065		.113	
R^2 (overall)	.150		.088		.081		.056		.096	

注：+<.10　*<.05　**<.01　***<.001

注：説明変数にはこれ以外にも，調査時点，職業と世帯収入（いずれも個人内平均と個人内変化）を考慮している。

的だと、自民党で高い点を与える傾向があり、（自民ほどでないものの）民主党も同じである。ただし安保の場合、民主党は一〇％水準で有意であり、係数も小さい。これは沖縄の基地問題に対するスタンスを反映しているのかもしれない。自民党と連立を組む公明党は、安保については肯定的であるが、防衛力強化については否定的である。共産党と社民党はいずれも否定的だが、安保については社民党で否定の程度が弱く、有意ではない。

所得格差の問題は自民・公明 vs 共産・社民で対立しており、民主は正の係数だが有意ではない。公共事業については民主党で負に有意だが、自民・公明は正に有意である。民主党政権成立時に一緒に連立を組んでいた社民党支持層は、公共事業による雇用確保に肯定的な傾向がある。福祉の充実については、自民党とそれ以外、という形で意見が分かれている。

個人内変化を見ると、個人内平均と同じような係数が自民党では有意になっている。つまり防衛・安保・公共事業に肯定的な意見をもつようになると、自民党への好感度がアップする、という関係にあり、所得格差解消や福祉の充実という意見をもつようになると、好感度が低下する。民主党については、もともと日米安保に肯定的な意見をもっていれば（一〇％水準だが）〇・五三四ポイントだけだが高い好感度を与える傾向があったが、個人内で日米安保に肯定的な意見をもつような変化が起きると、民主党への好感度は〇・七四五ポイント低下することが見て取れる。公明党については、意見の変化に伴う好感度の影響はほとんどなく、もともともっているイデオロギーや志向性の違いで（好感度の違いが）ほとんど説明されてしまうことがわかる。共産党も同様に、もともとの志向性の違いで説明される部分が大きいが、「福祉をあてにせず生活すべき」という意見については、その意見の程度がもともとどの程度であるか自体は好感度に有意な影響をもたないものの、この意見を肯定的に見なすようになると、政党好感度が有意に低下することがわかる。社民党については、公共事業において個人内平均が正に有意だったが、個人内変化では（一〇％水準だが）負に有意で、公共事業による雇用確保を肯定的に見るようになると、政党好感度が下がることがわかった。

職業や収入の変化は政党好感度の変化にほとんど影響を与えていないので表では省略したが、職業については、公明党・共産党・社民党で、もともとブルーカラーである傾向が強い人は高得点を与える傾向があることも付記しておきたい。ただし自民党と民主党では、職業と収入にほとんど有意な関連はない。

いわゆる「政党支持」は特定の政党を選ばせるもので、現在の日本では圧倒的に「支持政党なし」を選択する人が多い。したがって、ここで検討した感情温度計に基づく政党好感度とはそもそも指標の概念が異なるため、上述の前田（2013）とは必ずしも一致しないように見える結果もある。一般的には政党支持の方が強い意味をもち、特に信念をもって支持政党をもつ人が別の政党を支持するということは、何らかの強いきっかけが必要になると思われるが、政党好感度はそれより変動する可能性が高い概念だと思われる。ただし政党に関する好感度が変化すれば、特に支持政党なしが多い（浮遊層が多い）日本では、選挙における投票行動に対して直に影響が及ぶことも考えられる(10)。

（4）民意を反映させるにはどうすればよいのか

一部の政党を除けば、日本の政党は労働組合や業界団体が集票装置となっている場合はあるが、そういった団体の組織力も弱まっており、特定の属性をもつ者がある政党を支持する、という形はとりにくくなっている。その意味では、選挙前のイメージや報道などに投票行動が左右されやすく、また小選挙区制によりその結果が極端に現れやすくなると思われる。従来の研究では、日本人の福祉をめぐる態度が必ずしも政党支持や投票行動に直結していないという知見が多かったように思われるが、若年層のパネル調査を見ると、近年はそれが積極的な争点と化し、意見の分化が見られるようになっているように思われる。

二〇一二年の選挙で民主党の支持率は大きく低下した。いわゆる五五年体制下で、自民党と社会党の二大政党の争点が、憲法、安保、自衛隊といったイデオロギー的な側面に集中してしまったことにより、両者の対立構造があまりに固定的になってしまい、政策を選択するという選挙の機能が十分発揮されてこなかった。またこうしたイデオロギー的対立は、必ずしも国民全体の生活の関心とは結びつかなかったともいえるかもしれない。それゆえ経済や福祉、教育といった問題が（本来、相対的には国民の争点として考慮されるべき論点としてあげられていたにもかかわらず）、選挙では真剣な争点として浮上してこなかった。

しかし冷戦体制の崩壊後、そうしたイデオロギー対立が目立たなくなり、税制や社会保障などが争点の前面に出るようになってきた。ただし日本の政党の違いは、憲法や安保、自衛隊などのイデオロギー的な面で明瞭であったが、教育や社会保障の、特に資源の配分をめぐる議論では、政党間の差異はもともとあまり明瞭ではなかった。社会主義を唱える政党が増税に反対するなど、政党のイデオロギーと選挙での主張が錯綜し、有権者に意図が伝わりにくい面もあっただろう。また教育における政党間の違いは、教育内容や日の丸君が代問題などに集約され、教育機会の平等化や授業料の問題が争点になることは、あまりなかった。教育機会の平等化や授業料負担の軽減は、もし選挙のスローガンとして掲げるのであれば、当然支持する方向にしかなりえないだろうし（これを否定するようなスローガンは、選挙では掲げにくいだろう）、かといって政権を長く握ってきた自民党は、財政面での負担を考えてあえて触れないようにしてきたのが本音であろう。

二〇〇九年の選挙では、子ども手当や公立高校無償化など、教育財政に絡む分野が争点になったという点で過去とは異なっていた。そしてその財源は第七章でも触れたように、配偶者扶養控除制度の廃止とセットになっており、男女共同参画社会の実現とともに、社会全体で子どもを育成しようという理念をもっていたのだ。その点で、この選挙で教育財政や社会保障に関する争点が提示されたことの意義は大きい。しかしそうした意図は、必ずしもうまく伝わっていなかった。そもそもこの選挙は、真にそうした社会保障や教育を争点として投票行動が行われたというより、政権交代というムードに流された面があった。政策が支持を受けたというより、自民党政権に対する不信任とか、民主党政権に対する目新しさが優先されたというのが正直なところだろう。教育に関しては、確かに公約は部分的に実現を見たが、子ども手当の支給額などは、財源の問題もあって達成することができなかった。

財政的に問題を抱える日本にあって、公共サービスを充実させようとする政策を掲げる際には、より一層国民負担の問題を考えざるを得なくなる。今後は、そうした財源をしっかり説明しない政策提言は、一層無責任と捉えられるだろう。ただし自民・公明連立政権に戻って、子ども手当の廃止や、高校無償化の所得制限など、スタンスの政党間の違いが際立つようになった。これを必ずしも政策の失敗とネガティブに捉えるのではなく、今後は政党間のスタンスの違いを示す争点として、むしろ積極的にアピールすべきであろう。これまでは日本において、きちんと負担と提供される公共サービスの関係を責任を持つ形で提案してきた政党がなかったことが問題なのである。民主党はそもそも寄り合い所帯であったこともあり、実際は内部に、自民党以上に保守的でナショナリスティックなイデオロギーをもつ者や、小さな政府主義を唱える者もいないわけではなかった。政権末期には分裂することになったが、むしろ政治的な主張と政党を整理する上で好機だったと捉えるべきである。

高齢化社会の到来で、特に賦課方式をとる日本の社会保障制度を前提にすれば、世代間格差などという言葉が流通するように、世代による利害が対立することが予想される。なお、世代間格差というものが実際に存在するのか否かということをめぐっても議論があるが、世論の形成は真に格差があるか否かということとは別に、世代間格差があると思う人が多いとか、格差があるように見えるか否か、ということのほうが問題になる。税制がこれまで通り所得税中心なのか、消費税を基幹税として考えるのか、また税率を上げるのか否かも、有権者の考える社会構想と大きく関わってくるし、税制を今後どうするのかは世代間格差の議論とも無関係ではない。所得税中心の税制は、どうしても勤労世代の負担が中心となる。しかし消費税は広く負担し合うという税制である。消費税は逆進性ばかりが取り沙汰されるが、消費税が逆進的なのはあくまで負担の側面だけに着目するからであって、税が何に使われるかというトータルで評価すべきであり、公共サービスをユニバーサルに提供しようとするのであれば、消費税を基幹税に考えざるを得ない。北欧が消費税を基幹税にしているのは、その点で理屈が通っているのである。

もともと高齢者は投票率が高く、若年層は投票率が低い。しかもすべての人は生きていれば高齢者になる。したがって高齢者福祉のほうが票に結び付きやすいから、自然と政党の政策は高齢者を意識するものになりがちである（三宅 1989: 94–95）。教育に対する政策のインパクトは、（それが子育て世帯に限られると考えられてしまう限りにおいて）限定的になってしまう。それゆえ、特に現在の日本では、教育費の公的負担の問題を考えるならば、教育の公共性や公的利益という側面を広く社会に訴える必要がある。

国民も財政的な問題があることは多くの人が理解しているから、それに対して説得力のある案を示さなければ、総花的な社会保障、福祉、教育政策を掲げても、支持は広まらないだろう。第七章でも触れたように、増税があってもいいから福祉や公共サービスを充実させるべきという意見が優勢なのにもかかわらず、それを実現させる政党がないというのは、日本人にとって全く不幸なことである。政党は負担と与えられる公共サービスの関係をはっきり明示した政策を国民に提示し、その上で真に小さな政府を選択するのか、多少負担は増えても充実した公共サービスを選択するのかをオプションとして掲げるべきである。福祉や教育の個人負担は軽減するが、国民負担も増やす必要がない、というような無責任な政策を掲げるべきではない。そうした提案が、支持を広げてこなかったことは、既に歴史が証明している。

本章の結果を見ると、政府の大きさ、公共サービスに対するスタンスをめぐって、政党間の差異が明瞭になりつつあるように思われる。しかし福祉に対してかなり異なるスタンスや支持層を抱える自民党と公明党が連立を組むといった矛盾もあるが、これも政局ではなく、政策的なスタンスで国民にわかりやすいオプションを示すべきである。

注

（1）これと全く対照的なのが大統領制である。

（2）公務員を指す場合も、自治体には「官」ではなく、「公」という字があてられる。また警察組織に典型的だが、国庫から給与を支給される上級警察職員は「警察官」だが、その他の一般の警察官は「地方警察職員」と、正式に呼称も区別されている（大森 2006：14-15）。

（3）アメリカでは小さな政府を志向する意見が強いため、公務員そのものを増やすのは世論の抵抗にあいやすい。しかし市民の要求に応えるためには一定の職員が必要であり、結局一定程度の仕事を民間業者に請け負わせることとなった。しかしこのことで支出が減ったわけではなく、結局政府としての経営戦略（指揮命令系統）が複雑になっただけである（Kettl 2008=2011: 47-48）。

（4）アメリカの場合は、二大政党制であるので、政党帰属意識の両端は共和党と民主党になり、真ん中を支持政党なしとする一次元性をなし、帰属の強度も同じ線上で表される。

（5）調査票に温度計の絵が描かれており、それは〇～一〇〇度（点）をなす。そして被調査者がその政党に対して持っている好感度を一〇〇点満点の点数で表して回答する、というもの。

（6）もっとも、この感情温度計で最も高い点を導いた政党が支持政党である可能性は高い。

（7）三宅一郎によれば、一九八三年六月の参議院選挙と一二月の衆議院選挙の間で、自民党支持が五％上昇、支持なしが四％上昇の他は一～二％程度の変動しかないように見えるが、個人に着目すると、最も安定的であった自民支持でも変化がないのは八割を切っている。新自由クラブは半年後に支持を三分の一にまで減らし、支持なしで一貫している人も四分の一程度にすぎないという（三宅 1989: 116-117）。

（8）本研究は、科学研究費補助金基盤研究（S）（18103003、22223005）の助成を受けたものである。東京大学社会科学研究所パネル調査の実施にあたっては、社会科学研究所研究資金、株式会社アウトソーシングからの奨学寄付金を受けた。パネル調査データの使用にあたっては、社会科学研究所パネル調査企画委員会の許可を受けた。

（9）専門的な議論になるので本書では触れないが、パネルデータの分析の意義については筆者が別に考察したことがある。関心のある方は参照されたい（中澤 2012）。本章で用いているハイブリッド・モデル（hybrid model）の簡単な考え方も、ここで触れている。

（10）この感情温度計による政党好感度の相関についても補足しておきたい。各波を通して相関がほとんどないのは、自民党と民主党・共産党・社民党である。共産党と社民党はどの波でも相関係数が〇・七前後でそれなりに高い。自民党と公明党は連立を組んでいたこともあり、二〇〇八年では〇・四近い相関係数を記録していたが、徐々に低下傾向にあり、二〇一三年調査では〇・二六程度である。そして民主党と公明党の相関はもともとほとんどなかったが、二〇一三年調査では〇・二八を超えており、自民党との相関を上回っている。民主党と共産党、社民党との相関は〇・三～〇・四後半を推移しており、特に社民党の好感度との関連が強まっている。

補　足

本書の直接のテーマから外れるので、記述すべきか迷ったが、折角の機会でもあるので簡単に触れておきたい。このパネル調査の分析の結果、非常に気になったのは、防衛力の強化や安保体制への支持傾向が強まるといった、ナショナリズムや保守主義の傾向が明瞭に見て取れることである（表8－3）。これは言うまでもなく、近年の中国や韓国など、近隣諸国との関係悪化を背景にしているものと思われる。

二〇一四年二月現在、第二次安倍政権はそれなりの支持を集め、民主党の支持は非常に低く、そもそも自民・民主の「二大政党」と言えるのか自体が怪しい状況にある。本書では、二〇一二年の衆議院選挙が、必ずしも自民党が積極的に支持されたわけではないというスタンスで書かれているが、かといって第二次安倍政権が国民の支持を失っているといえるかは微妙である。高い内閣支持率は水物であり、近い将来大きな変化が起きる可能性もないわけではないが、第一次安倍政権と異なり、政権に批判的な報道が以前より少ない点も気になるところである。

表8－4のパネルデータ分析から言えるのは、そもそもナショナリスティックな人は自民党を高く評価する傾向があるが、それだけではなく、防衛力を強化すべきとか、安保体制を堅持すべきと考える人ほど自民党を高く評価するようになっており、そのことが自民党の高支持率と無関係ではないように見える。民主党政権においても数々の失策はあったのだが、特に領土問題や歴史認識問題をめぐって、それがあたかも民主党の「弱腰」姿勢が問題を引き起こしたかのように見えたこと、また有効な解決策を見いだせなかったことが、民主党

の党勢回復に決定的なダメージを与えているように思える。

そもそも領土問題が放置されてきたのは自民党政権のときからであり、ときの自民党政権の責任は当然問われるべきであって、民主党のみにその責任が押し付けられるものではない。また中国や韓国の偏狭なナショナリズムとそれに基づく報道にも相当な問題があり、日本の保守主義だけが問題なのではないことは否定しない。ただ政党や政治家の利益が支持を集め議席を得るということにあり、また党勢を回復しつつある自民党がナショナリスティックな強硬路線によって支持を獲得しているとなると、そうした動きに歯止めがかからなくなる可能性がある。歴史認識は政党間でかなり違いがあるが、領土問題については（完全にではないが）政党間での利害の差は大きくない。現在の野党は、支持を集めようと対外的に強硬な主張を行えば、強硬なナショナリズムへの批判者がいなくなり、強硬な主張を取り下げると支持を得られないというジレンマにある。

このことは、実は本書のように、教育をはじめとする公共サービスを充実させようとするスタンスをとる者にとって、由々しき問題である。本書でも何度か触れてきたが、公共サービスは国家抜きで考えられず、国家権力による国民のコントロール、という側面は無視できない。財源となる税には、個人の所得の捕捉が必要で、それは国家権力による個人情報の管理でもある。福祉国家に政府に対する信頼が欠かせない、というのは、このような点からも指摘できる。過去の日本政府が行ってきたことや、政治家の言動を見て、それを信頼しろと言われても難しいだろう。そもそも信頼感は、一方的な命令や強制で生まれるものではない。それこそ強制力を伴えば、信頼感は根底から崩れるだろう。

ただし終章にもつながるが、そうした政治家を選んでいるのも他ならぬ日本国民である。もちろん政府の意志と国民の総意は一致しないこともあるが、民主主義社会を標榜している以上、日本の政治は一定の民意が反映されているわけだから、戦前以上に、日本政府がなしたことの結果責任は日本国民が負うべきだと見なされかねない。筆者の懸念が、単なる杞憂で済めばいいのだが、と思わずにはいられない。

終　章　教育を公的に支える責任

1 「失敗」に対する寛容

(1) 民主党政権がもたらしたもの

ジェフェリー・ゲーリンが一九九〇年春に行なった世論調査の報告は、ある種の典型となっている。「貯蓄貸付機関の緊急援助を［つまり、倒産した貯蓄貸付期間の預金一千億ドル分を連邦政府が保障する必要性を］どう考えるかを聞いたとき、しばしばこういう答えが返ってきた。『なぜ納税者が面倒をみるのですか？　政府が払えばいいでしょう？』」この小話によって、私たちが民主主義について何か深く思い違いをしていることが明らかになる。まるで納税者がいなくても政府は動くものとでも言わんばかりなのだ！（Bellah et al. 1991=2000: 114）

上述のような話は、われわれ日本人の間でも聞き覚えのあるものである。私たちが採用している間接民主制とは、いかなる前提のもとでうまく機能するのだろうか。本書では教育費の公的負担を中心に論じてきたのだが、究極的には民主主義とは何かが問われているのだと思われる。

民主党が政権交代したときに掲げられていたスローガンとして、「政治主導」がある。このスローガンが叫ばれる背景には、民意と霞が関（中央官僚）の意志にズレがあり、官僚が自らの利害関心に基づいて民意とかけ離れたことをしている、したがって民意を直接反映させるシステムを構築すべき、という意図があったものと理解できる。そして第八章で述べたように、それは日本の自民党政治と中央官庁が長い間構築してきた統治システムを打破しようとするものであり、間接民主制の理念や仕組みを考えれば、それ自体おかしなものではない。

ところが民主党は意思決定の仕組みがそもそも十分でなく、属人的な性格の意思決定システムとなってしまったため、もともとあった政策的対立に人的抗争が連動して、何度も代表選が行われ、それが融和につながるどころかむしろ対立を激化させることになった。そこに融和的な人事を行おうと内閣改造や副大臣・政務官の交替を行うと、政策の継続性が失われ、むしろ理念に逆行して官僚依存を強めることになった。また民主党は発足後、急に勢力を発展させて政権を握ったため、半数以上が当選回数一、二回の議員で占められていた。一方当選三回以上の議員は、政権にあった間にほとんどが何らかの役職につけたが、当選回数一、二回の議員にはそれがほとんど回ることはなかった。しかも党の中心にいた議員は選挙に強く、当選回数の少ない議員との意識の乖離がかなり大きかったという（日本再建イニシアティブ 2013: 212–226）。一部の議員は、その求心力を官僚批判に依存したため、逆に官僚からの反発を生み、官僚の専門知識を有効に活用することもできなかった。政治主導を唱えるには、組織としても、統治者としても、あまりに未熟であったと言わざるを得ない。

一方で、政権交代が起こったとき、実際とにかく何より政権交代してほしい、と思うほど自民党政権に対する怒り、諦め、厭世観のようなものがあったのも事実である。近隣諸国との領土問題や、震災以降の原発の問題がクローズアップされているが、民主党政権による初動の処置の誤りなどはあったにせよ、そもそも現在起きている問題の原因は一朝一夕に発生するものではなく、自民党長期政権下で放置、もしくは継続してきた問題がここにきて顕在化してきた、とも解釈できる。現在起きている上記の問題は、自民党政権が継続していたら、うまく処理できていたとも思えない。

ここでわれわれは何を学ぶべきなのだろうか。民主党政権は失敗ばかりで、とんでもない目にあった。もう懲り懲りだ。安定して経済成長が望めれば、それでよい、と考えるのか。

確かに経済問題は、国民の生活と直結している。民主党政権はそれに対して大きな成果を上げることはできなかった。それ以外に、様々な公約違反を繰り返し、「マニフェスト」とか「公約」に対する人々の信頼を大きく裏切った点で罪は重い。ただ、二〇一二年の衆議院選挙が、結果としては自民党の大勝だったとしても、それは小選挙区制という選挙制度に起因する面も多く、実際の得票数は前回の自民党が大敗したときと大差ない（第七章）。その点で、自民党が真に支持を受けるようになったかどうか、というのとは話は別である。国民の多くは、長く続く不況からの脱却を望んでおり、そのことが最優先事項と見なされているためか、やや強引な政権運営が目立つようになっていると思われるにもかかわらず、全体的にそういった政権運営にも許容的になっているように感じる。それに対する明確な対抗勢力が見当たらないところが、今の日本の非常に大きな問題である。民主党が敗北し、マスメディアでの露出度は極端に低下し、むしろ自民党に似た保守色の強い「日本維新の会」や「みんなの党」といった勢力がマスメディアで注目を集めている。人々の間で、「不安定な政権はこりごりだ」という意識ばかりが強まって、政権交代などないほうがよかった、ということになりかねない。

三〇年以上前、かつて栄華を誇ったイギリスは「英国病」とよばれる深刻な不況に喘いでいた。当時、イギリスの大学で教鞭をとっていた著名な経済学者である森嶋通夫は、一定の生活水準に達した先進国であるイギリスでは、若干の経済成長を犠牲にするというコストを払っても、同じ政党が権力の座に座り続けるのではなく、国民が厳正な審査を下し、政権交代を行うというデモクラシーを維持することにこだわったと結論づけている（森嶋 1977: 50–55）。政権交代が起こることで、相互の政策や、政策の実施能力が磨かれてゆくのである。それまでには払うべき犠牲とコストがある。今の日本人には、それだけの寛容性があるかどうかが試されているのである。長い目で見たとき、民主党による政権交代はどう評価されることになるのだろうか。

（2）社会の隙間を埋め合わせるもの

我々の生活する社会は、それぞれ固有の歴史や文化をもっている。それを無視した、理念型的な資本主義社会、もしくは社会主義（共産主義）社会に住んでいるわけではない。共産主義国家の多くが失敗したのは、固有の歴史や文化を無視し、あまりに理論に忠実な、（理論に忠実すぎるという意味で理想主義的な）社会を構築しようとし、また社会を完全に統制可能なものとして捉える見方が強すぎたことにあるともいえよう。ただそれは資本主義にもあてはまる。利潤原理や効率性原理をあらゆる場面に持ち込もうとする動きは、それ自体固有の歴史や文化を無視することになり、反発や無理が生じるはずなのだ（森嶋 1988: 136）。

もし利潤原理や効率性原理を突き詰めた新自由主義が今以上に浸透し競争が促されれば、政府の機能は縮小させられる。実際に政府機能の縮小を、民間や地域共同体が埋め合わせればいいのだが、結局民間の組織も競争にさらされており、地域や家族は以前ほどのつながりを保持しなくなり、個人化が進んでいるため、社会の分断化が進みがちになる。そうすると社会は一体感をもたずバラバラになるので、それを抑止する何らかの手立てが必要になる。新自由主義が保守主義と結合しやすいのは、保守的な思想がそうした埋め合わせ機能を担う、という点で合理的である。つまり一見するとグローバルな競争と、愛国心や家族の結合といった話は矛盾しそうであるが、新自由主義論者に保守系の人々が多いのは、そうした点から説明がつく。しかし現実に、そうした愛国心や家族の強い結合などといった個人の内面に関する事象を、政策的に制御するという考えは危険であるし、そもそもそれが可能なのか、という問題がある（宮本 2009: 11–15）。日本は社会保障が遅れ、一方で伝統的家族も崩壊しつつあり、民間（企業）がカバーする余裕もない。そこで政府の役割が期待できないことを、保守的な道徳論を浸透させることで埋め合わせようというインセンティブが生じやすいし、そうした傾向も見て取れる。教育の場が、そういったイデオロギーを伝達する場として期待されることも増えるだろう。

しかしそうした教化活動は成功を収めるだろうか。戦後の日本を振り返れば、基本的に社会保障や福祉システムが脆弱で、政府に頼ることができないことがわかっていたからこそ、人々は貯蓄に頼ることになった。むしろ政府はそれを推進してきたとすら言える。人々は所得の一部を貯蓄に回し、それを将来の教育費、住宅費、老後の生活のために準備するという習慣を身につけるようになった。しかしバブル景気崩壊後、所得が伸び悩み、貯蓄に回せる余裕がなくなってきた。それでいて政府の社会保障システムには不安があり、子どもの教育費はかかることがわかっている。公的な援助が少ないとわかっていたら、人々の生活は守りに入り、少しでも貯蓄に回そうとするだろう。このような状態が続けば、政府に対する信頼が薄れるのは当然のことである。だから教育などの手段によって、愛国心を教えるなどの精神論に走るのは、全く本末転倒なことである。

公共心とか、支えあいの思想というのは、ウェットな精神論ではなく、もっと本質的に社会の仕組みの問題として考えるべきことである。私たちは現実に一人では生きていけないし、社会の様々な組織や制度、システムと絡み合って生活している。そこで個人としての役割を遂行することで社会全体が成立している。公的な負担は、そうした社会を維持する仕組みの一つである。だから税は一方的に収奪されるものではない。むしろ教育や老後に関して、十分な保障システムが構築されていれば、将来不安は減るし、個人責任で必要以上に節制し貯蓄に励む必要もなくなる。ただそのシステムの構築には、皆が一定程度の負担を出し合わなければならない。

日本では消費税増税反対の論拠として、不況時に増税すれば人々の消費意欲を削ぎ、景気に悪影響を与えるという議論が持ち出される。これはアメリカのレーガン政権時の減税政策の支柱となった、いわゆるサプライサイドのエコノミスト、ラッファー（Laffer, Arthur）が唱えたラッファー曲線とよばれるものに依拠している。簡単に言えば、税率一〇〇％では、収入がすべて税として取られてしまうので、人々の労働意欲をそぐ。もっとも、税率〇《ゼロ》％では政府収入はゼロである。したがって、〇《ゼロ》から一〇〇％のどこかに、政府の税収を最大化する税率が理論上存在するはずである。税率がその税収を最大化する税率を超えると、人々が高すぎる税率によって労働意欲が削がれて全体の税収が落ちる。だから税率を下げることによって、労働意欲を増すことにより、人々の所得も増えるし、税収もそれにつれて増えるはずだ、という理屈である。だからトータルの税収を最大化すると思われる水準まで税率を下げれば、結果として財政赤字は縮減されるし、貯蓄と投資も増え、経済が活性化するのだ、といういいこと尽くめのような話である。しかし学問的には、こうしたラッファー曲線が存在する、というデータは乏しいのが実情である（進藤 1994）。

にもかかわらず、増税に対して、未だにまだ無駄の削減が先である、などという議論がまかり通っている。こうした言説にリアリティがあるのは、結局のところ納税者の政府に対する信頼が欠如していることにある。いわゆる福祉国家とよばれる北欧諸国をはじめ、ヨーロッパ諸国では、早々と間接税主体の税制が施行されていた一方、日本では漸く一九八九年に導入された消費税も多くの抵抗にあって、制度自体も様々な欠陥を備えたものになっている、また所得税などについても「クロヨン」問題が指摘され、その捕捉率が問題にされるなど、税負担に対する不信感も非常に強い。

そして公共サービスの提供の在り方も、併せて議論しなければならない。財政危機にあると、どうしても少ない財源をサービスに回そうとするために、特定のターゲットに絞ったサービス、ということを求めがちである。しかしそれが効率的な財政運営になるとは限らないこともある。宮本太郎によれば、福祉国家の政府の信頼度は、すべての市民に普遍主義的なサービスが提供されるところほど信頼度が高くなる傾向があるという。選別主義的なサービスを行う場合、当然その選別（所得制限）の基準を設ける必要に迫られる。そしてその基準通り運用されているかの監視コストがかかり、またその基準の運用には行政の裁量の余地がある。こうした行政の裁量の余地が多いほど、市民の感覚からすると制度の運用に様々な疑念を生ぜしめるのだという（宮本 2009: 18–22）。

こうした意識や習慣は何年もかけて形成されてきたものであって、急に変化させるのは難しいし、無理を生じることがある。今後多少の時間や手間をかけてでも、新たな社会全体で支えあえる仕組みを構築することが、結果的には近道になるのではないか、と思われる。

（3）民主主義という仕組みを再考する

税の問題を語るときには、なぜかマスメディアは「負担」の話しかしない。例えば、消費税の税率がアップしたら、所得が減るという話しかしない。しかし税率のアップというのは、負担増の部分だけではなくて、その税の使途やそれによって得られるベネフィットというトータルで考えるべき問題である。もちろん現状のように、財政赤字が膨大になった現在の日本では、税率をアップしてもそれが財政再建そのものに使用され、目に見えるメリットを納税者が感じられなくなる可能性もある。そして実際のところ、政府の債務の大きさに関して、それが何らかの経済危機を生じうる緊急性の高い問題なのか否かという評価も、経済学者の間でまちまちである。とはいえ、これを放置してよいということにはならないし、実際に本当に放置していれば、税収を財政再建にしか用いることができないような事態が発生しないとも限らない。

政治家は公共サービスの充実を話すのであれば、その負担についても合わせてトータルで語るべきである。その上で有権者の判断を仰がなければならない。また有権者も、負担増なくして充実した公共サービスはありえないと考えるべきだ。

国家や政府は、それが強大な権力を保持するがゆえに、その動きを常にチェックする必要がある。しかし民主主義社会において、それは我々の民意を完全に離れた、一方的に人々を統制する権力というわけでもない。どうも私たちは国家や政府といったとき、それは人々を監視し抑え込む権力であり、対抗すべき相手か、あるいは逆に、人々がそれに一方的に従うべき超越的な権力という極端な二分論で語りがちだという気がしなくもない。税負担の問題も、我々とかけ離れた政府という存在が、勝手に無駄遣いをしているというイメージで語られがちである。マスメディアも、そうした問題を面白おかしく書き立てる。ただ日本の官公庁で働く公務員が世界的にみても異常に不真面目で、不正が横行し、怠惰である、とは思えない。組織のメンバー全員が完璧な人間であるということは、普通はありえない。しかし報道を見ると、公務員には完全無欠を求めているように感じることがある。完全無欠を求めるのであれば、確かに公務員に失敗はあるだろう。しかしそうして公に対する信用を突き崩した先には、一体何があるのだろうか。

不寛容な態度にはマイナスも多い。確かに無駄や不正はなくすべきであるし、特に公務員は政府機関に所属し、社会的な権力を行使するという面があるから、マスメディアなどによるチェック機能が常に働いているか、注視する必要があろう。厳しい目をもたれるような原因の一部を、公務員もつくってきたのかもしれない。もちろん、公務員給与は税金から支払われており、彼らの不正が許せないという感情はよく理解できる。しかしミスは、発生率として見れば必ずしも多いわけではないだろう。ミスがレアであることは（そしてミスがきちんと把握されているということは）一応システムが機能している証左でもある。ところが一部のミスを取り上げて、いつの間にかそれがシステム全体の問題にすり替えられたり、監視を強化するシステムを構築する必要性が叫ばれたりすることが多い。現行の仕組みや制度でそうした問題を粛々と処理できないかを冷静に考える前に、しばしばそうした乱暴な議論に飛躍するが、そのことが本当に抑止力になっているのか、時間的・精神的・金銭的その他膨大なコストがより多くかかるのではないか、そうした仕組みが組織の中で円滑に作用していた人間関係を損ね、組織としての歯車が噛み合わなくなることにならないのか、といったことは慎重に考慮されるべきだろう。

また政府の存立基盤や根拠を考えると、利益が上がらないからとか、無駄があるからという理由だけで、政府支出の削減が許されるわけでもない。無駄、と簡単に言うが、実際はその無駄の判定はそれほど簡単ではない（井堀 2008）そもそも効率性や経済的合理性だけでは測れないものの存続のために、政府はコストを支払うことになっているからだ。例えば学問の分野も、それが生産性や経済的利益に結びつきやすい分野と、そうでない分野がある。しかし前者のような分野だけになった人間社会というのは、どれだけ無味乾燥なものだろう。ある意味、経済性だけでは測れない文化、芸術、スポーツといったものの存在こそが、人間を人間たらしめている。それをすべて経済的観念に置き換え、数的な成果の現れないものは無駄であるとしてしまうのは、あまりに窮屈で、不寛容な社会に他ならない。そういった社会を、私たちは望んでいるのだろうか。

政府は何のために存在しているのか。民主主義のシステムや間接民主制の仕組みはどういう理念のもとで構築されているのか。税負担とは何なのか。そういったことを、私たちは考え直すべきときにきている。

2　教育と公共性・教育の公的負担に向けて

本書の分析から言えるのは、日本人の間で、教育があまり公的な意味をもつものと認識されていない、ということである。だから親が子に対してできる限り支払ってやるのが親心として当然になり、また教育達成は個人の努力によって獲得された私的利益と見なされる。高価な高等教育ほど、私的負担が重いということは、そこで得た結果や利益も私的なものと見なしやすい。日本の教育費負担に関する問題の一つは、ここにあると思われる。

また日本社会において、教育の公的なベネフィットを感じる場面が少ないことも、おそらく問題の一つと考えられる。これは結局、（筆者を含め）教育に携わる人々に厳しい意見を突きつけることにならざるを得ないが、学校教育が一体何の役に立ったのかわからない、という多くの人が共有する見方が、公費をつぎ込んででまでして維持しなければならないという意識を弱めているのだろう。そうなると、結果的には凡庸な結論になるが、社会的には教育の公共的意義を説得すること、それにより世間の納得を得るように努力するしかない。

一九九〇年代以降、少子化が進んで高等教育への進学率が上昇している。今や高校卒業ですぐに就職する人は、全高卒者の二割を切っている。旧来の大学のイメージにこだわる人は、大学進学者が多すぎる、などということが多い。しかし実は国際的に、大学進学率という指標で見れば、日本のそれはせいぜい五〇％程度で、これはＯＥＣＤ平均（約六〇％）を下回っている。教育社会学では高等教育の発展段階論として、トロウ（Trow, Martin）による三段階論がしばしば言及される。進学率が一五％を下回るときはエリート段階、一五％～五〇％はマス段階、そして五〇％を超えればユニバーサル段階となる。そしてその発展段階に応じて、高等教育機関の社会的な機能が変わってゆくということだ。

日本には既に七〇〇を超える四年制大学がある。現実的に考えれば、これがすべて研究重視の大学になるということはあり得ない。そして同年代の半分が進学する高等教育機関の卒業生全員が、社会的エリートということもあり得ない。実際問題として、現場レベルでは入学してくる学生のニーズや水準に応じて、教育内容も変えていかざるを得ないだろう。そして日本の大学も、入学してくる学生に応じて機能分化をある程度進めざるを得ないだろう。つまりかつての高校がそうだったように、進学率が上昇すれば、社会的に期待される役割も異なる。高校も、進学を志向する学校と、ある程度職業教育に特化するものとで現実には機能分化している。その中には、義務教育段階で身につけるべき教育内容をおろそかにしたまま、進学してきてしまった人もいるかもしれない。そこで彼らの知識や技術の底上げを図るような教育を行えれば、そういった高校は新たな社会的な地位を築くことが可能になり、社会的な信用を得ることもできるだろう。高校の無償化政策も、進学率が上昇し、事実上高校を出ることが社会的に必要な状況になっているという現在の社会情勢を反映したものである。

大学も必ずしも旧来のエリート養成を行う、高度な研究機関であるというイメージだけに拘る必要はない。もちろんエリート的な大学が残っていく必要はある。現実にはグローバルなレベルでの競争があり、競争において成果を残すことも社会的には期待されているだろうし、それに対して公的な支援を惜しまない人も日本には少なくないだろう。しかしグローバルな水準での競争ができる高等教育機関はかなり限られてくるだろう。だとすれば、別の側面での社会貢献が大学の側からも考えられなければならない。そうすることで、大学の存在する社会的意義が理解されるようになれば、負担のあり方も考え直されるようになるだろう。

と同時に、日本では手薄な、就学前教育についても注目する必要がある。成績や教育達成に対する出身階層や生育環境の影響が未だに残っていることは、社会学者の間では常識であるが、一般にもある程度知られていることであろう。こうした生育環境の影響は、おそらく早い段階で手を打っておくことで、影響を小さくすることが可能になると思われる。これについても、出身階層が学業成績や進学の有無に直接影響を与えるような社会は不公平であるという価値観や共通理解が社会全体に広まる必要がある。

最終的には、教育費を公的に負担すべしという理念が社会的に浸透すれば、投票行動といった手段によって変えることは可能なのである。まずは社会的な教育の意義を説き、公教育費の増加という要求や声を高めていくことが重要なのではないかと考えられる。

あとがき

本書は、筆者にとって二冊目の単著（著作）である。本書で触れた教育費や、教育と社会保障や福祉の問題は、実はもう一〇年ほど前、筆者が大学に勤め始める前から何となく考えてきたものである。しかしその間、個人的には幸いにというべきだが、大学に職を得て、いくつかの大型研究プロジェクトに加わらせてもらう機会も得て、自分の研究上の関心や目標もそれに連れて変わっていったこともあり、この問題は時々思いついたときに関連する文献を読む程度で、事実上放置されていた。

前任校の東洋大学社会学部勤務中に、勁草書房の松野さんにお話をいただいたのは、もう数年前になる。ただ私自身、このテーマで研究発表をしたことはなく、正直、世間にこの研究テーマを著作として公表できるほど中身は煮詰まっておらず、著作にする自信はあまりなかった。それでもせっかくの機会だからと返事をし、時々思いついたようにメモを取ったり、資料を収集したりしていくうちに時間が経過してしまった。

その間に、私自身の勤務先が変わり、当初言われていた締め切りも（全く恥ずかしながら、年単位で）大幅に過ぎてしまった。その間に、教育政策を取り巻く環境も大きく変わった。このままずるずる伸ばしていっても、いつになっても書き終わらないし、社会情勢も大きく変化してしまう、ということで、昨年末に覚悟を決めて本格的に執筆を始めた。第四章の分析は、二〇一三年にあった海外での学会発表で少し触れたことがあったが、それ以外は全くの書き下ろしである。こうしたテーマの論文をかつて公表したこともほとんどなかったので、私を知る人の間では意外なテーマだと思った人もいるかもしれない。

私自身は研究発表に際して、自分の立ち位置（ポリティカルな位置）をあまり露骨に示すことは好まない。それに対して、本書では一部、私のスタンスが明確に出ているところもあると思う。これは私が昨今の日本の政治状況について思う不満や懸念を、率直に述べたものである。当然様々な議論や反論があると思われるし、我ながら終章の結論（提案）はやはり物足りなさが残る点は否めない。しかし閉塞状況にあって、ただそれを嘆くだけではなく、議論を喚起することが重要だと考えた。そしてそれだけ私自身が抱いている懸念が深く、それなりに喫緊性が高いと私が考えていると捉えていただければ幸いに思う。また教育社会学に馴染みのない人のために、一部の章では、教育社会学で議論されてきた知見や理論を、できるだけわかりやすく丁寧に織り交ぜて説明したつもりである。

本書の執筆まで、前任校の東洋大学社会学部社会学科の同僚の先生方、また大阪大学に移ってからは、教育社会学講座の近藤博之先生はじめ、人間科学研究科教育学系の同僚の諸先生方には、恵まれた環境を提供していただき、感謝の念に堪えない。またいくつかの調査データを利用しているが、そこでの質問紙調査の回答者の皆さんの協力なくして、本書の分析はあり得なかった。そして、いつになっても言い訳ばかりでなかなか原稿が進まない私に、辛抱強く叱咤激励してくださった勁草書房の松野菜穂子さんには、大幅な執筆の遅れをお詫びするとともに、こうした執筆の機会をいただいたことにお礼を申し上げたい。

最後に月並みだが、締め切りに追い込まれて余裕のなくなっていた私を常に見守り、本書の執筆を支えてくれた家族、特に妻の明子に感謝の意を表すことにしたい。

なお本書は日本学術振興会科学研究費助成金（基盤研究（C））課題番号24531078による研究成果の一部である。

二〇一四年二月　春の気配が訪れる阪大吹田キャンパスにて

中澤　渉

人名索引

ア 行
アイヴァーセン（Iversen, T.） 159
青木昌彦 134
青木紀 114
アギヨン（Aghion, P.） 158, 189
圷洋一 105
麻生誠 37
アマーブル（Amable, B.） 134, 135, 145
天野知恵子 72
天野郁夫 51
天羽正継 203
荒木正三郎 262
アリエス（Ariès, P.） 36
アリソン（Allison, P. D.） 339
アルガン（Algan, Y.） 158, 186
アルメンディンガー（Allmendinger, J.） 110
アンドレス（Andres, L.） 111
飯尾潤 198, 203, 315-16, 317
イェヒト（Jecht, H.） 213
池田勇人 121, 217
石弘光 127
石井拓児 117, 207
石田梅岩 94
市川昭午 63, 70, 241, 247
井手英策 19, 197, 201, 214, 216, 220, 274-75, 314
伊藤博文 101
猪木武徳 123
井深雄二 228, 242
井堀利宏 362
今村都南雄 20, 319-20
岩倉具視 96
岩下誠 104
岩田正美 128
ヴァン・デ・ヴェルフホスト（Van de Werfhorst, H. G.） 186
ウィリアムソン（Williamson, J. B.） 150
ウィレンスキー（Wilensky, H. L.） 68, 113, 150, 189
ウェーバー（Weber, M.） 37-38, 86-87, 97, 106-07, 213, 317
上田尚一 148
ウォード（Ward, L. F.） 52
埋橋孝文 149
内田正雄 96
宇野重規 41
エジャートン（Edgerton, J. D.） 187
エスピン＝アンデルセン（Esping-Andersen, G.） 111, 124, 142, 144, 160, 165
エドゥルンド（Edlund, J.） 162
エリクソン（Erikson, R.） 310, 339
大内兵衛 235, 264
大島通義 214
大田直子 91, 107
大森彌 203, 318, 348
岡延右エ門 229
小川利夫 114
小川正人 204
荻生徂徠 107
小澤浩明 116
尾嶋史章 8
オッフェ（Offe, C.） 195-96

カ　行

カークホフ（Kerckhoff, A. C.）　187
角田幸吉　230
カダーニョ（Quadagno, J.）　165
カッツ（Katz, M. B.）　88-89
加藤淳子　127, 204, 279
金子照基　94, 96, 107, 246
亀山俊明　132
カユック（Cahuc, P.）　158
苅谷剛彦　52, 59, 64, 188, 228, 233
ガルブレイス（Galbraith, J. K.）　82-83
吉川徹　6
ギデンズ（Gidens, A.）　86, 275-76
キム（Kim, P. H.）　161
キャッスルズ（Castles, F. G.）　150
キャンベル（Campbell, A.）　328
クレフト（Kreft, I.）　180
黒崎勲　64, 66
ケイ＝シャトルワース（Kay-Shuttleworth, J. P.）　91
ケトル（Kettl, D. F.）　326, 348
権丈善一　3, 26, 118, 163, 197, 327
剱木亨弘　264
河野洋平　242
コーサー（Koçer, R. G.）　186
ゴールドソープ（Goldthorpe, J. H.）　310, 339
コールマン　50
小林雅之　8
小針誠　265
ゴルトシャイト（Goldsheid, R.）　213
コルピ（Korpi, W.）　128
コンヴァース（Converse, P. E.）　328
近藤博之　7, 55-57, 117

サ　行

斉藤吉宗　225
斉藤淳　218
坂田道太　243
盛山和夫　280
サッチャー（Thatcher, M. H.）　123, 150
佐藤嘉倫　8, 128
サンデル（Sandel, M. J.）　105
ジェファソン（Jefferson, T）　47, 71
シェフレ（Schäffle, A. E. F.）　101
志賀櫻　2, 130, 224
重松敬一　237, 265
シャビ（Shavit, Y.）　7
シュタイン（Stein, L.）　101
シュライファー（Shleifer, A.）　158
ジョンソン（Johnson, L. B.）　211
シルバーマン（Silberman, B. S.）　317, 322
新川敏光　123, 162, 271, 277
進藤榮一　359
神野直彦　69, 213, 220
スヴァルフォーズ（Svallfors, S.）　165, 189
末冨芳　116, 117, 248-50, 267, 280
スコッチポル（Skocpol, T.）　213
鈴木善幸　253
スティグリッツ（Stiglitz, J. E.）　76
ステファンズ（Stephens, J. D.）　159
ストークス（Stokes, D. E.）　328
ストッダード（Stoddard, C.）　146
スミス（Smith, Adam）　92
セイン（Thane, P.）　145
セン（Sen, A.）　60
山鹿素行　94
園田英弘　96

タ　行

ターナー（Turner, Ralph H.）　53
高木義明　270
武川正吾　45, 51, 83, 110, 123, 150-51, 197, 277

武智秀之　80
竹中治堅　317
田中角栄　121, 278
田中智志　46, 71, 102, 120, 150, 217
田中利勝　262
田中秀明　198, 224
谷聖美　85
谷口尚子　285
玉松操　96
チュー（Chew, K. S. Y.）　154, 188
辻本雅史　93, 94
鶴光太郎　188
ディマジオ（DiMaggio, P. J.）　99
テイラー（Taylor, C.）　84
テイラー・グッビィ（Taylor-Gooby, P.）　3, 129, 153
デューイ（Dewey, J.）　40, 71
デュルケム（Durkheim, É.）　37-40
テンニース　70
堂森芳夫　236
トゥレーヌ（Touraine, A.）　147
トクヴィル（Tocqueville, A.）　41-42, 71, 323
徳久恭子　230-31
苫米地英俊　264
冨江直子　276
トロウ（Trow, M.）　364

ナ　行

長尾十三二　90, 107
中北浩爾　285, 310
中澤渉　339
中林美恵子　217
中村健吾　132, 147
中村惕斎　94
中村博彦　272
灘尾弘吉　236
那谷屋正義　270
成瀬龍夫　27, 196
仁平典宏　105
額賀美紗子　61-62
ノエル＝ノイマン　296
野口雅弘　321-26

ハ　行

ハーヴェイ（Harvey, D.）　325
バーナム（Burnham, J.）　106, 314
ハイデンハイマー（Heidenheimer, A. J.）　110
パイパー（Pyper, R.）　106, 314
パウエル（Powell. W. W.）　99
橋本伸也　100
ハバーマス（Habermas, J.）　195-96, 326
濱中淳子　282
原純輔　280
原田彰　37
パルメ（Palme, J.）　128
パンペル（Pampel, F. C.）　150
ピーター（Peter, T.）　187
樋口美雄　2
ビスマルク（Bismarck, O.）　104
平石直昭　94, 107
平尾良治　129
平田鉄胤　96
平野浩　284
広田照幸　54, 67, 109
ファー（Pharr, S. J.）　321
フーコー（Foucault, M.）　104
ブキャナン（Buchanan, J. M.）　194, 196
福田歓一　85-86
藤田英典　80
藤村正司　99
ブライク（Bryk, A. S.）　180
ブラウンリー（Brownlee, W. E.）　213
プラサド（Prasad, M.）　126
ルーズベルト（Roosevelt, F. D.）　48

フリードマン（Friedman, M.）　81
ブリーン（Breen, R.）　7
ブリントン（Brinton, M. C.）　188
古田和久　6, 7, 280
ブルックス（Brooks, C.）　188
ブレア（Blair, T）　132
ブレケソーネ（Blekesaune, M.）　165
プレストン（Preston, S. H.）　154
ブロズフェルド（Blossfeld, H.）　7
ベヴァリッジ（Beveridge, W.）　110
ペチャール（Pechar, H.）　111
ベック　113, 130
ペドリアーナ（Pedriana, N.）　73
ベラー（Bellah, R. N.）　47, 107, 354
ベル（Bell, A.）　91, 106
ペンペル（Pempel, T. J.）　6
ホケンマイアー（Hokenmaier, K. G.）　110
ホブソン（Hobson, J. M.）　213
堀勝洋　26
堀尾輝久　65
ポルトカレロ（Portocarero, L.）　310, 339

マ　行

マーシャル（Marshall, T. H.）　110
マートン（Merton, R. K.）　320
マイヤー（Meyer, J. W.）　98, 133
前川喜平　224
前田幸男　334-35, 343
真渕勝　277, 317-18, 321, 327
マスグレイブ（Musgrave, R.）　76, 213
松井一麿　90, 106
松田茂樹　2
松野博一　270
丸山文裕　14, 246
マン（Mann, H.）　46
マンザ（Manza, J.）　188
三木義一　19
箕作麟祥　96
美濃部亮吉　147
ミヘルス（Michels, R.）　73
三宅一郎　283, 328-29, 347-48
宮島喬　37
宮寺晃夫　60, 66, 76
宮本太郎　115, 120, 123, 128, 133, 146, 156, 272, 276, 328, 357, 360
ミラー（Miller, W. E.）　328
ミル（Mill, J. S.）　324
宗像誠也　65
村山松雄　244
モーガン（Morgan, M.）　126
森有礼　107
森重雄　51, 96
森嶋通夫　324, 356-57
森信茂樹　2, 215, 223
諸富徹　101, 196, 215

ヤ　行

ヤエガー（Jæger, M. M.）　161
柳治男　90, 106
矢野玄道　96
矢野眞和　11, 20, 250, 13, 21, 69, 73, 281
山鹿素行　93
山岸俊男　158
山口一男　2
湯元健治　128
湯本雅士　199, 201
世取山洋介　8, 228, 263

ラ　行

頼春水　95
ライブフリード（Leibfried, S.）　110
ラッファー（Laffer, A.）　359
ラバレー（Labaree, D. F.）　42, 51
ラミレス（Ramirez, F. O.）　98

ランカスター（Lancaster, J.） 91, 106
ルグラン（Le Grand, J.） 105
レイプハルト（Lijphart, A.） 314
レーガン（Reagan, R. W.） 48, 123, 359
ロウ（Lowe, R.） 91-92
ローゼンバウム（Rosenbaum, J. E.） 188
ローゼンベリー（Rusenberry, S. A.） 189
ローデンブッシュ（Raudenbush, S. W.） 180
ロールズ（Rawls, J.） 71
ロバーツ（Roberts, L. W.） 187

ワ 行
ワグナー（Wagner, A. H. G.） 101, 194
和田光平 1
渡辺靖 45

事項索引

ア　行
ISSP（International Social Survey Programme）　11, 12, 27, 166, 168
新しい社会運動　131
アファーマティブ・アクション　59, 72
アメリカ　13, 40-41, 45-46, 52-53, 59, 61-62, 65, 71, 80, 82, 84, 88, 110, 112, 123, 126, 133-34, 141-42, 145, 151, 158, 161, 170, 189, 211, 215, 233, 317, 326
アメリカ独立運動　84
アメリカの民主政治　41, 323
イギリス　13, 41, 53, 72, 80, 82, 84, 86, 89-90, 97, 101, 103, 110, 112, 123, 132, 138, 144, 153, 171, 189, 276, 284, 314,-15, 356
イスラエル　141-42, 171
イタリア　160
市場の失敗　76
一般会計　199-201, 203, 206
一般財政　199
一般消費税　253
ウェストミンスター・モデル　314-15
NHS　153
SSM 調査　8, 56, 57, 72
英国病　356
エスタブリッシュメント　47
OECD　26, 115, 117, 123, 135, 146, 157, 168, 187, 197-98, 207, 211, 251, 364
大きな政府　18, 46, 195, 197, 303, 321
大蔵省　204, 231-32, 234, 246, 253, 255-56, 258, 277-78
大蔵省（財務省）　202-03
オールターナティブ・スクール　80-81
オランダ　138, 171

カ　行
概算要求枠　202-03
皆保険皆年金　121, 146
外部性　69, 77, 79
格差原理　71
学生生活調査　6, 117
学費値上げ反対運動　238
学歴分断社会　6
課税ベース　215
学校教育法施行規則　228
学校選択制　80, 81
寡頭制の鉄則　73
カリスマ的支配　86
感情温度計　329, 335, 343, 348, 349
寛容性　356
官僚制化　21, 38, 73, 87-88, 321
官僚制組織　25, 88, 97, 106, 275, 319, 321-22, 323-24
官僚制の逆機能　320, 323
官僚内閣制　316
議院内閣制　314-15
機会均等　45-46
議会制民主主義　314, 329
機械的連帯　38
機会の平等　58, 60-61, 113
基幹税　346
企業内教育　69
企業福祉　16
危険社会　130

疑似市場的改革　80
規制国家　151
義務教育費国庫負担金　206, 233, 258, 286
義務教育費国庫負担金制度　228, 231, 232, 238, 249, 259, 291
教育科学　37
教育機会の平等　50
教育基本法　228
教育基本法改正　286
教育振興助成費　206
教育費の公的負担　14-15, 20
教育福祉論　114
教区付属基礎教育学校法案　90
行政管理型社会　48
業績原理　319
競争移動　53
ギリシア　156
キリスト教　37, 41
キリスト教民主主義　160
近代化　36, 38, 98
近代学校制度　37
グッドマン＝クラスカルのτ　301
グッドマン＝クラスカルのガンマ（γ）係数　169, 170
経済民主主義　48
形式的平等　61-62
経路依存性　134
結果の平等　59-60, 113
建設国債　277
権力　33-35
公教育費　117
公共経済学　76
公共サービス　126
公共財　77, 79, 113
公共事業　122-23, 185, 190, 200-01, 216, 218-19, 273, 277-78, 336, 342
公共事業費　19, 229
公共性　65, 75, 347
公共選択の経済学　194
高校無償化　9, 11, 207-08, 259, 292, 307, 345, 365
公的な教育支出　9
後発福祉国家　124
合法的支配　86
公務員　86, 92, 125, 156, 188, 197, 315, 318-19, 320, 322, 324, 348, 361, 362
国際比較習熟度調査　187
国富論　92
国民協会　90, 91, 106
国民生活実態調査　252
国民の教育権論　65
国民負担　15-17, 19, 36, 125
国民負担率　16, 18, 27, 156
国立学校特別会計　206
個人主義　47, 84
個人主義化　100
国家　33-35, 51, 64, 67, 75, 76, 82, 85, 90-91, 98-99, 100, 104-05, 115, 196, 213, 222, 276, 322, 325, 351, 361
子ども手当　11, 27, 259, 291-92, 299, 304, 307-08, 311, 345
子どもの学習費調査　207
〈子供〉の誕生　36
コンセンサス・モデル　314

サ　行
差異化　44, 55
財政社会学　213
財政制度審議会　241, 251
財政投融資　190, 199, 201, 215, 218, 279
財政の機能　102
財政の硬直化　278
財政の透明性　198
産業革命　37, 38, 90, 92
参入　132
私学助成　80, 241, 247, 249, 254, 291

資格制度　88
事業仕分け　261
私事性　65
社会移動　42, 51
社会支出　135, 144-45, 150, 185
社会的効率性　42, 51
社会的事実　37
社会的排除　129, 131
社会保障負担　15, 27, 220
社会民主主義　276
社会民主主義レジーム　111-12, 144, 161, 171, 187
収益率　63, 281
自由主義レジーム　111-12, 124, 144, 161, 171
受益者負担　241, 245, 255, 267
受益者負担主義　24, 240
授業料値上げ　234
朱子学　93-94, 107
主成分分析　135-37, 148
準拠集団　328
準公共財　80
準市場　105
奨学金　6, 26, 235, 243, 247, 250, 259, 292
小選挙区制　205, 314, 344, 355
小選挙区比例代表制　284, 317
消費者　42, 45, 80
私立学校振興助成法　251
進学率　4
人口置換水準　1
人口動態統計　1
新資本主義　48-49
新自由主義　81, 102, 104, 123, 132, 145, 150, 162, 322, 324, 357
新自由主義者　17-18, 325
新制中学校　227-28
新制度学派　133
信頼感　23, 155, 157, 158-59, 202, 351
スイス　314
スウェーデン　120, 127-28, 134, 161, 162-63, 171, 189, 219
スカンジナビア諸国　177
政権交代　333, 345, 355-56
政党帰属意識　328-29, 348
政党支持　328-30, 343-44
正統性　99
制度的同型化　99
制度の同型性　134
税の可視性　162
政府の失敗　103, 125, 133
政府の責任　13, 168, 177, 326
政府の役割　76, 166, 303, 357
石門心学　94, 107
セクショナリズム　319, 323
絶対主義　85-86
全共闘運動　238
全国教育費調査　254
潜在能力　60
専門指向型官僚制　317
総合選抜制　59, 72
総合予算主義　278
ソーシャル・キャピタル　158
族議員　203, 205
組織指向型官僚制　317, 322
租税負担　15, 27, 220, 298

タ　行

ターゲッティズム　127-28, 164, 273
大衆教育社会　64, 228
代替財　147
大統領制　316, 348
第二次臨時行政調査会　253
タックス・ヘイブン　2, 130, 224
脱商品化　111, 115
縦割り行政　320
単一予算主義　199
単線型　52, 53

小さな政府　17, 104, 145, 155-56, 162, 164, 170, 197, 215, 300, 303, 322, 324, 326, 337, 346-48
地方教育費調査　207
地方教育費の調査　229
地方財政平衡交付金　231
チャーター・スクール　81
沈黙の螺旋　296
痛税感　274
TPP（環太平洋経済連携協定）　28
伝統的支配　86
デンマーク　134, 159, 162, 171, 189
ドイツ　37, 53, 101, 104, 110, 112, 160, 161, 177, 187
投票行動　36, 151, 153, 160-61, 284, 328-30, 334, 343-45
特別会計　199-200

ナ　行

内外学校協会　90-91, 106
内務省　204
日教組　204, 232
日本育英会　6, 255
日本学生支援機構　26
日本型福祉システム　23, 118
日本版総合社会調査　298
ニューカマー　61
納税　101
納税者　42, 44, 104, 152, 153, 162, 214, 216-17, 274, 353, 359-60
納税者の反乱　152
ノースコート＝トレベリアン報告　86
ノルウェー　171, 189

ハ　行

パーヘッドの思想　234
パーヘッドの世界　233
ハイブリッド・モデル　339, 349
バウチャー制度　80-81
パネル調査　25, 330, 333, 344, 350
パネルデータ　337-38, 349
晩期資本主義　195
庇護移動　53
標準法の世界　233-34
比例代表民主制　159
貧困　114-15, 128
フィンランド　134, 159, 171, 177
フォード・システム　39
不完備市場　78-79
福祉型リベラリズム　48-49
福祉国家　17-18, 45-46, 100, 103-04, 113, 118, 120-21, 124, 129, 143, 151, 156, 159, 162, 275-76, 351, 359-60
福祉三法体制　121
福祉レジーム　111-12, 115, 124, 149, 160, 165-66, 177, 186
複線型　53
物価スライド制　254
フランス　36-38, 42, 51, 71-72, 112, 126, 132, 158, 171, 177
フランス革命　38, 42, 72
フルトン報告　106
プロイセン　51
プログレッシブ　48
分岐型　53, 187, 188
文教族　204
ペーパーテスト　58
ヘッド・スタート（Head Start）計画　211
包摂　132, 147
方法的社会化　40
保革イデオロギー　283
補完財　147
補完性　134-35
北欧　112, 138, 141, 143-44, 146-47, 177, 189, 197, 219, 274, 276, 346, 359
保守主義　112
保守主義レジーム　111, 124, 142, 144,

161, 187
ポピュリズム　47
ホワイトホール・モデル　315

マ　行
埋蔵金　200
マグネット・スクール　81
マニフェスト　125, 261, 283-84, 293, 355
マルチレベル分析　179, 190
ミシガン・モデル　328-29
民間情報教育局　231
民主主義　34-35, 67, 92, 151-52, 155, 195, 202, 216, 228, 231, 324, 351, 354, 360, 363
民主的平等　42, 51
民主党政権　9, 11, 19, 25, 125, 178, 207, 261, 273, 292, 304-05, 345, 353, 355
目的合理性　319
モニトリアル・システム　90
文部省設置法　228

ヤ　行
有機的連帯　39
ユニバーサリズム　127, 164, 222, 273, 274, 308
ヨーロッパ　40-42, 46, 51, 71, 85, 120, 359
予算編成　202
四六答申　241

ラ　行
利益誘導政治　218
利害ネットワーク　283
リスク　129-30, 154, 195, 200, 276, 304
リベラリズム　45
臨教審　255
累進課税制度　214
歴史的制度論　213
レギュラシオン　135

参考文献

圷洋一, 2008,「福祉国家における『社会市場』と『準市場』」『季刊・社会保障研究』44（1）: 82-93.

天羽正継, 2013,「日本の予算制度におけるシーリングの意義——財政赤字と政官関係」井手英策編『危機と再建の比較財政史』ミネルヴァ書房: 160-81.

Aghion, Philippe, Yann Algan, Pierre Cahuc, and Andrei Shleifer, 2010, "Regulation and Distrust," *The Quarterly Journal of Economics*, 125（3）: 1015-49.

Aghion, Philippe, Yann Algan, Pierre Cahuc, 2011, "Civil Society and the State: The Interplay between Cooperation and Minimum Wage Regulation," Journal of *European Economic Association*, 9（1）: 3-42.

Allison, Paul D., 2009, *Fixed Effects Regression Models*, Thousand Oaks: Sage.

Allmendinger, Jutta. and Stephan Leibfried, 2003, "Education and the Welfare State: the Four Words of Competence Production," *Journal of European Social Policy*, 13（1）: 63-81.

Algan, Yann. and Pierre Cahuc, 2010, "Inherited Trust and Growth," *American Economic Review*, 100（5）: 2060-92.

Algan, Yann, Pierre Cahuc, and Andrei Shleifer, 2013, "Teaching Practices and Social Capital," *American Economic Journal: Applied Economics*, 5（3）: 189-210.

Amable, Bruno, 2003, *The Diversity of Modern Capitalism*, Oxford University Press.（= 2005, 山田鋭夫・原田裕治ほか訳『五つの資本主義——グローバリズム時代における社会経済システムの多様性』藤原書店）.

天野郁夫, 2006,『教育と選抜の社会史』ちくま学芸文庫（1982,『教育と選抜』第一法規, の文庫版）.

天野知恵子, 2007,『子どもと学校の世紀—— 18世紀フランスの社会文化史』岩波書店.

Annetts, Jason, Alex Law, Wallace McNeish, and Gerry Mooney, 2009, *Understanding Social Welfare Movements*, Bristol: Policy Press.
青木昌彦, 2008,『比較制度分析序説』講談社学術文庫.
青木紀編, 2003,『現代日本の「見えない」貧困――生活保護受給母子世帯の現実』明石書店.
青木紀・杉村宏編, 2007,『現代の貧困と不平等――日本・アメリカの現実と反貧困戦略』明石書店.
青木紀, 2010,『現代日本の貧困観――「見えない貧困」を可視化する』明石書店.
麻生誠・原田彰・宮島喬, 1978,『デュルケム　道徳教育論入門』有斐閣新書.
Beck, Ulrich, 1986, *Risikogesellschaft: Auf dem Weg in eine andere Moderne*, Frankfurt am Main: Suhrkamp Verlag.（＝東廉・伊藤美登里訳, 1998,『危険社会――新しい近代への道』法政大学出版局）.
――――, 1997, *Was ist Globalisierung?: Irrtümer des Globalismus — Antworten auf Globalisierung*, Frankfurt am Main: Suhrkamp Verlag.（＝木前利秋・中村健吾監訳, 2005,『グローバル化の社会学――グローバリズムの誤謬――グローバル化への応答』国文社）.
Bellah, Robert N., 1957, *Tokugawa Religion: The Values of Pre-Industrial Japan*, Free Press.（＝ 1996, 池田昭訳『徳川時代の宗教』岩波文庫）.
Bellah, Robert N., Richard Madsen, William M. Sullivan, Ann Swidler, and Steven M. Tipton, 1985, *Habits of the Heart: Individualism and Commitment in American Life*. University of California Press.（＝ 1991, 島薗進・中村圭志訳『心の習慣――アメリカ個人主義のゆくえ』みすず書房）.
――――, 1991, The Good Society. Alfred A. Knopf, Inc.（＝ 2000, 中村圭志訳『善い社会――道徳的エコロジーの制度論』みすず書房）.
Blekesaune, Morten. and Jill Quadagno, 2003, "Public Attitudes toward Welfare State Policies: A Comparative Analysis of 24 Nations," *European Sociological Review*, 19 (5): 415-427.
Brooks, Clem. and Jeff Manza, 2006, "Social Policy Responsiveness in Developed Democracies," *American Sociological Review*, 71: 474-94.
Breen, Richard, Ruud Luijkx, Walter Müller, and Reinhard Pollak, 2009, "Nonpersistent Inequality in Educational Attainment: Evidence from

Eight European Countries," *American Journal of Sociology*, 114 (5): 1475-1521.

Brinton, Mary C., 2008,（池村千秋訳・玄田有史解説）『失われた場を探して』NTT 出版.

Buchanan, James M. and Richard E Wagner, 1977, *Democracy in Deficit: The Political Legacy of Lord Keynes*, New York: Academic Press.（= 1979, 深沢実・菊池威訳『赤字財政の政治経済学』文眞堂）.

Burnham, June. and Robert Pyper, 2008, *Britain's Modernized Civil Service*. Macmillan.（= 2010, 稲継裕昭監訳・浅尾久美子訳,『イギリスの行政改革――「現代化」する公務』ミネルヴァ書房）.

Castles, Francis G., 1989, "Explaining Public Education Expenditure in OECD Nations," *European Journal of Political Research*, 17: 431-448.

Chew, Kenneth S. Y., 1990, "Is There a Parent Gap in Pocketbook Politics?" *Journal of Marriage and Family*, 52 (3): 723-734.

――――, 1992, "The Demographic Erosion of Political Support for Public Education: A Suburban Case Study," *Sociology of Education*, 65: 280-292.

Coleman, James S., 1968, "The Concept of Equality of Educational Opportunity," *Harvard Educational Review*, 38 (1): 7-22.

Dewey, John, 1916, *Democracy and Education: An Introduction to the Philosophy of Education*, Macmillan.（= 1975, 松野安男訳『民主主義と教育』（上・下）岩波文庫）.

DiMaggio, Paul J. and Walter W. Powell, 1983, "The Iron Cage Revisited: Institutional Isomorphism and Collective Rationality in Organizational Fields," *American Sociological Review*, 48 (2): 147-60.

Durkheim, Émile, 1893, *De la Division du Travail*.（= 1989, 井伊玄太郎訳『社会分業論』（上・下）講談社学術文庫）.

――――, 1922, *Éducation et Sociologie*.（= 1976, 佐々木交賢訳『教育と社会学』誠信書房）.

――――, 1938, *L'Evolution Pégagogique en France, 2 vols*.（= 1966, 小関藤一郎訳『フランス教育思想史』（上・下）普遍社）.

Edlund, Jonas, 2006, "Trust in the Capability of the Welfare State and General Welfare State Support: Sweden 1997-2002," *Acta Sociologica*, 49 (4): 395-417.

Erikson, Robert, John H. Goldthorpe, and Lucienne Portocarero, 1979, "International Class Mobility in Three Western European Societies: England, France and Sweden," *British Journal of Sociology*, 30 (4): 415-441.

Esping-Andersen, Gøsta, 1990, *The Three Worlds of Welfare Capitalism*, Oxford: Polity Press.（= 2001, 岡沢憲芙・宮本太郎監訳,『福祉資本主義の三つの世界——比較福祉国家の理論と動態』ミネルヴァ書房).

————, 1997, "Hybrid or Unique?: The Japanese Welfare State between Europe and America," *Journal of European Social Policy*, 7 (3): 179-89.

福田歓一, 1970,『近代の政治思想——その現実的・理論的諸前提』岩波新書.

藤村正司, 1995,『マイヤー教育社会学の研究』風間書房.

藤田英典, 2003,「疑似市場的な教育制度構想の特徴と問題点」『教育社会学研究』72: 73-94.

古田和久, 2006,「奨学金政策と大学教育機会の動向」『教育学研究』73 (3) : 1-11.

————, 2007,「教育費支出の動機構造の解明に向けて——教育意識の決定木分析」『教育社会学研究』80: 207-25.

Galbraith, John Kenneth, 1998, *The Affluent Society: Fortieth Anniversary Edition*, Boston: Houghton Mifflin Company.（= 2006, 鈴木哲太郎訳『ゆたかな社会』岩波現代文庫).

Giddens, Anthony, 1985, *The Nation-State and Violence*, Cambridge: Polity Press.（=松尾精文・小幡正敏訳, 1999『国民国家と暴力』而立書房).

————, 1994, *Beyond Left and Right: The Future of Radical Politics*, Cambridge: Polity Press.（= 2002, 松尾精文・立花隆介訳『左派右派を超えて——ラディカルな政治の未来像』而立書房).

Glennerster, Howard, 2003, *Understanding the Finance of Welfare: What Welfare Costs and How to Pay for It*, Bristol: Policy Press.

Glennerster, Howard, and John Hills eds., 2003, *The State of Welfare: The Economics of Social Spending: Second Edition*, Oxford: Oxford University Press.

Habermas, Jürgen, 1973, *Legitimationsprobleme im Spätkapitalismus*, Suhrkamp Verlag.（= 1979, 細谷貞雄訳,『晩期資本主義における正統

化の諸問題』岩波書店).
濱中淳子, 2013,『検証・学歴の効用』勁草書房.
原純輔・盛山和夫, 1999,『社会階層——豊かさの中の不平等』東京大学出版会.
Harvey, David. 2005. *A Brief History of Neoliberalism*, Oxford University Press. (= 2007, 渡辺治監訳『新自由主義——その歴史的展開と現在』作品社).
橋本伸也, 2013,「近現代世界における国家・社会・教育——『福祉国家と教育』という観点から」広田照幸・橋本伸也・岩下誠編『福祉国家と教育——比較教育社会史の新たな展開に向けて』昭和堂 : 3-76.
Heidenheimer, Arnold J., 1981, "Education and Social Security Entitlements in Europe and America," Flora, Peter. and Arnold J. Heidenheimer eds. 1981. *The Development of Welfare States in Europe and America*, Transaction Publishers: 269-304.
樋口美雄・財務省財務総合政策研究所編, 2006,『少子化と日本の経済社会』日本評論社.
平石直昭, 1997,『日本政治思想史——近世を中心に』放送大学教育振興会.
平野浩, 2007,『変容する日本の社会と投票行動』木鐸社.
平尾良治, 2002,「生活保護制度」林博之・安井喜行編『社会福祉の基礎理論』ミネルヴァ書房 : 98-117.
広田照幸, 2004,『思考のフロンティア　教育』岩波書店.
————, 2009,『ヒューマニティーズ　教育学』岩波書店.
————, 2013,「福祉国家と教育の関係をどう考えるか」広田照幸・橋本伸也・岩下誠編『福祉国家と教育——比較教育社会史の新たな展開に向けて』昭和堂 : 230-48.
Hokenmaier, Karl G., 1998, "Social Security vs. Educational Opportunity in Advanced Industrial Societies: Is There a Trade-Off?" *American Journal of Political Science*, 42 (2): 709-711.
堀勝洋, 2009,『社会保障・社会福祉の原理・法・政策』ミネルヴァ書房.
井堀利宏, 2008,『「歳出の無駄」の研究』日本経済新聞出版社.
井深雄二, 2004,『近代日本教育費政策史——義務教育費国庫負担政策の展開』勁草書房.
市川昭午, 2000,『高等教育の変貌と財政』玉川大学出版部.
井手英策, 2011,「福祉国家財政の基本理念と構想」齋藤純一・宮本太郎・

近藤康史編『社会保障と福祉国家のゆくえ』ナカニシヤ出版.
———, 2012,『財政赤字の淵源——寛容な社会の条件を考える』有斐閣.
———, 2013,『日本財政　転換の指針』岩波新書.
飯尾潤, 2007,『日本の統治構造——官僚内閣制から議院内閣制へ』中公新書.
今村都南雄, 2006,『官庁セクショナリズム』東京大学出版会.
猪木武徳, 2012,『経済学に何ができるか——文明社会の制度的枠組み』中公新書.
石弘光, 2009,『消費税の政治経済学——税制と政治のはざまで』日本経済新聞出版社.
石井拓児, 2012,「教育における公費・私費概念——その日本的特質」世取山洋介・福祉国家構想研究会編『公教育の無償性を実現する——教育財政法の再構築』大月書店：339-77.
Iversen, Torben. and John D. Stephens, 2008, "Partisan Politics, the Welfare State, and Three Worlds of Human Capital Formation," *Comparative Political Studies*, 41: 600-637.
岩下誠, 2013,「新自由主義時代の教育社会史のあり方を考える」広田照幸・橋本伸也・岩下誠編『福祉国家と教育——比較教育社会史の新たな展開に向けて』昭和堂：301-20.
岩田正美, 2007,『現代の貧困——ワーキングプア／ホームレス／生活保護』ちくま新書.
Jæger, Mads Meier, 2009, "United But Divided: Welfare Regimes and the Level and Variance in Public Support for Redistribution," *European Sociological Review*, 25 (6) 723-737.
神野直彦, 2002,『財政学』有斐閣.
———, 2007,『教育再生の条件——経済学的考察』岩波書店.
———, 2013,『税金　常識のウソ』文春新書.
亀山俊明, 2007,「シティズンシップと社会的排除」福原宏幸編『社会的排除／包摂と社会政策』法律文化社, 74-100.
金子元久, 1987,「受益者負担主義と『育英』主義——国立大学授業料の思想史」『大学論集』17: 67-88.
金子照基, 1967,『明治前期教育行政史研究』風間書房.
苅谷剛彦, 1994,「能力主義と『差別』との遭遇——『能力主義的——差別教育』観の社会的構成と戦後教育」森田尚人・藤田英典・黒崎勲・片桐

芳雄・佐藤学編『教育学年報 3　教育のなかの政治』世織書房：233-265.
――――, 1995,『大衆教育社会のゆくえ』中公新書.
――――, 1998,「教育・機会と階層――平等主義のアイロニー」佐伯胖・黒崎勲・佐藤学・田中孝彦・浜田寿美男・藤田英典編『岩波講座　現代の教育　危機と改革⑨　教育の政治経済学』岩波書店 : 83-107.
――――, 2004,『教育の世紀――学び，教える思想』弘文堂.
――――, 2009,『教育と平等――大衆教育社会はいかに生成したか』中公新書.
Kariya, Takehiko. and James E. Rosenbaum, 1995, "Institutional Linkages between Education and Work as Quasi-Internal Labor Market," *Research in Social Stratification and Mobility*, 14: 101-36.
加藤淳子, 1997,『税制改革と官僚制』東京大学出版会.
Katz, Michael B., 1975, *Class, Bureaucracy, and Schools: The Illusion of Educational Change in America : Expanded edition*, Praeger.（＝藤田英典・早川操・伊藤彰浩訳, 1989,『階級・官僚制と学校――アメリカ教育社会史入門』有信堂高文社）.
権丈善一, 2001,『再分配政策の政治経済学――日本の社会保障と医療』慶應義塾大学出版会.
――――, 2004,『年金改革と積極的社会保障政策――再分配政策の政治経済学Ⅱ』慶應義塾大学出版会.
Kerckhoff, Alan C., 2001, "Education and Social Stratification Process in Comparative Perspective," *Sociology of Education*, Extra Issue: 3-18.
Kettl, Donald F., 2008, *The Next Government of the United States: Why Our Institutions Fail Us and How to Fix Them*. W. W. Norton & Company Inc.（= 2011, 稲継裕昭監訳・浅尾久美子訳『なぜ政府は動けないのか――アメリカの失敗と次世代政府の構想』勁草書房）.
吉川徹, 2006,『学歴と格差・不平等――成熟する日本型学歴社会』東京大学出版会.
――――, 2009,『学歴分断社会』ちくま新書.
Kim, Pil Ho, 2004, "Political Preferences and Attitudes towards the Welfare State: Cross-National Comparison of Germany, Sweden, the U.S. and Japan," *Comparative Sociology*, 3（3-4）: 321-51.
小針誠, 2011,「高度成長期における家族と家族のおこなう教育――大衆社

会における家族の格差と子どもの教育の不平等」『同志社女子大学学術研究年報』62: 71-81.
小林雅之，2009,『大学進学の機会——均等化政策の検証』東京大学出版会.
Koçer, Rüya Gökhan. and Herman G. van de Werfhorst, 2012, "Does Education Affect Opinions on Economic Inequality?: A Joint Mean and Dispersion Analysis," *Acta Sociologica*, 55 (3): 251-72.
近藤博之，2001a,「階層社会の変容と教育」『教育学研究』68 (4): 351-359.
————，2001b,「高度経済成長期以降の大学教育機会——家庭の経済状態からみた趨勢」『大阪大学教育学年報』6: 1-12.
————，2002,「学歴主義と階層流動性」原純輔編『流動化と社会格差』ミネルヴァ書房，59-87.
近藤博之・古田和久，2009,「教育達成の社会経済的格差——趨勢とメカニズムの分析」『社会学評論』59 (4): 682-698.
————，2011,「教育達成における階層差の長期趨勢」石田浩・近藤博之・中尾啓子編『現代の階層社会 2　階層と移動の構造』東京大学出版会：89-105.
Korpi, Walter. and Joakim Palme, 1998, "The Paradox of Redistribution and Strategies of Equality: Welfare State Institutions, Inequality, and Poverty in the Western Countries," *American Sociological Review*, 63: 661-687.
Kreft, Ita, and Jan de Leeuw, 1998, *Introducing Multilevel Modeling*, Sage. (= 2006，小野寺孝義編訳，岩田昇・菱村豊・長谷川孝治・村山航訳，『基礎から学ぶマルチレベルモデル』ナカニシヤ出版).
Labaree, David F., 1997, "Public Goods, Private Goods: The American Struggle over Educational Goals," *American Educational Research Journal*, 34 (1): 39-81.
Lewis, Gail ed., 1998, *Forming Nation, Framing Welfare*, London and New York: Routledge.
真渕勝，1994,『大蔵省統制の政治経済学』中央公論新社.
————，2010,『官僚』東京大学出版会.
前田幸男，2013,「政党支持の変動—— 2007 年から 2012 年まで」『東京大学社会科学研究所パネル調査プロジェクト研究成果報告会 2013』配布資料.
前川喜平，2002,「文部省の政策形成過程」城山英明・細野助博編『続・中

央省庁の政策形成過程――その持続と変容』中央大学出版部：167-208.
丸山文裕，1998，「高等教育費用の家計負担」『椙山女学園大学研究論集（社会科学篇）』29: 197-208.
――――，2009，『大学の財政と経営』東信堂.
松田茂樹，2013，『少子化論――なぜまだ結婚，出産しやすい国にならないのか』勁草書房.
松井一麿，2008，『イギリス国民教育に関わる国家関与の構造』東北大学出版会.
Merton, Robert K., 1957, *Social Theory and Social Structure: Toward the Codification of Theory and Research: Revised Version*, The Free Press.（＝1961，森東吾・森好夫・金沢実・中島竜太郎訳，『社会理論と社会構造』みすず書房）.
Meyer, John W. and Brian Rowan, 1977, "Institutionalized Organizations: Formal Structure as Myth and Ceremony," *American Journal of Sociology*, 83（2）: 340-63.
Meyer, John W., Francisco O. Ramirez and Yasemin Nuhoğlu Soysal, 1992, "World Expansion of Mass Education, 1870-1980," *Sociology of Education*, 65（2）: 128-49.
三木義一，2012，『日本の税金　新版』岩波書店.
宮寺晃夫，2006，『教育の分配論――公正な能力開発とは何か』勁草書房.
三宅一郎，1989，『投票行動』東京大学出版会.
宮本太郎，2008，『福祉政治――日本の生活保障とデモクラシー』有斐閣.
――――，2009，『生活保障――排除しない社会へ』岩波新書.
――――，2013，『社会的包摂の政治学――自立と承認をめぐる政治対抗』ミネルヴァ書房.
Morgan, Kimberly J. and Monica Prasad, 2009, "The Origins of Tax Systems: A French-American Comparison," *American Journal of Sociology*, 114（5）: 1350-94.
森重雄，1993，『モダンのアンスタンス――教育のアルケオロジー』ハーベスト社.
森信茂樹，2010，『日本の税制――何が問題か』岩波書店.
森嶋通夫，1977，『イギリスと日本――その教育と経済』岩波新書.
――――，1988，『サッチャー時代のイギリス――その政治，経済，教育』岩波新書.

諸富徹，2013，『私たちはなぜ税金を納めるのか——租税の経済思想史』新潮社.
Musgrave, Richard A., 1959, *The Theory of Public Finance: A Study in Public Economy*, New York and London: McGraw-Hill Book Company.（＝1960，木下和夫監修・大阪大学財政研究会訳『財政理論』Ⅰ～Ⅲ，有斐閣）.
長尾十三二，1978，『西洋教育史』東京大学出版会.
中林美恵子，2004，「財政改革における国民意識の役割」青木昌彦・鶴光太郎編『日本の財政改革——「国のかたち」をどう変えるか』東洋経済新報社：569-602.
中北浩爾，2012，『現代日本の政党デモクラシー』岩波新書.
中村健吾，2007，「社会理論からみた『排除』——フランスにおける議論を中心に」福原宏幸編『社会的排除／包摂と社会政策』法律文化社：40-73.
中澤渉，2012，「なぜパネル・データを分析するのが必要なのか——パネル・データ分析の特性の紹介」『理論と方法』27（1）：23-40.
成瀬龍夫，2001，『国民負担のはなし』自治体研究社.
仁平典宏，2009，「〈シティズンシップ／教育〉の欲望を組みかえる——拡散する〈教育〉と空洞化する社会権」広田照幸編『自由への問い⑤教育——せめぎあう「教える」「学ぶ」「育てる」』岩波書店：173-202.
日本再建イニシアティブ，2013，『民主党政権　失敗の検証——日本政治は何を活かすか』中公新書.
額賀美紗子，2003，「多文化教育における『公正な教育方法』再考：日米教育実践のエスノグラフィー」『教育社会学研究』73：65-83.
野口雅弘，2011，『官僚制批判の論理と心理——デモクラシーの友と敵』中公新書.
Nye, Joseph S., Philip D. Zelikow, and David C. King, eds., 1997, Why People Don't Trust Government, Harvard University Press.（＝2002，嶋本恵美訳『なぜ政府は信頼されないのか』英治出版）.
OECD, 2013, *Education at a Glance 2013: OECD Indicators*, OECD Publishing.
————, 2013, *Government at a Glance 2013: OECD Indicators*, OECD Publishing.
Offe, Claus, 1987, *Anthology of the Works by Claus Offe*.（＝1988，寿福真美

訳，『後期資本制社会システム――資本制的民主制の諸制度』法政大学出版局）.
小川正人，2010，『教育改革のゆくえ――国から地方へ』ちくま新書.
小川利夫・高橋正教編，2001，『教育福祉論入門』光生館.
重田園江，2013，『社会契約論――ホッブズ，ヒューム，ルソー，ロールズ』ちくま新書.
大森彌，2006，『官のシステム』東京大学出版会.
大島通義・井手英策，2006，『中央銀行の財政社会学――現代国家の財政赤字と中央銀行』知泉書館.
大田直子，1990，「イギリスにおける強制就学制度の成立とその意義」牧柾名編『公教育制度の史的形成』梓出版社：124-149.
――――，1992，『イギリス教育行政制度成立史――パートナーシップ原理の誕生』東京大学出版会.
小澤浩明，2012，「学修費における私費負担の現状」世取山洋介・福祉国家構想研究会編『公教育の無償性を実現する――教育財政法の再構築』大月書店 : 378-415.
Pampel, Fred C. and John B. Williamson, 1988, “Welfare Spending in Advanced Industrial Democracies, 1950-1980,” *American Journal of Sociology*, 93 (6): 1424-56.
Pechar, Hans and Lesley Andres, 2011, “Higher-Education Policies and Welfare Regimes: International Comparative Perspectives,” *Higher Education Policy*, 24: 25-52.
Pedriana, Nicholas, 1999, “The Historical Foundations of Affirmative Action 1961-1971,” *Research in Social Stratification and Mobility*, 17: 3-32.
Pempel, T.J., 1978, *Patterns of Japanese Policymaking: Experiences from Higher Education*, Westview Press.（= 2004，橋本鉱市訳『日本の高等教育政策――決定のメカニズム』玉川大学出版部）.
Peter, Tracey, Jason D. Edgerton, and Lance W. Roberts, 2010, “Welfare Regimes and Educational Inequality: A Cross-National Exploration,” *International Studies in Sociology of Education*, 20 (3): 241-64.
Pilichowski, Elsa. and Edouard Turkisch, 2008, “Employment in Government in the Perspective of the Production Costs of Goods and Services in the Public Domain,” *OECD Working Papers on Public Governance*, No.8, Paris: OECD Publishing.

Preston, Samuel H., 1984, "Children and the Elderly: Divergent Paths for America's Dependents," *Demography*, 21 (4): 435–457.

Ramirez, Francisco O. and John Boli, 1987, "The Political Construction of Mass Schooling: European Origins and Worldwide Institutionalization," *Sociology of Education*, 60 (1): 2–17.

Raudenbush, Stephen W. and Anthony S. Bryk, 2002, *Hierarchical Linear Models: Applications and Data Analysis Methods: Second Edition*, Thousand Oakes: Sage.

Rosenberry, Sara A. 1982. "Social Insurance, Distributive Criteria, and the Welfare Backlash: A Comparative Analysis," *British Journal of Political Science*, 12 (4): 421–47.

斉藤淳, 2010, 『自民党長期政権の政治経済学——利益誘導政治の自己矛盾』勁草書房.

Sandel Michael J., 2009, *Justice: What's the Right Things to Do?*, Farrar Straus & Giroux. (= 2010, 鬼澤忍訳『これからの「正義」の話をしよう——いまを生き延びるための哲学』早川書房).

佐藤嘉倫・尾嶋史章編, 2011, 『現代の階層社会 1　格差と多様性』東京大学出版会.

進藤榮一, 1994, 『アメリカ　黄昏の帝国』岩波新書.

Shavit, Yossi. and Hans-Peter Blossfeld eds., 1993, *Persistent Inequality: Changing Educational Attainment in Thirteen Countries*, Boulder: Westview Press.

志賀櫻, 2013, 『タックス・ヘイブン——逃げていく税金』岩波新書.

新川敏光, 2004, 「日本の年金改革政治——非難回避の成功と限界」, 新川敏光・ジュリアーノ＝ボノーリ編『年金改革の比較政治学——経路依存性と非難回避』ミネルヴァ書房：299–333.

————, 2005, 『日本型福祉レジームの発展と変容』ミネルヴァ書房.

園田英弘, 1993, 『西洋化の構造——黒船・武士・国家』思文閣出版.

Stoddard, Christiana, 2009, "Why did Education Become Publicly Funded? Evidence from the Nineteenth-Century Growth of Public Primary Schooling in the United States," *The Journal of Economic History*, 69 (1): 172–201.

末冨芳, 2010, 『教育費の政治経済学』勁草書房.

Svallfors, Stefan, 1997, "Worlds of Welfare and Attitudes to Redistribution:

A Comparison of Eight Western Nations," *European Sociological Review*, 13 (3): 283-304.

武智秀之, 2000,「福祉政策と政府組織」, 三重野卓・平岡公一編『福祉政策の理論と実際――福祉社会学研究入門』東信堂 : 35-60.

武川正吾, 1999,『社会政策のなかの現代――福祉国家と福祉社会』東京大学出版会.

――――, 2007,『連帯と承認――グローバル化と個人化のなかの福祉国家』東京大学出版会.

谷聖美, 2006,『アメリカの大学――ガヴァナンスから教育現場まで』ミネルヴァ書房.

谷口尚子, 2005,『現代日本の投票行動』慶應義塾大学出版会.

Taylor, Charles, 2004, *Modern Social Imaginaries*, Durham: Duke University Press. (= 2011, 上野成利訳『近代――想像された社会の系譜』岩波書店).

Taylor-Gooby, Peter, Hartley Dean, Moira Munro, and Gillan Parker, 1999, "Risk and the Welfare State," *British Journal of Sociology*, 50 (2): 177-94.

Tayor-Gooby, Peter, Charlotte Hastie and Catherine Bromley, 2003, "Querulous Citizens: Welfare Knowledge and the Limits to Welfare Reform," *Social Policy & Administration*, 37 (1): 1-20.

Taylor-Gooby, Peter, 2004, "New Risks and Social Change," Peter Taylor-Gooby ed. *New Risks, New Welfare: The Transformation of the European Welfare State*, Oxford: Oxford University Press : 1-28.

竹中治堅, 2006,『首相支配――日本政治の変貌』中公新書.

田中秀明, 2013,『日本の財政――再建の道筋と予算制度』中公新書.

田中智志, 2005,『人格形成概念の誕生――近代アメリカの教育概念史』東信堂.

Tepe, Markus. and Pieter Vanhuysse, 2010, "Elderly Bias, New Social Risks, and Social Spending: Change and Timing in Eight Programmes across Four Worlds of Welfare, 1980-2003," *Journal of European Social Policy*, 20 (3): 217-34.

Thane, Pat, 1996, *Foundations of Welfare State: 2nd edition*, London and New York: Longman. (= 2000, 深澤和子・深澤敦監訳『イギリス福祉国家の社会史――経済・社会・政治・文化的背景』ミネルヴァ書房).

Tocqueville, Alexis de., 1888, *De la Démocratie en Amérique*.（= 1987, 井伊玄太郎訳『アメリカの民主政治』（上・中・下）講談社学術文庫）.
徳久恭子, 2008,『日本型教育システムの誕生』木鐸社.
冨江直子, 2007,『救貧のなかの日本近代――生存の義務』ミネルヴァ書房.
Tönnies, Ferdinand, 1887, *Gemeinschaft und Gesellschaft: Grundbegriffe der reinen Soziologie*.（= 1957, 杉之原寿一訳『ゲマインシャフトとゲゼルシャフト――純粋社会学の基本概念』（上・下）岩波文庫）.
辻本雅史, 1990,『近代教育思想史の研究――日本における「公教育」思想の源流』思文閣出版.
Turner, Ralph H., 1960, "Sponsored and Contest Mobility and the School System," *American Sociological Review*, 25（6）: 855-67.
上田尚一, 2003,『主成分分析』朝倉書店.
宇野重規, 2007,『トクヴィル――平等と不平等の理論家』講談社.
埋橋孝文, 1997,『現代福祉国家の国際比較――日本モデルの位置づけと展望』日本評論社.
山岸俊男, 1999,『安心社会から信頼社会へ――日本型システムの行方』中公新書.
山口一男, 2009,『ワークライフバランス――実証と政策提言』日本経済新聞出版社.
柳治男, 2005,『<学級>の歴史学――自明視された空間を疑う』講談社.
矢野眞和, 1996,『高等教育の経済分析と政策』玉川大学出版部.
――――, 2001,『教育社会の設計』東京大学出版会.
――――, 2013,「費用負担のミステリー――不可解ないくつかの事柄」広田照幸・吉田文・小林傳司・上山隆大・濱中淳子編『大学とコスト――誰がどう支えるのか』岩波書店：169-93.
世取山洋介・福祉国家構想研究会編, 2012,『公教育の無償性を実現する――教育財政法の再構築』大月書店.
世取山洋介, 2012,「教育条件整備基準立法なき教育財政移転法制――成立, 展開, そして, 縮小と再編」世取山洋介・福祉国家構想研究会編『公教育の無償性を実現する――教育財政法の再構築』大月書店：30-128.
湯元健治・佐藤吉宗, 2010,『スウェーデン・パラドックス――高福祉, 高競争力経済の真実』日本経済新聞出版社.
湯本雅士, 2008,『日本の財政――何が問題か』岩波書店.
和田光平, 2006,「人口学からみたわが国の少子化」樋口美雄・財務省財務

総合政策研究所編『少子化と日本の経済社会』日本評論社：25–47.

渡辺靖，2010，『アメリカン・デモクラシーの逆説』岩波新書.

Weber, Max, 1956, *Wirtschaft und Gesellschaft, Grundriss der verstehenden Soziologie, vierte, neu herausgegebene Auflage, besorgt von Johannes Winckelmann*, Kapitel IX. Soziologie der Herrschaft.（=1960, 世良晃志郎訳『M. ウェーバー　経済と社会　支配の社会学 I』創文社）.

Wilensky, Harold, L., 1975, *The Welfare State and Equality: Structural and Ideological Roots of Public Expenditures*, Berkeley: University of California Press.（= 1984，下平好博訳『福祉国家と平等――公共支出の構造的・イデオロギー的起源』木鐸社）.

著者略歴
1973 年埼玉県生まれ
2003 年　東京大学大学院教育学研究科博士課程単位取得退学
現　在　大阪大学大学院人間科学研究科准教授・博士（教育学）
著　書　『入試改革の社会学』（東洋館出版社・2007 年）
論　文　「通塾が進路選択に及ぼす因果効果の異質性・傾向スコア・マッチングの応用」『教育社会学研究』第 92 集（2013 年）
など

なぜ日本の公教育費は少ないのか
教育の公的役割を問いなおす

2014年 6 月25日　第 1 版第 1 刷発行
2018年 1 月20日　第 1 版第 4 刷発行

著　者　中《なか》　澤《ざわ》　　渉《わたる》

発行者　井　村　寿　人

発行所　株式会社　勁《けい》　草《そう》　書　房

112-0005 東京都文京区水道2-1-1　振替　00150-2-175253
（編集）電話　03-3815-5277／FAX　03-3814-6968
（営業）電話　03-3814-6861／FAX　03-3814-6854
本文組版 プログレス・堀内印刷・松岳社

ISBN978-4-326-65388-1　　Printed in Japan

http://www.keisoshobo.co.jp

中澤 渉
藤原 翔 編著
格差社会の中の高校生　家族・学校・進路選択
A5判 三二〇〇円

濱中 淳子
検証・学歴の効用
四六判 二八〇〇円

大島 真夫
大学就職部にできること
四六判 二七〇〇円

恒吉 僚子
子どもたちの三つの「危機」　国際比較から見る日本の模索
四六判 二三〇〇円

佐藤 博樹
武石恵美子 編著
ワーク・ライフ・バランスと働き方改革
四六判 二四〇〇円

佐藤 博樹
武石恵美子 編
人を活かす企業が伸びる　人事戦略としてのワーク・ライフ・バランス
A5判 二八〇〇円

本田 由紀
「家庭教育」の隘路　子育てに強迫される母親たち
四六判 二〇〇〇円

牧野 智和
自己啓発の時代　「自己」の文化社会学的探究
四六判 二九〇〇円

石田 光規
孤立の社会学　無縁社会の処方箋
四六判 二八〇〇円

＊表示価格は二〇一八年一月現在。消費税は含まれておりません。